사장의 꿈을 가진 모든 젊은이들이
이 책과 함께 그 꿈을 이루기를 바래요.

사장을 하려는 모든 이의 마음과 영혼에 무한한 힘이 실리기를,
모든 사장의 주머니가 넉넉해져서 더 많은 사람들이 행복해지기를,
젊음의 모든 열정과 시련이 우리를 더 나은 곳으로 데려다 주기를,
무조건 믿어보는 거예요. ^^

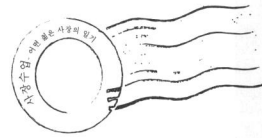

젊은 나이에 '쌩고생'을 사서 하게 될 (예비) 사장님

_____에게 이 책을 바칩니다.

어떤 젊은 사장의 일기

2008년 06월 18일 1판 1쇄 인쇄
2008년 06월 23일 1판 1쇄 펴냄

펴낸이 구모니카
편 집 서수은
마케팅 남성진
제 작 양만익

디자인 Design I'm
출 력 푸른서울
인 쇄 우진비엔피
제 본 문헌제책사

펴낸곳 M&K
동 록 2005년 1월 13일 제7-292호
주 소 서울시 마포구 서교동 328-25 2층
전 화 02-323-4610
팩 스 02-323-4601
e-mail hg81s@naver.com
2030여자 클럽 2030womenselfhelp.cyworld.com
M&K 싸이월드 타운 http://town.cyworld.com/mnk
ISBN 978-89-92947-03-9 03810

ⓒ Gu Monika, 2008

※ 정가는 뒤표지에 있습니다. 잘못된 책은 바꾸어 드립니다.
※ 이 책은 저작권법의 보호를 받는 저작물이므로 어떠한 형태로든 무단으로 사용할 수 없습니다.

이 도서의 국립중앙도서관 출판시도서목록(CIP)은 e-CIP 홈페이지(http://www.nl.go.kr/ecip)에서 이용하실 수 있습니다.
(CIP제어번호: CIP2008001863)

사장 수업

어떤 젊은 사장의 일기

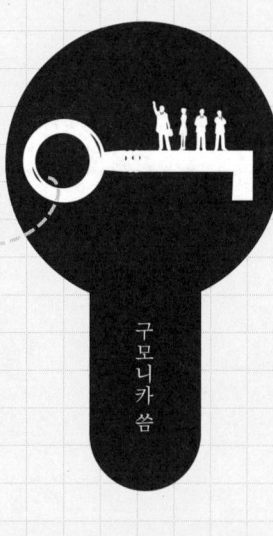

구모니카 씀

M&K

〈사장 수업〉에 들어가며…
초짜 사장 일기를 공개해서
어디다 써먹나?!

나는 3년 전 1인출판사를 사업 종목으로 잡고 보무당당히 사장으로 명함을 팠다. 어떤 고민도 없었다고 할 수 없겠지만 비교적 즉흥적이고 충동적인 창업이었다. 사업 준비도 마땅히 하지 않았고, 그저 그간의 경력이 나를 살릴 거라는 애매한 믿음 하나로 일을 냈다. 주변에서 만류할까봐 비밀스럽게 물밑 작업을 추진하기까지 했으니, 그 시작은 가히 미미했다. 기질과 성정이 나를 살린 것인지, 생각처럼 그간의 경력이 나를 지탱한 것인지 아직도 출판사를 운영하고 있는 것만으로도 성공했다고 본다. 그런 내게 대학 졸업한 후배, 직장생활을 삼사 년쯤 한 후배, 전업 주부거나 워킹맘이었던 친구들이나 선후배들이 사업에 관해 이것저것 물어오기 시작했다. 밖에서 보기에 내가 사업을 잘하는 것처럼 보였는가 보다. 잘나가시는 사장님들이 보기엔 우습겠지만, 시작하는 초짜 사장들에게 나의 사업 초기 좌충우돌과 천방지축의 경험들, 이리저리 부대끼며 얻은 지혜들을 들려주며 엄연한 선배 역할을 하고 있는 구모니카 씨.
초짜 사장들의 멘토 역할을 충실히 하며, "질러! 사업 별거 아니다"

고 주장하던 내가 어느 날 보니, "절대 사업하지마!"라는 말을 하고 있는 충격적 장면! 사실 지금 상황 같아서는 정말이지 내가 어쩌자고 이 짓을 벌였나 싶긴 하다. 내 소중한 자식(상품)들이 시장에서 천대받고, 그나마 몇 놈 시장에서 먹히는 자식들이 있어도 수금은 안 되고, 제작처에 줄 돈은 쌓여만 가고, 사무실 운영비는 따박따박 들어가고, 일로 엮인 사람들에 실망을 거듭하고, 몸은 지쳐만 가고, 영혼은 피폐해지고, 정말이지 이건 사람 할 짓이 아니라는 생각이 머릿속에서 떠나질 않는다. '당장 때려치우고 어디 취직이나 할까?' 하는 생각이 들지만 벌여놓은 일들은 어쩌나, 내 원대한 포부와 꿈은 어쩌고~(그리고 직장 생활은 뭐 그리 쉬운 일이라고 취직 '이나' 라니….) 사정이 이렇다보니 주변에서 사업하겠다고 자문을 구해오는 친구나 선후배들에게 "절대 사업하지마! 죽을 각오 없이는!"이라고 말할밖에.

그러나 나는 또한 알고 있다. 어떤 인생이라고 요만한 고난 없이 살아지겠는가를, 내 꿈을 펼치는 데 시련은 필수불가결의 요소라는 것을, 정말이지 세상은 넓고 할 일은 많은데 사장의 이름으로 할 수 있는 일들은 가히 위대하고 거룩하다는 것을. 비록 초짜 사장이지만 사장이라는 직함으로 살면서 느낀 바, 내 의도를 담은 '좋은 것'을 세상에 내놓는 순간에는 정말 흥분된다. 그래서 이제 당당하게 말할 수 있다. "시련과 고난에 길들여질 수만 있다면, 지르세요! 사업으로 당당히 거듭나세요!"

나는 세상의 모든 사장들에게 국가에서 상을 줘야 한다고 생각하는 사람이다. 그것이 어떤 상품이 되었든 사람들을 보다 나은 삶을 살도록 돕는 제품을 생산하고, 몇 곳의 거래처와 몇 명의 직원들을 먹여 살리고, 금융권과 보험권을 융통성 있게 이용하고, 부동산과 동산을 적절히 사용하고, 모든 적절한 소비를 통해 균형감 있게 나라 경제를 돌아가게 하고, 발전과 개발, 성장의 철학을 실천하고 정진하는 삶을 몸소 감내하고, 그 모든 책임으로부터 벗어날 생각을 하지 않는 진정한 휴머니스트, 그 이름도 거룩한 '사장'. 나는 사업하기를 멈추지 않을 것이다. 내가 사는 사장의 삶을 사랑할 것이다. 감히 단언컨대 사장이라는 이름을 가지면 세상을 보는 혜안을 얻게 될 것이니, 우리 사장 한 번 해보는 거다! 그리고 한 살이라도 더 젊을 때 하자! 더 늙으면 겁이 많아져서 사업 같은 거 꿈도 못 꿀 것이므로….

그리하여 나는 내 일기를 공개하기로 결심했다. 내가 이름 붙이기를 '사장수업(사장 일기)'이라 했는데 여기에는 사업하는 3년 동안(자기진단과 준비기간까지 하면 5년 동안) 겪은 모든 감성적, 이성적, 일적, 인간적 기록들이 고스란히 녹아있다. 크고 작은 사전 준비 작업부터 생산, 판매, 마케팅, 재무, 회계 등등 경영과 관련한 여러 문건들, 인간 다루는 비법, 학습과 자기계발의 노하우, 각종 사건사고, 쩨쩨하고 민망한 일기들까지 총망라 되어있다. 이 멋진 초짜 사장의 일기를 세상에 오픈하여, 사업가가 되기 위한 전 과정을 체크할 수 있도록 하는 것은 물론이고 초짜 사장들의 좌충우돌을 막고, 사장을 조금 더 치밀하게 그러나 쉽게 생각하도록 돕고, 사장이라는 이름이 겪는 희노애락 또한 엿볼 수 있도록 했다. 그러니까 이 책은 목적은 한마디로 "사장, 누구나 할 수 있다. 사업, 질러라! 그러나 아무나 할 수 없으니 준비하라!"는 것이다.

예비 사장님들, 초짜 사장님들, 전직 사장님들, 모든 사장님들 힘내세요. 당신은 이미 챔피언입니다.

C.O.N.T.E.N.T.S.

004 '사장 수업'에 들어가며

Class 01 사장이 되기 전

014 자기 진단
#001 나는 어떻게 살았을까 #002 나는 무엇을 할 때 행복하고 무엇이 싫은가 #003 나는 무엇을 잘 하고 무엇을 못 하는가 #004 결국 나는 사장을 할 재목인 걸까? #005 1년 후, 10년 후, 죽는 날 어떤 사람이고 싶은가? #006 결심했어! 계속 방황 그리고 사업

040 성취와 성공
#007 왜 일을 하는 거지? #008 좋아서 하는 일과 돈이 되는 일 #009 왜 나는 사장이 되려 하는가? #010 사업의 고충, 짐작할 수 있을까 #011 무작정 사업계획서를 만들어 보자!

061 사람과 아이템
#012 옵빠 언뉘들의 부채질로 걸어온 나날들 #013 그간 알고 지내던 사람을 이용해라! #014 소비재, 그 미궁의 끝 #015 무엇을, 어떻게 만들고 팔 건데? #016 한 방 터뜨릴 수 있는 첫 상품은 있어? #017 제작 프로세스는 잘 배우고 시작하는 거?

079 돈과 법
#018 자본금은 어떻게 마련할 건데? #019 회사 이름 짓고 동사무소, 구청, 세무서, 에~'또? #020 손익분기는? 발전모델은? #021 돈 빌리면 관리는 할 줄 아니?

091 동기부여
#022 후진 작업실도 좋으니 일단 공간을 마련할 것! #023 앗싸~! 내 멋진 명함과 간판! #024 사업 동지를 만들자고 #025 오프닝 파티는 최대한 거하게~ #026 자기에게 주문을 외라! 꿈은 이루어진다!

105 꿈과 현실
#027 혹독한 자기 관리마저 '재있다'고 생각하기 #028 팩스 한 대가 풍기는 조직의 파워?! #029 어디서 누구한테 팔 건데?(시장조사) #030 사업이라는 현실의 공포감 #031 환상을 갖자! 성공과 부자를 꿈꾸자! #032 아직 보잘 것 없는 나, 그러나 결정의 시간

Class 02 사장으로 살아가기

120 기획

#033 제품 기획은 시장에서…! #034 기획은 시간과 장소를 가리지 않는다 #035 기획력의 유일한 샘, 사람 사람들! #036 기획 그리고 나의 역량 #037 기획은 반드시 사장의 전문 분야일 것! #038 기획과 사업, 사업과 창작 사이 #039 대중에 대한 치명적인 오해 #040 누구한테 팔 건지 세밀하게 정할 것 #041 "이거다!", 아이템 결정의 함정 #042 뭘 만들면 안 팔릴지를 생각해봐! #043 직관과 직감, 감이 이끄는 사업 #044 '옵저버'를 기획위원으로 활용하기

146 사람&사람

#045 사람, 결국 다 똑같은 족속! #046 덜 거짓말하는 사람과 거래할 것 #047 냉정은 쓰리기통에 처박아라! #048 거품 없는 인생은 심심하다 #049 오지랖을 최대한 넓혀라!(인맥의 효과) #050 절대, 여성성을 버리지 말 것 #051 거지보다 돈 뜯는 양아치가 낫다 #052 돈 쓸 때를 알라, 이왕이면 팍팍 써라! #053 소통의 선결조건, 술?술!술?술! #054 누구와도 사랑에 빠질 것~! #055 최대한 '예쁜 척', '착한 척' 하자! #056 재밌게 놀아줘라, 아니면 놀아주겠다고 약속하라 #057 가능한 한 휘두르는 대로 휘둘릴 것! #058 간혹 친절도 죄가 되나니… #059 욕설과 음담패설도 필요하면 배우자 #060 때론 침묵이 답이 되기도 한다 #061 짜증나는 예술혼과 대적하기 #062 계약은 안 할수록, 계약금은 안 줄수록 득? #063 직원을 뽑을 때가 되었나? #064 직원이 내 반쪽이 아니고 뭐겠어 #065 회의 보다 독단?

189 본격 제작

#066 100% 외주제작에 의존하는 업, 출판 #067 끊임없는 필자 섭외, 미팅! 미팅! 미팅!(기획 및 진행) #068 글 잘 쓰게, 약속 잘 지키게 만들기(작가관리) #069 번뜩이는 아이디어가 필요해, 공부!(편집) #070 윤문과 교정·교열, 원고 디자인 마감 #071 끝까지 싸우는 '책 제목', 답 없다 #072 편집 과정에서 소소하게 챙겨야 할 모든 것 #073 디자인 감각은 사장의 필수 요건 #074 필름출력, 종이구입, 인쇄판·인쇄, 제본, 후가공, 그리고… #075 애 낳는 고통으로 상품 제작하기 #076 완성품이 주는 희열감, '내 새끼' #077 납본 & 언론사 배포 & 시장 출시(서점 배본)

221 마케팅

#078 마케팅의 4P를 아시나요?(제품, 유통, 광고·홍보·판촉, 가격) #079 마케팅 시대? 겁먹을 것 없다!(품질 그 자체) #080 주먹구구식 책 값 산정(가격) #081 창고는 또 다른 사무실, 좋은 창고 쓰기!(물류) #082 서점 첫 거래 트는 날(유통) #083 서점과 좋은 관계로 지내려면?(영업/홍보) #084 책은 꼭 서점에서만 팔아야하나?(판촉1) #085 각양각색 북 마케팅 방법들(판촉2) #086 언론매체 녹이기(언론홍보) #087 내 제품을 어떻게 알릴 것인가(독자홍보)

258 돈

#088 돈과 사업, 그리고 사장 #089 사장은 진정한 애국자?! #090 업계의 지불·수금 시스템 공부하기 #091 지불&수금, 늦게 주는 놈(안 주는 놈)이 행운아?! #092 수금 목표를 정해놓고 달리자! #093 경리가 따로 없다, 회계 관리 프로그램 #094 통장 잔고 따위는 당분간 잊자고…

271 네트워킹

#095 내 사업에 필요한 네트워크를 짜라! #096 모임과 회합은 내 삶의 엔돌핀 #097 학교, 학원, 직장 동료들 놓치지 않기(사장 공부1) #098 레벨이 맞는 사람들과 교류하라!(사장 공부2) #099 끼리끼리 어울리되, 한 수 위를 겨냥하라(사장 공부3) #100 타 업계 사장들과도 교류할 것!(사장 공부4)

282 자기계발

#101 학습, 공부는 왜 필요한가? #102 호기심을 유지하는 법 #103 변화와 발전, 성장과 나이듦 #104 나만의 별종 취미를 가져라! #105 나에게 딱 맞는 인생 공부법 개발하기 #106 혼자 공부할 시간에 사람을 만나겠어!(인생 공부1) #107 싸돌아 댕겨라, 보고 듣고 만지고 느껴라!(인생 공부2) #108 때론 휴식과 게으름도 필요해(인생 공부3)

295 비전

#109 내 그릇의 크기를 정확히 알 것 #110 너무 열심히 살지 말라! #111 비전, 어쨌든 한 걸음부터… #112 회사(M&K)와 나(구모니카)의 비전 #113 가족&직원&국가의 비전

Class 03 사장, 그 후

306 성공과 실패, 그 양날의 칼

#114 성공, 그 후 | 1. 성공한 뒤가 더 어렵다더라! | 2. 어디로, 어떻게 뻗어나갈 것인가? | 3. 매너리즘, 공공의 적! | 4. 우리에게 내일만 있다

#115 실패, 그 후 | 1. 어찌 성공 일로를 걷겠는가? | 2. 실패를 가볍게 생각할 것! | 3. 실패에도 마지노선이 있다? | 4. 망했다고 노래하고 다녀라 | 5. 돈 없다고 기죽을 내가 아니지 | 6. 아직 때가 아닌 겨~! | 7. 빨리 포기하는 자가 이기는 것이다 | 8. 사장의 승리, 결국은 제품

318 사장의 쩨쩨하고 강인한 바닥 정서

#116 결핍감과 역량부족 #117 그토록 쩨쩨한 뒤끝 #118 솔직하게 대면하기 #119 분노감 #120 정에 약한 인간사 #121 유머감각 VS 사장마인드 #122 자살유혹 #123 감정 기복 #124 불안감 #125 까칠함과 냉혹함 #126 사명감 #127 공명심 #128 절치부심 #129 자유인이 되고 싶은 #130 변방을 헤매는 기분 #131 제 정신으로 살기에는 #132 착한 강박 #133 이기심 #134 자괴감 #135 족쇄냐 천형이냐 #136 철학과 신념 #137 엄살 #138 오늘도 무사히 #139 속물근성 #140 고독과 우울의 변주곡 #141 외유내강을 위한 음주가무 #142 목적성과 방향감각 #143 성가심과 귀차니즘 #144 마지노선 #145 끊임없는 긴장감 #146 정체성 #147 시행착오를 위한 수업료 #148 어떤 사장의 작은 소망 #149 슬럼프 #150 소소한 깨달음 #151 기다림과 인내심

344 부록1. 젊은 사장 INTERVIEW

359 부록2. 초짜 창업 Q&A

366 '사장 수업'을 마치며

368 공지사항 After Service

자기 진단

성취와 성공

사람과 아이템

돈과 법

동기부여

꿈과 현실

Class 01
사장이 되기 전

성공적인 창업을 위해 소소하지만 핵심적인 준비 작업에는 무엇이 있을까? 시행착오를 줄이려면 사장이 되기 전에 무엇을 준비해야 하는 걸까? 나는 과연 사장을 할 재목인가? 나는 왜 사장을 하려는가? 이 모든 질문에 해답을 준다. 자기진단의 절대성, 성취와 성공 사이에서의 방황, 사람과 사업 아이템에 대한 진지한 성찰, 돈과 법의 논리, 동기부여의 필요성, 꿈과 현실의 괴리를 통해 사업가로서의 자질을 진단할 수 있는 페이지.

자기 진단

#001 나는 어떻게 살았을까   #002 나는 무엇을 할 때 행복하고 무엇이 싫은가

#003 나는 무엇을 잘 하고 무엇을 못 하는가   #004 결국 나는 사장을 할 재목인 걸까?

#005 1년 후, 10년 후, 죽는 날 어떤 사람이고 싶은가?   #006 결심했어! 계속 방황 그리고 사업

#001
나는 어떻게 살았을까

우리들 누구나 언제 어느 때고 무언가를 결정하도록 되어있다. 어쩌면 삶이란 결정의 연속선상을 걸으며 과거와 현재, 미래를 채워가는 게 아닐까. 그렇다면 그런 결정의 순간에 우리들 머릿속에서는 어떤 일이 일어나는 걸까? 인간이란 모름지기 자기 자신만의 틀을 가지고 살게 되어있는데, 그가 하는 모든 선택이란 결국 그 틀을 벗어나지 못한다고 본다. 여기서 틀이란 바로 내가 살아온 과정에서 만들어진 일종의 경계선으로서 탄생부터 지금 현재의 시점에 이르기까지 나를 둘러싼 환경적 체험과 영향 혹은 한계를 말한다.

이를테면 우리의 성정, 성격, 기질, 태도, 반응 등 인생의 자세는 다음과 같은 요인에 의해 결정된다는 것이다. 엄마와 아빠로부터 물려받은 DNA, 부모·형제·자매와 친인척의 가족력, 학교에서 맺은 우정 관계, 사제지간, 사회생활에서 쌓아온 경력과 관계, 이성 관계는 물론이고 살아오면서 느낀 각종 감성적·이성적 사고, 성취감, 열정, 결핍, 실패, 꿈과 희망에 이르기까지 한 개인을 둘러싼 모든 환경 말이다.

그러니까 내가 살아온 날들을 되돌아봄으로서 '나'를 규정짓고 진단하는 것은 앞으로 내가 향할 목표를 잡고, 방향에 맞는 길을 정하고, 꿈을 정하고, 그 꿈을 이뤄가는 데 반드시 거쳐야만 할 중요한 시작점이 아닐 수 없다.

내 인생 서른둘에 나를 무던히도 괴롭힌 질문 '나는 어디로 가야하나?'. 결국 그 답을 찾기 위해 내가 할 유일한 일은 과거의 나를 돌아보는 것이었다. 바로 '나는 어떻게 살았는가?'를 말이다.

050101 나는 어떻게 살았는가?

탄생

74.05.18. 서울 방학동. 낮 2시, 4.3Kg 여아 탄생. 범띠, 황소자리. '호랑이', '황소' 라니 그 이름만 들어도 용맹무쌍한 저 동물들의 기운을 지니고 태어난 아이가 여아에다가 4.3Kg의 우량아라니, 울 엄마 긴장 좀 하셨단다. 그러나 다행히 호랑이가 잠을 자는 시간인 대낮에 태어난 지라 살짝 마음 놓으셨단다. 참고로 딸 셋 중 (그토록 제멋대로라는) 둘째.

영유아기 + 초등학교 시절

신기할 정도로 나는 이 시절의 기억이 전혀 없다.(잊고 싶은 걸까?) 부모님과 동생, 소꿉친구를 인터뷰하고 나의 일기를 분석해 그 때의 나를 들여다봤다. 그 시절의 엄마 아빠 모두 그러하셨든 상당히 치열하게 삶을 살아내신 우리 부모님. 아버지는 군인과 사업가로서 철저한 마초이즘으로 가족을 대하셨고, 어머니는 당시 여자로서는 드물게 적극적인 사회활동(미용실, 음식점, 부동산 등등)을 하셨다. 성향상 두 분이 싸우는 일이 잦았고, 일 하시느라 집에 계신 시간이 적어 결과적으로 우리 세 딸은 비교적 부모님의 따뜻한 보살핌이 덜했다고 느꼈다.(언니는 상당히 수줍고 소심한 아이여서 내가 언니인냥 굴었고, 다섯 살 터울의 막내 동생은 -거의- 언니와 내가 보살폈다.)

나중에야 깨닫게 되었지만 그 시절 부모님은 정말 열심히 돈을 버신 듯하다. 먹고 입는 걱정은 전혀 없었던 것으로 기억되며(입고 다니던 옷은 좀 추레했다는 소꿉친구의 제보는 있었지만), 우리는 꽤 큰 집에 살았던 것 같으니까. 엄마의 증언에 의하면 내가 초등학교 입학할 때 전세를 벗어났고, 중학교 때 강북 최초로 지어진 신동아 아파트에 입주했단다. 아버지가 제보한 초등학교 때 일화를 통해 내 허영기를 들여다보자. 아버지가 힘들게 모은 돈으로 단독주택을 하나 구입했는데 자금 문제로 우리는 지하에 살고 주인집을 세를 놨다고 한다. 어느 날 학교를 파하고 집 앞에서 친구들과 안녕하던 초딩 모니카가 대문을 들어서더니 윗집으로 올라가더란다. 친구들이 눈앞에서 사라지자 지하로 내려 오더라는 것.(역시 지금의 내 허영기는 역사가 깊다.)

이때의 내 별명은 '골목대장'으로서 보무당당히 동네 아이들을 이끌고 다니며 무릎에 상처가 가시는 날이 없었다. 내가 아들이기를 바랐던 엄마는 늘 내게 남자애들 옷을 입히고 '아들~, 아들~' 하셨다는데 그래서 그렇게 나다니고 뛰어 댕겼나 보다.

중·고등학교 시절
우울함과 쾌활함을 다 가진 감정기복이 심한 '삐삐'라는 별명의 청소년기. 사춘기였겠지. 이 때 일기들, 너무 우울해서 공개하기가 민망할 정도다. 사춘기를 겪는 다들 그랬을까. 온통 아버지와 우리 집에 대한 증오로 가득했던 시절. 학교에서 친구들을 웃겨주며 오락부장을 도맡아 하던 쾌활함의 DNA를 가진 한 소녀가 아버지라는 사람 때문에 얼마나 무참히 우울해질 수 있는지가 신기할 정도다. 그 우울함을 세계문학전집을 꼼꼼하게 독파하며 달래던 문학소녀이기도 했다.(지금의 글빨과 말빨의 근원인가. 헤~) 지금에서 말이지만 어린 시절 부모님의 불화와 아버지의 냉소 덕에 우울함을 배우고 고독에 익숙해진 게 얼마나 다행인지 모른다.(사업가에게 반드시 필요한 정신 자세가 아닌가.) 정서의 해체로 공부에 소홀하면서도 늘 공부에 스트레스 받는 평범한 학생으로 성적은 중상위권이었고, 고3시절 살짝 날라리 친구들과 어울리며 침 좀 뱉었지만 소심한 여학생은 다시 일상으로 돌아온다. 이 때 친했던 친구들은 지금 이렇게 오지랖 떨며 언론 바닥을 접수한 나를 약간은 낯설어 한다.

대학시절
그야말로 내 인생 제1의 황금기. 대진대학교 신문방송학과가 개설되고 첫 신입생. 집에서 통학이 가능했지만 집에서 독립하고 싶은 마음에 기숙사로 입성. 지난 삶에서 열심을 다해 살지 못했다고 반성하는 의미에서(울 아버지의 야단 꺼리–재수해서 지방대 입학) 미친 듯 치열하게 살았다. 그래봤자 대학생이 할 수 있는 건, 성적장학금 반기와 문화생활 즐기기, 친구들과 놀기, 학과 활동과 동아리 활동 따위들이지만.(4년 동안 성적장학금 100% 수령의 쾌거와 각종 동아리 개설, 방송제 개최, 조기취업의 성과를 올렸다. 그에 대한 선물로 주말엔 나이트도 열심히 출입했고…) 지금의 오지랖, 나대기, 욕망, 열정, 독립심과 엄살 따위의 기질은 대학시절 완성된 것 같다.

직장생활기 + 재교육기

무지하게 왕성한 활동을 하신 구모니카 씨의 직장생활기와 재교육기(스물셋부터 서른둘까지 10년)는 '도전과 실망의 반복', '방황과 열정의 뒤범벅'이라 정리할 수 있겠다. 대학교 3학년 때 전공과 관련한 첫 직장에 취직, 특유의 적극성과 사교성을 발휘하여 이후 직장과 직업을 1년 꼴로 한 번씩 바꿔가며 인맥을 전방위적으로 확장하며 사회생활을 했다. 이 시절 발견한 구모니카 씨의 사회적 기질은 일이든 사람이든 무언가에 쉽게 도전하고 쉽게 포기한다는 것. 무엇에든 도전하는 개척정신과 열정은 높이 사되, 쉬 지치는 스스로를 루저looser와 비주류로 냉철하게 분석해 본다. 이 시기는 디테일한 분석 아닌 나열만으로도 상당한 분량을 요하므로 전반적인 흐름 정도만 적어보자!

1996~2005. SBS 방송아카데미 PD과정 수료, 다큐멘터리 프로덕션(신동아 파나비전) AD, 고려 기자아카데미 수료, 각종 월간잡지 취재진행 기자 생활(뷰티패션, 주간 코스메틱, 에스콰이어, 골프포허, 사비, 앙팡, 데코저널, Favor, 책과인생, 기획회의 등), 경희대학교 언론정보대학원 저널리즘학과 출판잡지전공, 국군방송 작가 및 게스트 출연, 한국출판아카데미 편집자 과정 수료, 두주출판저작권 에이전시 에이전트, 출판기획사 책아책아 기획편집집필, 샘터사 출판기획자, 서울북인스티튜트 창업자 과정 수료(메뚜기가 따로 없구나.)

Note

살아온 날들을 되돌아봄으로써 '나'를 규정짓고 진단해보자.
'나는 어떻게 살았는가?' 탄생, 영·유아기, 중·고등학교 시절, 대학시절 혹은 사회생활기 등 연대기적 흐름에 따라 본인의 과거를 회상해보도록!

#002
나는 무엇을 할 때 행복하고 무엇이 싫은가

우리는 모두 행복하고 싶다. 행복하려고 공부하고, 사랑하고, 일하고, 논다. 사실 인생은 일과 놀이, 그 두 가지로 이루어진다고 해도 과언은 아닐 텐데, 그렇다면 우리는 내가 어떤 일을 할 때, 뭘 하고 놀 때 행복한지, 불행한지 알고 있어야 하지 않을까. 자신의 행복에 충실한 삶이란 다름 아닌 일과 놀이 모두에서 만족감을 느끼는 것일 테다. 그야말로 몰입의 경지, 무아지경의 상태에 있는 나를 파악해보면 답은 쉽게 나올 것이다. 먼 과거, 가까운 과거로 돌아가 내가 무엇에 몰입해 있을 때 무아지경에 있었던가를 진단해 보기로 한다. 더불어 상상 속에서 미래에 어떤 내가 행복하게 미소를 짓고 있는가를 미리 들여다보는 것도 좋겠다. 구모니카 씨는 이미 서른한 살에 자신이 행복한 순간과 불행한 순간에 대한 일기를 끼적였는데…. 행복해지는 순간의 일들은 역시나 사람 앞에 나설 때 그리고 글과 관련된 일을 할 때니, 출판사 창업에 제격이 아닐 수 없겠다. 다만 싫어하는 것들 리스트 중에 사업가에게 맞지 않는 항목이 몇 가지 눈에 띈다.(그것을 극복하지 못하면 사업하는 내내 난국일 텐데….)

040301 나를 좌지우지하는 몇 가지 것들

어느 날부터인가 나는 밤을 꼴딱 새고 뭔가를 하는 것을 좋아했다. 뭔가 공부할 때도, 일을 할 때도, 사람들과 만나 놀 때도 거기에 빠져 밤새는 줄도 모르는 그 느낌, 아는 사람은 알 것이다. 밤샘 버릇은 대학시절 기숙사 생활을 하며 생긴 것 같다. 집에서 아빠랑 함께 살면 꿈도 못 꿀 일이다. 군인 출신 아버지는 '점등', '소등' 식으로 군기를 잡으시니까. 그 후 잡지사에서 마감을 거치면서 밤새는 습관이 뿌리를 내렸는데, 이때부터는 정말이지 '한밤중'이 아니고는 뭔가에 집중이 안 되는 정도로까지 심각해졌다.

나를 그렇게 밤 새게 하는 일은 뭘까? 잠도 잊고 무엇에 그렇게 열중하는 걸까?

1. **독서**(나는 책을 읽을 때 일단 그 책을 손에 잡으면 내처 그 자리에서 다 읽지 않고는 못 배긴다.)
2. **각종 마감**(잡지기자 시절에 20개가 넘는 기사를 일주일 만에 마감하고, 후배들 기사까지 수정·보완하며 밤새는 게 정말 즐거웠다.) 3. **학습**(학창시절 시험 때 밤샘, 토플 점수 따려고 밤샘 등 공부하며 밤새고 맞는 새벽 공기는 정말 달콤하다.) 4. **수다**(선후배친구들, 각 분야의 멋진 지인들과 서로의 관심사를 논하며 밤을 꼴딱 새는 희열, 누가 알랴?) 5. **음주가무**(지인들과의 수다에 음주가무까지 더해지면 진짜 무아지경 된다.) 6. **상상과 공상**(내가 꿈꾸던 대로 어느 날 '잘 된' 나를 상상하다보면 흩어진 마음도 잡히고 시간도 금방 간다.) 7. **우울함 맘껏 즐기기**(억지로 우울해질 수야 없겠지만 무엇으로든 우울해지는 순간 온 몸에 엔돌핀이 확~도는 걸 느낀다.) 8. **위의 모든 것을 하며 나에게 돈과 시간 투자하기**(한마디로 돈 쓰기!)

이제 내가 싫어하는 것을 나열할 순간.

1. **나쁜 사람과 시간 보내기**(대략 모든 사람에게 상당히 관대한 편이어서 일부 친구들은 줏대 없다고 날 몹시 나무라고, 너무나도 다른 스타일의 사람들과 어울릴 때는 내가 이들을 왜 만나는 것인가 하는 생각이 들 때도 있지만 본디 나쁜 사람은 없다는 것 그리고 생각이 다른 사람과 못 어울릴 이유는 없다는 것이 내 생각임. 단, 뒤에서 딴 말하는 사람, 자신의 의견만이 진리진실인지라 함께 있는 사람을 불편하게 하는 사람, 몹시 언짢은 얼굴을 하고는 분위기를 따운시키는 사람, 이유 없이 화내는 사람, 결정적으로 내게 상처 주는 사람은 좀 곤란하다고 생각함.) 2. **안 풀리는 일이나 숙제 붙들고 씨름하기**(그것이 무엇이든 생각한 시간에 목표한 결과가 나오지 않을 때 포기가 빠른 편이다.) 3. **가난한 주머니**(지난 13년간 내가 한시도 쉬지 않고 달려온 것은 '돈' 때문이었을지도 모르겠다.) 4. **현실에 안주하는 마음**(뭔가 새로운 미션에 도전하고, 미개척 분야의 일에 뛰어들기를 좋아해서 어딘가에 안주하여 안정된 생활에 접어들면 바로 불안감이 엄습한다.) 5. **시대에 뒤처지는 나를 보는 것**(내적이든 외적이든, 촌스러운 나는 죽이고 신기하도록 하기.) 6. **나를 기죽이는 몇 가지 것들 대면하기**(명문대 출신들 끼리끼리 뭉치는 것, 타고난 부자들, 한 우물 안 팠는데 성공한 명인들, 삼류들 기죽이겠다고 작정하고 달려드는 사람들 등등 아무튼 나를 기죽게 하는 것들 싹.) 7. **앞의 모든 것들을 포괄하는 뼛속 깊은 3류 기질**(최고도 못될 거면서 그렇다고 아예 포기하지도 못하는 애매하고 어중간한 나의 포지션이 정말 싫다.)

Note

어떤 일을 할 때, 뭘 하고 놀 때 행복한지, 불행한지 진단한다.
몰입의 경지, 무아지경의 상태에 있는 나('이럴 때 정말 행복해')
그리고 불행하다고 느낄 때의 나('이건 싫다')는 누구인지 적어보자.

Class 01 사장이 되기 전

#003
나는 무엇을 잘 하고 무엇을 못 하는가

내가 행복해지는 일과 별개로 내가 잘하는 일은 따로 있다는 사실을 아시는지. 이 두 가지 명제가 일치하지 않는 삶이 얼마나 쓸쓸한지 상상이 되는가. 예를 들어 어떤 예술가가 그림을 그릴 때 정말 행복해지는데, 그림 실력이 현격히 떨어진다고 생각해보라.(정말 쓸쓸하겠다.) 또 어떤 화가는 그림을 정말로 잘 그리고 그로인해 행복감을 느끼는데 그 그림이 너무 안 팔려서, 돈 때문에 사랑하는 연인을 떠나보냈다고 생각해보라.(쓸쓸함을 넘어서 우울해지기까지 한다.) 우리는 보통 내가 잘하는 일을 통해서 행복감을 맛보게 되고, 그럴 때 돈도 따라온다고 생각하는데 세상의 이치가, 혹은 '그 분'의 이치가 그렇지 않다는 것이 문제다. 실컷 놀면서 돈도 많이 버는 대표적인 직업으로 엔터테이너를 꼽을 수 있겠는데, 그네들 중 진정한 행복감을 맛보는 사람도 드물뿐더러, 그쪽 일을 '잘 한다'고 지속적으로 평가받는 사람은 얼마나 될까. 설명이 길지만 말인즉, 잘하는 일을 정확히 발견해내고 그를 통해 행복해지자, 그 얘기다.

자, 그렇다면 당신이 잘하는 일은, 못하는 일은 무엇일까? 그간 자신의 삶에서 이룬 성취와 성과를 진단하고, 정말로 재능이 없다고 느끼며 절망하고 실패한 일을 꼼꼼히 따져 봄으로서 자기를 평가해보자. 내가 어릴 적부터 재능이 있었고, 적절한 혹은 과분한 성과를 이뤄냈다고 생각하는 일은 사람 사귀기(사람들 앞에 나서기, 대중에 무언가를 어필하기, 리더십 혹은 유머감각 등등 친화력 하나는 끝내준다.), 뛰어난 학습력(주어진 과제 암기하고 응용하기 혹은 베끼기), 정리정돈력(뒤죽박죽 된 일이든 관계든 내가 나서면 다 해결될 정도 –내 별명은 구반장–) 외에도 섭외력, 취재력, 기동력, 작문력 등이다. 반대로 내가 취약했던 부분은 일에도, 사람에도 지구력과 인내심이 부족하다는 점.(무엇에든 어찌나 싫증을 잘 느끼는지 완벽한 결과를 얻을 때까지 진득하게 매진하지 못한다.) 그러다보니 또 하나의 단점이 생기는데, 무언가 마무리를 확실하게 짓지 못하고 흐지부지 종결짓는다는 것이다. 잘하고 못하는 일을 분석할 때는 과거(최근의 일도 좋다) '자신이 잘 해낸 일' 그리고 '목표를 이루지 못하고 실패한 일'을 돌이켜보면 된다. 대학시절 제1회 방송제를 성공리에 마친 학생회장 구모니카 씨의 인사글을 '성취, 성과' 차원에서 실어본다. '실패, 취약점' 차원에서는 그간 나의 한계인 인내심, 지구력 부족을 얼마나 걱정하고 살아왔는가, 고민하는 일기도 엿본다.

961107 제1회 신문방송학과 방송제 '모시는 글'

"가라! 네 눈짓을 따르라! 너의 젊은 날을 이용하고, 배움의 때를 놓치지 마라! 거대한 행운의 저울 위에 지침이 평행을 이루는 순간은 드물다. 너는 올라가든가 아니면 내려가야 한다. 너는 이기고 지배하든가 아니면 지고 나서 굴복해야 한다. 이겨 의기양양하든가 아니면 쓴맛을 삼키든가, 망치가 되든가 모루가 돼야 한다"라고 괴테는 말했습니다.

저희 신문방송학과의 모든 인재들은 망치가 되기로 하고 하나로 뭉쳤습니다. 높고 청량한 가을 하늘 아래, 밤이면 어김없이 찾아드는 겨울바람 속에, 가끔은 낭만적으로 또 가끔은 이성적으로 끊임없이 변해만 가는 젊은 날의 그 활기찬 벼덕스러움을 마음껏 펼쳐 보이기 위해 우리는 하나가 되었습니다. 이제 시작이고, 아직은 서툴지만 그래도 우리가 자신 있게 내세울 수 있는 것은 젊다는 것과 그 열정과 땀입니다.

학과가 개설된 이래 3년이란 시간을 지나오면서 겪어야 했던 고민과 갈등과 방황들을 과감히 떨구어 버리고 어색하지만 멋들어진 우리들의 진짜 모습을 내세우기로 하였습니다. 우리가 바라는 것은 성공적인 방송제나 환상적인 작품들이 아니라 바로 우리가 할 수 있다는 것, 우리도 망치가 될 수 있다는 자신감인 것입니다. 언젠가 먼 미래에 지금의 시간들을 돌이켜 회상하였을 때 얼굴 가득 퍼지는 환한 '미소', 바로 그것이 우리들의 바람입니다.

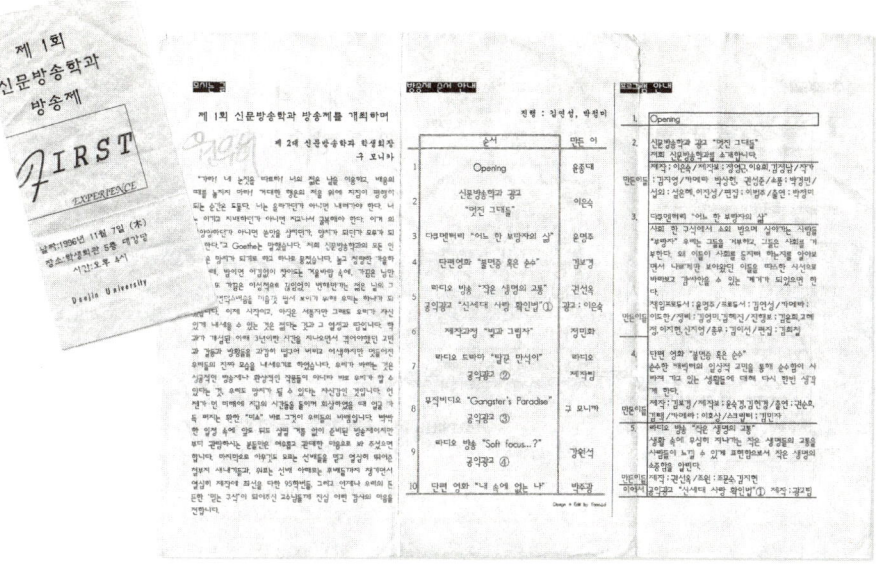

빡빡한 일정 속에 앞도 뒤도 살필 겨를 없이 준비된 방송제이지만 부디 관람하시는 분들만은 여유롭고 관대한 마음으로 봐주셨으면 합니다. 마지막으로 아무 것도 모르는 선배들을 믿고 열심히 뛰어준 철부지 새내기들과 위로는 선배 아래로는 후배들까지 챙기면서 열심히 제작에 최선을 다한 95학번들, 그리고 언제나 우리의 든든한 '믿는 구석'이 되어주신 교수님들께 진심 어린 감사의 마음을 전합니다.

_신문방송학과 학생회장 구모니카

 040317 I'm spontaneous workaholic!

어느 드라마에선가 그랬다.
사랑도 일도 네가 잘 할 수 있는 만큼만 해라.
사랑에서는 말문이 좀 막히는 편에 속하지만, 일적으로는 자신 있다.
난 그렇다. 난 일을 잘할 수 있는 만큼만 한다. 때론 잘할 수 있는 만큼의 반경과 범위가 너무 커져 감당하지 못하는 때가 있긴 해도, 난 일을 무한정 저지르고 그것을 수습해가는 나 자신을 바라보는 것이 좋다. 약간 변태다.

암튼, 지구력 문제만 좀 해결된다면, 내가 잘할 수 있는 일은 무궁무진하다고 본다. 최고의 섭외력과 추진력, 실천력, 기동력, 날카로운 지성과 수려한 외모를 능가하는 매력 포인트인 사람 좋은 속내까지. 하하하.

몇 건의 일을 성사시킨 오늘 같은 기분 좋은 날엔 엄마에게 감사하는 마음이 절로 우러나온다. 그래. 오늘은 기분이 좋으니, 아버지께도 감사~! 엄마, 아빠~ 사랑해요. 모니카를 이 멋진 세상에 내놓아 주시고, 잘 살아갈 수 있는 힘을 내 안에 키우게 도와주셔서.

그래도, '우주의 미래가 내 한 손에 달려있다는 생각을 한시도 접지 말되, 내가 하는 일이 대단한 일이라는 생각이 고개를 들 때마다 그걸 비웃어라!'는 부처님의 말씀은 늘 명심해야 겠다. 몇 건의 일을 처리하고 이리 좋아하다가 고새 또 지칠라. 조심 또 조심!! 나의 한계, 지구력!!

Note

자신의 삶에서 이룬 성취와 성과, 절망과 실패의 경험을 꼼꼼히 따져 본다.
잘하는 일은, 못하는 일을 통해 자기를 평가하자는 것!

#004
결국 나는 사장을 할 재목인 걸까?

앞의 분석을 통해 결국 우리는 나의 장점과 단점, 내가 하고 싶은 일과 잘 하는 일 더불어 하기 싫은 일과 못 하는 일을 도출해 낼 수 있다. 요즘 자기계발 클래스에서 흔히 행하는 SWOT –강점Strength, 약점Weakness, 기회Opportunity, 위협Threat의 약어– 분석에 다름 아닐 것이다. 다만 좀 더 캐주얼한 접근을 위해 나름 진단의 툴을 열거해봤을 뿐 결국 내가(우리가) 알아내고자 하는 것은 '나는 어디로 가야 하나?' 하는 의문의 해답으로서 '나는 누구인가'를 분석하는 것이니까. 이제 우리는 나의 내면의 강점과 약점을 분석해내고, 나를 둘러싼 외적 환경을 분석해 기회와 위협을 판가름할 때다.

과연 그 모든 분석을 통해 도출된 '나'라는 존재는 과연 진짜일까? 나는 객관의 나를 분석해낸 것일까? 그것 역시 주관적인 기준으로 만들어낸 허상이 아닐까? 그래도 좋다. 결국 우리는 각자의 기준으로 세상을 살아낼테니까. 어찌 보면 위의 모든 분석은 분석이라기 보단 회상에 가깝지 싶다. 이에 객관성을 부여하기 위해 주변인들을 인터뷰해보라고 조언하는 자기계발 강사들이 있기도 하다. 허나 그 역시 스스로가 만들어 내서 외부에 노출한 이미지인 것은 또 어쩌랴. 그러니 이제 할 일은 (그간의 회상에 따라) 나라는 사람이 어떤 사람이면 행복하고 잘 살 것 같은지 철저히 주관적으로 판단하면 된다는 것이다. 사실 객관적인 잣대로 평가하여 내 인생을 설계했는데 그 안에서 행복하지 않으면 억울하지 않을까. 자신의 주관적 판단으로 인생 설계를 하고 난 뒤 닥치는 고통과 고난은 스스로의 몫으로 감내하고 인내하기 쉽다는 것!(말해 뭐하나!) 어떤 점쟁이가 말하기를, 점쟁이가 누군가의 인생을 점치는 것이 아니라 그 사람 안에 있는 여러 가지 답안 중에 그가 가장 원하는 답이 뭔지를 발견하는 것뿐이라고. 결국 모든 답은 자기 안에 있고, 점쟁이는 '화룡점정'의 역할을 할 뿐이라고 말이다.

자 여태껏 일기를 보신 분들 짐작하시겠지만, 구모니카라는 사람은 에너지와 자기애가 철철 넘치고, 호기심과 도전정신이 상당히 강하다. 반면 인내심이 결여되어 포기를 잘하고 마무리를 확실하게 짓지 못해 루저(looser)를 자처하고, 결정적으로 3류 인생이라는 콤플렉스가 심하다. 감정기복이 심해 뭔가를 통해 행복감을 맛볼 때는 도를 넘어선 열정을 바치고, 우울의 나락으로 빠질 때는 한 없이 자기 안에 갇혀 평정심을 잃은 판단을 하기도 한다. 그런 사람이 사업을 하겠다고?(사업 3년차인 지금 생각해도 신기하다.) 모름지기 사업가란 평정과 냉정, 인내와 경쟁의 달인이어야 하잖나. 분야에서 최고가 되기 전까지는 자기희생도 마다해서는 안되지 않나. 돈에 관한 한 철저한 계산과 사람에 관한 한 적당한 거리두기를 습관처럼 가져야 하잖나. 그런데 이토록 감정적인 존재인 구모니카 씨가 사업을 한다고 자기진단을 하고 있는 꼴이라니.(아이러니?!)

그래서 이 책이 "사업, 질러라! 구모니카도 한다"는 주제를 담고 있는 거다. 어떤 식으로 자기 자신을 사업가 운명으로 합리화하는 지 그 과정을 지켜보는 것만으로 당신은 이미 사업가의 길로 유혹되고 있는 것이다. 나는 나를 이렇게 결론지었다. "스스로에 대한 믿음(자신감, 자기애, 자부심)으로 험난한 세상에 기꺼이 쳐들어가 열정을 다해 살아낼 것이다. 실패와 좌절로 다치고 깨져도 기꺼이 우울해 하고 거리낌 없이 상처받으리라.(이전처럼 포기는 없을 것이라고, 아니 어찌저찌하여 혹 포기하게 되더라도 그것도 내가 감당할 몫으로 결코 도망가지 않겠다고. –하긴 사장이 어디로 도망가겠냐마는–)" 결국 인간이란 감성이 이성을 지배한다고 믿겠다. 이 정신자세로 사업 아니라 사업 할아버지는 왜 못하랴. 아래 일기는 자기 확신의 흔적들.

040506 당당하고 솔직하고 거리낌 없을 것!

원하는 것을 얻기 위해 혹은 원치 않는 것을 피하기 위해 자신을 속일 필요는 없어. 나를 위해 사는 것이 세상사의 근원적인 이치라니깐 그러네. 무엇이 두려워 자세를 낮추고 눈치를 보며 튈 준비를 하고 있는 건데. 맞서 싸워 쟁취하든가 굴복하든가, 둘 중에 하나만 하면 되잖아. 어중간하거나 그럭저럭 견딜만하거나 하면 버리라니까. 사는 게 다 그렇다는 따위의 자기위안이 가장 치사한 변명이라네. 이 사람아. 정말 이러기야. 치사하고 구차하고 더러운 방식이라는 생각이 들면 그 즉시 물러서기! 진짜 정말 나를 아껴야해. 내가 바로 유일한 희망이니까.

 060513 나는 내가 진짜로 하고 싶은 일을 하고 있나?

오쇼 라즈니쉬는 "싫어하는 일을 할 수 있는 것이 성숙이다"고 말했다. 성숙을 위해 굳이 싫어하는 일을 할 필요는 없겠지만, 자신의 보장되지 않은 미래를 위해 한 번이라도 싫어하는 일을 해본 사람만이 저 얘기의 의미를 제대로 파악할 것이다.

난, 뭐, 그렇다. 하고 싶은 일을 하고 살도록 프로그래밍 되어진 평범한 사람이다. 무릇 모든 인간이란 하고 싶은 일을 하고 살아야 한다는 나의 신념에는 한 치의 흔들림도 망설임도 없다.

그러나 하고 싶은 일 '을' 하는 것과 하고 싶은 일 '만' 하는 것에는 분명한 차이가 존재한다는 얘기를 하고 싶다. 나는 수많은 직장을 버리기도 했고, 무수한 프리랜서 일을 마다하기도 했으며 무개척의, 무지의, 무경험의 분야에 무작정 뛰어들고 덤비고 그러다 안되면 때론 포기도 했지만 그곳에서 무엇이든 얻어내고야 말았다. 늘 새로운 분야에 도전하고 개기고 부딪히고 깨지기를 반복했다. 그 모든 것은 진정 내가 하고 싶은 '일'을 하기 위한 몸부림이자 맘부림이었으며 철저히 계산된 커리어 플랜career plan이었다. 그 결과로 얻어진 것이 바로 하고 싶은 일 '만' 하며 살아갈 수 있는 특혜라고 생각한다. 아직도 순도 100%의 하고 싶은 일 '만' 하며 살아간다고 자부할 수는 없지만 적어도 하고 싶은 일 '을' 하고 살고 있음은 분명하다.

그러나 많은 사람들이 오해하고 있는 것이 있다.

어떤 이가 하고 싶은 일 '만' 하며 살게 되기까지 얼마나 많은 '싫어하는 일'을 참아왔는지를, 이게 정말 내가 하고 싶은 일인지 헷갈리는 불면의 밤을 보냈는지를, 현장에서 얼마나 무수히 깨지고 터졌는지를 말이다. 그 안에는 상처도 있고 아픔도 있고 슬픔도 있지만, 먼 미래를 위해 그쯤은 기꺼이 감수했던 누군가의 아름다운 자기희생이 녹아있는지를 모르거나 오해한다. 하고 싶은 일을 하는 것과 하고 싶은 일만 하는 것의 차이를 인식하여야 한다.
주제도 안 되는 사람들이 '하고 싶은 일만' 하려는 것은 지나친 자기 오만이다.

 061220 삼십 세, 그 중량이 가져다 준 선물

'30세에 접어들었다고 해서 어느 누구도 그를 보고 젊다고 부르는 것을 그치지는 않으리라. 하지만 그 자신은 일신상 아무런 변화를 찾아낼 수 없다 하더라도, 무엇인가 불안정해져 간다'고 잉게보르크 바하만은 말했다. 나도 정확히 그랬던 것 같다. 내 나이 앞자리에 숫자 3이 붙게 되자 꿈도, 철학도, 신념도 흔들렸고, 주변은 물론 나 자신에게까지 조울증적으로, 신경질적으로 반응했다. 삼십 년이나 살았는데 나는 왜 이다지도 감정적이고 즉흥적이고 멍청한가, 불안했다. 8년이 넘게 잡지기자로 먹고 살면서 내가 하는 일에 있어서 어느 한 시절도 부족함을 느낀 적도 핀잔을 들은 적도 없었더랬는데 무엇이 날 이렇게 휘저어 놓는 걸까.
그 이전까지의 나는 고민할 겨를도 없이 바쁜 생기발랄한 이십 대였던 것이다. 그 시절엔 사회문화의 요소요소를, 전국 방방곡곡을 싸돌아다니며, 트렌디trendy하고 핫hot한 모든 것들에 나를 열어제끼고, 이슈를 파헤치고 파고 들어가면서, 사람들에 맘껏 섞이고 취해서 취재하고 기사 쓰고 하는 기자라는 직업에 대략 만족했다. 그러나 바야흐로 삼십 대에 접어든 것이다. 성숙과 성장, 철듦이라는 인생의 미션을 명받은 삼십 대로 진입하면서 감각지향, 속도지향, 트렌드지향, 소비지향에 빠져있는 내 '일'에, 그 '잘하는 일'에 회의가 들기 시작했다. 더 솔직해지자면 서른 즈음의 나는 핫 트렌드에 민감하기도 지겨웠고, 바쁘게 돌아가는 잡지 시스템에 치여서 일상의 시간을 뺏기는 것도 싫었고, 결정적으로 '생각 좀 하며' 살고 싶었다. 그러니 삼십 세라는 말이 상징하는 중량만큼 나를 짓누르던 불안을 잠재우는 길은 삶의 태도나 속도에 변화를 주는 것뿐.
"용기를 내어 생각하는 대로 살지 않으면 나중엔 사는 대로 생각하게 된다"고 말한 폴 발레리 오빠의 말을 받아들여, 삼십 세가 된 구모니카는 용기를 냈다. 타고나기를 사람들 만나서 그들의 생각에 동의하거나 반박하기를 좋아하고, 사람들에게 무언가 들려주고 알려주기를 좋아하는 내가 내린 답은 '책'이었다. 어릴 적부터 워낙에 책을 좋아라했고, 어차피 잡지나 책이나 사람의 이야기를 담는 일이고, 동일한 인쇄 매체이기도 했으니 그간 쌓은 경험이 유효할 테고…. 게다가 책이라는 매체는 기획부터 탈고, 출간까지의 속도가 잡지에 비해 여유롭고, 그 내용상의 무게감이나 깊이를 통해 책을 만지는 주체의 인간적 성숙까지도 꾀할 수 있었으니, 이야말로 삼십 세의 내가 '하고 싶은 일'이 아니었겠는가.

대학원에 진학해 출판과 저작권을 공부하면서 출판저작권에이전시에서 일도 해보고, 출판기획집단에서 프리랜서로 도서기획과 집필도 경험하고, 보무당당히 유명 출판사에 들어가 출판 커리어도 쌓고, M&K라는 1인출판사를 내고 독립을 하기까지 그 모든 과정 안에는 보람, 상처, 기쁨, 슬픔, 여전한 불안이 공존하지만, 더 먼 미래를 위해 그쯤은 기꺼이 감수하기로 한다. 책을 기획하고 필자를 만나고 원고를 만지고 책의 꼴을 갖추어 독자들 손에 전달하는 출판이라는 '하고 싶은 일'을 선물 받았는데 무엇이 더 문제이겠는가.

정녕 행복은 가까이에 있다.

_《행복한 동행》에 "잘 하는 일과 하고 싶은 일"이라는 주제로 쓴 칼럼.

Note

자기계발 클래스에서 흔히 행하는 SWOT 분석을 통해 '나는 누구인가'를 분석했다.
이제 자문할 시간이다. "나는 과연 사장 재목인가?" 그에 대한 대답을 적어보시길…!

#005

1년 후, 10년 후, 죽는 날 어떤 사람이고 싶은가?

내 안에서는 어떤 욕망이 자라나고 있는 걸까? 나는 그동안 어떤 욕망에게 양분을 제공한 걸까? 돈을 벌고 싶은 건가, 유명해지고 싶은 건가, 위대해져서 사람들의 존경을 받고 싶은 건가, 거대해져서 모두의 추앙을 받고 싶은 건가, 그저 내가 하고 싶은 일을 하면서 입에 풀칠만 하면 그만인 건가, 그냥 저냥 하루하루 먹고 마시며 놀고만 싶은 건가, 아니면 이 모두인가. 나는 정녕 뭐가 되고 싶은 걸까? 이런저런 의문이 당신을 괴롭힐 때는 차분히 앉아서 자신의 미래를 공상해보도록! 가깝게는 1년 후, 멀게는 죽음의 날, 어떤 식의 그림이 떠오르는지 눈을 감고 들여다보자.

사실 '내가 원하는 나'의 모습은 어떤 건지 스스로도 헷갈리는 때가 있지 않은가. 어떤 때는 속세를 벗어난 마샤 튜터가 되고 싶다가 어떤 때는 연일 언론에 보도되는 성공신화의 주인공이 되고 싶다가 또 어떤 때는 (실천이 가장 어렵다는) 평범한 사람으로 살고 싶다가 말이다. 이럴 땐 '미래는 현재의 거울이다'는 식의 판에 박힌 생각이 조금 도움이 된다. 우리가 이제까지 해온 자신에 대한 철저한 분석에 기대어 과거의 나, 현재의 나를 미래에 투영해보면 좋겠다. 아래 일기를 보면 알겠지만 나는 이런 '공상하기'를 즐긴 것 같다. 그렇게 함으로서 지금 당장을 살아갈 힘도 얻고, 무언가 결정하기도 쉽고, 그 자체가 '긍정의 힘'이 있으니.

040331 망중한, 그리고 기특한 생각

영화 「내 여자 친구를 소개합니다」의 도서화가 해외출판권 문제로 정체되어 내게 생긴 이 망중한. 경주마 달리듯 살아온 나의 삶에 이런 여유로움은 좀 어색하다. 어색함을 떨쳐내기 위해, 뭘 할까 고민하다가 지난 나의 삶을 정리정돈 해보기로, 그리하여 앞으로의 삶에 희망의 씨를 듬뿍 뿌리기로 한다. 어처구니없는 순간을 맞지 않기 위하여.
새삼스럽지만, 나의 지난 시절을 회상하면, 그 시절들이, 순간순간의 일상들이 대견하기도 하다. 서른한 살의 나이에, 내가 해놓은 일들과 앞으로 해야 할 일들을 생각하면 종종 가슴이 벅차오르기도 한다.

'세상살이가 그리 녹록치 않다'던 선조들의 이야기, 우리들 모두가 진실이라고 받아들인 그 아포리즘aphorism이 나의 경우엔, 문제가 좀 다르다. 좀 더 솔직해지자면, 내 일생의 중요한 순간에는 세상살이가 녹록하기도 했던 것 같다. 때론 벤츠를 건 경품행사에 당첨되는 행운의 주인공처럼, 때론 마술사가 부리는 마법의 힘을 입은 수혜자처럼, 내 삶에서 나의 의도대로 되지 않은 것이 있었단 말인가?(사랑 빼고.)

때론 우연하게, 때론 의도적으로 난 내가 연출하는 이 연극의 연출자로서의 능력에 만족하는 결과를 얻어냈던 것 같다. 그런 맥락에서 나의 미래는 희망적이다. 내가 내 안에 희망의 씨를 뿌리고, 그것을 잘 자라나게 지금도 가꾸는 중이니 말이다.

집으로부터의 독립, 출판 사업가로서의 성공, 술·담배로 부터의 해방과 웰빙 라이프, 아버지의 소원인 박사학위 취득, 원인모를 외로움과 고독에의 완벽한 적응, 내 주변에서 일어나는 모든 일에의 무던하며 익숙하며 자연스럽고 깔끔·쌈박한 반응기제.

It's all I want!

070212 산다는 건 원래 그런 거야

'인생살이'라는 게 말이지 원래 앞을 알 수 없게 되어있어서 생각보다 재미가 있는 거야. 원래 기약 없는 기다림이 더 애절하고, 결과를 예측할 수 없는 도전이 더 짜릿하지. 미래를 정확히 예측할 수 없다는 것은, 긍정적인 마음으로 잘 될 경우만을 상상하게 만들기에, 그런 판타지 속에서 행복한 생각, 즐거운 생각을 할 수 있기에, 그래서 인생은 재미가 있는 거야. 그렇게 생각해버려. 인생은 원래 그런 거라고….

071110 내 마지막 날~

목숨도 내놓을 수 있는 만큼 사랑하는 사람 곁에서, 나로 인해 즐거웠노라고 조문을 와 울어주는 몇몇의 사람들 곁에서, 출판인으로 내가 만든 책들이 많은 사람들을 행복하게 만들었던 추억을 한 아름 안고, 호화롭지는 않지만 적당히 훌륭한 장례식을 치르며, 언니 몫까지 살았노라고 흐뭇한 미소를 지으며, 생에 대한 미련보다는 찬사로….

Note

'내가 원하는 나'의 모습은 어떤 건지 '도무지 모르겠다' 하는 분들,
차분히 앉아서 자신의 미래를 공상해보도록!
1년 후, 10년 후, 죽음의 날을 눈감고 그려보자.

#006
결심했어! 계속 방황 그리고 사업

　이십 대를 거쳐 삼십 대로 향하면서 다들 어떤 생각을 할까. 혹자는 늙었다고 느낄 거고, 누군가는 희망에 차오르기도 할 것이고, 불안한 사람도 있을 거고, 안정감을 찾았을 지도 모르겠고, 이젠 진짜 어른이 되었으니 더 이상 핑계가 안 통한다는 공포감 같은 게 밀려들기도 할 것이고, 몸도 맘도 철학도 신념도 많이 변해버린 자신을 발견하기도 할 것이고, 늙을수록 차오르는 욕망에 세상이 미워지기도 할 것이고, 이십 대에 해야 할 무언가를 덜 한 느낌에 찝찝하기도 할 것이고, 이제 다시 시작이구나 하며 맘을 다잡기도 할 것이다. 이래저래 변화가 필요하다는 점에는 다들 공감할 것이다. 그 변화가 결혼이든, 연애든, 이직이든, 승진이든, 개업이든, 뭐든 좋으니 이전과는 다른 환경에 자신을 노출하고 싶어 안달이 날 것이다. 비록 처지와 상황에 따라 스물아홉을 거쳐 서른, 서른하나의 삶에 아무런 변화도 없는 사람이 태반이겠지만 마음 한 구석에서 스물스물 변화 혹은 성장의 욕구가 일지 않을까.

　바야흐로 이 순간이야 말로, 자기 인생의 터닝 포인트를 찾는 적시인 것이다. 그런 순간에 자신을 직시하고, 인생에 과감한 변혁을 꾀해야 한다고 강력히 주장하는 바이다. 그 순간을 놓치면 영영 기회는 오지 않는다. 우리는 더 늙을 거고, 더더 자신감에서 멀어질 것이고, 더더더 삶이 난폭해 질 것이므로….

　이런 순간엔 그냥 '잘 되는 나'를 상상해 보고, 자신감, 자기애로 충만해져서 무엇이든 일을 저질러야 한다. 나에게 이것이 마지막 기회이자 최후의 시간이라고 생각하자는 거다. (물론 일을 저지르는 데 나이가 무에 중요하냐고들 말하지만 늙어서 일을 벌이려면 정말로 치밀한 계산과 계획이 필요하다는 사실!) 지금, 당장, 내가 하고 싶은 일을 밀어붙이자! 아직은 철들 시간이 아니라고 본다. 그것이 무엇이 되었든 과감하게 도전하고 마구마구 밀어붙이자. 아직 우린 젊으니까.

021202 다시 세상 속으로…

아직 포기하지 않은 것이 혹시 있지 않느냐고, 우리는 세상을 바꾸려 하지 않았고, 아무 것도 바꾸려고 해본 적이 없지만 그래도 한 때 세상을 믿은 것처럼. 지금도 여전히, 이 삶이 끝나는 날까지 무언가를 믿고 무언가를 기다려야 할 것이 있지 않겠느냐고.

031203 다시 한 번 희망을…

그러는 게 아니었어. 방황도 좋은 거니, 계속해도 좋다는 결론 따위는 내리는 게 아니었어. 그렇게 삼십 세를 허비하는 것이 아니었어. 지금 이렇게 후회하는 것도 아닌 거 같고.
아니다, 아니다, 아니다. 기다, 기다, 기다. 기야.
다시 한 번 나에게 기대하기로 해.
왜냐. 새해가 다가오고, 나는 이제 삼십일 세이고, 내가 사랑하는 사람들이 아직까지 건재하고, 나를 믿고 따르고 사랑해주는 사람들이 몇몇 남아있고, 인생에 회의적이기엔 좀 젊은 편에 속하고, 시작할 무엇이 남아 있을 거 같고, 고생도 아직 좀 더 해야 할 것 같고. 내가 날 사랑해야 하고, 세상을 좀 타당하게 미워해야 하고, 좀 더 억세져야 할 것 같고.

070202 스무 살이었다는 것, 철부지

대학 따위 가지 않겠다고, 나의 유일한 보복은 그 방법뿐이라고, 도끼눈을 하고 아버지를 노려보던 내가 모월 모시 연합MT를 가고, 또 모월 모시엔 학과MT를 가고, 학과일에 빠져 지내고, 눈에 불을 켜고 장학금을 타내고, 뭘 해도 이렇게 앞뒤가 맞지 않고 논리도 없고, 설득력도 없는 스무 살 시절. 그 황망한 시절에 함께 횡설수설하던 친구들을 오랜만에 만났다.

늘 양볼이 빨개가지고선 콧물을 질질 흘리던 정묵이, 제이빔이 최고의 명품 브랜드인 냥 잘난 척하던 재영이, 지가 세상에서 제일 이쁘고 늘씬하고 똑똑한데다 잘 나가는 날라리라고 생각하던 니카, 이렇게 셋이는 첫 MT에서 술통에 빠져서는 서로의 무릎을 베고 잠들었었지. 촌스러운 겉모습과 달리 본인이 유행을 리드한다고 주장하던 제성이, 잘생긴 외모와 달리 얼굴에 어깨에 온 몸에 어둠을 달고 다니던 진혁이, 상식 퀴즈를 내거나 오랜 속담을 읊어 모두를 따분하게 만들었던 호연이. 그저 스무 살 시절을 함께했었다는 이유만으로 어디서 무얼 하고 살고 있던지 살갑고 정가는 새끼들. 이로운가 해로운가 당최 따져지지 않는 이 인간들이 결혼도 하고, 국제결혼도 하고, 애도 낳고, 사업도 하고, 경찰도 하고, 무역도 하고, 뭐라도 하며 삶을 살아낸다는 게 마냥 신기하다.
언제부턴가 아무 생각 없던 그 시절에 대해 이야기하는 걸 꺼려했던 것 같은데, 그건 그 시절에 어떤 언어로 이야기를 나누었는지가 도대체가 생각나질 않아서지. 과연 우리가 얘기다운 얘기를 나누긴 했던 걸까. 철부지였던 우리들. 라보엠, 라보엠, 그건 스무 살이었다는 말. 이젠 아무 의미도 없는 말.

070117 삼십 대, 계속 방황, 아직은 철들 필요가 없으니까

요즘 이상한 버릇이 생겼어. 술 때문인지 늙었기 때문인지. 가까운 사람들에게 상처를 주게 되네. 술 때문은 아닌 게 어디 한두 해 마신 술이냐고. 구모니카 술꼬장 없기로 유명하잖어.
늙어서 그래. 이 나이쯤 되고 나니 무례하고 막 나가고 제멋대로인 사람들은 정말이지 참고 봐줄 수가 없다네.
한편으로는 늙었는데 이것밖에 못 되는 내가 저주스럽기도 하네. 공자 오빠, 서른 살은 이립而立이라 했지. 서른 살쯤에 가정과 사회에 모든 기반을 닦는다는 것인데, 삼십 대가 중반을 향해 치닫고 있는 이 시점에 아무 것도 해놓은 게 없는 나로서는 내가 얼마나 불만이겠어. 객기 부리는 게지. 투정하는 게지.
그런데 말이지, 꼭 철들어야 하나. 반드시 가정과 사회에 기반을 닦아야 하나.
더 방황하는 것은 어떨까. 안정된 기반을 잡고 안주하기에는 난 아직 하고 싶은 게 무지 많단 말이야.

성취와 성공

#007 왜 일을 하는 거지?   #008 좋아서 하는 일과 돈이 되는 일   #009 왜 나는 사장이 되려 하는가?

#010 사업의 고충, 짐작할 수 있을까   #011 무작정 사업계획서를 만들어 보자!

#007
왜 일을 하는 거지?

돌이켜보니 지난 13년간 난 한 시도 일하기를 멈춘 적이 없다. 이미 털어놨듯 메뚜기 근성으로 줄기차게 여기저기 직장을 옮겨 다니기는 했지만 다음 직장이 정해지면 옮기는 스타일인지라 휴지기는 거의 없다고 보면 된다. 중간에 뭔가를 배우느라고 잠시 직장 생활이 끊기면 그걸 못 참아 아르바이트를 하곤 한다. 일하지 않고 쉴 때 내가 느끼는 감정들, 이를테면 뭔가로부터 도태된다는 불안감, 생산적이지 못한 자신에 대한 불신, 여기서 다 끝나는 건 아닌가 하는 공포 등등은 열심히 살아가는 이삼십 대가 허송세월하고 있을 때 느끼는 공통적인 감정이 아닐까. 우리나라는, 어쩌면 자본주의라는 시스템은 원래 젊은이들에게 쉬지 말고 열심히 일하기를 강요하는 제도가 아닐까. 어쩌랴, 이 나라에서 태어나 그렇게 열심히 일하며 살도록 교육 받고 자란 것을 말이다.

나는 그렇게 '일중독자'로 13년째 열혈 활동 중이다. 정확한 잣대를 들이대며 누가 더 열심히 일했냐고 따질 수야 없겠지만 일에 어떤 방식으로 임했는지를 따져본다면 정말 온 열정 바쳐 일했다고 자부한다. 하긴 나만 그랬겠는가. 주위를 둘러보면 젊은 한 시절 미친 듯 일에 파묻혀 지내지 않은 사람이 별로 없다. 물론 간혹 딱딱 정시에 퇴근하고, 일 끝나면 일 생각은 딱 접고 개인 활동에 전념하는 사람들도 봤지만, 천에 하나 꼴이다. 거의 대부분의 청춘들이 회사를 위해 몸과 영혼을 불사르고 있다.

이 나라에서 열심히 살고 있는 친구선후배들이랑 함께 모여 '왜 일을 해야 하는 걸까?' 하는 이야기를 자주 하는데, 뭐, 답은 뻔하지 않겠는가. 무언가에 열중하며 살아야 덜 심심하고, 뭔가를 창조함으로 인해 보람과 뿌듯함도 느낄 테고, 일을 하고 나서 사람들과 어울려 놀아야 더 재미있고, 그게 잘 하는 것 같은 생각이 들고, 돈도 벌어야 하고…. 우리는 그래서 일하는 거다. 그것도 아주 열심히. 그런데 그 뻔한 답에 다들 고개를 갸우뚱 하는 반응. 아는 선배는 사람들이 당연한 것을 잊고 지낸다고 허탈해했는데, 바로 무언가를 할 때 '목적'을 까먹고 달려든다는 것이다. 처음에 생각했던 목적은 온데간데없고 맹목적으로 매달리고 있는 꼴에 대한 한탄이 아닐까.

결국 문제는 '일'에 너무 빠져서 뭔가를 잊고 사는 것 같은 느낌이 드는 순간이다. 말 그대로 '일을 위한 일'을 하는 건 아닌가, 난 무엇을 위해 이렇게 열심히 일하는가, 회의가 들 때가 있다는 것. 이는 마치 누군가와 '싸움을 위한 싸움'을 하고 있을 때 느끼게 되는 허탈감과 같다. 이런 순간엔 정말로 진지하게 나 자신을, 내가 빠져있는 그 '일'을 평가해봐야 한다. 무작정 어디로 가는지도 모르고 가속하다가 경로이탈로 사고 나면 어쩔려고, 그렇게 생각 없이 달리나.

'자, 우리는 무엇을 위해 이렇게 열심히 일하는 가?' 초심으로 돌아가 '일'을 왜 시작했는지 그 '목적'을 떠올려보자. 남들도 하니까 의무적으로 임했나? 미치도록 하고 싶은 일이었나? 돈이 필요했나? 사회적으로 성공을 거두기 위해 선택했나? 명예로운 인간이 되고 싶었나? 미래에 대한 기대감인가? 등등 열심히 일하는 이유를 반드시 찾아야 한다. 젊은 한 시절엔 사실 아무 이유 없이 무작정 그냥 뭔가를 한다는 것만으로도 만족할 수 있다. 물론 그 시절엔 그 정도로도 괜찮다고 본다. 하지만 좀 더 먼 미래를 대비해야 하지 않을까. 그래야 삼십, 사십, 오십에 후회가 없을 지어니…. 내가 어디로 가고 있는지 방향 감각을 유지하면서 몰입을 해도 해야 한다. 그래야만 나의 한 발짝 반 발짝의 행보가 모이고 모여 성공이든, 명예든, 돈이든 결과물을 만들어낸다.(슬슬 공개되겠지만 구모니카 씨가 10년간 걸어온 그 길이 하나로 모아져

어찌나 응축된 힘을 발휘하게 되는지, 가히 경이롭다.^^)

030504 열심히 일하는 이유

열심히 일하고, 열심히 술 마시고, 열심히 만나고, 열심히 헤어지고, 열심히 사랑하고, 열심히 미워하고, 열심히 기쁘고, 열심히 아프고, 열심히 열심히 열심히 열심히.
왜? 심심하기 싫으니까.

040407 집중집중집중*_*

우주. 지구. 대한민국. 서울. 이곳은 대학로. 여기는 회사.
책상머리에 붙어 앉아 일 안하고, 하루 종일을 낭비한, 이어폰을 뒤집어쓴, 딴 생각하는, 니카. 32년간 육아일기를 써오신 주호창 선생님(홍성 풀무학교 선생님이시다)의 원고를 다듬고 다듬어 어제 마감하신 윤문자 이재택 선생님의 윤문 원고를 교정·교열·수정·재배열 하기, 내가 오늘 끝내야 하는 일이다. 재밌고 서글프고 우습고 공감 가는 32년 아버지 육아일기의 결정판, 최종 정리본에는 문제가 없어 보인다. 한 가정의 아버지가 이렇게 자식사랑을 몸소 실천했다는 것만으로도 충분히 감동적인 이 원고에는 문제가 전혀 없다는 말이다. 문제는 나한테 있다.
이 원고에 집중을 못하는 건, 원고 때문이 아니라, 나란 인간의 해이한 정신세계에 문제가 있기 때문이다. 학교에서 떠드는 아이들을 족칠 게 아니라, 일터에서 일 안하고 잡생각 하는 나를 족쳐야 한다.
집중집중집중!
일단, 자바에 내려가 카페라떼와 씨리얼 바를 사고, 싸이월드 페이지를 닫고, 책상을 싹 치우고, 오직 원고만 대면하는 거다. 그러는 거다. 일을 해야 먹고 살지. 열심히 일을 해야 잘~먹고, 잘~살지….

무엇을 위해 열심히 일하는지 '목적'을 진단해보자.
'돈'인지, '자기만족'인지, '성공'인지, '성취'인지, 그 목적성을 적어볼 것!

#008
좋아서 하는 일과 돈이 되는 일

  왜 열심히 일하는 건지 답을 찾으셨는지요? 그렇다면 이제 할 일은, 특히 사업을 하겠다는 각오를 한 당신이 반드시 짚고 넘어갈 일은 내가 하는 일이 '좋아서 하는 일'인지, '돈이 되는 일'인지를 파악하는 것이다. 굳이 사업가로 나서겠다고 결심한 사람이 아니어도 뭔가 변화가 필요한 사람들이라면 나이를 먹을수록, 일에 이력이 붙을수록 이런 생각이 고개를 쳐들 것이다.

  '아니, 그토록 열심히 일하는데 돈을 이것 밖에 못 벌다니!' 어렸을 때는 내가 착취를 당하는지도 모른 채 일에 대한 맹목적 몰입으로 여러 사장님들 돈 벌게 해줬지만, 이제는 나의 열악한 주머니가 보이는 때가 온 거다. 게다가 주변 친구들도 슬슬 성공 일로로 치닫는데 언제까지 '뭐, 돈은 안 되지만 좋아서 하는 일이잖아' 하고 소심하게 기어들어가는 목소리로 대답할 건가. 자기 분야에서 어느 정도 위치에 오른 사람이 '이게 돈이 안 돼서. 술은 니가 사라' 하는 모습만큼 쓸쓸한 풍경이 또 있을까.

  이제 정말 돈을 벌 때가 온 거다. 자본의 시대에 살고 있는 우리 주변에는 살 것이 너무 많다. 게다가 우리는 사고 싶은 게 너무 많은 욕심쟁이들이 아닌가. 또 동시대의 사람들과 어울려서 살려면 환경적으로도 얼마나 많은 것을 사라고 강요받는가. MP3도 사라하고, 컴퓨터 사라, TV도 바꿔야지, 에어컨도 사라, 예쁘게 치장도 하고 다녀라, 헥헥~! 자 그쯤 했으면 이젠 차 사라, 집도 사야지, 펀드니 주식이니 재테크도 하란다. 숨 막히지만 속세를 떠나 지낼 생각이 아니라면 어쩌겠는가. '따위의 상대적 빈곤감에 시달리지 않겠다'는 유치한 변명은 집어치우시길….

이제 슬슬 좋아서 하는 일과 돈이 되는 일에 대한 이분법적인 사고가 찐해지는 때가 온 것이다. 그 결정적인 순간을 무심히 지나치는 실수를 해서는 안 된다. 지금이야말로 내가 좋아하는 일이 돈이 되는 일인지를 철저하게 증명할 때다. 만일 당신이 지금 좋아하고 빠져있는 일이 돈이 되는 일이 아니라면, 당장 때려치우라고 말하고 싶다. 그러기 싫다면 그 일을 통해 돈을 만질 수 있는 방법을 연구해라.

누군가가 왜 이렇게 돈에 연연하냐고 충고 아닌 충고를 한다면 그 사람을 멀리해도 좋다. 돈 안 되는 일에 빠져서 예술혼 운운하는 사람들은 자기네들끼리 모여서 살라고 강권하고 싶다. 그런 영혼을 가진 고고한 사람들이 현실에서는 우리 주머니를 노리는 도둑에 다름 아니니까. 이 황당한 예술혼들 얘긴 그만하고, 다시 나에게로 돌아가서 우리는 왜 돈을 벌어야 하는 걸까. 단 한마디로 말해 드리겠다. 우리가 발붙이고 사는 여기는 결단코 돈의 논리로 돌아간다. 자신을 사랑한다면, 그런 마음으로 현재 상황과 환경에 변혁을 꾀한다면, (정당한 일을 통해) 돈을 벌 궁리를 하자.

일이 좋은가? 돈이 좋은가? 혹시 이런 건 느낀 적 있으신지…. 인생을 즐기기 위해 돈이 얼마나 중요한지를 말이다. 혹 인생의 대전제가 돈이 아닐까 하는 생각은 안 해봤는지. 특히나 사업가의 숙명적 전제는 무조건 돈이다. 돈이 되는 일을 좋아해버리는 게 옳다. 균형감각을 발휘해 일(성취)과 돈(성공) 사이에 적당한 지점을 찾으시겠다? 절대로 못할 일이다. 돈이라는 놈은 당신의 의도나 취향에 따라 올 놈이 아니므로…. 결국 돈을 만지고 관리하는 주체는 인간인데 그 속내, 인간성에 대해 생각해보라. 인간은 두말할 것 없이 탐욕에 의해 움직인다. 그리고 탐욕이 좌지우지 하는 돈이라는 놈은 꼴랑 당신의 취미나 기호에 반응하지 않는다.

070226 돈을 친구 대하듯 하라!

친절하게, 따뜻하게, 기대 없이, 집착 없이. 어떤 억만장자님께서 '돈은 사람이다. 생명이 있고, 살아 움직인다'고 하신 말씀을 이 기자님이 중계해주심.(돈 많으신 송 사쪼, 신 사쪼, 고개를 연신 끄덕이시며, '맞아, 맞아!' 하시더군.)

돈돈돈돈 노래 부르고, 사랑해, 사랑해 내게로 와줘 하다가, 너 정말 이럴래! 짜증도 냈다가 앵앵거리며 매달리다가, 에라~ 꺼져버려! 무관심했다가, 그렇게 애인 대하듯 했는데. 어쩐지 돈이 안 벌리더만.

이제라도 알았으니 되었네. 나 돈이랑 친구할 꺼야. 애인에게와 달리 친구에게는 친절하고, 따뜻하고, 기대도 없고, 집착도 없으니깐. 그러면 돈이 내게도 와줄라나?!

Note

'좋아서 하는 일'과 '돈이 되는 일'에 대한 명쾌한 분석을 해보자.
사장이라면 이 둘이 만나는 지점에서 시작하는 게 최고다.
내가 좋아하고 빠져있는 일을 통해 돈을 만질 수 있는 방법은 있는지 끼적여 볼 것!

#009
왜 나는 사장이 되려 하는가?

　주변의 사장들을 만나 '어떻게 사장이 되셨어요?' 하고 물으면 백이면 백(몇몇 예외는 있음) '모르겠네. 그냥저냥 흐르는 대로 따라왔더니만 사장이 되어있네요' 한다. 더 자세하게 질문, '그래도 계기는 있지 않나요?'하면 '결정적 계기는 없었던 것 같은데요' 한다.(아니 내가 질문을 잘 못 한 건가…. 요리조리 잘도 피해가시네.) 또 묻는다. '설마 아무 생각 없이 사업을 저지르지는 않으셨을 것 아닙니까?' 그랬더니 경천동지할 명대사를 날리신 모사장님(방송 프로덕션 A사 사장). '정말이라니까요. 결정적 계기가 있어서, 그래 사업을 해야겠다, 그런 것도 아니고 사전에 철저한 계산과 준비 같은 것도 하지 않았어요. 무의미했던 어느 하루, 불현듯, 내가 맞게 가고 있는 건가, 여기서 난 무엇을 원하는 건가, 내가 하는 일, 십수 년을 바친 그 일에 변화가 있어야 하지 않을까, 신현림 시인의 시처럼 지루한 일상에 불타는 구두를 던지듯 뭔가 일을 저지르고 싶었어요. 그런 생각을 바로 실천에 옮겼을 뿐입니다.'

　내가 만난 사장들은 혈혈단신 작은 규모로 사업을 시작해 지금은 나름대로 규모를 갖췄거나 아니면 여전히 혼자 힘으로 사업체를 일궈가는 분들이다. 대기업에서 승진에 승진을 거듭하여 CEO가 된 경우나 몇 대째 이어오던 가업을 물려받지 않는 이상 거의 대부분은 정말로 '한 큐'에 사업을 시작했다는 것. 이게 말이 되나? 사장학, 경영학 관련한 책들에서 하나같이 이야기하고 있는 철저한 사전 준비 같은 건 현실에선 먹히지 않는 걸까. 그도 그럴 것이 우리 엄마의 경우만 봐도 사전 준비라던가 치밀한 계획 보다는 '먹고 사는 게' 급했고, '집에서 뛰쳐나가고 싶은 마음'이 앞서 나섰던 사업가시니까.

결국 소자본 창업자나 1인 사장들이 사업을 시작하는 것은 지극히 사적인 이유들 때문이다. 일일이 열거하기 어려울 정도의 개인적인 이유들로, '치밀'하다기보다는 '치열'하게 판을 벌인 것이다. 직장에서 받는 월급보다 좀 더 많은 돈을 벌고 싶었거나, 직장에서 쫓겨나 하루아침에 갈 곳을 잃고 나만의 일을 갖고 싶었거나, 더 이상은 남 눈치 안보고 창의적으로 나만의 일을 하고 싶었거나, 평범한 일상이 싫어서 어딘가로 튀고 싶었거나, 그럴듯한 타이틀이 필요했거나, 남자친구와 이별하고 몸과 마음을 '올-인'할 일이 필요했거나, 갑자기 그냥 사장이 되고 싶었거나 등등등 그네들의 수많은 사연들을 뒤로 하고, 모두에게 중요한 것은 '돈'을 벌기 위한 한 방편으로 사업을 선택했다는 사실이다. 결국은 '먹고 사는 문제'에 다름이 아니라는 것! 그 외에 뭔가 2% 더 있다면, 그것은 '성공에의 야망', 그 정도.

　　구모니카 씨는 왜 사장이 되고 싶었는지 알려드리면 정말 놀라실 것이다. 불행은 한꺼번에 닥쳐온다더니 회사 생활이 도무지 지겨워 죽겠는 어느 날 애인은 홀연히 날 떠나고, 갑자기 나를 둘러싼 모든 것이 싫고, 기는 있는 대로 죽고, 그동안 나를 떠난 모든 애인에게 더불어 그동안 나를 기죽게 한 모두에게 복수하려면 뭘 어떻게 해야 할까 고민하다가 '사장'을 해야겠다고 결심하고 말았다.(사업도 아니고, 사장을 한다니…. 지금 생각이지만 정말 대책 없고 감정적인 결정이다.) 창업 당시, 나는 정말로 가진 것도 하나 없었고, 창업을 할 만큼 그 분야에서 전문가도 아니었더랬다. 그런데 내가 번역 출판하려고 마음먹었던 외국 작가 SARK의 책에는 "하고 싶은 일을 해라. 네 진짜 꿈을 찾아내고, 저질러라!"고 적혀 있었으니, 어찌 사업을 시작하지 않고 배기겠는가. 〈사장 수업〉을 집필하면서 내 생애 전반에 걸쳐 쓴 일기를 들춰보니, 중학교 미술 시간에 로고를 만드는 시간이 있었는데 MONIKA라는 의류 브랜드를 만들었더군.(무의식 중에 나에게 '사장의 꿈'이 있었던 건가.)

결론은 그렇다. '사장의 시작'은 참 쉽다는 것! '저지르는 마음' 하나면 된다. '사장의 끝'도 그렇게 쉬우면 좋으련만.

 050429 대성통곡

변화가 필요하다고 느낀 바로 그 순간, 즉흥적인 판단만이 나를 구원해줄 줄 이미 알았다. 나는 회사를 때려치웠고, 사업을 시작하기로 했고, 내 인생은 나만이 살릴 수 있다고 자만했다. 나에게는 무엇도 이렇게 쉽다. 사장 아니라 회장도 난 쉽게 할 수 있는 전지전능한 인간인 거다. 즉흥적으로 모든 것에 변화를 꾀했던 그날, 난, 참 많이도 울었더랬다. 사장을 하기 위한 헌사.

모 기자는 "시청 앞 낡은 박카스 광고판을 보면, 도시에 사는 자신이 서러워 눈물이 난다"하고, 내 친한 친구는 "멍한 눈으로 미친 듯 앞 다투어 걷는 인파를 보면 눈물이 난다"하고, 또 한 친구는 "늙는 것도 서러운데 몸까지 아프니 눈물이 난다"하고, 내 사랑스런 언니는 "도무지 외로워서 눈물이 난다"하고, 어떤 자는 "날로 험악해지는 뉴스를 보면 눈물이 난다"하고, 유시민 의원은 "20년 전 자신을 능멸하고 핍박했던 자들을 당당한 모습으로 다시 국회에서 만났는데, 변함없이 빨갱이 소리를 지껄일 때 눈물이 난다"한다. 나는 오늘 유독 시도 때도 없이 눈물을 흘렸다. 정말 시도 때도 없이 말이다. 아침에 눈을 떠 썰렁한 정신으로 침대에 멍하니 앉아서 시작된 '눈물 바람'은 정신을 차리자고 커피를 내리다가도, 세수를 하다가도, 점심에 맛난 짜장면을 먹다가도, 은행에서 면허세를 내다가도, 빠듯한 약속시간에 맞추려 달려 다니다가도, 엄마와 통화하다가도, 떠난 사랑이 느닷없이 떠올랐을 때에도, 책을 읽다가도, 운전을 하다가도, 꼬인 일 때문에 필자를 설득하는 순간에도, 훌륭한 정신세계를 가진 사람의 이야기를 듣다가도, 착한 얼굴을 한 출판사 관계자들을 보다가도, 멋진 언니들과 웃고 떠들며 고기 굽고 술을 푸는 그 시간에도, 집에 오는 길 택시 안에서 흘러나온 트롯을 듣다가 기사 아저씨 몰래 우는 사태로 이어졌다. 심지어는 지친 몸을 눕히며 잠을 청하는 순간에 친구가 보내온 문자에 대성통곡을 하기까지. 왜일까. 왜왜왜??? 죽을 때가 된 건가.

우리들, 무슨 죄를 얼마나 지은 걸까. 왜 이렇게 울고 싶은 일이 많은 걸까.

Note

왜 사장이 되려 하는지, 그 이유를 떠오르는 대로 다 적어볼 것!

#010
사업의 고충, 짐작할 수 있을까

　웃기게도, 아무 대책 없이 사업을 시작한 나로서는 사업가가 뭘 준비해야 하고, 어떤 자세여야 하고, 얼마가 있어야 하고, 뭐부터 해야 하고, 뭐는 안 해도 되는지 알 턱이 없었다. 더 웃기는 건 그럼에도 불구하고 한 개도 겁이 안 나더란 거다. 당시 내 주변에 사업가라고는 우리 엄마, 아빠, 내가 일했던 회사들의 악덕(?) 업주들뿐이었는데 난 일을 저질렀다. 대체 무엇이 나를 이렇게 '겁대가리 짱박게' 했는가. 그건 나 자신에 대한 믿음 오로지 그것뿐! 혹은 열심히만 하면 도전했던 모든 일을 이뤘던 과거사. 내 주변에 멋진 많은 사람들이 날 도와줄 거라는 막연한 기대심리. '사업이 별거야?'라는 무모한 열정. '아님 말고!' 하는 어리석은 도전 정신. 어릴 적부터 그래왔듯이 그게 뭐든 마구 믿어버리는 개념 없음. 그런데 돌이켜 생각해보면 그렇게 쉽게 생각한 것 -중도 포기가 쉬울 줄 알았던 것- 은 좀 실수였던 것 같긴 하다. 사업은, 빼도 박도 못하는 일이었던 것이었다. 하지만 그때 이 사실을 알았더라면 아마 사업은 엄두도 못 냈을 터. 그 점에서, 난, 무모한 내게 감사한다.

　여기서 꼭 짚고 넘어가고 싶은 것이 있는데, 절대로 겁먹지 말라는 것이다.(내가 그런 마음이어서 성공적으로 사업을 잘했다는 게 아니라 어쨌든 시작했다는 것은 높이 사달라는 거다.) 그리고 사업에 관한 몇 가지 떠도는 오해를 무시하라는 것이다. 이를테면 철저한 시간관리, 완벽한 플랜, 치밀한 계산, 솔선수범의 자세, 의사결정의 괴로움, 냉철과 냉혹의 세계, 연일 계속되는 긴장감, 인맥관리, 끊임없는 자기계발 등등 '사장의 세계'에 대한 협박식의 과대포장에 대해 어느 정도는 무시하라는 거다. 사업 아니라 무엇에서든 어차피 각자가 지닌 기질과 성향대로 승부하게 되어있고 어떤 식으로든 운이 따라주거나, 실력이 따라주거나, 시장과 트렌드가 따라주거나 하는 식으로 성공여부가 판가름 나는 것이다. 성공하는 사장 스타일이 따로 있다고는 생각하지 않는다. 내가 내 성향과 기질 대로 저질러보고 체험하지 않고서는 모를 일이라는 거다. 저지르면 수습하게 돼 있는 게 인간 본능! 사업의 고충, 그 따위의 것! 겪지 않고서는 모르지! 암만 참고도서 읽고, 앞서 사업한 선배님들의 충고 아닌 충고 들어봤자 사업을 시작하지 않은 누군가에게는 절대로 소용없다.

 050110 나의 사랑, 오대수

오랜만에 맞는 느슨한 날, 이런저런 상념에 잠겨본다.
'오늘만 대충 수습하자!'는 정신자세 만큼 올바른 현실적응형 태도가 또 있을까. 나는 너무 멀리를, 미리 내다봐야 한다는 강박에 시달리는 것 같아. 100년도 못 살 것이 왜 그렇게 먼 미래를 걱정하는 건지 알다가도 모를 일이다. 그렇게 나 자신을 옥죄어서 얻어지는 건 뭘까. 언제까지 그렇게 나를 가두어 놓고 살 작정인가. 하루하루 잘 수습하고, 그 하루하루가 수천 수백만 번 모이면 멋지게 수습된 인생이 만들어지는 거 아닌가. 정말이지 느슨하게 대충 살고 싶다. 스스로의 강박에서 벗어나고 주변의 잔소리에서 벗어나 이제는 진짜 내가 하고 싶은 일을 할 때다.
그래, 출판사를 만드는 거야. 책과 글 속에 파묻혀 하루하루를 수습하면서 나태하게 사업을 해보는 거야. 주제에 나태하고 게으르고 느슨해봤자 또 열심히 뛰어 댕길 게 분명한 나지만 마음이라도 그렇게 쉽게 먹도록 노력해보자고~!

#011
무작정 사업계획서를 만들어 보자!

　여기까지 따라왔건만 애매한 자신감 빼고는 아무것도 얻은 게 없다고 느낀다면? 뭔가에 홀려 사업을 해야겠다고 무모하게 결정한 것 같은 불안감이 느껴진다면? '에이~ 이게 뭐야~! 이런 식으로 사업을 어떻게 시작해' 하는 마음이 든다면? 뭔가 치밀하고 철저한 사전 작업이 있어야 한다고 생각이 든다면? 자신감이고, 잡생각이고, 조언이고, 원칙 따위 다 때려치우고 사업계획서를 써보는 거다. 현재 내 환경에서 사업을 통해 무엇을 이루고 싶은 건지, 무얼 만들어서 누구에게 팔려는 건지, 얼마를 벌려는 건지 등등 그간의 생각들을 정리정돈해가며 사업계획서를 써보는 거다. 해당하는 동종업계 사장이나 경제·경영 관련도서 도움을 받으면 하나도 안 어렵다.

　사업계획서를 써보면 알겠지만 그저 머릿속으로만, 마음으로만 '자신 있어!', '못 하겠어!'를 반복하던 나에게 작성 중인 사업계획서 자체가 뭐라고 말을 거는 것 같다. '야! 고작 이거였어?', '음~ 꽤 그럴 듯한데', '뭔가 2% 모자라~!', '와우~ 대박인데…' 하는 등 내 목소리가 아니라 외부감시자(투자자?!)의 목소리가 들리는 순간이 온다. 자기 자신 하나 진단하고 파악하는 것도 수년 째 애먹고 있는 인간에게는 이러한 문건을 작성해보는 일이 큰 도움이 된다. 그저 쓰다가 '에라이~ 난 안돼!' 하고 느껴지면 그 때 포기해도 늦지 않다. 사업계획서 단계에서 사업을 포기한 분들 몇 분을 뵈었는데, '내 한계가 이거였군~' 알고는 깜짝 놀랐다며, 그 때 포기한 게 얼마나 다행인지 모르겠다고 가슴을 쓸어내리신다. 그러니까 인간은 참 행운아다. 중간 중간 자기 가는 길을 체크할 수 있도록 다양한 관문들을 거치게 되니 말이다.

050317 사업계획서를 쓰다

근 이틀간 씨름을 한 끝에 꽤 그럴 듯한 M&K 사업계획서를 완성했다. 내가 꿈꾸는 이데아의 세계를 글로서 풀어낸다는 것은 쉬운 일이 아닐지 모르겠으나 아직 무형의 세계일 수밖에 없는 나의 구상, 그 네 귀퉁이가 정확하게 보여진다는 점에서 해볼 만한 작업이다.

어떤 투자자는 이렇게 말했다지. "나는 잘 듣지는 못하지만 읽기는 잘 합니다. 그러니 사업계획서부터 먼저 보여주십시오. 얘기는 그러고 나서 합시다."

재무 계획 부분에서 짜증이 나서 이걸 왜 쓰고 있나, 이걸 계속 써야하나 고민했다. 역시 돈 계산이 가장 복잡했고, 골치 아팠던 걸 보면, 나란 인간은 쪼잔하게 돈 세는 일은 안하고 살 것 같다.(돈 벌어서 회계경리담당부터 뽑아야겠다.)

목표를 높게 설정하면 그 근처에라도 도달한다는 말을 믿으므로 예상판매부수를 좀 높게 설정한 듯도 보이지만 현실감각을 최대한 동원하여, 낮추고 낮춘 게 그 정도인걸 보면, 요거 뭔가 큰 일을 치를 모양새다.

이제 투자자를 만나 설득할 시간이다.

그들은 나를, 내 열정을 알아줄라나.

암, 그렇고말고.

M&K 사업계획서, 대 공개~

P.S. 전체적인 구성과 항목을 참고하셔서, 당신만의 사업계획서를 만들어 보세요.(너무 자세히 보지 마세요. 현실과 살짜쿵 달라요.)

---

01 page

도서기획출판 M&K 사업계획서

- 차 례 -

1. 도서기획출판 M&K 소개
   1) 현황 (연혁 및 진행 업무 개요)
   2) 도서기획출판 M&K 경영자 소개
2. 도서기획출판 M&K의
   Mission & Vision
   독자대상과 Vision & Goal
3. 사업 및 제품 개요
   1) 사업추진 배경
   2) 상품개요(상품의 특성 및 차별성)
   3) 제품 개발 계획 및 인력
4. 시장 환경 분석
   1) 출판 산업과 목표 시장 분석
   2) 시장 진입 및 성장 전략
   3) 경쟁 및 경쟁 우위 전략

5. 마케팅 계획
   주요 판매·광고홍보마케팅 전략
6. 출간 계획 & 사업 추진 일정
   1) 05년 하반기~06년 상반기 출간일정
   2) 분야별 발간 계획
   3) 생산 전략, 생산 계획
7. 재무 계획
   1) 타이틀별 매출 계획
   2) 추정 손익계산서
   3) 원가요소, 소요자금 및 조달방안
8. 위험요소 및 대처방안
9. 투자 제안 사항 및 사업계획안 결론
   1) 투자요청 및 투자회수 방안
   2) 사업계획안 결론

도서기획출판 M&K 2005년 3월

02page

1. 도서기획출판 M&K 소개

1) 도서기획출판 M&K 현황(연혁 및 진행 업무 개요)

- 05년 1월 14일 도서기획출판 M&K 사업자등록 및 업무 진행 [M&K 순수출판 & 외주 기획편집대행]
  : 05년 1월 15일부터 〈2006년 기적을 부르는 다이어리〉 글, 그림 작업 착수
  : 05년 2월 22일 SARK 〈Make your creative dreams real〉 계약 완료. 번역 시작, 디자인 작업 구상
  : 05년 2월 니나 〈Ecstasy〉 기획 및 편집 작업, 출판사 수배 작업 착수
  : 05년 3월 〈여자는 무엇으로 사는가 : 상류사회 여자로 사는 법〉 김은 작가 계약
  : 05년 3월 〈2030 교양시리즈, 똑똑한 여자들의 세상읽기〉 OR 〈놀면서 일는, 일으면서 똑똑해지는 2030 교양시리즈〉
    기획 및 필자 수배 작업 착수
  : 기타 기획 〈나쁜 책〉, 〈한국의 색〉, 〈아이들을 위한 박물관 홀가이드〉, 〈그는 당신에게 완전 반했다〉, 〈리치걸〉 등
- 05년 1월 20일 도서출판 마음향기 기획편집 및 디자인, 홍보마케팅 업무 일괄 전담 계약
  : 김형석 〈산다는 것의 의미〉 재출간 작업, 정찬주 〈나를 찾아 떠나는 압자기행〉 기획편집 작업
- 05년 2월 샘터사 〈전문가, 그들만의 법칙〉 편집 및 디자인 작업 착수. 출간 후 마케팅 일괄 진행(3월 15일 출간)
- 05년 3월 기파랑 기획 작업 및 편집진행 작업 계약(한정화 교수, 조영호 교수, 이민용 감독, 탁석산 박사 등 기획)

2) 도서기획출판 M&K 경영자 소개

[구모니카] 1974년 생. 대진대 신문방송학과 졸업. 졸업 후 다큐멘터리 AD의 길을 걷다. 잡지(주간 코스메틱, 뷰티패션, 에스파이어, 데코저널, 차비, 양평, 책과 인생, 송인소식 외 다수 잡지 취재 및 진행 기자) 쪽으로 방향을 전환하면서 인쇄 매체의 매력에 심취하다. 깊이 있는 공부를 위해 경희대학교 언론정보대학원 출판잡지학과 과정에 진학, 석사학위를 받는다. 이후 프리랜서 기자, 자유기고가, 방송작가 등을 통해 창조적인 작업에 몰두하게 되고, 출판계에 뛰어들어 저작권위탁관리사업, 출판 외주 기획 및 집필 작업을 진행한다. 최근에는 샘터사 기획출판사업부에서 1년 동안 무려 6권의 책을 만들면서 그 기획력과 편집진행력을 인정받는다. 이를테면 2만부 이상의 판매고를 올린 김진애 박사의 〈남녀열전〉, 출간 1달 만에 3만부 이상의 행진을 지속하는 〈50현장〉이 그 예가 될 것이다. 더불어 유일한 책 소개 방송 프로그램인 [TV, 책을 말하다]에 본인이 기획한 도서가 무려 세 권이나 테마북으로 선정되는 기염을 토하며 그 기획력을 널리 알리게 된다. 또한 방송, 라디오, 신문, 잡지, 온라인 등을 총동원해 뛰면서, 출판에 있어 홍보력의 중요성에 대해 주변의 인식을 변화시키는 데 앞장서고 있다.

03page

2. 도서기획출판 M&K의 Mission & Vision | 독자대상, 경영이념과 Vision & Goal

- **독자대상(M&K 순수출판물) : 20대, 30대 여자**
  그녀들은 가지고 싶고 하고 싶은 것이 많다. 한마디로 욕심 많고 못됐다. 겉모습만 보면 화려하고 예쁘고 잘 살고 있는 것처럼 보이지만 실상 그녀들은 불확실성의 시절을 살고 있는 불안한 세대다. 사회는 급격하게 변화하고 이제 그녀들은 자유를 얻은 듯 보이지만 아직까지 여자로서의 의무를 강요하고 있는 것도 사실이다. 그러니 다분히 공격적이고, 자아 분열적일 수밖에 없다. 사방에서 팽팽한 긴장감 때문에 하루하루가 버겁다. 또한 그녀들의 스트레스 스스로를 만들어내는 경향이 강하다. 사방에서 뒷다리를 잡으려 드는 것 같고, 머리를 쑤셔 박으려는 듯싶고, 폐기를 처리하려는 듯싶고, 조금 움직임이 느려지면 금방 표가 나는 것 같아 피곤하고, 주위에서 외향적 코멘트라도 드는 게 못지당하고, 사회에서의 내 자리가 어디인가 고민되고, 몸과 정신과 마음이 다 팽팽한 긴장 상태임에도 불구하고 겉으로는 아주 잘 살고 있는 것처럼 꾸며대야 하기 때문이다. 지칠대로 지친 그녀들의 바람은 다분히 소박하다. 특유의 자아 분열적 상황을 이겨내고, 똑똑하고 현명한 여자로서, 가까이 아니라 진짜는 '잘' 살고 싶다. 그녀들을 '잘'살게 해 줄 수 있는 책을 만드는 것이다. 다만, 외주로 거래하는 출판사의 경우는 각 출판사가 지향하는 독자대상을 정확하게 파악하여 해당하는 도서를 기획토록 한다.

- **경영이념 및 기업 Motto : "20대, 30대 여자들의 일과 사랑, 공부와 놀이를 책임진다"**
  20대, 30대 여자들이 읽고 싶어 하는 모든 내용들을 발굴하거 그녀들에게 미래비전을 제시하기로 한다. 여기서 일과 공부란 직과 업, 사회, 정치, 경제, 철학, 문학, 예술, 역사 등 살아가는데 필요한 지식과 지혜 등을 아우르는 교양과 학술 텍스트를 말하며, 사랑은 말 그대로 젊은 그녀들을 둘러싼 남자들과 풍속에 대한 다양한 이야기를 말한다. 놀이란 말그대로 그녀들의 오락, 여가, 뷰티와 패션, 쇼핑, 우정 등 일과 공부를 제외한 모든 라이프스타일 정보를 말한다. 이밖에도 그녀들은 욕심이 많은 세대로 하고 싶은 일이 너무 많은데, 그녀들의 사회참여를 유도할 수 있는 캠페인성 짙은 이념과 사상이 깊은 도서의 출간도 불사한다. 더불어, 외주로 거래하는 출판사의 경우는 각 출판사가 지향하는 독자대상을 정확하게 파악하여 기획을 구사하고 기획된 도서를 해당하는 출판사의 구미에 맞게 친절하게 편집 진행하도록 한다.

- **Vision & Goal : 10곳 이상 출판사와 거래하는 외주 기획편집대행사 & 월 5종 이상 출간하는 중상위 규모의 출판사**
  2005년 초기에는 기획 편집대행사로서 외주 작업을 진행한다. 기획편집대행업 업무도 M&K의 주요업무 파트로서 그 작업을 지속적으로 진행하고, 2년 후에는 10개 내외의 출판사와 거래하며 출판사 당 한 권 정도 타이틀을 외주 진행하는 기획편집 대행사로 자리를 잡는다. 2005년 하반기부터 본격적으로 2030 여자들을 대변하는 순수 출판사로서의 M&K의 브랜드 인지도를 높이는 작업을 지속하고, 2년 내에 월 5종 이상의 도서를 출간하는 중상위 규모의 출판사로 입지를 굳힌다. 나아가 출판 컨텐츠를 온라인과 모바일로 서비스하는 OSMU 시스템을 도모하여 다각도의 매출 신장을 도모한다.

3. 사업 및 제품 개요

1) 사업추진 배경
- 기획편집 대행사로서의 M&K 시장은 날로 축소되고, 독자들은 책을 외면하고 있다. 이에 출판사들이 규모를 축소하고 팔리는 책만을 전문적으로 만들어 낼 수 있는 전문 인력들을 외주 시스템으로 운용하기 시작했다. 이런 때 외주 기획편집대행 회사로서 틈새시장 뚫는다. 저렇게지만 질 높은 출판물을 생산할 수 있는 경쟁력을 갖춘다면 내부에 노는 인력을 쓰기보다는 해당 업무를 외주로 돌리는 데 주저하지 않을 것으로 분석된다.
- 2030 여성 전문 출판사로서의 M&K 모든 산업이 날로 세분화되는 시점에서 유독 도서만은 종합출판으로 가는 것이 출판 시장의 치명적인 약점이다. 대형 출판사가 아니고서는 출판사 이름이 브랜드가 되지 못하는 것도 이 때문이다. 너도나도 이책 저책 정신없이 분야나 독자 대상에 상관없이 문어발식 출판을 하는 때, 20대 30대 여성만을 대상으로 하는 트렌디하고 센세이셔널한 책을 일관되게 출판한다면 M&K만의 독자적인 노선을 구축하여 시장을 리드할 수 있을 것이다.

2) 상품개요(상품의 특성 및 차별성)
기획편집 대행사로서는 가격경쟁력 대비하여 질 높은 도서를, 빠르게 출판할 수 있다는 장점을 확보하도록 한다. 20대 30대 여자들을 대상으로 하는 도서는 많은 듯 없는 것이 현실이다. 그녀들을 무시하는 듯 보이는 겉핥기식 경제경영, 자기계발 정보를 담은 책들은 실망만 안겨주고, 널려있는 문학서 속에 그녀들의 구미를 당기는 것이 없어 베스트셀러 중심의 선택을 할 수밖에 없다. 이에 집중적으로 그녀들의 지식과 지혜, 정보와 세상을 보는 눈을 가지게 도와주는 M&K 고유의 책을 출판한다.

3) 제품 개발 계획 및 인력
- 기획편집 대행사로서의 M&K 외주로 거래하는 출판사의 색깔을 확정하고 그에 맞는 기획을 세우고, 해당 출판사의 편집장이나 사장과 직접 토론하는 과정을 거쳐, 필자 섭외 관리부터 원고의 가공, 도서의 구성, 디자인, 교열교정, 필름출력까지 책임지고 진행한다. 해당 출판사의 요구가 있다면 홍보광고 마케팅 집행 대행까지 맡아서 진행할 수 있다. 자리가 잡히면 내부에 외주 전문 기획편집 인원을 둔다. 물론 기획에 있어서 아이디어 수준에서는 업무를 공유할 수 있는 여지가 있지만, 기획아이템을 토스하여 기획 단계에서 브레인스토밍 하는 과정 외에는 전담 인원이 있어야 업무 혼선이 없는 것이다.
- 2030 여성 전문 출판사로서의 M&K 향후 전체 업무비중의 70%를 점하게 될 분야로서 전담 인원을 확보하여 체계적으로 그녀들의 욕구를 분석, 분야를 섹션화한다. 해당 도서들을 계획적으로 출간, 2030 여성 전문 출판사로의 입지를 굳힌다. M&K 도서가이드를 잡지 식으로 발행하여 "아, M&K책이라면 믿고 살 수 있어"라는 인지도를 확보하고, 더불어 사은품, 행사 등도 여성 취향에 맞는 것들을 기획하고, 특판을 통해 그녀들의 손에 도서를 안겨주는 방식으로 영업을 진행한다.

4. 시장 환경 분석

1) 출판 산업과 목표 시장 분석
날로 악화일로에 있는 것이 사실이나, 출판사와 서점들이 대형화되는 트렌드를 살펴보면 출판이라는 미디어의 전망이 그리 어두운 것만은 아니다. 실상 일본이나 미국 등의 출판강국을 보면 오히려 1인, 중소규모의 출판사들의 활약이 무시할 수 없는 포션을 차지하고 있다. 국내 상황도 차츰 선진화로 간다는 전제하에 중소규모의 출판사의 시장 진입이 날로 용이해질 것이다. 더불어 정규교육 과정과 사회교육 과정 속에서 독서의 중요성이 강조되고 있는 때, 책의 필요성, 당위성은 날로 그 수위가 높아질 것으로 예측된다. 이런 때 출판 시장의 주요 소비층을 겨냥하여 그들의 욕구를 만족시킬 분야를 개발한다면 그 전망은 밝다. 특히 20대, 30대 여자들은 읽고 싶게 읽을 것이 없다고 호소하는 경우가 많으니 그들의 구미에 맞게 제대로 된 도서를 일관되게 출간한다면 목표로 하는 시장에서 인지도를 높이는 것은 시간 문제일 것이다.

2) 시장 진입 및 성장 전략
2005년 하반기에 타깃하는 독자들을 대상으로 3권의 도서, 김은 <여자는 무엇으로 사는가 : 상류사회 여자로 사는 법>, SARK <Make your creative dreams real>, Mitsuko Kakuda <Taigan No Kanojyo>와 그녀들이 좋아하는 편지이지만 내용이 알찬 단행본 느낌의 다이어리 <2006 기적을 부르는 다이어리>를 기점으로 시장에 진입한다. 상기 네 개 아이템을 적극적으로 광고 홍보 마케팅하여 M&K 브랜드를 알리는 동시에 초기 자금을 확보하도록 한다. 향후, 2030 교양 시리즈와 단행본들을 지속적으로 출간하여 성장을 꾀한다.

3) 경쟁 및 경쟁 우위 전략
2030 여성 대상의 책은 많다. 하지만 종합출판사에서 구색 맞추기 식으로 출간하고 있거나, 내용의 경우 같은 필자들이 너도나도 갈낙적으로 가득찬 허황된 내용을 전달하거나 겉핥기식 정보를 무슨 대단한 지식인양 떠들어 대기 일쑤다. 이런 분위기일진데, 읽고 싶을 리 만무. 면밀한 분석과 조사를 통해 2030여성을 위한 진짜 지식과 정보를 담은 도서를 출간한다.

5. 마케팅 계획 | 주요 판매광고홍보마케팅 전략
- **특판 전략을 통한 판로 다양화** : 20대 30대 여성들은 자기 투자가 가장 큰 세대로 그녀들을 대상으로 한 산업은 무궁무진하다. 패션업계부터 화장품업계, 미용업계, 방송, 영화, 잡지 등의 미디어산업 등 판로를 다양하게 개발하도록 한다.(선주문 통한 제작비 확보)
- **적극적인 홍보마케팅 전략** : M&K 도서를 가이드하고 여성들의 관심사를 반영한 북로그, 잡지 형식의 브로셔를 제작 홍보한다.
- **OSMU 산업에 진출** : 모바일, 온라인(메일링 서비스) 등 출판 텍스트를 다른 매체에 판매하여 매출 신장을 이룩한다.

Class 01 사장이 되기 전

6. 출간 계획 & 사업 추진 일정

1) 05년 하반기~06년 상반기 출간일정

일정	도서명	분야	작가
05/09월	〈여자는 무엇으로 사는가 : 상류사회 여자로 사는 법〉	자기계발	김은
05/10월	〈2006 기적을 부르는 다이어리〉	다이어리/에세이	배하진/구모니카
05/11월	〈Make your creative dreams real〉	자기계발	SARK
05/12월	〈Taigan No Kanojyo〉	문학/소설	Mitsuko Kakuda
06/01월	〈그는 당신에게 완전 반했다〉	실용/에세이	정선희 외
06/02월	2030 교양 시리즈 1, 2(분야미정)	인문	미정
06/03월	〈Inspiration Sandwich〉	실용/에세이	SARK
06/04월	2030 교양 시리즈 3, 4(분야미정)	인문	미정
06/05월	2030 교양 시리즈 5, 6(분야미정)	인문	미정
06/06월	젊은 작가 옴니버스 사진 소설	문학/소설	미정
합계	총 13종		

* 각 타이틀 별, 출간기획안 별첨

2) 분야별 발간 계획
- **자기계발, 처세** : 결합기식의 정보는 가라! 그녀들의 창조력과 영감을 불러일으키는 구체적인 가이드북을 담는다.
- **인문** : 어렵고 머리 아픈 인문서는 가라! 놀면서 읽는, 읽으면서 똑똑해지는 M&K 교양시리즈를 출간한다.
- **실용(건강, 취미, 뷰티, 경제경영, 어학 등)** : 성공한 사람이 아닌 전문가로 가는 과정 중에 있는 일반 필자들을 발굴한다.
- **문학(소설, 시, 에세이)** : 내용에 있어서 2030여성들이 공감할 만한 고민과 철학이 담긴 문학작품을 발굴한다.

3) 생산 전략, 생산 계획
가공이 필요한 타이틀은 초기에 인세를 7~8% 수준으로 절감하거나 매절로 원고를 구입고, 디자인 비용을 절감하여 제작비를 낮춘다. 또한 원고 /생산부터 출간까지의 과정을 최대한 단축하여 영업과 유통을 원활히 하여 현금흐름을 최대한 유동적으로 확보한다. 더불어 판촉을 통해 선주문을 받아 제작비를 확보하도록 한다.(다이어리, 자기계발서) 광고홍보비의 경우 역시, 최적의 매체만을 선별하거나 온라인과 오프라인 서점, 브로셔 등을 활용하여 타이틀별로 200만원 내외 수준으로 진행한다.

7. 재무 계획

1) 타이틀별 매출 계획

일정	도서명	작가	초판부수	증판예상부수	예상정가	출고가(60%)	예상매출
05/09월	〈여자는 무엇으로 사는가 : 상류사회 여자로 사는 법〉	김은	5,000	20,000	9,000	5,400	135,000,000
05/10월	〈2006 기적을 부르는 다이어리〉	배하진 구모니카	10,000	60,000	10,000	6,000	420,000,000
05/11월	〈Make your creative dreams real〉	SARK	5,000	30,000	10,000	6,000	210,000,000
05/12월	〈Taigan No Kanojyo〉	Mitsuko Kakuda	5,000	40,000	9,000	5,400	243,000,000
06/01월	〈그는 당신에게 완전 반했다〉	정선희 외	5,000	20,000	9,000	5,400	135,000,000
06/02월	2030 교양 시리즈 1, 2(분야미정)	미정	3,000	10,000	8,000	4,800	62,400,000 ×2
06/03월	〈Inspiration Sandwich〉	SARK	5,000	10,000	8,000	4,800	72,000,000
06/04월	2030 교양 시리즈 3, 4(분야미정)	미정	3,000	10,000	8,000	4,800	62,400,000 ×2
06/05월	2030 교양 시리즈 5, 6(분야미정)	미정	3,000	10,000	8,000	4,800	62,400,000 ×2
06/06월	젊은 작가 옴니버스 사진 소설	미정	3,000	10,000	9,000	5,400	70,200,000
합계	총 13종						1,784,400,000

- 안정적인 매출 구조 확립을 위해 2권에 한 권은 3만 부 이상의 대형 아이템으로 발간한다.(5,000부 타이틀은 기획도 하지말자!)
- 다이어리나 2030 여성층의 구미에 맞는 자기계발, 처세서의 경우, 특판 영업을 통하여 선주문을 받아 제작비를 확보하도록 한다.
- 단권 아이템의 짧은 생명력을 보완하는 의미로 시리즈물 개발에 주력한다.(2030 교양 시리즈)
- 도서별 광고홍보비 예산을 사전에 책정하고, 매체 선정 등에 신중을 기해 마케팅을 입체적으로 운영한다.
  (판매 동향 및 향후 기대되는 부가적인 가치 등을 면밀히 분석하여 집행)
- 주력 상품에 대한 내부 인력 및 외주 인력(작가, 편집, 디자인, 제작, 유통 등)의 활발한 커뮤니케이션 상호협조 체제를 확립한다.
- 영업과 유통을 고려, 시간 관리를 철저히 하여 집행, 아이템 간의 출간 시점 조절을 적시에 운영한다.
- 총 매출액을 기준으로 비용 관리를 철저히 하여 원가 절감 방안을 강구하는 등 개발비 손실을 최소화한다.(원가율 35% 이내)
- 상기 기간 내에 최적의 유통, 영업, 마케팅 시스템을 확립한다.

2) 추정 손익계산서

① 예상 매출 수익 : 13종 약 1,784,400,000원 (2006년 말 시점 정산 기준)

② 예상 직접 제조 원가 : 상기 아이템 13종 예상 직접 제조 원가 약 845,000,000원
  EX. 정가 9,000원 도서 - 제조율(60%) 5,400원 - 제작단가(약2,500원) × 발행부수(30,000부) = 87,000,000원

※ 직접 제조 원가 : 디자인비, 용지대, 제판비, 출력비, 인쇄비, 제본비, 원고료(작가 인세, 그림원고료), 편집진행비(취재비용, 교정교열비용, 원고가공비용) 등

③ 예상 간접 제조 원가 : 05년 하반기~06년까지 간접제조 원가 추정 월별 10,000,000원 × 18개월 = 180,000,000원

※ 간접 제조 원가 : 교통비, 접대비, 회의비, 도서비, 급료, 상여, 퇴직금, 복리후생비, 소모품비, 수도광열비, 감가상각비, 차량유지비, 보험료, 세금과 공과, 수선비, 통신비, 간접편집비, 광고홍보비, 유통비, 창고비 등

④ 05년 하반기~06년 손익 계산 추정치 : 예상 매출 수익 1,784,400,000원 - 예상 직접 제조 원가 845,000,000원 - 예상 간접 제조 원가 180,000,000원 = 759,400,000원(해당기간 순수익) ÷ 16개월 = 47,462,500원(월별 추정 수익)

3) 원가요소, 소요자금 및 조달방안

① 원가요소 : 직접 제조 원가 + 간접 제조 원가(위 ※ 표기된 부분 참조)

② 소요자금 : 직접 제조 원가, 아이템별 초기비용 10,000,000원 한도 넘지 않도록 조절. 총 13종 130,000,000원(•추가 발생되는 중판비, 물류 유통비 등 자금은 해당 기간에 발생하는 수익으로 재투자할 것이므로 초기 소요자금에 계외하도록 한다. •06년 하반기 이후 출간 아이템 계약금 등 선 투자비 최소 10,000,000원) + 간접 제조 원가 월별 10,000,000원 한도 내에서 최대한 절약 모드 16개월 180,000,000원 = **TOTAL 320,000,000원**

③ 자금조달 방법
- 본인 자금 70,000,000원
- 개인 투자자 모집 100,000,000원
- 단체 투자자 모집 150,000,000원

8. 위험요소 및 대처방안

항목	위험 요소	대처 방안
1	초기에 자금 확보가 불투명해 타이틀 진행 일정에 차질이 생길 수 있다.	초기에 외주 기획편집진행 분야에 매진하여 초기 자금을 확보하고, 이를 시장진입 안정기까지 지속시키는 방법을 고려한다.
2	2030 여성 독자를 대상으로 도서를 출간하는 팬덤하우스, 때님 등 대형 출판사와의 경쟁에서 뒤처질 수 있다.	종합출판사에 대항해, 고유하고 narrow down된 M&K 2030 브랜드 이미지를 살려 광고홍보에 적극적으로 나선다. 또한 가능하다면, 오프라인과 온라인 서점에서 2030 매대를 마련하는 등의 영업을 구사한다.
3	다이어리 시장에 경쟁 상품이 많아 <기적 다이어리> 판매에 기대하는 초기 자금 확보에 문제가 발생할 수 있다.	전국 벤치점, 전국 대학 구내 서점, 온라인 판매 등을 적극적으로 활용하여 목표 매출을 달성하도록 한다.
4	외서 아이템이 많이 알려지지 않은 작가들의 도서를 선정하여, 기대 매출을 달성 못할 수 있다.	작가 홍보 보다는 도서의 컨셉을 강조하여 2030 여성들에게 어필한다.(M&K 브랜드 인지도 확장 차원)
5	동시 다발적으로 혼자서 아이템을 진행하게 될 경우, 도서 진행 일정에 차질이 우려된다	도서 출간과 통시에 영업 인력을 충원토록하며, 여력이 되면 기획편집인원을 세운다.
6	놀거리가 많은 2030 여성 독자들이 책을 외면할 수 있다. 이는 여가/교양/수다 블로그, 오프라인 브로셔 등의 홍보 전략이 도서 구입으로 이어지지 않을 수도 있음을 말한다.	손에 책을 쥐어주는 적극적인 홍보방법을 강구한다. 2030 여성들을 주요 고객으로 하는 기업 특판이나 단체 특판 등을 통해 책을 반강제로 손에 쥐게 하는 것이다. 그녀들에 대한 연구를 게을리 하지 않는다.
7	상기 아이템에 집중하다가 차기 기획을 놓칠 우려가 있다.	2030 독자 분석에 근거하여 지속적으로 필자를 발굴한다.

9. 투자 제안 사항 및 사업계획안 결론

1) 투자요청 및 투자회수 방안

자본금 3억으로 1년 반 동안 13종의 도서를 출간하여 영업력, 유통력, 인지도를 확보한 뒤, 월 5천만 원의 순수익을 내는 회사로 자리 잡는다. 다만, 2년 동안은 상기 수익 금액을 지속적으로 차기 타이틀 발굴에 재투자하는 식으로 자금이 운용될 것이므로, 투자금의 회수 시점은 2007년 중반기로, 월 5,000만 원 이상 안정적인 순수익이 발생할 것이다.

2) 사업계획안 결론

숨어있는 독자들의 요구를 100% 반영한 특화된 도서를 내는 것이 차별화 전략. 서점 판매만을 고집하지 않고 **특판 전략**을 다양화하고, 또 도서 외에 **모바일, 온라인 미디어에 진출**해 수익 구조를 확장할 것이다. 투자자, M&K 직원, 외주 업체들이 모두가 **M&K의 식구**라는 생각으로 자금을 투명하게 운용하여 사업이 안정 궤도에 진입하면 수익금을 공정하게 분배할 것이다.

사람과 아이템

#012 옵파 언뉘들의 부채질로 걸어온 나날들   #013 그간 알고 지내던 사람을 이용해라!
#014 소비재, 그 미궁의 끝   #015 무엇을, 어떻게 만들고 팔 건데?
#016 한 방 터뜨릴 수 있는 첫 상품은 있어?   #017 제작 프로세스는 잘 배우고 시작하는 겨?

#012
옵빠 언뉘들의 부채질로 걸어온 나날들

　　모름지기 인간이란 존재는 사람들 사이에서 알콩달콩 살아가게 되어있다. 사람들에게서 진짜 내 모습을 보기도 하고, 내가 사람들 앞에서 어떻게 행동하는가를 통해 나란 인간의 속내를 확인하기도 하고 말이다. 특히나 나처럼 무턱대고 사람을 좋아하는 인간형은 나의 진짜 모습을 사람들한테서 확인하기를 좋아한다. 사람들을 많이 만나면 만날수록 느끼는 건데 내가 남에게 어떤 인상을 주는지 엄청 신경쓴다는 거다. 잘 보이려고 무진장 애쓰고 칭찬이 들려오면 '음, 잘했어' 하며, '역시 참 성격 좋아~!' 하고 자위하기를 즐긴다. 그러니 당연히 누군가의 작은 한마디에도 큰 영향을 받게 된다. 어떤 때는 사람들의 평가 없이는 스스로를 이해하지 못하게 된 건 아닌가 싶을 정도다. 아무튼, 개인사는 그만 풀고, 조언의 핵심은 주변 사람들의 평가를 통해 자기를 확인하는 것이 중요하다는 거다. 특히 스스로를 정확하게 파악하지 못하게 되어있는 사람에게는 주변의 평가가 중요하다. '넌 이런 거 잘하더라', '이런 게 어울리더라', '이럴 때 정말 신나하던걸~!' 등등 객관의 나를 확인사살 해보자. 내가 이름 붙이길 '부채질'인데, 그렇게 함으로서 내가 목적한 바가 나에게 잘 맞는 것인지 적절하게 진단할 수 있다.

　　누구에게나 삶에 동기를 부여해주는 존재들이 주변에 있게 마련이다. 바로 당신을 응원해주고 믿어주고 밀어주는 사람들 말이다. 무슨 일을 하든지 간에 나를 응원해 줄 부채질 군단을 옆에 두는 것이 좋다. 특히 뭔가 큰 결정을 앞두고 물밀듯 밀려드는 두려움으로 기운이 쫙 빠지는 게 느껴질 때 그 사람들을 만나서 '너 잘 할 수 있어! 너의 그 에너지를 사업 말고 어따 쓰니!' 하는 응원을 들으면 힘이 마구마구 솟는 동시에 '이게 내 길이 맞구나'

하는 깨달음마저 다가온다. 사업을 하기로 작정했다면 더더욱 그런 존재들을 주기적으로 만나서 당신을 충전하도록! 사장이 오래 강하게 버티는 저력은 오로지 이런 식의 에너지 충전에 있다 해도 과언이 아니다. 아무리 잘난 사람도 인간사의 원리에 따라 흥망성쇠를 거듭하게 되어있는데, 그럴 때 필요한 건 돈이 아니라 진심어린 응원이라는 것을 알아야 한다. 흥망성쇠를 누구도 예측하지 못하는 사업의 세계에서 오래 버티려면 '부채질 군단'을 가능한 한 많이 만들어 둬라! 당신도 상대방에게 그런 존재가 되어주어야 하는 것은 기본! 서로 이용하고 이용당하는 것이 세상사의 이치, '기브 앤 테이크'를 가슴에 새기고 내 사람을 만들 것!

 060905 믿는 구석

못난 내가 일을 자꾸 저지르는 것은 믿는 구석이 있어서다.
바로 내 주변 멋진 사람들, 무작정 모니카를 믿어주고 밀어주는 든든한 지원군들. 바로 당신들. 감사합니다. 사랑합니다. 멘토가 따로 있나. 이 험난한 세상에서 치열하게 살아가는 모든 이들이 나의 멘토지. 암^^* 고맙네, 친구들.

 070317 깊은 위로

나는 웃는 게 너무 좋다.(아는 사람은 알겠지만, 내 웃음소리조차도 정말 웃긴다.) 나는 유머감각이 살아있는 사람에 열광한다. 나는 지루하고 심심한 걸 견디지 못한다. 나는 내 영혼에 공감해주는 친구를 사랑한디. 나는 인생을 살다가 보고, 듣고, 느끼고, 알아낸 것들을 풀어내기를 좋아한다. 나는 애처로운 사람들에게 깊은 위로를 주고 싶다. 나는 사람들의 속내를 알고 싶어서 이야기 나누기를 좋아한다. 나는 무엇에도 호기심을 느끼고, 무엇이든 배우기를 사랑한다. 특히나 백인백색의 인간은 내게 훌륭한 교본이다. 결국 내 가슴은 사랑으로 넘쳐난다. 이런 내 인생에 술이 빠지는 건 좀 이상하다고 생각된다. 이런 논리를 가진 내게 술이 먼저냐, 그러한 성정이 먼저냐 묻는 건 닭이 먼저냐 달걀이 먼저냐 묻는 것과 마찬가지다. 깊은 위로와 응원에는 술이 빠질 수 없다.
그러니까. 내 말은, 내가 알콜중독자가 아니라 만인의 응원군이라는 얘기되시겠다.

#013
그간 알고 지내던 사람을 이용해라!

　절대로, 결단코, 모든 짐을 혼자 떠안고 가려하지 말라! 당신은 예수가 아니잖나. 우리들은 좀 더 영리하고 영악해질 필요가 있다. 머리 나쁘면 삼대가 고생한다는 말이 괜히 나온 게 아니다. 주변인들을 적재적소에 배치하고 활용할 생각을 해라. 비단 내 고생을 덜겠다는 의미에서가 아니라 영리하게 생산적으로 일하기 위해서다. 내가 출판을 하기로 결정했다면, 출판의 전체 과정에 있어서 내가 가장 잘하는 것은 무엇인지 파악하고 나는 거기에 올인하는 것이 영리한 거다.

　당신이 뭔가 일을 벌일 계획이라면 마땅히 자기 역량을 파악하고 거기에 집중하는 일이 필요하다.(말해 뭐해!) 그렇다면 나머지 일들은 어떡하나? 어떤 족속들은 자기가 싹 다 해보겠다고 이리 뛰고 저리 뛰다 시간을 낭비하고, 비전문 분야의 일을 처리 하다가 실수를 연발하고 그러는데 그거 말짱 허송세월이다. 그럴 시간 있으면 아는 사람들 술이나 한 잔 더 사줘라!

　그간의 경력에 바탕을 두고 사업을 벌였다면 주변은 온통 전문가 '밭'이다. 그 사람들을 나의 일에 활용하라! 이것이 서로에게 '윈! 윈!'이라고 떠들어대라! 나중에 결국 나에게만 좋은 일이었어도 어쩌겠는가. 그것 또한 상대방의 운명.

　혹 대학을 막 졸업했거나 전업주부라면 학교생활 동안, 주부생활 동안 알던 사람들을 구워삶아서 내 사업에 이용하라! 내 사업의 조력자로, 생산라인을 돕는 옵저버로, 소비자로, 제품을 시험할 마루타 등등으로 활용하라. 그러고는 이렇게 말하라! '나 성공하면 다 네 덕이다. 이 은혜 절대 잊지 않고 보답할거다.' 실패하면 실패해서 은혜를 못 갚는 거고, 성공하면 당연히 은혜 갚을 당신이니, 사람들 이용할 때는 공수표를 마구 날려도 좋다. 다만 가끔 밥은 사줘가면서 해라! 그들이 이용당하고 있다는 인상을 풍겨서는 안 되니까. 그러려면 기본적으로 그 사람에 대한 애정이 있어야 한다. 그리고 명심할 것 하나 더, 사람 없이 상처 없다는 사실. 처한 상황에 따라 하루에도 몇 천 번씩 마음이 달라지는 게 사람이기에 당신이 누군가를 영리하게 대하다 보면 거기에서 다치기도 하고 아프기도 할 거다. 그런 것도 감내해야 한다. 진짜로 성공한 모습을 보여주면 되잖나. 돈 나고 사람 난 세상에서 그쯤의 상처는 기꺼이 감수하고 가자. 그렇게 서로서로를 이용하고 활용하며 살아가는 게 이 세상의 이치다. 그러나 사람을 이용하라고 한 얘기가 뒤통수치라는 말이 아니라는 건 명심 또 명심 할 것!(가끔 뒤통수치는 사람들이 있는 것 같긴 하던데, 걸리면 가만 두지 말 것!)

 ### 050313 나, 정말 못된 거니

'사업을 하자'고 맘먹은 순간부터 내 안에서 꿈틀대며 나를 괴롭히는 이놈은 뭐지. 나를 붙들고 놔주지를 않는 이놈의 정체는 뭐냐고.
불안감. 공포. 욕심. 야망. 역량부족. 뭘 어째야 이겨낼 수 있는 걸까.
진종일 고민해봐야 답도 안 나올 일. 부딪혀 볼 밖에.
이보전진을 위해 일보후퇴하기로 하고 이부장님께 연락 했다. 부장님이 추진하고 계신 아이템을 돕기로 했다. '그 프로젝트를 통해 내 사업의 프로세스를 시뮬레이션 해보자. 망해도 내 아이템은 아니니 얼마나 좋아' 하고 생각하는 데, 연신 '고맙다' 하시며 나중에 나 출판하면 영업은 도맡아 주시겠다고 약속하시는 데 나 왜 이렇게 찔리니. 못됐다, 못됐어. 악마! 근데, 정말 열심히 도울 거니까, 봐주삼^^~!

Note

내 사업 적재적소에 배치하고 활용할 주변인들을 있는 대로 다 적어볼 것!

#014

소비재, 그 미궁의 끝

　　생산과 소비가 적절히 돌아갈 때, 그러니까 벌고 쓰는 균형이 이뤄질 때 이 자본주의 사회는 안정 구도로 돌아가게 되어있다. 그 시스템 안에서 사업을 하겠다고(돈을 벌어보겠노라고) 결정 내린 이상 소비재에 대한 연구를 하지 않으면 안 된다. 전 세계, 우리나라, 도시, 작게는 우리 동네에서 무엇이 많이 혹은 정기적으로 소비되고 있는가, 어떤 상품이 장기적으로 발전과 확장 일로를 걸을 것인가, 어떤 대상이 주머니를 잘 여는가, 해당하는 경쟁 소비재들 중에 내가 사고 싶은 것, 내가 사기 싫은 것은 무엇인가 등등에 대한 고민은 물론이고, 더불어 내가, 나만이 잘 만들고 팔 수 있는 상품이 있나, 고심에 고심을 거듭해야 한다.

　　'내가 그걸 좋아하니까~' 하는 초개인적 사고방식에 의해, '할 줄 아는 게 그것 밖에 없으니까~' 하는 떠밀리는 마음가짐으로, 어떤 연구와 조사 없이 '그게 잘 팔리니까~' 트렌드만 따라서 아이템을 결정했다가는 정말이지 큰 코 다친다. 그런데 아이러니 하게도 그런 식으로 돈벌이에 나서는 경우가 대부분이라는 것, 그리고 '그게 잘 팔리니까~' 하는 동일한 이유로 시작한 누군가는 성공을 거두고 누군가는 망한다는 것. 또한 전혀 다른 방식으로, 이를테면 누군가는 철저한 시장조사 후, 누군가는 초개인적인 판단으로 시작한 두 사람이 모두 성공을 거두기도 한다는 거다.

　　결국 대중의 취향과 기호는 며느리도 알 수 없는 것이어서 어느 한 때 붐을 일으킨 소비재도 한 순간 몰락의 길을 걷기도 하고, 전혀 대중적인 기호에 맞지 않는 소비재가 꾸준한 판매로 누군가를 먹여 살리기도 하고, 하루가 다르게 변하는 시장 상황에서 듣도 보도 못한 제품이 출시되어 대박

신화를 이루기도 하고, 나눠먹다 못해 포화상태인 시장에 기어이 비집고 들어온 누군가가 다시 일등을 점하기도 한다. 그렇게 미궁의 끝에 놓인 것이 소비재라면, 오호~ 신이시여, 우리는 어찌 하오리까. 알량한 소비자의 주머니를 노려보며 미궁의 시장에서 초조하게 발을 동동 굴러야 하는 건가. 이런 상황에서 당신이 할 일은 하나다. 나와 내가 선택한 소비재, 그것을 구매할 소비자, 그 삼자에 대한 믿음을 가지라는 것. 뜬금없이 들리겠지만 제 아무리 완벽한 준비 끝에 시작해도 망할 수 있고, 제 아무리 허술하게 시작해도 성공할 수 있는 게 이 바닥이라면, 결국 모든 것이 나와 시장 상황의 알 수 없는 흐름에 따라 결정된다면, 그것이 성공의 방향으로 갈 수 있도록 기초적인 구도(생산자, 소비재, 소비자)에 믿음을 심어 넣으라는 말이다.

개인적인 고백을 하자면, 내가 선택한 아이템인 도서 출판은 대표적인 사양사업으로 평가되고 있다. 책이라는 소비재에 대한 대중적 구매 패턴은 하락에 하락을 거듭하고 있다. 그야말로 '내가 좋아하니까', '배운 게 도둑질이니까' 결정한 이 길에서 전혀 고민이 없다고 할 수 없다. 그런데 중요한 것은 내가 그러한 사실을 모르고 시작한 것이 아니라는 것, 대중적 소비 패턴에 의지하기보다는 파이의 크기는 작지만 견고한 산업이라는 확신을 가지고 시작했다는 것. 만일 그 파이가 작기만 하고 견고하지 않다면 그 또한 내 숙명이겠고, 그렇다면 그 허술한 바닥에서 살아남을 대안을 연구하면 되고 말이다. 나중에 얘기하겠지만 한줄기 빛으로 3년이라는 시간을 버텨온 것만으로도, 그리고 앞으로 나아갈 길에 희망의 빛이 보인다는 것만으로도 나는 내가 선택한 소비재 '책', 내가 상대할 소비자 '독자', 그 사이에 있는 '나'라는 존재를 결국 믿고 쫓을 것이다. 당신에게도 그러한 믿음과 시장의 적절한 반응이 따르기를…!(신의 가호를 빈다. 결국 믿을 건 신의 가호, 그런 것뿐인가~ ㅠㅠ)

031103 독서불패

또 직장을 때려 쳤다. 다시 원점이다. 정말 오랜만에 쉬어보는 주말. 회사를 그만두는 날 교보문고에 들러 미친 듯이 책을 샀다. 오랜 다이어트로 허기가 질대로 져 폭식증에 걸린 병자처럼 퀭한 눈으로, 먹다가 다 게워낼지 모를 맛난 음식을 잔뜩 사는 기분이다. 그 음식을 보고만 있어도 배가 부르고 세상을 다 가진 것 같다. 나는 왜 이렇게 책이 좋을까. 한국이라는 나라에서 공교육을 거치고, 대학교육도 받고, 대학원까지 나왔는데, 게다가 사이사이 수많은 사교육 기관에 돈을 쏟아 부었는데도 제대로 교육받지 못하고 자란 것 같은 기아감. 그래서 나는 책을 읽는다. 책 아니고 무엇이 멍청한 나를 제대로 교육할 건데. 그리하여 나는 나를 사랑한다. 이다지도 책을 사랑하는 나는 정말로 사리분별에 강할 수밖에 없으니, 겉모습만 보고 니카를 함부로 대하는 분들, 그러다 큰 코 다치시지요. 이왕 이렇게 된 거, 직접 한번 만들어 볼까나?!

#015
무엇을, 어떻게 만들고 팔 건데?

아이템을 선정했다면, 그 아이템을 어떤 식으로 포장하고 가공할지, 어떤 제품을 차별적으로 생산할지, 누구한테 어떻게 팔지 등을 구체적으로 구상할 필요가 있겠다. 어떤 사업이든 '사명'이 있기 마련이다. 거창하게 생각하지 말고 이제부터 나와 동고동락을 할 내 자식들, 내 사업 아이템에 대한 컨셉, 철학과 신념을 정하라는 거다. 옷 장사를 하기로 마음을 먹었다면, 그 수많은 옷들 중에서 어떤 옷을, 어떻게 만들어서, 어디서, 누구한테 팔 것인지, 그 분야의 옷장사를 하는 나는 어떤 공부를 하고, 어떤 생각을 하며 살아야 하는 것인지를 미리미리 구상해둬야 한다.

사업을 시작한 후에 그런 신념이 당연히 따라붙겠지만, 미리 구상을 해두면 시장을 파악할 때, 소비자를 조사할 때, 실제 제작에 들어갔을 때 얼마나 편하겠는가. 구체적 방향성 없이 그저 '여자옷' 하나만 정해두면 사업에 진전이 있을 리가 없다. 이를테면 여자옷 중에 나는 '키치kitch(고급예술처럼 보이는 통속예술)'적 코드 쪽의 옷을 만들겠다고 정하고 시작하면 진행이 쉽다는 것이다. 그러면 사업방향이 바로 나온다. 키치적인 코드를 좋아하는 여자들은 이제 좀 더 색다른 옷을 필요로 한다. 그녀들은 왜 '키치 코드'를 좋아하는지, 서울에서 키치적인 코드를 소화하는 여자들은 왜 홍대에 몰려있는지, 어떤 옷을 만들어서 어떤 가게에서 팔아야 해당하는 문화를 100% 소화한 듯 보일 것인지, 과연 나는 그런 철학을 옷에 담을 만한 역량이 있는 사람인지, 열심히 생각하고 말하고 행동해야 할 때다.

나는 책이라는 상품을 만들기로 정했다. 그렇다면 아래 질문에 대한 거침없는 답이 머릿속, 가슴속에서, 내 행동거지에서도 술술 나와야 한다.

왜 책인가?

그간의 내 경험을 녹여내면 진짜 책을 만들 수 있을 거라는 오해 아닌 오해. 책은 올드 미디어지만 스테디steady한 미디어로 지식산업의 근간이라는 착각 아닌 착각. 기자생활을 오래 해서 그런지 그릇된 사회적 이슈를 파헤치고 헤집어 대중들에게 제대로 알려야 한다는 사명감. 사회적 아젠다agenda를 수면 위로 이끌어 내 소수자의 관점과 생각을 세상에 공표하고 싶은 욕망. 지칠 대로 지친 대중의 행복을 바라는 내 안의 공명심. 호도당한 대중에게 세상사의 본질을 전달해야 한다는 사회적 책임감. 책만이 제대로 언론 매체의 순기능을 할 수 있을 거라는 끓어오르는 믿음.

컨셉은? M&K 출판사는 누구인가?

20대, 30대 여자들이 읽고 싶어 하는 모든 내용을 발굴하고 그녀들에게 일과 공부, 사랑과 놀이에 대한 미래비전을 제시하기로 한다. 여기서 일과 공부란 직과 업, 사회, 문화, 정치, 경제, 철학, 문학, 예술, 역사 등 일을 하는데 필요한 지식과 지혜 등을 아우르는 교양과 학습 텍스트를 말하며, 사랑은 말 그대로 젊은 그녀들을 둘러싼 남자라는 종족에 대한 다양한 이야기를 말한다. 놀이란 말 그대로 그녀들의 오락, 여가, 뷰티와 패션, 쇼핑, 우정 등 일과 공부를 제외한 모든 라이프스타일 정보를 말한다. 이 밖에도 그녀들은 욕심이 많은 세대로 하고 싶은 일이 아주 많은데 그녀들의 사회참여를 유도할 수 있는 캠페인성 도서 혹은 이념과 사상이 짙은 도서의 출간도 불사한다. 더불어 예쁜 것을 좋아하는 그녀들의 주변을 장식해 줄 문구를 생산한다.

기획방향은? 왜 2030 여성인가?

2030 그녀들은 가지고 싶고 하고 싶은 것이 많다. 한마디로 욕심 많고 못됐다. 겉모습만 보면 화려하고 예쁘고 멋있고 잘 살고 있는 것처럼 보이지만 실상 그녀들은 불확실성의 시절을 살고 있는 불안한 세대다. 사회는 급격하게 변화하고 이제 그녀들은 자유를 얻은 듯 보이지만 아직까지 여자로서의 의무를 강요당하고 있는 것도 사실이다. 그러니 다분히 공격적이고, 자아 분열적일 수밖에 없다. 그녀들은 팽팽한 긴장감 때문에 하루하루가 버겁다. 지칠 대로 지친 그녀들의 바람이란 다분히 소박하다. 특유의 자아 분열적 상황을 이겨내고, 똑똑하고 현명한 여자로서, 가짜가 아니라 진짜로 '잘' 살고 싶다. 그런 그녀들을 '잘' 살게 해줄 수 있는 도서와 문구를 생산한다.

출간목표는? 2030 여성을 위해 어떤 책을 낼 것인가?

2030 여성들을 위한 자기계발서(교양+에세이), 즉 겉핥기식의 정보가 아닌 그녀들의 창조력과 영감을 불러일으키는 구체적인 가이드를 담은 책을 낸다. '놀면서 읽는, 읽으면서 똑똑해지는 M&K 교양시리즈'로 날카로운 시대의 지성과 정신을 반영한 인문교양서(소수 의견을 담아 읽는 재미를 주는)를

출간한다. 차츰 2030 여성들을 위한 실용서 즉, 건강, 취미, 뷰티, 경제경영, 어학 등의 분야까지 접수한다.

아래는 내가 미래의 독자들에게 쓴 편지다. 내 회사의 '사명'은 '2030 여자의, 2030 여자를 위한, 2030 여자에 의한' 행복의 나라로 가는 책인 것. 이미 벌써 시작했으니 반은 이룬 거 아닐까.

 <u>050622</u> 미안합니다

힘드시죠? 고단하죠?
세상 일, 참, 맘대로 안 되시죠?
"세상아, 엿 먹어라!"고 마구 욕지거리를 쏘아대고 싶은가요?
네, 암요… 저도, 그 어떤 그녀들도, 모두 그럴 거여요.
차라리 아프세요. 실컷!!!
제 할 말은 그것뿐입니다.
그래서 미안하고, 슬프지만. 그렇네요. 아직은 저도 답을 못 찾았어요. 다만, 예쁘게 멋지게 아프자고요^^ 미미하나마 M&K가 도와 드릴게요. 그럴 수 있을 거여요. 저도 한참 모자란 사람이거든요, 그래서 당신을 도울 수 있어요, 함께 비바람과 눈보라를 헤쳐나갈 테니까요. 함께 상처할 운명이니까요. 우린 정말 닮았으니까요.
깜깜하고 시커멓고 소름끼치는 시절을 지나고 맞는 서광이 더 눈부시리라는 것은 말하지 않아도 알죠?
그러니, 그대들, 힘내야 해요.
왜냐면 다 잘될 거니까.
잘될 거에요.
잘될 수밖에요.
이보다 더한 시련을 허락할 우리가 아니니까요^^
그러니 힘내야 해요, 아름다운 당신.
M&K가 제대로 된 해결책을 들이댈 그날까지만, 참으시자고요.
아직은, 미안합니다.
　　　　　　　　　　　　　　　　　　　　　　　　　_M&K 백

Note

사업 아이템과 기획방향, 출시목표 그리고 사업의 컨셉, 철학과 신념을 정리해보자.

#016
한 방 터뜨릴 수 있는 첫 상품은 있어?

자, 아이템도 정했고 그 아이템의 구체적 그림도 그렸다 치자. 거기서 끝이 아니다. 이제 대략의 전체적인 그림이 아닌 그 안에 무엇을 그려 넣을지를 정해야 한다. 그러니까 여자옷, 그중에 키치적인 옷, 그런 그림이 그려졌으면 다음에 할 일은 첫 번째 주력 상품은 무엇을 내놓을 것인가를 정해야 한다. 미니 스커트? 롱 스커트? 재킷? 이너웨어? 패브릭은? 패턴은? 등등 첫 출시되는 상품의 구체적 사양을 결정해야 하고 반드시 그 상품은 대박 제품이어야 한다. 대박까지는 아니더라도 손익분기를 넘기고 다음 상품을 만들 제작비 정도는 남길 수 있어야 한다. 특히나 소자본 창업은 사업 초반에 안정된 구조로 가지 않으면 바로 망하게 되어있다. 그러니 첫 상품은 내 사업체의 존속을 결정할 정도로 중요하다.

감히 조언하건대, 무턱대고 자신의 기호와 취향만을 반영한 제품을 만들어서는 좋은 결과를 볼 수가 없다. 그것이 첫 번째 상품으로서 시장에서 판매를 보장받으려면 타업체의 실적을 곁눈질하여 어느 정도 판매가 보장된 상품을 내는 게 좋다. 나의 아이디어에만 집중하는 어리석은 짓은 금물! 나만이 만들 수 있는 독특한 제품은 없다. 아니, 설령 있다 해도 어느 정도 돈 벌고 나서 투자해도 늦지 않다. 그렇다고 무작정 성공한 누군가를 따라 하라는 것이 아니라 기존 대박 상품들과 유사 품종을 약간 비튼, 내 아이디어를 '살짝' 반영한 상품을 내라는 거다.

나의 경우 일반 단행본을 내는 출판사인데도 불구하고 첫 아이템으로 다이어리를 선택했다. 책의 경우 제아무리 정확하게 판매부수를 예측해도 (대박 작가의 작품이나 특판이 아닌 이상) 실제 판매를 보장할 수가 없다. 하지만 다이어리 시장은 비교적 안정적인 판매가 보장된다고 예측했던 것이다.(지금은 시장 상황이 많이 달라졌다. 작년에 봇물처럼 쏟아진 다이어리들 때문에 망한 업체가 한둘이 아니다.) 다이어리의 기능을 가지면서 동시에 읽을거리를 제공하여 책의 기능까지 겸비하도록 기획된 '북 다이어리', 〈기적을 부르는 다이어리〉가 그것. 대박은 아니었지만 다음 몇 권의 책을 만들 자금을 확보하자는 기본 목표는 거뜬히 달성했다.

050518 기적을 부르는 다이어리

사업자등록을 해놓고 맞는 첫 번째 생일이다. 물밑작업만 네 달째여서 그런지 불안하고 초조해서 파티고 친구고 가족이고 뭐고 도통 아무것에도 집중을 할 수가 없다. 와중에 걸려온 후배의 전화. 모 출판사에서 편집일을 하는 후배가 내가 싸이월드 페이퍼에 쓴 글을 보고 전화를 한 것. "선배, 기적을 부르는 주문, 그거 책 내면 좋겠는데." 갑자기 영감이 스친다. 진행 안 되는 책들과 필자, 번역자에 연연하며 불안해 할 것이 아니라 내 글을 갖고 책 낼 생각을 왜 못한 거지. "응, 그래 생각해볼게. 나중에 술 한 잔 하자" 하고 전화를 끊자마자, 나의 첫 상품, M&K의 첫 번째 책을 기획했다.(고마워, 후배님!) 책을 내기엔 내가 작가도 아니고, 글빨도 영 아니니, 글이 부속물로 활용된 다이어리를 내보는 거다. 다이어리 사랑으로 치자면 나를 따를 자 없을 것이다. 빈 노트에 일 년치 날짜를 직접 적어 다이어리를 만들었던 중학교 시절부터 고등학교 때는 한꺼번에 세 개의 다리어리를 사용하기까지 했으니 다이어리 시장은 이제 내 손안에 있다. 게다가 컨셉은 또 얼마나 훌륭한가. 기적을 부르는 다이어리라니, 대박감이다.

Note

첫 출시 상품의 구체적 사양을 구상하고 적어볼 것!
더불어 그 상품의 판매를 예측해볼 것!

#017
제작 프로세스는 잘 배우고 시작하는 겨?

사업가에게 가장 핵심기술은 무엇일까. 뛰어난 아이디어? 기획력? 섭외력? 생산력? 기술력? 돈 욕심? 사람 욕심? 각자의 기준, 해당 산업의 조건에 의거해 자기만의 핵심기술을 개발하겠지만, 어떤 아이템이든지 간에 -기획력이 자신의 핵심기술이더라도- 내 제품을 어디서, 어떻게 잘 만들 수 있는지 그 제작 프로세스에 대한 대략의 공부는 필수 선결 과제이다. 대중은 절대로 만만한 상대가 아니다. 뭐가 진짜인지, 가짜인지 혹독하게 평가하고 주머니를 여는 그들에게 진짜 상품을 내놓으려면 사장은 모든 것을 꿰고 있어야한다. 전문적인 기술을 배우라는 얘기가 아니라 적어도 제작의 프로세스를 알고, 현장의 기술자에게 뭔가 지시하고 결과물을 평가할 수 있는 정도의 지식은 가지고 있어야 한다는 거다.

이것도 운명이라면 운명일까, 기질일까, 성격일까, 오지랖일까. 책을 출판하겠다거나 사장이 되겠다고 한 번도 생각한 적이 없었는데 99년 잡지사 시절부터 지금까지 인쇄 매체 제작처에 부단히도 들락거렸다. 현장에 뛰어 다니면서 왜 그렇게 열심히 곁눈질로 노하우를 익혔는지, 당시에는 그저 학습 욕구가 뛰어난 나를 훌륭하다고 자찬했을 뿐인데, 그때 익힌 지식들이 지금 얼마나 큰 도움이 되는지 모른다.(살짝 돌려 생각해보니 그 기술 썩히기 싫어서 출판사를 창업했는지도 모르겠군….)

아래 일기는 사회초년병 시절 인쇄소를 방문했던 기록이다. 지금은 파주출판단지로 옮겼지만 당시 당산동에 있었던 보진재는 내가 최초로 인쇄물 제작 현장을 직접 눈으로 보게 된 곳. 그 시절부터 출판인의 운명적 그림자가 내게 드리워진 건가?

990808 국내 최고령 인쇄소 보진재에 가다

출력실에 근무하는 실장님이 편집부에 와서 "인쇄감리 가야지"하는 데, 편집실 선배들 완전 씹는다. 나와 함께 일하는 있는 편집팀 선배들에게 쬐금 실망이다. 이런 순간 나 대기 구모니카 씨가 가만있을 리 있나. "제가 갈게요"했다. 실은 선배들이 안 간다는 건 막내인 나더러 가라는 말이나 다름없으니 어쩔 수 없이 자처한 것이기도 했고, 내심 우리 잡지가 어떤 과정을 거쳐 만들어지는지 궁금했다. 나는 자기에게 주어진 일만 하는 직장인이 싫다. 프로의식을 갖고 현장을 익히고 자기를 계발하지 않는 사람들을 보면, '커서 뭐가 되려고 저러나?' 싶다. 나 왜 이렇게 훌륭하니.

돈과 법

#018 자본금은 어떻게 마련할 건데? #019 회사 이름 짓고 동사무소, 구청, 세무서, 에~또?

#020 손익분기는? 발전모델은? #021 돈 벌리면 관리는 할 줄 아니?

#018
자본금은 어떻게 마련할 건데?

그것이 1인 사장이든, 소자본 창업이든 사업에는 무조건 기초 자금이 있어줘야 한다. 선택한 아이템에 따라 차이가 있겠지만 초기 자금은 어떻게 마련할 것인가가 사업하기로 결정한 사람에게 실은 지상 과제다. 벌어놓은 돈이 (많이) 있으면 좋으련만, 이삼십 대에 벌어봤으며 얼마나 벌어놨겠으며, 부모님이 부자가 아니고서야 자금 확보는 사업가로서 부딪히는 첫 번째 난관이 아닐 수 없겠다. 일단 수중에 있는 돈을 탈탈 털고(차도 팔고, 집도 팔고 그러더군), 정부 부처나 각종 재단이나 기관들에서 지원하는 데를 두드리는 사람도 있고(까다롭게 굴어서 포기하는 분 많더라), 각종 대출 상품도 있을 것이고(사금융은 절대 멀리할 것) 독지가나 친인척의 투자를 끌어올 수도 있을 것이다.

각자 끌어낼 수 있는 능력에 따라 적정한 자금을 확보해둬야 한다. 아이템 딱 하나만 낼 자금을 가지고, 이거 대박내서 다음 거 만들고, 그것도 대박내서 직원 뽑고, 그 다음 것도 대박내서 빌딩 사고, 이런 계획 세운 사람들, 저 좀 봅시다.(얼굴에 찬물을 확 끼얹어 드릴텡게~) 초기 자금은 본인의 사업 규모에 맞춰서 적어도 1년, 길게는 3년 정도 안에 상품 제작비 등 투자 기초 비용을 확보하는 동시에 마련된 그 초기 자금을 되갚을 수 있을 운영 계획을 가지고 시작하도록!

이건, 지극히 사적인 생각이지만 1년에서 3년 안에 초기 자금을 탕감할 수 있는 돈을 모았더라도 꼭 갚을 필요는 없다. 나중에 이야기가 나오겠지만, 자금이라는 것은 최대한 유용할 수 있을 때까지 유용하는 것이 좋다. 언제 위기가 닥칠지 모르는 상황에서 돈 좀 만졌다고 한 방에 빚을 갚지 말라는 얘기다. 자금을 좀 더 유용하고, 더 안정 궤도에 올라선 뒤에 갚아도 늦지 않다. 갑자기 위기가 닥칠 수도 있는데 그때 또 꿀 수도 없고, 애매해지는 순간이 의외로 많은 게 현실이다. '부채도 재산이잖아~' 가볍게 생각하고 갚을 수 있을 만큼 자금이 쌓였어도 번 돈을 '킵~'해두는 '쎈쓰'도 필요하다는 것!

돈 생각을 하고 있자니, 아~ 갑자기 가슴이 답답해진다. 자본주의 시스템에서 돈 좀 만져보겠다고 시작하는 사업인데 그 놈의 돈이라는 놈이 시작부터 발목을 잡으니 속이 타들어 가는 심경, 아는 사람은 알 것이다. 돈이라는 첫 번째 관문에서 여유를 가지고 시작할 수 있는, 초기 자금에 대한 부담 없이 시작할 수 있는 아이템이면 얼마나 복인가. 어쨌든 이럴 때 공포와 두려움을 없애는 게, 급선무! 그게 빚이든, 노동하며 몇십 년간 모은 돈이든 돈을 편안하게 생각해야 한다. 내가 불편해하는 데 누가 나한테 달려오는 거 봤는가? 돈이 나에게 오게 하려면 편안하게, 만만하게 생각해야 한다.(물론 그게 최고 힘든 일이지만.) 아래는 내 자금 확보에 대한 일기다.

 <u>050120 **돈돈돈돈, 돈이 왔어요~ㅠㅠ**</u>

누가 뭐래도 난 사업을 하는 사업가다. 사업체의 업종이나 규모로 따지면 바닷가 모래알갱이 보다 작을지언정 나는 홀로이 사업을 시작했다. 초기 자금이 얼마면 될까. 내 수중의 돈은 얼마나 있을라나. 예금 잔고 6백만 원, 적금 통장 깨면 9백만 원, 자동차 팔아치우면 5백만 원, 모을 수 있는 돈을 싹 끌어 모아도 2천만 원. 10년을 열심히 일하고 돈을 벌었는데 이게 뭐지? 아~놔~! 그동안 뭐하고 돌아댕긴 거니? 하긴 문화생활 영위하고, 사람들 만나 밥 먹고, 술 마시고, 놀면서 그 정도 모았으면 되었네, 이게 다 자기 투자가 아니고 뭐겠어.(영~ 위로가 안 되네…) 일단 그 돈으로 대출 좀 땡기고, 아버지한테 맡겨둔 돈 받고 하면(아버지는 그런 돈 없다고 도망가시겠지만 ㅠㅠ) 5천만 원은 되겠군. 나의 인생 미션을 외우며, 기운을 내보자.

'질려라, 질려~! 인간에겐 수습본능이 있으니까~!'

Note

초기 자금은 어떻게 마련할 것인가?
내가 끌어 모을 수 있는 자금 출처를 적어보자!
초기 자금을 되갚을 수 있을 운영 계획도 함께 구상해보면 더 좋다.

#019

회사 이름 짓고 동사무소, 구청, 세무서, 에~또?

　　우리는 태어나면서 나만이 가지는 이름을 명명 받는다. 평생 그 이름으로 불리우며 나를 발견해가는 것이 인생이다. 고유한 이름에 더해 어딘가에 소속되어 ○○여고, ○○대학교, ○○방송국PD, ○○출판사 편집자 등 제2, 제3의 이름을 획득하며 사회생활을 한다. 한 가정에서 출발한 '나'라는 존재는 여러 가지 이름을 획득하며 사회로, 세상 속으로 뻗어나가며 존재 가치를 확인받는다. 이제 사업가로서 내 회사 이름을 지을 시간. 또 하나의 이름이 나를 규명하게 될 것인데, 이 회사 이름이라는 게 그동안 직장생활에서 불리던 이름과는 책임감의 차원이 다르다. 한 회사의 '대표'라는 직함을 갖게 되는 순간, 당신에게 새로운 인생의 장이 펼쳐지게 되는 것이다. 우리의 삶에서 뭔가를 대표하는 이름을 가지는 순간은 언제일까. 그런 막중한 책임감이 인생을 지배하는 순간은 얼마나 자주 있을까. 부모가 되는 순간, 그 고결한 이름의 책임감에 대해서 누가 감히 짐작할 수 있을까마는 사업가로 출발선에 선 당신은 이제 그 엇비슷한 책임에 고스란히 묶이게 된다.

　　자, 그렇다면 내 평생을 담보 잡힐 회사 이름을 어떻게 지을까. 제2의 이름이 될 지도 모를, 어느 순간 세상을 뒤흔들 나의 회사명. 순간적으로 그 이름이 내 이름과 같았으면 좋겠다는 생각이 스친다. 내 이름, 구모니카, 모니카, 니카, 그걸 회사 이름에 활용하기로 작정하고, 별별 생각을 다 했는데, 왠지 과자이름도 걸리고(모나카라는 제과점용 '고급' 과자가 있다), 가볍게 보이기도 하고, 뭔가 의미심장해야 하는 건 아닌가 하는 갖가지 생각이 스친다. 기적, 자기주문, 학습, 공부 등 내가 좋아하는 단어들을 나열하다보니, 그것을 내 이름의 이니셜과 연결하면 어떨까 하는 아이디어가 떠오른다. 모니카의 이니셜 MNK를 응용, 기적 Miracle 그리고 &(N) 지식 Knowledge, M&K가 탄생했다. 영문 이니셜 회사 이름은 왠지 규모가 큰 회사로 보이기도 하고, '아~ 좋다!' 회사 이름을 지어놓으면 정말 뭔가 시작된 느낌이 든다. 그때서야 사업가로서 수순을 밟기 시작하는 거고, 이제 정말 내가 사업을 시작했구나, 한 단계 한 단계 앞으로 전진하는 데 불이 붙는다는 얘기다.('출판사 인쇄소 등록 검색 시스템'을 이용해 같은 이름의 출판사가 있는지 검색해서 등록해야 한다. http://61.104.76.20/ 참고)

그 이름 하나 달랑 들고, '저, 사업할려구요~!' 하고 정부에 신고를 해야 한다. 여기저기 알아보니 구청에 출판업 등록을 해야 한다고 한다.(준비물; 구청에 마련된 신청서식-미리 써가려면 문화관광부 홈페이지http://www.mcst.go.kr/ 참조, 사업장 임대차계약서) 당장 사무실 하나도 없이 시작한다면 아파트나 주택은 사무실로 등록이 안 되니 2종 근린생활시설을 쓰고 있는 주변 사람 사무실의 사업장 임대차계약서를 빌려 내 이름을 적어 넣어(위조?) 가져가도 된다. 요즘 구청 직원분들이 바쁘신지 직접 나와 현장 조사 안 한다.(신분증만 가지고 가서 무점포 출판사 등록하는 것도 가능하니, 사무실 없다고 절대 기죽지 말라!)

왠지 떨리는 마음을 가라앉히고 찾은 동사무소.
"출판업 등록하려고요."
"예?"
"출판사 신고요."
"여기 동사무소인데요."
"그런데요?"
"구청에 가셔야 하는데요."
난 이 나이에 동사무소랑 구청도 구별 못 하는 못난이. —.,—(지금은 제도가 바뀌어 동사무소에서도 출판업 신고가 가능해졌다. 난 시대를 너무 앞서가는 경향이 있어. ㅋ)

다시 구청에 가서 신고를 하니, 2일에서 3일 후에 '출판사 신고필증'을 받으러 오란다. 이제 보무당당히 출판계에 정식으로 진출하는 순간이다. 액자에 신고필증을 고이 집어넣어 작업실 한켠에 걸어 두었다.(뿌듯함에 잠도 못 이뤘던 그날의 기억~!) 아는 선배가 놀러 와서 그 액자를 보고 이렇게 말한다.

"아, 드디어 달리는구나? 근데 사업자등록증은?"

"그게 뭔데?"

"멍충아. 사업하는 사람이 사업자등록증도 안 받으면 어쩌냐?"

"?"

"신청서식은 세무소에 있을 거고, 출판사 신고필증이랑 주민등록등본, 임대차계약서 가지고 가서 신고해야지."

"그런 거야?"

(난 진짜 막무가내 멍충이다. 어쩌랴. 이렇게 배워가는 게지.)

세무소에서 사업자등록증은 바로 발급해주더만. 이제 진짜로 달리는 건가. 떨린다.

050114 제대로 달려보자고…

아부지 사무실 임대차계약서를 빌려서 신고도 했겠다, 아부지 사무실 입구에 사업자등록증을 떡하니 걸어 놓았다.(부동산에 출판사 사업자등록증을. ㅠ.ㅠ) 말씀은 안 하셨지만서도 살짜쿵 입가에 미소가 스치는 현장을 보고 말았다. 본인 맘대로 살아주지 않는 막무가내인 딸년이지만 그래도 뭔가를 하려고 애쓰는 것만도 이쁘긴 이쁜가보다. 나를 죽이라고, 차라리 죽는 게 낫겠다고, 꺼이꺼이 땅을 치며 울다가 뛰쳐나가서는 이런 것들을 준비하고 있는 구모니카. 정상은 아니다. 이것도 일종의 생존본능인가. 꼴에 죽어도 하고 싶은 일은 한 번 하고 죽겠다는 일종의 인생철학인가, 신념인가, 마지막 발

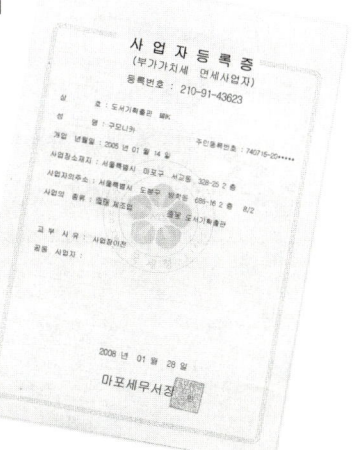

악인가. 무엇이면 어떤가. 한 번 해보는 거다.
나도 나의 정신세계가 긍금타. 어쩔려고 사업가의 길로 접어든 건가. 그래도 일어난 끔찍한 일들을 하나하나 고이접어 정리하면서, 열심히 살아보겠다는 몸부림이니 응원해주시길.
행복을 부르는 책을 만들고 싶다.
우리가 누릴 수 있는 가장 싼 정신적 사치는 뭐니뭐니해도 책이고, 책을 읽을 때만은 외로워 뵈거나 우울해 뵈지 않으므로. 답은 책이다. 행복을 부르는 책 말이다.
화이팅! 니카. 화이팅! 니카의 칭구덜.
나가자! 싸우자! 이기자! 가능한 한 천.천.히.

#020
손익분기는? 발전모델은?

　　사업을 시작하고 가장 무서운 적은 지나친 환상이 아닐까 라는 생각이 든다. 어쩔 수 없이 밀려드는 불안감을 달래려 그런 건지는 모르겠으나 내가 꾸려갈 사업체의 미래를 지나치게 낙관하게 된다. 물론 그런 낙관적 기대가 자기 암시가 되어 좋은 결과를 부르는 데 일정 부분 기능을 할 테지만 수판알을 까다롭게 굴릴 필요가 있다. 책 한 권이 시장에 출시되는 데 필요한 직접제작비는 얼마 정도인지, 사무실 운영과 마케팅 등에 드는 간접비용은 얼마인지, 그것이 어느 정도 팔려야 손익분기에 이르는지, 수익이 바로바로 현금으로 입금이 되긴 되는지, 수금 시스템을 유지하기 위해 제품 출시 주기는 언제야 하는지, 대충 머릿속으로 계산할 것이 아니라 전문가 혹은 전문 프로그램을 이용하여 문건을 만들어 계산해봐야 한다.
　　손익과 발전에 대한 나의 환상으로 말하자면 빌게이츠 부럽지 않았다.

첫 번째 책과 두 번째 책이 대박 신화를 달성하면 바로 빌딩을 살 수도 있었고, 얼마든지 회사 규모를 키울 수도 있었다.(기획고문도 모시고, 유능한 편집기획자도 뽑고, 영업부장, 경리까지 다 뽑는 거다.) '번 돈으로 힘겨운 사업을 계속할 게 아니라 대한민국을 뜨자' 했을 정도니 나를 이끌어 온 힘은 '착각'이 아닌가 하는 생각도 든다. 환상에 대해 떠들던 나를 정신이 번쩍 들게 만들어준 분은 다름 아닌 아버지였다.(지지리도 마음 안 맞는 그 분.) 우리 아버지가 사업을 시작한 내게 슬며시 건넨 장문의 편지(태어나 아버지로부터 처음 받는 편지였던 것도 같다)에는 '뻔할 뻔짜'의 조언이 적혀 있었는데, 그 마지막 항목이 나를 뒤흔들었다. '환상을 벗어던져라!'

부지불식간에 나를 지배해버린 성공의 환상. 나도 몰랐던 걸 아버지에게 들킨 거다. 초반의 환상을 버리고 현실적으로(외려 비관적으로) 계산기를 두드리니 아무리 머리를 굴려도 2년간은 현상유지만도 다행이라는 결론이 나온다. 결국 투자 대비 수익이 비슷하거나 밑돈다는 건데, 열심히 이리 뛰고 저리 뛰는 고생길을 가야하는 이유는 뭐지? 이런 걸 왜 해야 하지? 실망을 감출 수가 없다. 그런데 내가 잊은 게 하나 있다. '성장과 발전이 선물하는 희열' 말이다. '첫술에 배 부르랴' 하는 명언 말이다. 환상과 기대를 접고 계산기를 두드렸을 때 도무지 계산이 안 나오더라도 실망은 금물! 성장과 발전이 인생이 목적 아니던가. 대박을 꿈꾸기 시작하는 순간, 대박은 당신에게서 멀리 도망칠 것이다.

처음 2년 동안은 가장 안전한 상품을 출시하고, 업무 프로세스를 익히고, 업계를 파악하는 시간을 갖자고 다짐한다. 탄탄한 기반, 안정된 구조 속에서 조심스럽게 수익을 창출하다가 그때 가서 향후 발전모델을 생각하자. 모쪼록 수익은 최대한 낮게 잡아야 달성하기 쉽다는 진리를 터득하시길…. 그렇다고 소심하게 가라는 말이 아니다. 마음속으로 대박신화를 희망하되,

현실감각을 최대한 유지하라는 말. (말은 참 쉽구먼.) 아무튼 너무 앞서가지도, 너무 뒤쳐져가지도 말며 서서히 제대로 회사를 꾸릴 생각을 하자!

 050218 눈물 없이 읽을 수 없는 아버지의 편지

사업한다고 여기저기 큰소리 뻥뻥 치고 돌아다니는데, 가야할 곳이 어느 쪽인지 방향을 자꾸만 까먹는 것 같아. 이런저런 고민들로 어젯밤도 꼴딱 지새고 벌건 대낮에 일어났다. 아버지가 웬일로 '자빠져 자는'(울 아버지 표현) 게으른 나를 깨우지 않으셨을까 하고 일어나 앉은 책상에 봉투가 하나 놓여 있다. 태어나 처음 받는 아버지의 편지였다. 그 안에는 몰랐던 두 가지 메시지가 담겨 있었다. 앞서간 사업가로서의 충고, 뚝뚝한 아버지의 자식 사랑.

사업을 시작하고 심사숙고 할 것!

1. 누구와도 동업하지 마라.
2. 부모 형제 외에는 아무도 믿지 마라.
3. 거래처와는 필히 사장 영수증을 직접 받아야 한다.
4. 도와준다고 친절을 베푸는 사람을 주의해야 한다.
5. 일을 맡길 때는 신용도를 조사해야 한다.
6. 출판사 사장님들께 자문받고 모든 일을 상의하고 경험담을 문의해라.
7. 돈을 거래할 때는 상대방의 영수증을 챙기고 상대가 신용도 있는지 조사해야 한다.
8. 일을 업체에 맡길 때는 주변 사장님한테 자문을 받아 보고 문의해봐라. 그리고 대표하고 계약금, 중도금, 잔금을 명시하고 일을 확인해야 한다.
9. 모든 일을 아빠한테 상의하고 의논하고 결정하면 좋겠다.
10. 누구의 보증도 서지 말고 돌다리도 두드려보고 건너야 실패하지 않는다.
11. 본인이 직접 챙기고 확인하고 직접 발로 뛰어야 한다.
12. 실패하지 않으려거든 냉철한 판단이 중요하다.
13. 성공하기를 기원한다.
14. 사전준비가 미흡하여 실패하지 않도록 준비단계에서 철저함이 필요하다.
15. 돈 거래는 무조건 심사숙고하기를 바란다.
16. 환상을 벗어 던지거라.

#021
돈 벌리면 관리는 할 줄 아니?

열심히 일해 번 돈을 '잘' 쓸 수 있는 사람이 몇이나 있을까. 사업가로 첫발을 내딛을 때 내가 잘 모르는, 비전문가인, 취약한 여러 가지 것들이 발목을 잡는다. 취약점은 개인마다 다르고 실로 다양하겠지만, 월급 정도만 운용해온 사람들이나, 용돈 관리 수준으로 돈을 접해 온 사람들의 경우 갑작스런 매출로 들어온 큰 돈을 대할 때 겁을 집어 먹거나 어떻게 해야 할지 몰라 당황하게 된다. 실로 일을 대할 때 태도와 돈을 대할 때 태도는 얼마나 다르던가.

하여 사업 초기 재무, 세무, 회계에 대한 두려움이 밀려드는 순간이 있는데, 단언컨대 정말 별것 아니다. 세무·회계 관련한 전문 지식을 가지고 사업을 하는 사람이 얼마가 있겠는가. 사업을 시작도 안 한 상태에서 '돈 관리'에 대한 겁을 미리 집어 먹을 필요는 없을 듯 보인다. 업종과 규모를 떠나 처음 사업을 시작할 때 실제로 신경을 집중해야 할 부분은 내가 팔아먹을 제품을 제대로 만드는 일 뿐이다. 해당하는 세무·회계 분야의 전문가들도 널렸고 당신이 거짓말을 하지 않는 이상 그들이 당신이 '잘 모르는', '돈'에 대한 업무를 전문적으로 처리해줄 것이다.

그러니 출발점에 선 당신은 재무나 회계, 세무에 대해 초등학교 산수 실력 정도면 된다고 여겨라. 사실 작은 규모의 사업체로서 초기에는 신고할 일도 별로 없고, 신고할 때 세무서에서 정말 친절하게 도와주는 것은 물론이고 게다가 우리나라 분위기는 자영업자에게 좀 관대한 편이다. 돈이 팍팍 벌릴 때에는 세무회계 전문가에게 맡기는 것이 실제로 이득이니, 세무·회계 전문가가 될 생각일랑 접고, 그냥 사업에 충실하면 된다. 사업 초기에 철저히 준비한답시고 세무회계 공부하는 사람들, 좀 모자라 보인다.

문제는 세무·회계에 대한 전문 지식이 아니라 현재 보유한 자산과 앞으로 벌어들일 수입에 대해 '자금 운용 계획'을 제대로 세우는 일. 실제로 초기에 큰 수입을 올린 사업가의 경우 자금 운용에 취약해 사업의 유지·관리에 실패를 경험하는 경우가 많다고 한다. 그래서 초기에 대박이 난 사업가가 장기 레이스를 성공적으로 이끄는 경우가 거의 없다는 건가.

 <u>060315 돈 계산!</u>

심혈을 기울여 만든 내 첫 자식, 〈기적을 부르는 다이어리〉를 시장에 내놓은 지도 어언 6개월, 이제 정산을 할 시간. 예쁜 자식을 잘 봐달라고 이리 뛰고 저리 뛰는 동안 수입과 지출, 그 손익분기를 따져 볼 시간이 없었더랬다. 돈 벌겠다고 사업을 시작한 사람이 돈 계산은 안 하고, 이게 뭐하는 거지. 제품 팔겠다고 돌아다니랴, 계산서 발행하랴, 청구서 챙겨 입금하랴, 그야말로 발품의 나날들. 팬시업계와 서점 쪽에서 들어온 돈으로 불어가는 통장 잔고에 뿌듯했다가, 어느 순간 제작비 결제로 잔고가 쑥 줄었다가, 그걸 지켜보고 있자니 만감이 교차한다. 과연 나는 이 사업에서 무엇을 원하고 있는가, 하는 말도 안 되는 의문도 불쑥불쑥 치밀고 말이다.(당근 돈 벌자고 시작한 거 아녀?)
얼마를 벌고, 얼마를 쓰고, 얼마가 남은 거지? 자, 이제 드디어 계산할 시간이다.

동기부여

#022 후진 작업실도 좋으니 일단 공간을 마련할 것! #023 앗싸~! 내 멋진 명함과 간판!

#024 사업 동지를 만들자고 #025 오프닝 파티는 최대한 거하게~ #026 자기에게 주문을 외라! 꿈은 이루어진다!

#022
후진 작업실도 좋으니 일단 공간을 마련할 것!

　우리가 어디서 무슨 일을 하던 '동기부여'는 상당히 중요하다. 주변 사람들의 응원과 자기 결심 사이에서 욕구와 성취를 조절해가는 것이 인생이 아니겠는가. 그렇다면 사업가인 당신에게 동기부여를 해줄 수 있는 것들은 무엇인가 생각해 볼 것! 본인이 하려는 사업의 업종에 따라 다르겠지만 사람에게 공간이 미치는 영향력은 실로 대단하다. 이를테면 분위기 죽이는 사무실에서 일하는 사람들이 일을 더 열심히 한다거나, 고시 공부하는 사람이 좁아터진 고시원이 아니면 공부가 안 된다거나, 작가들이 글 잘 써지는 장소를 찾아 헤맨다거나 하는 일련의 상황을 보면 '동기부여'에 있어 공간이 얼마나 중요한지 알 수 있다.

　업종과 규모에 따라 내가 벌이려는 일을 집행할 수 있는 적절한 공간을 마련하여 동기부여를 하자. 사실 내가 하려는 출판의 경우, 특히 1인 출판의 경우, 거의 모든 업무가 아웃소싱이 가능하기 때문에 작업 공간 같은 건 필요가 없다. 허나 내가 누군가. 분위기에 죽고 사는 한심한 인간. 그럴싸한 작업 공간이 아니고서는 머리도 안 굴러 가고 일하는 맛도 안 나는 걸 어쩌랴. 냉상 사무실을 얻을 논이 수중에 있었지만 주변의 조언에 귀 기울여 감가상각이 되는 사무실 비용 같은 건 최대한 줄이기로 했다. 그래서 내가 사업가로 처음 둥지를 튼 곳은 다름 아닌 내 방. 나중에 실제로 업무가 시작되면 주문을 수령할 팩스가 필요한데 그때 가서 아버지 사무실의 팩스를 쓰면 되고, 자, 그럼 일단은 작당모의를 할 공간만 있으면 OK! 내가 할 일은 대부분 문건 작성이었기에 무선 인터넷이 되는 컴퓨터(노트북) 한 대만 있으면 됐다.

　12개월 할부로 노트북을 구입하고, 내 방을 작업실 분위기로 인테리어리뉴얼renewal 시공을 했다. 한쪽 벽은 서재처럼 꾸미고, 여행가방과 각종 소품들을 배치하니 제법 작가 작업실처럼도 보인다. 문건 작성이나 시장 파악 외에 작가들 미팅도 초기에 주요한 업무인데, 그건 멋진 카페나 레스토랑을 잡아 만나면 되니까, 내겐 이 작은 공간도 감지덕지다. 사업가의 의지를 불태우기에 최고의 인테리어다. 그러니까 당신도 어딘가 일하는 분위기를 한껏 낼 수 있고, 무료로 쓸 만한 공간이 있다면 무조건 활용하라. 아는 언니 하나는 오피스텔을 얻어 집과 사무실 겸용으로 사용했고, 아는 동생은 친구 가게의 한켠에 둥지를 틀었고, 선배 하나는 사업하는 친구 넷이서 사무실 하나를 얻어 나눠 쓰고 있었다. 다들 그 시작은 미미하지만 마음속에 품은 희망과 커다란 꿈만은 누구 부러울 것 없는 모습이다.

 050117 잘 살아줄게

나의 새로운 임시 작업실.
책상 바로 뒤에는 침대가 있어 졸리면 언제든 잠들 수 있고,
책꽂이 앞에는 여행가방이 놓여 있어 짜증나면 언제든 떠날 수 있고,
만사 시큰둥해지면 언제든 아무 잡지고, 책이고 꺼내 읽을 수 있도록 연출했다.
어제 12개월 할부로 구입한 노트북이 전체적인 분위기를 상당히 럭셔리해 보이게 한다.(고단한 할부인생이여.)

덕지덕지 붙어있는 내 사진들은 살아있다는 것을 느끼기 위한 장치다.
책꽂이에 커다랗게 보이는 12라는 숫자는 오늘 날짜를 나타내는 일일달력인데, 이것도 내가 살아있다는 것을 감지하기 위해 마련한 것으로, 이제부터 나의 아침 첫 일과는 이 달력을 넘기는 것으로 시작할 예정이다.
창문에 커튼인냥 쳐있는 격자무늬 천 조각은 채광 때문에 늦잠을 잘 수 없어 임시방편으로 쳐둔 K항공사에서 불법으로 가져온 담요다.(커튼을 달까도 했지만 몇 달 안에 제대로 된 사무실로 입성할 것 같아서 일단 그냥 뒀다.)
기분전환을 위해 거금 8만 원을 주고 산 짝퉁 듀오백 의자를 중심으로 찍었다. 역시 짝퉁의 진가, 뭐가 달라도 다르다.(원조 듀오백은 등을 댔을 때 가운데 부분이 등을 감싸도록 설계되어 있는 반면, 짝퉁 듀오백은 등을 살짝만 기대도 가운데 등뼈가 아프도록 설계되어 있다. 절대 뒤로 확 뒤비지지 않으며 그럴려고 용쓰다가는 바로 자빠진다.)
날 위해서라기보다는 널 위해서 잘 살아야겠다고 다짐한 순간,
단 2시간 만에 세팅한 공간이다.
끝까지 난, 널 위해 무언가를 하고 있다.
젠장, 넌 여전히 태연한데 말이다.
그래도 내가 이런 공간에서 게으름을 피우며 미래를 설계할 수 있다는 사실이 약간 행복하다.
그러니 너도 행복해라, 게으른 마음으로 허락할게.

#023
앗 싸~! 내 멋진 명함과 간판!

　　　사업가로 출발하는 자기 자신에게 여러 가지 선물을 해보자. 사업가 티 팍팍 나는 서류가방, 멋진 스케줄러, 디자인 잘 된 녹음기, 럭셔리한 만년필, 현장을 뛰어다닐 내 발을 위한 '신상' 스니커즈 등등. 그렇게 스스로에게 사업가라는 이미지를 만들어줘야 한다. 모름지기 형식이 내용을 지배하게 되어있지 않은가. 그리하야 당신이 수행해야 할 동기부여 프로젝트 제2항! 멋들어진 간판과 명함 만들기! 절대로 대충 만들지 말라. 대충 만들 것 같으면 차라리 명함도 간판도 없이 지내는 게 낫다. 바야흐로 디자인이 모

든 것을 지배하는 시대가 왔다. 소비자들은 예쁜 것에 환장하고, 어떤 것이 세련된 것인지 본능적으로 감지하고, 디자인에 관한 한 제작자인 당신보다 몇 배는 까다로운 사람들이다. 그러니 제발 내 회사 이름 로고 디자인은 돈을 좀 들여서라도 CI, BI 디자인 전문가에 맡겨라.(돈을 좀 넉넉히 주면 명함은 서비스로 만들어준다. 내 경우 친한 디자이너에게 멋진 CI랑 명함을 개업선물로 받아냈다.)

요즘 소비자들은 이미지를 먹고 마시고 산다 해도 과언은 아닐 것이다. 거리마다 예쁜 것 천지, 멋있는 것 천지다. '힙hip'하고 '핫hot'한 것들에만 열광하는 소비자들을 유혹하려면 내 회사의 이미지를 최대한 '뽀대나게' 만들어야 한다. 시대가 시대이니만큼 그러한 형식(외관)이 내용(핵심 제품)을 지배하는 일을 자주 볼 수 있다. 수많은 코스메틱 브랜드가 경쟁하는 화장품 시장에서 제품의 질은 다 거기서 거기라고 한다. 그러니 핵심 제품으로 경쟁하는 시대가 아니라 이미지로 승부해야 하는 시대가 도래한 것. 최근 키치적이고 키덜트kidadult(어른인데도 여전히 어렸을 적의 분위기와 감성에 애착을 보이는 성인들)한 컨셉으로 런칭한 Benefit을 보면, 샌-프란시스코라는 도시의 경쾌한 이미지를 담아 제품을 디자인하고 각각 단품의 이름도 dr. feelgood, dear. john, some kind-a gorgeous, Do it daily, Maybe Baby 식으로 지어 힙하고 핫한 것에 열광하는 여성 소비자들에게 어필했다. M&K의 경우 로고와 북 디자인 등에 여자출판사라는 이미지를 잘 담아냈고, 몇몇은(정말 몇몇) 그 디자인 때문에 우리 책을 사기도 한다. 회사의 이미지가 돈을 부르기도 한다는 것을 명심 또 명심할 것!

코딱지만한 사무실에 웬 간판? 하는 분도 있을 테고, 1인 사장이 무슨 사장이냐며 명함에 '실장'으로 찍는 분들 있던데, 딱 한마디만 하겠다. '웬 때아닌 겸손?' 사업이라는 게 결국은 '잘 먹고 잘 살아보겠다'는 마음의 발로이고 허영심이나 공명심, 사명감 등등의 감정들이 한데 얽힌 것 아니던가.

■ 도서기획출판 M&K C.I.

■ Concept
모던한 분위기의 산세리프체로 '세련된 의식과 고고한 철학을 담은 책을 내겠다', '새로운 시대를 맞아 출판의 지평을 넓히는 출판사가 되겠다'는 의지를 담았다. S라인의 머리 묶은 여자의 형상을 이미지화한 &는 여자출판사를 어필한다.

■ Color System
· RED
별색 DIC 2496
4도 분판 M100+Y100+B10

· PINK
별색 DIC584
4도 분판 M100

■ Business Card

050829 완전한 사장으로 태어난 날

내 사랑 윤임쓰가 나와 같은 시절에 사업가가 되었다. Design I'm이라는 디자인 회사를 설립한 언니는 에디토리얼 그래픽 디자이너로 여러 유명 잡지 디자인부터 각종 기업 카다로그, 브로셔 작업을 거쳐 이제 북 디자인을 하게 된 내 친언니 같은 동네 언니. 겁대가리 없는 동생 둔 덕에 '사업이 별거냐!' 하는 철학을 공유하게 된 언니가 M&K 개업 선물로 회사 로고와 명함을 디자인해준단다. 살짝 눈물이 났지만 강한 모습으로 큰 소리를 친다. "이 은혜는 반드시 돈으로 갚는다!"고. 이 나이에 남자도 없고, 결혼도 요원하고, 믿을 구석 없는 우리 같은 씩씩한 처녀들에게 돈은 정말 중요하다.
회사 로고를 보고 있자니, 아~ 이제 정말 완전한 사장이 된 느낌이다.
정말로 시작인 거구나.
"언뉘~! 이런 날은 기념해야잖수? 한 잔 어때?"(로고 디자인비, 명함 인쇄비보다 술값이 더 나왔다.ㅋㅋ) 아는 사람들과의 거래는 이게 문제다. 싸게 혹은 공짜로 일 해달라고 조르고, 만나서 떠드는 시간과 먹고 마시는 돈이 더 나간다는 거.(그래도 좋아. 동지가 있다는 것만도 큰 선물 아니겠어?!)

#024
사업 동지를 만들자고

　　동기부여 프로젝트 제3탄! 사업하는 동지들과 이바구 나누기! 사업하는 사람들과 이야기를 나누다보면 내가 할 일과 해서는 안 되는 일, 마음가짐, 태도, 사고방식에 대해 현장 학습을 할 수 있는 것은 물론이거니와 누구도 모를 사장만의 고민과 고충에 대한 해답까지도 얻게 된다. 그렇게 응원의 말을 나누고 동질감을 느낀다는 것 하나만으로도 충분한 동기부여가 가능하다. 그 이상도 그 이하도 아니고 '동지애' 딱 거기까지. 간혹 내가 왜 사업을 한다고 했나, 이게 잘 하는 짓인가 하는 생각이 드는데, 그럴 때 필요한 것은 '단순한 위로'뿐이다. '나도 그래', '나도 그랬었지', '나도 그런 날이 올테지' 하는 식의 단순한 한 마디가 강렬한 구원의 메시지가 되기도 한다. 거기에 '넌, 된다!', '넌 할 수 있어'라는 긍정의 메시지까지 보태주면 더할 나위 없는 동기부여 아니겠는가!

한창 직장생활을 할 때는 주변에 사업하는 사람이 하나도 없었는데, 사업을 시작하고 나니 신기할 정도로 내 주변에 사업가들이 몰려든다. 막 사업을 시작한 동지들도 있고, 한참 힘든 시기를 보내는 중인 4, 5년차 선배들도 있고, 성공 일로를 달리는 대선배들도 있다. 그들 누구에게나 필시 얻을 것이 있다. 그렇게 공감대를 형성하고 웃고 떠들다보면 모호한 사업 계획이 더욱 확연해지고, 소심한 마음이 확장되기도 하고, 돈에 대한 공포가 사라지기도 하고, 대범함이 얼마나 중요한 마인드인지도 배우게 된다. 이러한 소통의 시간을 거쳐 진정한 사업가로 거듭나는 거다. 의도하지 않아도 사람들은 끼리끼리 뭉쳐 힘을 주고받게 돼있는 건가.

그러나 명심할 것! 내가 잘돼야 동지들도 옆에 있어준다는 것! 그들과 소소한 동지애를 나누는 것은 좋지만 결정의 순간엔 철저히 혼자가 돼야 한다는 것! 절대로 구체적인 사업적 조언을 듣지 말아라. 당신 사업의 특수한 조건은 당신만 알고 있다. 일일이 부연된 설명을 해주지 않는 한, 누구도 구체적인 행동강령을 제시할 수 없다. 인간이란 때론 상대의 실패에서 적절한 해답을 얻기도 하고, 상대의 성공에 질투가 발동해 이상한 조언을 하기도 한다. 무서운 일이지만, 그들은 어느 순간 상당히 우연한 계기로 적이 될 수 있다. 마음을 나누되 절대 허심탄회하지 말라.

 <u>060924</u> 사는 건 진짜 힘든 일이구나

"턱까지 내려온 이 다크써클은 뭐지? 눈가에 자글자글한 이 주름의 정체는?"
"상~! 니 뱃살이나 관리하셔~!"

이러고 노는 고등학교 동창. 고등학교를 졸업하자마자 동대문 시장에서 일을 배우더니, 이십 대 초반에 의류도매업을 시작한 호연이를 만났다. 오늘 만난 사업하는 친구의 얼굴에서 다크써클도, 주름도 아닌 어엿한 그림자를 보았다. 그동안 그렇게 만났어도 보이지 않던 그 그림자는 무얼까. 친구에게 왜 그렇게 무심했는가를 생각할 겨를도 없이 "웰 컴 투, 비즈니스 월드!!!! 치어스!!!"라고 소리치는 친구놈. 쉽지 않은 길이겠구나, 그런데 네가 먼저 앞서간 그 길에서 나는 조금이나마 수월하겠구나. 그 그림자 나한테 떼줘라. 내 뱃살에다 붙이게.

'함께 가서 덜 고되자'.

그래봤자 함께 술이나 마셔주는 위로뿐이 할 수 없지만, 이제 네 뒤를 따르는 나를 통해서 위로받길 빌어본다. 성공과 실패를 떠나 그 길 위에 이제 너 혼자가 아니라는 것이 위로가 된다면 말야.

Note

찾아가 조언을 구하고, 사장 교육을 받을 수 있는 사장님들이 있다면 다 적어볼 것!

#025
오프닝 파티는 최대한 거하게~

　　동기부여 프로젝트 중에 가장 추천하고 싶은 것은 "저 사업합니다!" 하고 방방곡곡에 알리라는 것이다. 원래 벌인 일을 수습해가며 사는 인생에는 내가 일 벌이는 현장을 지켜본 더 많은 증인을 확보하는 게 중요하다. 그러면 그 목격자들 눈 무서워서, 한 마디로 '쪽팔려서' 뭔가 업적과 실적을 창출하게 된다. 무쏘의 뿔처럼 혼자 고고히 일을 벌이는 사람이 잘 하는 건지, 빈수레가 요란하다는 말이 무색하게 여기저기 시끄럽게 떠들어대며 일하는 사람이 더 잘하는 건지, 답은 없다. 그저 자기 스타일대로 시작하면 그만인데, 내 알기론 소란스러운 쪽에 이목이 더 집중된다. 소리 소문 없는 사람은 음흉스럽게 보이기도 할뿐더러 자기 혼자서도 잘 해낼 테니 돕고 싶은 마음이 들지가 않는다.

　　믿거나 말거나, 한 바탕 잔치를 벌여 이목을 끌게 되면, 여러 사람들이 입소문을 내 줄 가능성을 확보하는 거고, 방문객들의 돕고 싶은 의지를 발발시키는 거고, 목격자들의 기운을 끌어 모아서 동력을 충전하는 거고, 잘난 척 한만큼 잘돼야 된다는 의지를 굳건히 하는 거다. 이보다 효과적인 시작은 없다. 그러니 아는 사람들, 아는 사람의 아는 사람들, 사돈의 팔촌까지 끌어 모아 오프닝 파티를 개최하도록 해라. 알리면 알릴수록 득이 되는 게 사업이고, 돈벌이다.

　　장소, 비용, 부를 사람 명단, 식순 같은 건 내키는 대로, 하고 싶은 대로 하면 된다. 파티에 겁을 내는 사람이 있는데, 이제 사업가로 발돋움할 사람이 그렇게 소심하고 수줍으면 못쓴다. '그깟 파티, 아무것도 아니다, 쉽다'고 생각하고 저질러라. 장소는 아는 데 빌리면 되고, 음식은 마트에서 직접 준비할 수 있고, 아는 사람들은 전화로 불러 모으면 되고, 캐주얼한 파티에 식순 같은 건 필요 없다. 나의 경우 아는 친구의 카페를 공짜로 빌리는 대신 술과 음식은 그쪽에서 '저렴하게' 소비하기로 했고, M&K 소개 동영상을 제작해 틀어주고, 향후 출간리스트를 담은 팸플릿을 제작해서 뿌렸다. 첫 책 〈기적을 부르는 다이어리〉 런칭과 M&K 개업 파티를 동시에 열었는데, 파티 비용은 손님들에게 첫 책을 팔아 충당했고, 친구들에게는 (결혼할 일 없으니) 결혼 축의금을 미리 내라고 했고, 어르신들에게는 개업 축하금을 뜯어냈다.(오히려 돈을 벌었다는….) 자랑하자면 그날 200명이 넘는 옵저버와 친구, 유명인들, 출판사 사장님들, 작가님들, 기자님들이 M&K의 시작을 축하해 줬더랬다.

　　오픈 파티, 아무것도 아니다. 당장 계획하라! 아는 언니 하나는 오픈 이후에도 매 1주년, 2주년, 3주년 이런 식으로 파티를 쭉 열어 사람들에게 건재함을 알리고, 일도 따내고 한다. 멋지지 않은가?!

✉　050902 오픈파티, 어여 오세요^^~!

여우같은 여자들의 유쾌한 혁명이 곧 시작됩니다.
여자들이 행복했으면 합니다.
여자들이 더 힘을 가졌으면 바랍니다.
여자들이 더 많이 웃었으면 좋겠습니다.
여자들이 더 씩씩해져서 세상이 밝아지기를….
2030 여자들이 서로서로에게 멘토가 되어,
우정과 신의, 기쁨과 슬픔을 나누는 자리를
마련했습니다.
당신을 2030 여자 클럽 오픈 파티에
주인공으로 초대합니다.
꼭 참석하셔서 쭈~왁 누리세요~~~!

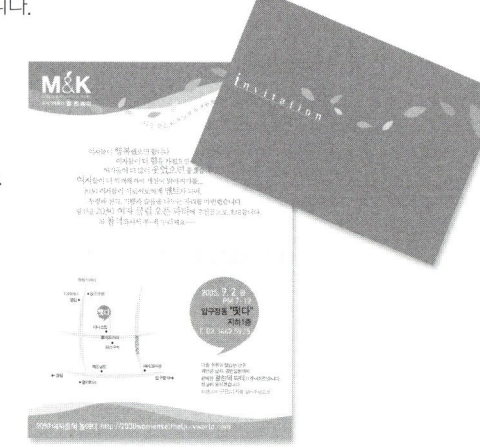

M&K 출판사의
향후 출간 계획 도서들을 담은 팸플릿.
출판사 홍보와 영업에 유효하게 쓰였다

#026
자기에게 주문을 외라! 꿈은 이루어진다!

'역할론'에 대해 들어봤는가. 여기 지구, 대한민국, 당신이 있는 바로 그 자리에서 우리 모두에겐 각자의 역할이 있다는 것. 그 역할이 가정주부일 수도, 유치원 선생님일 수도, 소심하고 쩨쩨한 사람일 수도, 대범한 장부일 수도, 늘 당하기만 하는 사람일 수도, 늘 얻어먹기만 하는 사람일 수도 있는데, 그 각자에게 주어진 역할에 따라 한 평생을 살다 떠난다는 말이다. 그러니 사업을 하기로 결정한 당신은 사업가의 역할을 명명받은 것이다. 성공하는 사업가로서의 기질과 성정은 상당히 다양해서 뭐가 정답이라고 말하기 힘들겠다. 각자가 지닌 고유한 기질로 승부하게 되어 있으니, 자신을 바꾸려고도, 꿈을 작게 꾸려고도, 더 크게 꿔야한다고도 생각지 말라. 다만 이제 결정한 사업가의 길에서, 그야말로 '있는 그대로' 걸어갈 자신에게 희망의 기운만을 듬뿍 실어주자!

걸어갈 험난한 앞날을 떠올리면 자신감도 없어지고, 두렵고, 쓸쓸하겠지만 '이것이 지구에 와서 내가 할 역할이라면 기꺼이 해내리!' 하는 마음으로 그 모든 것을 '받아들여라~!' '시작은 미미하지만 끝은 창대하리라!' 고 생각하라. 아니, 뭐 또 그렇게 '창대하지 않으면 또 어떠리' 해버려라. 그게 내 역할이라고 생각하면 그만이지 아무짝에도 쓸데없는 상대적 빈곤감 따위로 작아지지 말라! '꿈은 이루어진다'는 진부하고 촌스러운 말에 의지하고, 동시에 '지금 있는 그대로의 온전한 나로서 이루리라!'는 신념에 휘둘리도록!

061113 니들이 나를 몰라도 한참 모르지…

모 기자가 떠오르는 신예 출판사 여사장 3인방, 이런 식으로 쓴 기사를 봤다. 그 3인 중에 나도 끼워주신 대목에 머리 숙여 감사를 표한다. 헌데, 위에 두 언니는 열라 칭찬 일색이고 나는 단점만 지적하셨던데, 반성이 되기는커녕 그 분이 내가 목표한 방향을 '개선해야 할 점'이라고 단정 짓는데 심히 기가 찬다. 물론 그렇게 평가되었다는 것이 내 의도대로 걸어온 방향이 맞아떨어졌다는 반증이기도 하지만 그걸 '개선'해야 한다니, 좀 화나는 걸.ㅋ

아무튼 지적당한 대로 트렌드에 지나치게 천착하는 '잡지적 사고'로, 무쟈게 띄엄띄엄 ('일 년에 달랑 3권') 결과물을 만들어 냈다는 게 개선해야 할 점인지, 내 의도대로 쭉 그렇게 갈 건지는 나도, 그분도 모를 일이다. 사람이란 모름지기 처한 환경과 상황에 따라 맘과 몸이 변하게 마련이어서 지금까지는 유효했던 그 방식이 내년부터는 모든 걸 망치는 방식일 수도 있으니까. 나는 다시 출발선에 선 것뿐이다. 그간의 역할을 나름대로 잘 소화했고, 내 처지에 맞는 방식으로 반쯤 성공했고, 반쯤 실패했다. 계속 그렇게 카멜레온 부럽지 않은 변신으로 나만이 살아낼 수 있는 '사장 인생'을 펼쳐갈 거다. 어떤 때는 느리게, 어떤 때는 신속히, 어떤 때는 날라리처럼, 어떤 땐 요조숙녀처럼, 그렇게…. 그게 여기 출판계에서 모니카만이 할 수 있는 역할이므로.

꿈과 현실

#027 혹독한 자기 관리마저 '재밌다'고 생각하기   #028 팩스 한 대가 풍기는 조직의 파워?!

#029 어디서 누구한테 팔 건데?(시장조사)   #030 사업이라는 현실의 공포감

#031 환상을 갖자! 성공과 부자를 꿈꾸자!   #032 아직 보잘 것 없는 나, 그러나 결정의 시간

#027
혹독한 자기 관리마저 '재밌다'고 생각하기

뻔한 얘기로 살기 싫어지게 만드는 수많은 자기계발서 만큼이나 안 그래도 살기 싫은 사람들에게 '열심히, 착하게 살아라!'는 지루한 말들로 힘 빠지게 만드는 친구들이 주위에 얼마나 많은지. 제발이지 그만 좀 열심히, 착하게 살았으면 싶을 때가 하루 이틀 일인가. 가끔은 나를 느슨하게 풀어주고, 적당한 여유를 가지고, 유유자적 살고 싶다. 그러나 세상 돌아가는 원리가 그렇지 않다면 우리는 오늘도, 내일도, 내일모레도 열심히 살아야 하겠지.

그렇게 모순적인 원리로 돌아가는 세상의 시스템은 우리로 하여금 하루에도 열 번씩 지옥과 천당을 오가게 한다. 자유롭고 싶은 욕망과 열심히 살지 않으면 실패한다는 억압은 늘 공존하기 때문에 감정 조절이 중요하다. 그러니까 당신, 적어도 자기 의지로 사업을 하겠다고 나선 당신만큼은 상황을 주도적으로 컨트롤할 수 있어야 하며, 충분히 즐기고 누리라는 말이다. 자유롭고 싶은 욕망에 사업을 하겠다고 나선 사람들이 많다. 상사나 사장 눈치 보는 것도 지겹고, 나만의 멋진 상품을 시장에 내놓고 객관적인 평가를 받고 싶은 의지에 불탈 것이고, 천천히 여유롭게 그러나 제대로 인생을 승부하고 싶은 당신일 것이다. 그런 멋진 당신! 부디 세상을 녹록하게 여기기를….

나를, 내 상품을 알아주지 않는 현실에서 그냥 직장이나 다닐 걸, 하는 생각이 마구 밀려들 것이다. 직장 다니던 때보다 백배 천배는 더 열심히 뛰어다녀야 뭐라도 하나 얻게 될 것이다. 아예 아무것도 하지 않고 허송세월하는 게 여러 사람 돕는 길이 아닐까 방황될 것이다. 어느 순간 열심히 살기도 싫고, 사업하기도 싫어지고, 사람도 싫어지고, 세상 모든 게 싫어질 지도 모른다. 반면 당신 안에는 강렬한 동기, '나니까' 하는 불굴의 의지도 자리 잡고 있다. 부디, 두 감정 모두를 소중하게 생각하라. 주머니에 돈 있는데 안 쓰는 사람 마음이랑, 주머니에 돈 없어서 못 쓰는 사람 마음을 생각해봐라! 자유인의 마음으로, 상대적으로 자유로이 노닐 수 있는 환경에서 자신을 혹독하게 관리하는 것은 차라리 기쁜 일 아닌가. 끊임없이 자기를 관리해야 하는 것, 열심히 뛰어다니는 것마저도 얼마나 재미있는 일인가. 게다가 누가 시켜서가 아닌 자유의지로 말이다. 사업 세계에 발 딛은 한, 억압도 자유도 최대한 즐기자!

070112 생활계획표

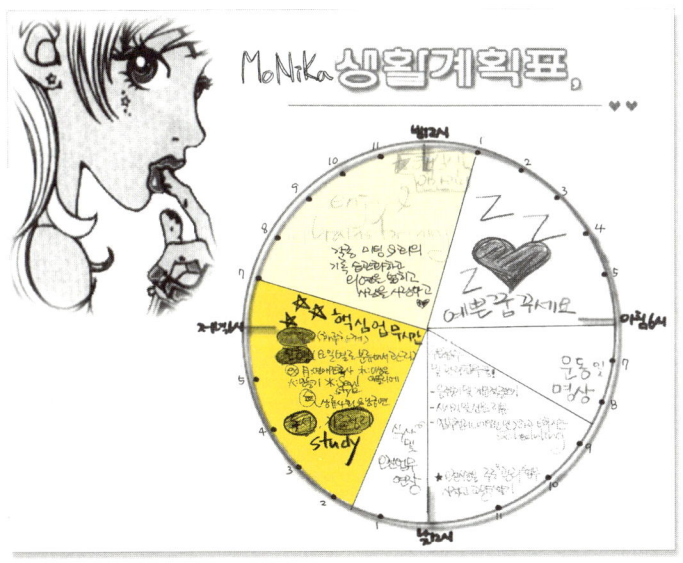

이런 훌륭한.

#028
팩스 한 대가 풍기는 조직의 파워?!

사업 시작했다고, 앞으로 나를 사장이라고 부르라고, 큰소리 뻥뻥 치고 다녔는데 내 재산은 딸랑 노트북 한 대에, 팩스 한 대라며.ㅋ 게다가 사무실마저도 아버지가 운영하시는 부동산 한 구석에 내주신 버려진 철제 책상. 오전에 팩스로 주문 오면 그거 처리하고, 오후엔 시내에서 볼 일이 많은 터라 아버지 사무실을 나온다.(사실 좀 시끄러워서 나오게 된다.) 그때 당시 공덕동 오피스텔에 집과 사무실을 겸용하여 쓰던 친한 언니가 사무실이라 생각하고 들러서 일을 보라는 배려를 해주었더랬다. 어찌나 고마운 지 그날 잠들기 전에 진심으로 감사의 기도를 드렸다. 게다가 몇몇 지인들이 앞 다투어 자기들 사무실을 쓰라며 '배려의 진수'를 보여주었더랬다. 세상은 우리들 생각보다 따뜻한 원리로 돌아가는 지도 모른다.

그러한 배려들 덕에 마음을 굳건히 한 부분도 있겠지만 결국 그 공간이 온전한 내 공간은 아니기에 마음 편안히 일할 수 있는 곳을 찾아 헤매게 되는 게 인지상정. 게다가 내 하는 일이 가만히 책상머리에 앉아서 하는 일이 아니기에 필자 미팅과 디자이너 미팅 때문에 어쩔 수 없이 여기저기 시내를 전전하게 된다. 무거운 노트북을 이고 지고 다리 아프게 여기저기 싸돌아다니다보면 노트북 무게만큼 사업의 무게가 나를 짓누른다. 꿈과 현실은 그토록 달라서 내가 자랑스럽게 생각했던 그 사업가의 꿈이 현실에서는 미치게 나를 초라하게 만든다. 이것이 진정 삶의 진리인가.

060119 나는야 방랑자
나란 인간은 왜 그렇게 한 곳에 정착을 하지 못하는 걸까. 직장생활 시절에도 그랬던 것 같다. 그러고 보니 남자를 만날 때나, 친구, 선후배들을 만나는 것도 매한가지. 한 번

불붙으면 매일같이 만나서 감정을 아작을 내고 만다. 그러다가 쉬 질리고 만남이 뜸해지고 멀어지다 결국 헤어지고. 그것도 방랑벽이라면 방랑벽이겠지. 아버지 사무실 한켠에서 충분히 집중하고 일 할 수 있으면서, 내 방에 마련한 작업실에서 진종일 죽치고 편안하게 일 할 수 있으면서 굳이 집을 나선다. 시내 여기저기를 방황하는 나. 그런 뒤 밀려드는 소외감. 어쩌면 이 소외감은 내가 의도한 내 삶의 원칙이 아닌가 싶다. 무정한 세상에서 쫓겨나 여기저기를 떠도는 방랑자. 그래야만 살아지는 고독한 운명의 떠돌이.(뭐 그렇게 거창하냐.ㅋ)

이상, 오늘 서교동 모 카페에 일거리를 잔뜩 싸들고 가 일곱 시간을 죽치고 앉았다가 쫓겨나기까지 내가 느낀 감정의 흔적들….

#029
어디서 누구한테 팔 건데?(시장조사)

사업을 시작할 때 가장 많이 듣는 얘기는 뭘까. 굳은 의지, 자기절제와 혜안, 인내심, 직관, 육감 외에도 철저한 계산, 행동력, 실천력, 사전 준비 등등 사장학이나 경영학 책에 자주 등장하는 말들 속에서 늘 반복되는 개념은 바로 '시장조사'가 아닐런지. 객관적인 시장조사 없이 사업의 성공도 없다는 말은 진정 격언인가? 그런 말의 진의 여부를 떠나 당장 자신의 마음을 들여다보라. 제품 기획을 하고, 제작을 앞뒀을 때 마냥 희망차기만 하던가? '이걸 어디다 갖다 진열하면 눈에 띄나?', '시장에서 내 상품의 진가를 알고 받아줄라나?', '사람들이 내 상품을 쳐다봐주기는 할까?', '그들의 주머니는 언제 열리는 거지?' 이 모든 질문에 해답이 뭐겠는가. 바로 '시장조사'다. 하지만 우리가 경영학자도 아니고, 사장 경력이 있는 것도 아니고 '시장조사', '과학적인 시장분석' 이런 말만 나오면 겁부터 나는 게 사실이다.

'시장조사'가 뭔지, 어떻게, 어디서부터 시작해야 하는지 막막해진다.

아니, 말 그대로 '시장을 조사하는 일'일 뿐인데 우리는 왜 그렇게 겁을 내는 걸까.(이게 다 사업하는 어른들과 소위 말하는 마케팅 전문가들이 겁을 줬기 때문일 게다. 에잇!) 절대 겁먹을 필요 없다. 당신이 장사하고 싶은 물건들을 파는 시장에 나가 이것저것 눈으로 보고, 맘으로 느끼고, 상인이든 소비자든 이 사람 저 사람 붙들고 인터뷰하면 그게 살아있는 '시장조사'가 된다. 전문적인 기관에 맡겨도 좋겠고, 당신이 노리는 시장을 그동안 앞서간 선배들께서 이미 조사해 놓은 각종 전문자료들도 있을 것이고, 뭐 등등 알아서들 하시겠지만 강추하건대, 직접 당신 발로 뛰어다녀야 제대로 상황을 파악할 수 있을 것이다.

상품을 진열하고 판매하게 될 곳(판매처 혹은 거래처)에 직접 가서 다른 경쟁사들의 제품은 어떤지, 소비자들이 무엇을 사는지(남의 주머니에서 돈 빼내기가 얼마나 어려운 일인지 알게 될 터), 마케팅 트렌드는 어떤지, 내가 구상하는 제품은 어떤 식으로 어필할지, 영업하는 사람들과 거래처 사람들이 무슨 대화를 나누는지 등등 내가 궁금한 사항들을 꼼꼼히 살피는 게 시장조사가 아니고 뭐겠는가. 시장에 대해 무엇을 알아봐야 하는지 가장 잘 알고 있는 건 바로 당신이다.

아래는 내가 서점에도 갈 겸, 기획 공부도 할 겸, 결정적으로 서점 시장조사도 할 겸, 《송인소식》(현 기획회의)이라는 매체에 서점의 중요성을 알리는 칼럼을 연재했는데, 그 첫 번째 원고의 일부다. 취재비용과 원고료도 챙기고, 서점 시장조사도 하고, 일석이조!(그 때나 지금이나 영악하군.)

040105 아름다운 길 찾기, 서점 기행 1편 '분당 서현문고'

서점가와 출판계는 물론 책을 사랑하는 독자들에게 양질의 도서 정보를 제공해 왔던 송인소식은 2004년부터 전국을 돌며 서점 기행을 시작합니다. 전국의 크고 작은 서점의 이야기를 읽어가면서 우리가 잃어가고 있는 소중한 공간인 서점에 대한 철학을 얻을 수 있을지도 모를 일입니다. '서점견문록'은 그런 이유에서 시작된 것입니다. 이 디지털 시대 서점이라는 아날로그 공간이 어떤 의미를 가지는지, 우리가 왜 서점에를 가야하는지, 궁극적으로 책을 왜, 어떻게 사고, 읽어야 하는지를 알아보기 위함인 것입니다.

_편집자 주

아름다운 길 찾기, 서점 기행에 앞서…
"저녁을 먹고 나면 허물없이 찾아가 차 한 잔을 마시고 싶다고 말할 수 있는 친구가 있었으면 좋겠다. 입은 옷을 갈아입지 않고 김치 냄새가 좀 나더라도 흉보지 않을 친구가 우리 집 가까이 있었으면 좋겠다. 비오는 오후나 눈 내리는 밤에 고무신을 끌고 찾아가도 좋을 친구…" 유안진 시인의 '지란지교를 꿈꾸며' 다 아시죠? 가슴 깊은 곳을 촉촉이 적셔주며 그런 친구 하나 있었으면 하는 바람을 갖게 하는 따뜻한 시….
제겐 그런 친구가 하나 있기는 합니다만, 어느 날이었습니다. 그 친구와 눈을 맞추고 소소하게 이야기를 나누기보다 무언으로 영적인 소통이 가능한 몇 권의 책이 절실했던 날이었습니다. 친구네 집에서나 허락될 초라한 행색으로 찾아갈 수 있는 서점이 지척에 있어서 참 좋았던 때였죠. 어릴 적 동네 서점 나들이는 늘 그런 식이었습니다. 슬리퍼를 끌고, 무릎이 나올 대로 나온 츄리닝 바람으로, 머리는 산발을 하고, 반드시 사야 할 책 같은 건 없구요, 서점 아저씨가 들여놓은 책 중에서 내 구미에 맞는 책이 없나를 슬렁슬렁 둘러보고, 구석에 철퍼덕 앉아 내리 한 권을 다 읽어도 되었던, 주인아저씨의 장난 섞인 "누군 땅 파서 장사하냐."는 핀잔도 감미로웠던, 종이 향기가 가득하고, 사람 냄새 풍기는, 지금에 와서 고백하지만 실은 책을 한 권 훔치기도 했더랬지요, 다음 날 도부시 그 책을 읽을 수가 있어서 자수하고 굉명 찾았던 기억도 지금은 참 아름답게 느껴지는…. 그런 서점 하나 있었으면 좋겠습니다.
입은 옷을 갈아입지 않고 김치 냄새가 좀 나고, 비오는 오후나 눈 내리는 밤에, 초라한 행색으로 가볍게 드나들 수 있는 서점이 있었으면 좋겠습니다. 몇 권의 책과 영적 소통을 하고 난 뒤, 지치고 풀린 정신을 단단하게 잡아맬 수 있는 그런 친구네 집 같은 서점이 있었으면 참 좋겠습니다. 언제부터인가 동네의 서점들이 하나 둘 사라져가고, 종이 향기를 맡으려면 날을 잡고 발품을 팔아 시내에 나가야 하는 시대가 되었습니다. 저는 아직 사람 냄새나는 아날로그적인 코드가 참 좋은데, 이젠 책을 알아보고, 사는 행위도 디지털 시대에 맞춰 마우스를 클릭하며, 눈 침침하게 인터넷 바다를 항해해야 하는 시대가 된 것입니다. 제게 그리고 우리 모두에게 반드시 필요한 안락하고 따뜻한 영적 소통의 시간과 공간을 빼앗은 사람은 도대체 누구입니까. 저는 그런 공간을 하루빨리 되찾아야 한다고 봅니다. 그래야 우리는 충실하게 사색하고 올바르게 행동하는 사람이 될 수 있으며, 따뜻한 가슴으로 서로를 보듬을 수 있다고 생각합니다. 서점은 그렇게 소중한 그야말로 사람의 공간인 것입니다. 송인소식을 통해 그런 서점 기행을 시작하게 된 것을 다행으로 여기며, 이 글을 읽는 모두가 서점의 가치를 느끼고, 서점과 책과 함께 호흡하기를 바래봅니다. 그 첫 번째 이야기는 분당 신도시 최고의 문화 공간임을 자랑하는 서점 '서현문고'에서 시작됩니다.

_《송인소식》 서점견문록 중

#030
사업이라는 현실의 공포감

'나라고 왜 못해?' 하는 오기 반 자신감 반으로 시작한 사업. 당돌한 의지 하나로 꿋꿋하게 밀어 붙인 사업가로서의 준비들. 이제 모든 게 세팅되었고 그간 준비한 대로 앞으로만 나가면 되는 일. 그런데 어느 순간 스펀지에 물 스며들듯 밀려드는 불안과 공포. 이제까지는 정말이지 전초전이었을 뿐인가. 일련의 법·제도적인 일들을 처리하고, 첫 아이템을 구상하고, 구체적으로 일을 추진하고, 여기저기서 나를 사장이라고 칭하는데, 내가 낯설고 나 자신이 곤혹스럽고 당혹스럽다. 눈앞이 깜깜해지고 먹먹해지는 공포감. 불안감. 이런 순간을 잘 넘겨야 진짜 시작이라는 얘기를 하는 거다. 잠을 자다가 '너, 진짜 사람이 살 수 없는 동네로 들어가는 거야' 하는 소리 없는 외침이 들리기도 하고, '그 돈 다 말아먹으면 어쩌려고?', '다른 일에 도전하는 것과는 차원이 다른 일을 하고 있는 거라고', '중도에 포기하기도 힘들 텐데' 하는 겁쟁이들의 말이 나를 괴롭힌다는 거다. 지금 한창 잘나가는 사장님들도 이런 순간이 없지는 않았다고 본다. 다만 그런 겁쟁이의 말을 무시하고, 안 듣고, 못 들은 체 하며 '나의 길'을 걸어온 것은 아닐런지.(그 많은 옹들이 노래방에서 부르는 18번이 그래서 My way인가?!) 꿈과 현실은 늘 우리를 괴롭히지만 현실의 문제에 직면하고도 꿈을 이루려는 노력을 한 자만이 달콤한 성공을 맛보게 된다는 건 지겹지만 사실이다.

결국 사업이 본격적으로 시작되기 전에 처음 맞닥뜨리게 되는 공포와 불안, 그것을 어떻게 다루느냐에 따라 사업가로서의 운명이 결정된다고 해도 과언은 아니다. 그런 공포와 불안을 내 살점이나 근육, 뼈처럼 그냥 내 일부라고 여길 수 있는가? 그 정도까지는 못하더라도 평상시 감정 다루듯 공포와 불안을 다스릴 수 있겠는가에 대해 자신을 평가해봐야 한다.(이는 평상시 겁이 많고 적고 따져보라는 것이 아니다. 사업을 하면서 언제 닥칠지 모르는 위기를 얼마나 만만하게 대할 수 있는가 하는 대범한 혹은 무심한 자세 같은 것을 판단해보라는 얘기다.) 앞서 행한 자기 진단은 그래서 중요한 거다. 공포와 불안을 다룰 수 없는 사람은 사업가로서 결격이다. 그게 불가능하다면 이쯤에서 과감히 사업가로서의 길을 포기해야 한다.

사느냐 죽느냐가 아니라 공포와 불안을 극복하느냐 못하느냐, 그것이 문제로다.

#031
환상을 갖자! 성공과 부자를 꿈꾸자!

　욕구가 사람을 지배한다고 누가 그랬더라. 무언가를 이루려는 인간의 욕구 없이는 인류사 발전도 없었으리라. 개인차는 있겠지만 자본주의 사회에서 나고 자란 우리들은 성공에 대한 욕구, 일류의 삶을 살고 싶은 욕심(일류애ㅋ), 무언가에 영향을 끼치고 싶은 권력욕에서 자유로울 수 없다. 특히나 사장을 하겠다고 나선 당신의 욕구에 대해 말해 뭐하랴. 당신은 한 마디로 '욕심쟁이'인 거다.(우후훗!!) 그런 욕심쟁이에게 필요한 건 뭐? 욕구를 채우기 위해 취해야 할 행동 강령과 전략, 전술, 그리고 성취뿐! 그 모든 것을 이루기 위해 당신은 '판타지 fantasy'에 익숙해질 필요가 있다. 일전에 금전 계획 부분에서 '환상을 버려라!'고 강조했지만, 지금 말하는 마음의 판타지는 사업가의 '머스트 해브 마인드 must have mind'다. 가능한 한 성공과 부자를 꿈꾸자는 말씀! 그래야 그 근처에라도 갈 수 있다.

　미래에 대한 '근거 있는 환상'을 갖고 정진하는 사람에게서는 긍정의 기운이 솟고, 에너지가 느껴진다. 대성한 선배 하나는 '환상 없는 발전 없다'는 명언을 남겼다. 가끔 힘 빠질 때 성공한 내 모습, 부자가 되어있는 내 모습을 떠올리면 얼굴 한 가득 미소가 번지며 열심히 살고 싶어진다. 당신에게도 강추!! 잘돼 있을 나를 상상하며 가상의 인터뷰를 해보자. 떼부자가 되어있는 나를 상상하며 돈을 어디에 쓸지 꿈꿔보자. 그런 '긍정의 공상' 덕에 우리가 지금 이 혹독한 현실에서 버티는 거 아닐까. 물론 공상을 현실로 만드는 행운과 노력은 뒤따라야 하겠고!

 <u>060719</u> 여자를 위한 'wonder world'를 세울 테야!
"사회에 불만 있나?"는 소리를 듣고 살던 구모니카 씨가 어느새 이렇게 성장해 출판사

를 차리고 멋진 작가들과 소통하고, 훌륭한 독자들과 교류하다니, 이건 분명 감사할 일이다. 그런데 아직도 '사회에 불만 있는 질풍노도의 청소년'처럼 말하고 행동하는 나를 지켜봐야 할 때가 있다. 성공이 어디 그리 쉽게 이뤄질 일이겠어, 하며 나를 위로하지만 오늘은 정말 짜증의 연속이다. 일없이 옆 사람 기죽이는 개쉐이를 만나서 그런가. 그런 데 휘둘리지 않기로 해놓고선 자꾸 약해져!!!

그런 미친놈 생각은 그만두고 다시 한 번 환상적인 꿈을 꿔본다. 돈과 명예를 동시에 거머쥔 구모니카 씨는 여자를 위한 'wonder world'를 세우고 만다. 여자를 위한 책, 문구, 영화, 음식, 패션, 뷰티, 교육, 놀이 등등을 모두 원스톱one stop으로 해결할 수 있는 빌딩을 짓는 거다. 아직 갈 길이 멀지만 이대로 나아간다면 나의 원대한 포부, '여자들의 대통령'이 되어있지 않을 런지. 생각하는 데 돈 드나?! 오늘같이 찜찜한 날엔 마음껏 상상의 나래를 펼치다 웃는 얼굴로 잠들자고.

#032
아직 보잘 것 없는 나, 그러나 결정의 시간

평가절하가 습성인 우리들. 왜 그렇게 우리는 스스로를 깎아내리지 못해 안달인 걸까. 불완전하고 불안한 존재가 인간이라지만 이제는 그만 되었지 싶다. 보잘 것 없는 존재면 어떻고 불완전한 사람이면 또 어떤가. 이젠 정말 세상을 향해 두 팔을 벌리고 사업가로 날아야 할 때. 사업의 길을 가겠다고 결심하고, 시작해도 끊임없이 밀려드는 많은 문제들에 비하면, 지금 이 시작이 차라리 창대할 런지도 모른다. 그래서 본격 경영 단계로 가기 바로 직전에 들려줄 이야기가 마땅치 않다. 그저 당신 마음이 가는 대로 하는 수밖에 없다. 모 아니면 도! 사업 아니면 안 사업!

아래 구모니카 씨 일기들을 봐라. 시작할 때의 번민이 3년이 지나서도 계속이다. 내가 뭘 해야 하고, 어디로 가야 하는지, 혼돈 그 자체. 삶은 그런 거니까, 꿈과 현실은 늘 다르니까, 그냥 일을 저지르고 나서 수습해가자는 뭐, 그런 무책임한 얘기. 실컷 방황하시라! 그러나 방황도 일을 저지른 다음에나 가능하다.

041109 결정의 날이 오고야 만 것인가의 문제

벌건 대낮에, 간만에 날씨가 진짜 가을스러웠던 오늘 낮에, 삭신이 쑤시고 온 몸이 결리길래, "비가 오려나…"농담을 했더니, 내일 비 온단다. 늙었다. 몸이 날씨를 예감한다.
지난주 처리해야 할 일을 미루다가 오늘 "아, 요거 전화해서 지랄하겠네"생각하자마자, 전화 울린다. 늙었다. 뭔 생각을 하기가 무섭다. "어머, 깜빡했네"너스레를 떨어보지만, 요거, 안 통한다. "더럽게 신경 안 쓴다"며 막 화를 낸다. 늙었다. 고작, 따위의 말에 상처받는다. 뭔 말을 하기가 무섭다.
그래, 오늘 나의 고민과 성찰은 거기서부터 시작되었다. '늙었다'는 것. 생각보다 참 많이 늙었다는 것.
뭘 해도 전 같지 않다. 어찌나 소심한지 주의하고 조심하고 재고 따지고 계산하고, 이래도 저래도 빠져나갈 구멍 같은 게 없다 싶으면 움츠리고 숨고, 아예 생각조차 하지 않은 척 다 버리고 만다. 내 나이 앞자리에 3자가 들어가면서부터, 하루하루 그 시간에 비례하는 중량만큼을 온전히 가슴에 품고 버거워한다. 그래, 인정! 난, 늙었다.
문제는 난 내가 이렇게 늙을 줄은 차마 몰랐었다는 점이다. 좀 더 근사한 모습을 상상했었다. 서른한 살이라는 나이에 맞는 정도의 사회적 지위와 부와 환경을 꿈꿨더랬다. 김진애 박사는 "30대를 팽팽한 긴장감으로 잘 보낸 여자들이 비로소 매력적인 여성이 된다. 물론 그 팽팽한 긴장감만으로도 매력적이다. 여자 30대는 흔들리는 게 아니라 중심을 찾아가는 가장 중요한 시간이다"고 했지만, 적어도 내가 꿈꾸던 삼십 대는 작금의 이런 형상은 아니었다. 젊은 날의 혈기만큼이나 내 모습이 매력적이길 바랬다. 나아가 혈기 가득하면서도 안정된 모습, 그것을 바랬었다. 스스로를 '젊다'고 느껴야만 가능할….
그렇다면, 무언가 중대한 결정을 내려야 할 때인가? 나의 선배이자 유명 소설가인 김도언 작가는 "결정은 소박하고 온건한 것일수록 좋다"고 했는데, 난 그 말에 전적으로 반대한다. 지금 내가 내려야 할 결정은 위험천만하고 대박일수록 나와 어울린다. 그래야 내가 문제시하고 있는 마음속의 '늙었다'는 생각을 완벽하게 뒤집을 수 있다. 결정의 날이 온 거다.

070525 Time flies

'어느 날 눈 떠보니 스타가 되어 있더군요' 하는 어느 톱스타의 말처럼 나도 어느 날 눈떠보니 서른네 살이 되어있는 것 같어. 요즘 만나는 사람들과 나이에 대해 많은 이야기를 나누게 되는데 실제 내 나이가 가지는 무게감이 느껴지지 않는 건 왜일까. 서른네 살이면 어떻게 살고 있어야 하는 걸까. 최근 내가 만드는 책의 내용들이나 각종 언론 활동의 주된 멘트가 삼십 대 여자의 '일과 사랑'에 관련된 것인데, 과연 여기에 이르기까지의 과정에서 내가 의도한 것은 무엇이었는지 자문하게 된다. 징검다리 건너듯 바로 앞의 돌을 바라보며 한 발 한 발 내딛다 보니 서른넷이라는 돌을 밟게 된 것인데, 그 돌 위에 서 있는 여자의 '일과 사랑'이 화두가 되어야 하는 이유는 뭘까. 어떤 언니는 일과 사랑이 잘 풀리려면 마음을 평온하게 다스려야 한다고 했고, 또 다른 언니는 치열하게 살아가는 여자들이 안됐기도 하면서 아름답다고 했고, 국민MC 선희 언니는 이제야 뭐가 뭔지 정리되는 느낌이라고 했고, 아티스트 상은 언니는 더 신나게 놀아야 한다고 했다.
서른넷인데도, 아니 서른넷이라서 나는 뭐가 뭔지 감 안 잡힌다.

기획
사람&사람
본격 제작
마케팅
돈
네트워킹
자기계발
비전

Class 02

사장으로
살아가기

본격적인 경영에 들어갔을 때 반드시 체크해야 할 사업의 모든 단계별 조언이 총망라되어 있다. 제품과 아이템의 '기획'은 무엇인지, 반드시 넘어야 할 산인 '사람' 관리는 어떻게 할 것인지, 본격 상품의 '제작 과정'에서 뭘 챙겨야 하는지, 내 상품을 잘 팔 수 있는 '마케팅'은 무엇이고 어떻게 해야 하는지, 사장의 숙명인 '돈'을 어떤 식으로 데리고 놀 것인지, '사장 공부'의 핵심인 네트워킹과 자기계발은 어떻게 할 것인지, 사업과 사장의 '비전'은 무엇인지, 알짜배기 사장 수업이 응축된 페이지.

기획

#033 제품 기획은 시장에서…!   #034 기획은 시간과 장소를 가리지 않는다
#035 기획력의 유일한 샘, 사람 사람들!   #036 기획 그리고 나의 역량
#037 기획은 반드시 사장의 전문 분야일 것!   #038 기획과 사업, 사업과 창작 사이
#039 대중에 대한 치명적인 오해   #040 누구한테 팔 건지 세밀하게 정할 것!
#041 "이거다!", 아이템 결정의 함정   #042 뭘 만들면 안 팔릴지를 생각해봐!
#043 직관과 직감, 감이 이끄는 사업   #044 '옵저버'를 기획위원으로 활용하기

#033
제품 기획은 시장에서…!

사업에 첫 발을 내딛으며 가장 먼저 하는 일은 무엇일까. 종목에 따라 약간의 차이야 있겠지만 '무엇을 어떻게 만들어 시장에 내놓을까' 하는 '제품 기획'이야말로 사업의 핵심 중의 핵심이라 할 수 있을 것이다. 사업의 세계에 발을 내딛은 당신, 이제 당신이 장사할 시장에서 벌어지고 있는 현상을 분석하고 당신이 만들 제품을 기획할 시간. 그런 기획 자체가 당신이 하고자 하는 사업의 목표점이 될 것이다.(출판사를 하는 나의 경우 '편집방침', '출간목표' 정도가 될 것이다.)

그렇다면 기획은 무엇인가? 너무나도 당연한 이야기지만 모든 기획은 시장에서 시작되고 끝난다. 당신이 노리고 있는 시장에서 어떤 일이 벌어지고 있는가? 그것만 정확히 간파한다면 사업 성공 100% 보장이다. 만들고자 하는 핵심 제품이 팔리고 있는 시장 상황을 파악하는 것, 그 자체가 바로 '기획'이다. 기획에 관해 이야기할 때면 언제나 나오는 이야기가 바로 '개인의 관심사'다. 누구에게나 개인적으로, 자발적으로 천착하는 주제나 소재가 있을 것인데, 이를 '사회적 관심사'에 연결시키는 과정, 그것이 바로 기획인 것이다. 이는 곧 시장의 트렌드에 맞춰 나의 아이디어를 구체화시키는 과정에 다름없다. 그러니 결국 기획이란 시장 상황에 직결될 수밖에 없다.

지난 4~5년 간 출판 시장, 넓게는 컨텐츠 시장에서 자주 등장했던 소재는 바로 '골드미스', '싱글 여자', '전문직 여성'들의 라이프와 라이프스타일이었다. 시장의 판도 변화 그 한 중심에 서있는 그녀들을 위한 각종 상품들이 쏟아져 나오기 시작했고, 그에 따라 거의 전 산업에 종사하는 기획자들의 촉수가 '2030 여자'를 향해 민감해진 것이다.(내가 차린 M&K 출판사의 독자대상이자 '나의 시장'이기도 하다.) 시장의 흐름을 읽고 멋진 기획을 세상에 내놓기 위해서 사장들은 오늘도, 내일도 정진하고 있을 것이다. 당신의 시장은 안녕한지, 당신의 기획은 건재한지, 촉각을 곤두세울 것! '시장' 안에서 만들어진 기획만이 살 길이다.

 070419 여자여자여자여~, 사랑합니다

- 19:00 여자생활연구모임(with M&K 구사장, 서수은)
  - 요식업 컨설팅 장루하 유지영 대표
  - 씨스타 픽쳐스 권은아 이사
  - 나랑유치원 박수진 원장
  - 광고대행사 ThE WORX 김은신 대표
  - 패션스타일리스트 이세원
  - 가수, 작가, 번역가 니나
  - NHN 웹기획자, 웹칼럼니스트 정유진
- 서초동, 부엌과 서재 사이
- 맛있는 각종 프랑스 요리, 와인

지금 이 시점, 나를 살게 하는 유일한 근거. 예쁘고 능력 있고 성격 좋은 저 여자들. 게다가 그녀들이 나와 함께 머리를 맞대고 작당모의를 해주니, 이 어찌 살고 싶지 않을 소냐. M&K 특급 기밀사항이라서 우리가 뭉친 이유를 밝힐 수 없음이 아쉽다. 한분 한분 거론하며 사랑을 퍼부어주고 싶지만, 저 모든 여자들을 설명하는 데는 압축적인 단 한 줄만 있으면 된다. "사모님, 나이스 샷~!" 참, 잘 사셨어요. 언니들이 걸어 온 모든 발자욱에 뽀뽀를 보냅니다. 어떤 말로 칭송해도 모자랄 아름답고 똘똘하고 착한 내 사랑스런 여자들. 고맙고 고맙습니데이~~~ 더 잘할께요.

 070717 2030 여자들의 연애를 위한 아픈 책

M&K의 기획이사님이시자 잘나가시는 시나리오 작가님이시자 M&K기대작 〈연애잔혹

사)의 필자이기도 하신 고명하신 고윤희 작가님께서, 지랄맞게 까다롭기도 하시지, 서울에선 글 안 나온다고 제주도로 피신 오신 터에 얼씨구나 구모니카 사장님도 달려 온 중문의 모 펜션. 너른 바다를 바라보며 시원한 바람을 쐬며 회의하니 스토리도 술술 잘 풀리는 게 역시 현명하신 선택이십니다.

윤희와 니카가 당사자이자 장본인인 〈연애잔혹사〉를 논의하다보면 온갖 트라우마와 증오와 적개심과 분노가 샘솟아 흥분상태에 이르는 동시에 "그러니 혼자 살 준비를 하자!"는 식의 결코 바라지 않는 결론을 내리게 된다. 그러고는 힘이 쭉 빠져서는 서로를 한심한 눈으로 응시하다가 눈을 돌린다. 더 보고 있다가는 눈물이 날까봐서.

정말 어쩌다가.

들어먹는 대상도 없고 내 맘과 몸만 망가지는 시위 같지 않은 시위 그만하고 제발이지 행복의 나라로 갑시다.

윤희야~ 니카야~ 그럴려고 이런 책 쓰는 거잖아.

지금 눈앞에서 등대의 빨간 불빛이 번쩍이는데, 그 점멸이 왜 이렇게 의지되니~. 니미, 의지할 데가 그리도 없더냐.

길 잃은 어린양(아니, 길 잃은 날라리양) 니카의 등대지기는 어디 있는 거요?!

#034
기획은 시간과 장소를 가리지 않는다

세상의 트렌드를 진단하고 그것을 나의 상품과 연결시키는 작업은 결코 만만한 일이 아니다. 트렌드라는 것이 어찌나 '컨템포러리contemporary(당시대를 풍미하는)'한지 이거다 싶으면 금세 모양을 바꾸고, 색깔을 달리한다. 그래서 많은 기획자들은 세상 구경에 목을 맨다. 여기저기 싸돌아다니고 이것저것 만지고 느끼고 경험하는 사람의 기획을 이길 수 없다. 사비를 털어 전 세계 핫한 도시에 여행을 다니는 것도, 전시회나 뮤지컬을 관람하는 일도,

TV를 시청하는 것도, 서점을 들락거리는 것도, 기획자에게는 모두가 '세상 구경'이고, 그것은 바로 기획과 연결된다. '기획이 뭐죠?', '저는 왜 이렇게 아이디어가 없을까요?' 하는 후배들에게 늘상 하는 말이지만 세상에 널린 그 많은 좋은 것들에 나를 끊임없이 노출시키라는 것. 기획 아이디어가 샘솟는 사람은 세상에 널린 모든 것을 '즐길 꺼리'라고 생각한다. 그것이 기획자가 할 수 있는 '공부'의 전부가 아닐까.

　　　머릿속에서 늘 '기획! 기회! 기획!'을 외치는데, 눈에 보이는 모든 것들이 어찌 재료가 되지 않겠는가. 세상을 구성하고 있는 세포 하나라도 놓칠세라 전전긍긍하고 발을 동동 구르는 기획자의 열성만큼 아름다운 건 없다. 그들의 손을 거쳐 만들어지는 상품은 그것이 무엇이든 간에 예쁘고 정겹다. 바로 지금, 여기 세상을 돌아가게 하는 방식(트렌드)을 알고 만들어지는 창작물들은 그것이 생활 소품이든, 음식이든, 옷이든, 무엇이든 하나의 예술품이다. 시간과 장소를 불문하고, 언제 어디서나 기획의 꺼리를 발견해내는 그대들은 진정한 예술가다.

070109 신년답게 새로운 프로젝트를

'만들기 프로젝트' 핵심 멤버인 영인 언니와 건아, 첫 회의.
맘씨 곱고 솜씨 좋은 사람들과 함께하는 공간 프로젝트. 나의 삶과 공간을 직접 꾸미고 만들어 가는 사람들의 이야기를 담아 "만들기(가제)"라는 연구 집단을 출범키로 했다. 자신의 삶, 자신의 공간과 그 공간 속 이야기를 사랑하고 아끼는 사람들을 위한 프로젝트로서, 우리 모두 이미 무언가를 창조하고 있는 창작자라는 점에 착안하여, 우리 삶의 공간을 채우는 것들에 대해 연구하고 공부하기로 했다. 작게는 냉장고 꾸미기, 침대 머리 맡 장식하기부터 가구나 조명 만들기, 크게는 집이나 작업실을 직접 만들고 채우고 꾸며가는 이야기를 통해 우리네 인생이 얼마나 창조적이며 예술적이고 아름답고 살만한지 보여주자고 다짐하며, 서교동이 인정한 주당 3인방, 영인 언니도 건아도 나도 딱 '맥주 한 병!' 분량의 회의만 했다. 될 수 있으면 재밌게 살다 가고 싶다.

#035
기획력의 유일한 샘, 사람 사람들!

    기획자는 구석구석 '세상 구경'을 해야 한다고 말한 것처럼 그 세상 속에서 살아가는 '사람'들과 소통하는 것도 절대 잊어서는 안 된다. 결국 모든 기획은 트렌드와 시장의 접점에서 찾아지는 것이지만 그 구체적 생산 방식을 결정하는 것은 사람이지 않겠는가. 마침내 그것을 소비하게 되는 주체도 사람이지 않은가. 제아무리 좋은 것을 보고 듣고 느껴도 혼자의 생각 안에 갇혀 있으면 그 기획은 '말짱 꽝', '쓰레기'가 된다. 그러니 무언가를 기획하고 생산할 사장이라면 숙명적으로 사람을 끌어안고 가야 한다.

    사실 세상을 돌아다니면서 이것저것 열심히 보긴 봤는데, 마음에 와 닿는 '무엇'이 없을 때가 있다. 그토록 싸돌아다녔는데도 무감각해지는 때가 있다는 말. 이럴 때는 반드시 누군가와 이야기를 나눠야 한다. 내가 느끼지 못한 것을 다른 눈과 마음은 본다는 것이다. 붕붕 떠다니며 잡히지 않는 아이디어를 쏙쏙 뽑아 주거나 딱딱 정리해주는 건 타인일 때가 많다. 정말 괜찮은 기획을 보면 온전히 누구 한 명의 힘으로만 만들어진 건 없다.

    개인적인 습관이 하나있다. 무언가 창작할 때, 혹은 기획하기 바로 전 단계에서 이 사람 저 사람을 끌어 모아 파티를 연다. 누가 보면 놀기 좋아하는 사장이겠지만(실은 노는 것도 목적 중 하나) 혼자의 생각에 갇히지 않기 위해 나름대로 여론을 수렴하는 과정인 것이다. 전혀 내가 생각 못한 방식으로 아이디어를 주는 사람, 뜨끔한 한 마디를 던지는 사람, 기획을 수정하고 발전시켜주는 사람, 응원하고 칭찬해주는 사람까지, 그 사람들 없으면 나는 어떻게 그 많은 기획들을 실현시킬 수 있었을까. 그들은 내 밥벌이의 유일한 희망이다. 그들과 함께 있으면 무엇이든 해낼 수 있을 것 같다.

050723 희망전령사와 책 내기로 한 역사적인 날

신디 더 퍼키 수석 기자이자, 나의 멘토이자, 희망 전령사인 최영미 기자님과 대학로에서 연극을 봤다. 세상에 기꺼이 자신을 내던지는 그녀의 희망은 하나다. 모든 여자들에게 누리고 즐기며 자~알 살 수 있다고 얘기해 주자는 것, 그래서 우리는 통했고, 책을 내기로 했던 것이어따…. 홧팅입니다!!!

         070205 믿는 구석 시리즈

믿는 구석 1

모니카가 까불고 돌아댕기는 것은 믿는 구석이 있어서다. 출판사를 차리고서 알게 된 출판동네오빠들, 남과장님과 영일오빠, 진섭오빠, 이렇게 세 분은 초등학교 동창이면서 운 좋게도 모두 출판 영업일을 하며 서로를 챙기고, 니카를 챙겨주시는 훌륭한 분들이시다. 어찌저찌하여 모니카의 든든한 믿는 구석이 되신 이 동네오빠들은 특히 모니카의 정신교육에 힘을 쏟으시는 것은 물론이고 출판 시장의 흐름을 읽는 법까지 알려주신다. 나는 그저 언제인지 모를 '보은'의 날을 기약할 뿐이지만….

믿는 구석 2

미국 순회공연을 마치고 오시자마자 니카를 찾아주시는 전유성 아저씨. 미국 등지를 여행하며 생긴 일들을 들려주시는데 아이디어가 팍팍 떠오른다. 이분을 내가 어찌 사랑하지 않을 수 있을까. 최근 무릎 수술을 받으시고 힘들어하셨는데, 미국 가서 허리를 삐끗하셨단다. 술고래 최고봉께서 그토록 아파하시는데 별 달리 해드릴 게 없어서 마음이 짠하다. 그래서 폭탄주 지대로 맛있게 타드렸다.

믿는 구석 3

상은 언니를 만나 책 작업을 하면서 알게 된 쌈넷의 지은 언니는 정말 이쁘고 똘똘하다. 차분한 말씨며 가녀린 외모에서 제대로 여자 향기가 나서 보호본능이 느껴져야 마땅하거늘 오히려 남자 같은 내가 의지하게 되는 똑순이 지은 언니.(이대를 나와서 그런가! ㅋ) 우리가 나눈 아이디어들은 정말이지 국보급.
상은 언니의 책과 음반을 각각 담당한 니카와 지은. 같은 배를 탄 입장으로 이 얘기 저 얘기 나누다보니 마음과 영혼이 통해서 급기야는 취하고 말았다.

#036
기획 그리고 나의 역량

사업의 목표와 방향성도 정했고, 여러 방법으로 기획도 가능해졌고, 이제 드디어 그런 기획을 실현하기만 하면 되는 시간. 그런데, 여기서 반드시 짚고 넘어갈 것은 내가 그 기획을 소화할 수 있는 역량이 있는가하는 문제다. 꿈과 희망도 그것이 이뤄질 수 있는 것일 때 의미가 있듯 원대한 포부와 결연한 의지도 좋지만 '기획의 실현 여부'는 사업의 존폐를 결정하는 핵심 사항 아니겠는가. 사업 시작 전에 혹은 사업을 시작하고 시장 속에서 기획을 찾으면서 나의 역량에 대해서는 검증할 만큼 했다고 본다. 그러나 인간이라는 족속이 스스로를 과대평가하는 경향이 있고 또 인간은 원래 무한 능력을 소유했다는 오만도 있는지라 그것을 직접 실험하고, 부딪히고 깨지고 나서야 자신의 능력 수준을 정확히 알게 된다는 것. 인간이 해낼 수 없는 일 없고, 감당하지 못할 고통은 없다느니 하는 말은 죄다 거짓말이다. 좀처럼 주어진 능력 이상으로는 살아갈 수 없는 게 우리 인간이다.

내 한계와 수준을 정확히 알고 덤벼야 목표한 매출을 맞추고 그 안에서 행복한 결실을 맺을 수 있을 것이다. 동네 구멍가게가 있고, 편의점이 있고, 대형 수퍼마켓도 있고, 대형 마트도 있고, 백화점도 있다. 나는 어떤 규모에서 한껏 신나게 활개를 펼칠 것인지, 그 답은 당신 자신만 알 수 있다. 나에게 맞지 않는 옷을 입고 설치면 제아무리 대형 마트도 동네 구멍가게의 순이익보다 못한 결과를 낼 수도 있다는 것이다. 내가 맘껏 기획하고 활개치고 그 결과도 좋으려면 일단 나의 역량을 알라. 그릇이 작다고 창피할 일도 아니고, 능력의 범위가 크다고 잘난 체 할 일도 아니다. 내게 딱 맞는 규모의 사업을, 목표한 수익을 달성해나가는 사장만큼 행복한 사람이 또 있으랴.

070129 나는 무엇을 해야 하나…

요즘 세트로 나다니면서 30대 된장녀를 대표해 뒈지게 욕먹고 있는 윤희와 니카. 각종 방송은 물론이고 신문, 잡지 기사, 인터넷 칼럼 등을 통해 "우리는 된장녀가 아니라 사회가 낳은 기형 세대이며 시대적 희생양이다"고 시위 아닌 시위를 하고 다닌다. 오늘도 또 사회적 지위가 있는 여러 유부남 아자씨들 앞에서 "우리가 뭘 잘못했냐고요?" 노래를 부른다. 죄송해요! 유부남 오빠들~ 집에서는 와이프 노래 들으랴, 밖에서는 노처녀들 노래 들으랴, 고생이십니다.

최근 들어 구모니카 씨가 왜 이렇게 30대 여자 대변인이 되었는가를 깊이 파고 들어가 봐야 한다. 말하는 자신도 지겹고 상대방도 지겹게 하는 그 이야기를 왜 되풀이하는 걸까를 말이다. 총도 없고 애인도 없고 남편도 없는 나는 인생의 대부분을 30대 여자인 친구들에 의존하여 살아가는데 그녀들을 힘들게 하는 무엇이, 똑같이 내 살도 파고들기 때문이리라.

과연 나는 그녀들을 위해, 나 자신을 위해 무엇을 해줄 수 있고, 무엇은 해줄 수 없는 걸까. 꼴랑 책 따위로 과연 그녀들이 위로 받을 수 있긴 있나. 책으로 해결책을 찾자고 한 게 맞긴 맞나. 배운 게 도둑질이라는 핑계로 사업을 이끌어 갈 수는 없는 거잖어. 차라리 진짜 여전사가 되어 각종 매체에서 토커talker(공론가)로 활동하는 게 안 나을라나? 제대로 주장하려면 차라리 드라마나 시나리오로 이야기를 담아내는 게 효과적일라나? 사업 2년차에 여전히 별게 다 헛갈리는 멍청한 구 사장.

#037
기획은 반드시 사장의 전문 분야일 것!

사업의 업종에 따라 핵심 기술이 있을 테지만 웬만한 업종에서 '기획 계발'은 사업의 성공여부를 결정하는 요인이다. 적어도 사장이라면 어떤 시장에 진출했던지 간에 내가 판을 벌인 시장에서 어떤 장사를 할지, 어떤 품목을 내다 팔지 '기획'에 관한 한 전문가여야 한다는 것. 장기를 살려 기획, 생산, 영업, 구매, 관리, 판촉 등등 중에서 나의 전문영역에서 빛을 발하면 되겠다고 생각하겠지만, 사업의 핵심이라고 할 수 있는 기획에 대해서는 사장이 전문가가 아니고서는 살아남기 힘들다. 그러니까, 늘 자기가 만드는 상품, 그 기획, 그 상품이 팔리는 시장에 대한 전문가로 기능할 수 있어야 한다는 것. 기획은 기획전문가에게 맡기고 나는 생산활동에 전념하겠다느니, 홍보활동에 집중하겠다느니 하는 계획은 애저녁에 집어치워라!

쥬얼리 숍을 하나 내기로 작정했다면, 비록 당신이 디자이너(예술가)일지라도 보석시장의 트렌드를 정확히 파악하고 그 시장에서 어떤 쥬얼리를 주요품목으로 해야 장사가 잘 될지 사업의 전반적인 '기획계발'을 담당하는 전문가가 되지 않으면 안 된다는 거다. 예술 하다가 사업 망치는 사장님들 여럿 봤다. 외부 기획자에게 상품 기획과 생산 일체를 맡기고 나는 영업 전문가로 그걸 팔러 돌아만 다니겠다는 생활소품 업체 사장도 있었는데, 결국 기획계발비만 엄청나게 쏟아 붓고 장사 말아 드셨다. 제품을 정확하게 알지 못하는데 장사가 될 리 만무하다. 결국 팔리는 상품을 기획하는 건 예술가도 아니고, 영업자도 아니고 바로 기획계발 전문가다. 그 기능을 사장 안에 고스란히 갖고 있지 않으면 당신이 이끄는 그 배는 산으로 가고 말 것이다.

출판 업계의 경우 영업자 출신이 차린 회사, 기획편집자 출신이 차린 회사 두 가지로 분류하는 경우가 많다. 그 두 기능을 겸비한 사장이면 완벽하게 사업을 꾸릴 테지만 어쨌든 한 가지 기능밖에 못할 것이라면 상호 보완이 가능한 방법을 찾으면 된다. 이를테면 영업자 출신의 경우 기획자를 영입하면 되고, 기획자 출신의 경우 영업전문가를 영입하면 되는 것. 문제는 누가 사장인 출판사가 더 단단할 것인가인데, 감히 얘기하자면 기획자 출신의 사장이 장기전에서 살아남을 확률이 더 크다고 본다. 결국 독자는 책의 내용에 따라 소비를 결정할 것인데, 제 아무리 영업을 잘한다고 해도 기획력이 꾸준하게 뒷받침되지 못할 때 '밀어내기 영업'으로 전락할 수 있기 때문이다. 책의 경우 '반품'이 골칫거리인데, 팔리지 않는 신간을 계속적으로 출간하여 수금을 유지하겠다는 식의 '밀어내기 영업'으로 몇 년 연명하다가 나중에 대량으로 밀려드는 반품에 허덕이게 되고 만다. 물론 기획 편집자 출신이 좋은 책을 만들어 놓고 영업을 못해 사업이 위기를 맞는 경우도 허다하지만 좋은 책이 여러 권 쌓이고 영업의 기능을 숙지하게 된다면 장기전에서 성공할 가능성이 높다는 얘기다.

 070118 어딜 가나 책책책 책 생각뿐!

'술은 술이고 물은 물이로소이다.' 박 작가님과 와인에 관한 책을 내기로 했고, 더 자세한 이야기를 나누기 위해 로마네 꽁띠에 들렀다. 와인을 사랑하게 되어서인지, 로맨틱한 기질 때문이신지 프랑스에 거처를 두시고 지내시는 박 작가님과 마시는 와인은 왠지 더 달콤하게 느껴진다. 프랑스에서 지내시면서 '와인문학'에 매료된 박 작가님과 〈신의 물방울〉을 능가하는 와인책을 낼 것을 다짐한 날. 〈와인은 이렇게 말한다〉, 〈와인과의 첫경험〉 등 와인에서 파생된 각종 출간 아이템에 대해 논했다. 우리는 정말 최고의 기획자! 작품에 등장하는 와인 리스트를 직접 수입해보는 것은 어떨지 하는 생각도 했고, 〈신의 물방울〉이라는 상호의 와인바를 차려보라는 제의도 받았는데, 이러다 M&K가 와인 전문 출판사나 와인 수입상이 되는 것은 아닌지.
술이면 다 같은 술이고, 모든 술에 정성이 깃들어 있을 진데, 우리나라 사람들 와인에 너무 오바하는 건 아닌가 생각했었는데 박 작가님 이야기를 듣다보니, 와인에 진짜 뭔가가 있는가 보다고 생각하게 된다. 역쉬 '팔랑귀'.

 070301 낮술과 비와 책, 정말 잘 어울린다

천방지축 좌충우돌 빼고는 인생을 말할 수 없는 내가 책을 기획하고 편집하는 일에 이렇게 집중한다는 게 신기하다.

비 내리는 고즈넉한 오후, 맥주 한 캔을 따고 글 만지기, 딱 내 적성에 맞는 일 같다. 알고 보면 구모니카 차분하고 얌전한 스타일인 거 아닐까.(병원 가서 검사해 보고, 그이에게 청혼해야겠어.ㅋ)

#038
기획과 사업, 사업과 창작 사이

이상과 현실이 싸우듯, 감성과 이성이 싸우듯, 사업가들 머릿속에서는 늘 전쟁이 일어난다. 특히나 '문화 산업'을 이끄는 사장들은 예술을 할 것인가, 이윤을 쫓을 것인가에 대해 늘 고민하고 방황하게 되어있다. 사업의 본질은 이윤이니 당연히 돈이 우선이지만 예술이나 창작성에 대한 의지를 어떻게 처리할 것인가 고뇌하지 않을 수 없다. 예술 영화 돈 안 되는 건 이미 아는 사실이고, 웬만한 교양 도서는 손익분기 넘기기가 하늘의 별따기고, 교양 다큐멘터리 프로그램은 심야에나 편성된다. 그럼에도 많은 기획자들은 예술성과 창작성 없는 상품은 상품도 아니라고 노래를 부르고…. 이건 비단 '문화 산업'만의 문제는 아닌 것 같다. 이미지를 팔고 사는 시대에 요식업이라고 예술성, 창작성에서 자유로울 수 없음이리라!

최근 곳곳에 우후죽순 생기고 있는 '브런치 카페'를 보자. 맛있는 브런치로 승부하면 그만이다고 생각했다가는 파리 날리는 카페를 보고 앉았기 십상이다. 요리 디자인은 물론이고 카페 내부의 인테리어 디자인까지 예술성을 담아내야 하는 과제에 직면한다. 문제는 이미지 메이킹을 위해 자본이 엄청나게 들어간다는 것인데, 그랬을 때 이윤은 대체 언제쯤 뽑을 수 있는 건지 앞이 안 보인다는 거. 자선 사업가도 아니고 이윤을 정확하게 예측해야 하는 사장으로서 기획과 사업, 사업과 창작 사이에서 적정한 지점을 찾아 발을 내딛기가 너무나도 어렵다.

이 순간, 사장으로서 명쾌한 답을 내려야 한다. '사업은 사업일 뿐이다. 이윤 없는 사업은 내 갈 길이 아니다' 하던가 '당장의 이윤 때문에 아무거나 만들 생각 없다. 창작력, 예술성을 최대한 담아 제대로 된 상품을 만들겠다' 하던가, 양단간에 결판을 내고 시작해야 한다. 세상과 대중은 단순해서 그 둘 중 하나에만 손을 들어준다는 것을 명심하라! 애매하고 어중간한 지점에서 착각에 빠지지 말라. '좋은 상품으로 승부하면 당연히 돈은 따라오는 거 아니겠어!', '일단은 돈부터 벌고 나중에 예술 하자!'든가 하는 바닥이 뻔히 보이는 속셈은 소비자에게 다 드러나게 돼있다. 자기 자신은 속이기 쉬워도 남 속이기가 얼마나 어려운지 정신 바짝 차리고 기획해야 한다.

080203 사장이 만들고 싶은 건 절대 만들지 말라고?!

몇 권의 책이 주춤하면서 자금 사정에 압박이 온 터라, 몇 달은 책을 못 만들게 됐다. 기획 단계에서 옵저버들에게 선보였을 때, "좋다", "대박이다"는 반응에 힘입어 여기까지 달려왔건만 대체 뭐가 잘못된 거지? 나의 옵저버들이 나랑 똑같은 족속인건가? 아니면 내가 듣고 싶은 말만 쏙 골라서 들었나? 나는 어쩌다가 이렇게 비주류가 돼버린 거지. 마음의 방황은 몸으로 이어져 몇 날 며칠 사경을 헤맸다. 아프면서 결정적으로 느낀 건 내가 너무 힘주고 멋 부리고 있다는 사실. 힘 빼고 가볍고 쉽게 가도 대중이 알아들을까 말까한 컨텐츠에 힘을 잔뜩 실어 놓으니 당연히 거부하지. 바보멍충이. 옆집 출판사 사장님께서 다크써클이 무릎까지 내려온 나를 보며 멋진 멘트를 날리셨다. "절대로 사장이 만들고 싶은 책은 만들지 마라!"

#039

대중에 대한 치명적인 오해

　기획과 동시에 고려하게 되는 것은 바로 대중. 가능한 한 내가 기획한 상품이 더더더 많은 대중들에게 어필하여 더더더 많은 이윤을 남겼으면 하는 게 모든 사장의 욕심이다. 그런데 그 대중이라는 존재를 종종 착각하고 오해하는 사장들이 많은 듯하다. 사실 지금 시대에 대중이라는 말 자체가 웃긴다고 본다. '빅 브라더*'의 감시 하에 일사분란하게 움직이는 무지몽매하고 몰개성한 군중을 다루는 것도 아니고 시대착오적인 대중 진단은 그만둬야하지 않나 싶다. 하지만 욕심 많은 사장님들께서는 오늘도 보다 많은 대중을 사로잡기 위해 불철주야 머리를 굴리실 테니, '대중은 누구인지' 짚어는 봐야겠지.

　일단 사장에게 있어 대중은 소비자다. 사람들이 어디에 돈을 쓰고 다니는지 살펴봄으로서 대중의 취향을 파악할 수 있을 것이다. 당신이 벌인 사업아이템, 그 업계에서 역사적으로 어떤 아이템이 베스트 셀러였는지부터 살펴봐라. 우리가 알고 있는 베스트 셀러를 통해 대중과 시대 트렌드를 파악할 수 있는데, 여기에서 대중의 의외의 측면이 발견된다. 시대별, 지역별, 인구통계별, 베스트 셀링 아이템은 기가 막히게 변모하고 있다는 것. 그만큼 대중은 변화발전의 논리로 이해하지 않고서는 따라잡을 수 없는, 트렌드를 생산해내는 주역인 것이다. 물론 대중의 움직임을 예측하기 위해 역사를

---

*빅 브라더-조지 오웰의 1949년 소설 〈1984〉에 등장하는 통제자이자 감시자. 개인의 일거수일투족을 감시하는 텔레스크린은 오늘날 CC TV와 견주어지고, 빅 브라더는 잔학한 스탈린주의의 전체주의자를 비판한다고 해석되지만, 몰개성·몰비판의 대중에 대한 경고에 다름없다. 인간존엄성과 자유를 박탈하는 고도로 첨단화된 사회에 대한 비판을 담은 디스토피아 소설로 찬사를 받기도 했다.

들여다볼 필요는 있겠지만(역사는 반복된다고 하지 않던가) 당신이 예측한 대중은 실존하지 않을 수도 있고, 일부 생산자들이 호도한 존재들일지도 모른다.

이제 새로이 열리는 시대에 획일화된 대중은 더 이상 찾아볼 수 없다는 것을 인지해야 할 터. 보이지 않거나 아예 존재 자체도 없을 대중 코드를 규명하고 대중을 쫓느니 시대 흐름 속에서 개개인의 소비자에게 정작 필요한 것을 찾아보는 일이 대중을 제대로 파악하는 길이다.

 071025 주류와 비주류, 인디 혹은 언더와 대중

답답한 마음에 무작정 거리를 쏘다녔다. 아이고 어른이고 할아버지고 할 것 없이 모두의 얼굴에서 그림자를 본 건 내 마음의 문제일까. 지리멸렬한 삶, 그것을 감내하기란 얼마나 고통스러운 일인가를 생각하자니 사람들 모두가 안 됐다. 각자 몫의 버거움을 떠안고 하루하루를, 일 년을, 십 년을 살아갈 테지. 그래서일까. 사람들이 점점 변해간다는 생각이 든다. 무엇도 믿지 않고 누구에게도 의지하지 않고 결국 나 혼자 감당할 삶이라는 것을 깨닫고 각자 갈 길을 바삐 서둘러 간다는 느낌. 그런 시대에 주류가 무슨 소용이고, 비주류가 무슨 의미가 있겠는가. 언젠가 은 언니랑 '인디indie'와 '언더under', '대중'에 대한 이야기를 나누며 나온 얘긴 것 같은데 세상이 각박한 논리로 돌아가면 돌아갈수록 사람들은 고립된 개인으로 각자의 세계를 가지게 될 거라고, 그러니까 그쯤 되면 거의 전 인구가 인디고 언더가 된다는 결론 아닌 결론.
아! 소소한 주장을 담은 내 책을, 그런 책 따위 필요 없는 더 많은 사람들한테 팔려고 해서 문제였던 거구나.

#040
누구한테 팔 건지 세밀하게 정할 것!

어떤 기획을 소비하는, 군을 이룬 일정한 사람들이 있는 것일 뿐 대중은 없다는 것이 내 지론이다. 결국 보편타당한 진리로 포장하여 더 많은 대중이 소비해줄 상품을 기획하는 것보다는 내가 기획한 상품을 소비할 세분화된 타깃을 살피고 정하는 일이 급하다. 마이크로 트렌드가 지배하는 시장에서 가능한 한 대상을 좁히고 좁힌 뒤에 내가 목표한 집단 전체가 내 상품을 찾게 만드는 것이 가장 유력한 기획이다.

그러니까 누군지 알 수 없는 전 인구 모두를 대상으로 해서 3만 명에게 뭘 파는 기획보다 20대 초반의 대학생 3만 명에게 국한한 기획을 파는 것이 훨씬 쉬운 일이라는 것. 더 좁히고 좁혀 20대 초반의, 서울 시내에 사는, 중산층 자녀인, 다이어트를 하고 있는, 여대생에게 팔겠다는 기획은 더 쉬워진다. 목표 설정이 세밀하면 세밀할수록 그들이 가장 필요로 하는 것이 무엇인지 깊이 있게 파고들 수가 있지 않겠는가.

소자본 창업자가 큰 시장에서 승부하다가는 자본의 싸움에서 거대 기업에게 밀릴 수밖에 없다. 하긴 대기업이라고 해도 시장을 크게 잡아봤자 겨우 인구 5천만이 사는 대한민국이지만, 5천만 중에서도 나이로, 성별로, 라이프스타일로, 등등으로 이것 빼고 저것 빼고 하면 뭐 결국 남는 인구래야 얼마나 많겠는가마는 소자본 창업자는 그 중에서도 가능한 한 세밀하고 구체화된 시장을 상대하자는 거다. 100명한테 팔려다가 한 명한테도 못 파느니, 한 명한테 팔려다가 두 명한테 파는 게 남는 장사 아니겠는가. 어떤 CEO들은 인구통계학적 한계니 어쩌니 하면서 내수 시장과 수출을 동시에 노리라고 전략을 가르쳐주시던데, 나는 그릇이 작아 여기 대한민국에서 장사하기도 버겁단 말이지. 각자 몫의 그릇만 챙기자고요! 게다가 우리나라 사람들은 사대주의 성향이 강해 이것저것 수입하는 거 좋아하지만 우리나라 소규모 기업의 상품이 글로벌하게 먹힐지 좀 난감하기도 하다.(한류 스타쯤이면 또 모를까. 너무 소심하나?!)

070829 좁아터진 대한민국, 장사 못해먹겠네

예전에 잡지사에서 기자로 일할 때 느낀 건데 우리나라 인구는 왜 이다지도 적나. 애기 엄마들에게 파는 잡지였는데, 애기 엄마 전체 인구 중에 50%가 본다는 그 잡지 판매량이 고작 1만부였으니 '이 작은 땅덩어리 안에서 벌어먹고 살기 힘들다'던 영업 부장님의 말씀이 떠오른다. 요 '쪼매난' 나라에서 돈을 벌자고 사장으로 나섰더니, 인구수의 압박은 정말이지 스트레스가 아닐 수 없다. 게다가 이 비쥬얼 시대에 인쇄 매체 중에서도 가장 올드한 매체인 '책'을 팔아 돈을 벌겠다고 나서니, 이런 숫자적 막막함은 생전 처음 겪는다. 좁히고 좁혀 2030 여자들만 대상으로 하는 책을 내겠다고 나섰건만 그녀들은 책 사는 거 말고도 돈 쓸 데가 너무 많은 사람들인 거죠! 그녀들 중에서도 여러 가지 조건(내 주장에 관심이 있고, 책을 좋아하고, 문화생활비도 풍족하고 등)이 맞아야 주머니를 열 텐데, 정말이지 어떤 때는 100명도 안 되는 대상을 향해 수천 권의 책을 찍어내는 것 같은 불안감이 엄습한다. 어차피 이 땅에서 태어난 걸 어쩌겠으며, 2030 여자들에게 책을 팔겠다고 결정한 것을 어쩌겠는가. 딱 5천 권만 팔아도 수익을 챙길 수 있는, 딱 5천 권의 판매는 정확하게 예측된 구조를 짜는 수밖에. 하긴 왕창 팔려도 감당하지 못할 소박한 마음의 나인걸.ㅋ

#041
"이거다!", 아이템 결정의 함정

기획의 결과물로 나올 상품의 구체 품목을 정할 때 '이거다!' 하는 생각이 드는가? 본인만 그렇게 생각하는 것이 아니라 시장에서도 그 생각이 통할 것 같은가? 과학적 데이터에 근거하고 수많은 리서치를 통해 검증된 (대기업들이 기획한) 상품도 망하는 판국에 소자본 1인 창업자인 사장 한 명의 판단으로 시장에 나온 그 상품의 향방을 어떻게 보장할 수 있는가? 그렇게 뛰어다니고 이 사람 저 사람 괴롭히고 기획 방향을 수정에 수정을 거듭하여 나온 결과물을 시장에 내놓기 전에 사장은 어떤 마음일까? 모르긴 몰라도 일정 아이템에 집중하여 진행하다보면 눈에 콩깍지가 씌워져 좋은 생각만 하게 돼있다. '정말, 훌륭해!' 이런 확신이 없이 감히 시장에 무엇을 내놓겠는가. 그런데 결과가 참담하다면? 정말 죽고 싶을 것이다.

한 치 앞도 알 수 없는 게 인생사, 한 길 속을 할 수 없는 게 사람 마음, 시장과 소비자도 마찬가지라고 보면 된다. 멋진 기획을 가지고 열심히 뛰어다니면서 생산에 만전을 기했어도 운대와 시대가 딱 맞아 떨어지지 않는 한 기획의 결과를 누가 감히 예측할 수 있단 말인가. '과학적인' 판단을 해야 한다고 여기저기서 웅변을 하지만 '과학적 판단'을 잘 하는 사장님들 별로 못 봤다. 다만 세월의 풍파를 겪으면서 실수를 줄여가고, 성공 확률을 높여가는 것일 뿐이다. 그러니 이제 출발선에 서 있는 사장이 '이거다!' 하는 기획의 완성도가 있다고 자부하는 것 자체가 어리석은 일. 온전히 스스로의 판단 하나 믿고 달려야 하는 사장에게 필요한 건 어쩌면 '에라~ 모르겠다' 지르는 자신감과 운이 따라주기를 '기도하는 마음' 그 정도가 아닐런지.

갑자기 우울해지지만 스스로의 결정과 판단을 기꺼이 믿고 밀어붙여 볼 수밖에.(안타깝게도 사장이 할 일은 그게 다다.) 사장의 인생사는 (과학적 증명이 불가능한) 믿음의 역사라 해도 과언이 아닐 것이다. 자기 자신에 대한 믿음, 거래처와 직원에 대한 믿음, 소비자가 지갑을 열어 주리라는 믿음, 일단 게임이 시작되면 소심할 여유도 없다. 앞만 보고 달려야 한다.

070420 역시 사업은 어지러운 일~

삼십사 년을 살고 보니 어떤 상황이나 사람에 맞닥뜨리면 제반의 경험을 압축적으로 하게 되는 것 같다. 내 머릿속에 카테고라이즈드 되거나 패턴화 된 드라마를 근거로 모든 것을 조속히 결정지어 버리는 것이지. 이를테면 불과 삼사 년 전의 니카였다면 한 달이고 일 년이고 지나야 판단이 될 일을 단 2주간의 체험으로 상황을 종료시켜버린다는 거다. 어떤 사람이 진짜인지 가짜인지도 단박에 결정짓고, 어떤 상황에 나를 끼워 맞출 것인지 슬쩍 빠질 것인지도 즉각적으로 반응하고 말이지. 이른바 경험의 중간생략, 경험의 압축 같은 것인데, 문제는 그런 초응축적 진단이 옳은지 그른지 잘 모르겠다는 거다. 시간이 지나봐야 알 일이지만, 결국 그것도 구모니카겠지만, 그래봤자 무지 짧은 인생이지만, 그런 내가 낯설다. 그러고 보니 최근 사랑하게 된 그 분 별칭이 '저절로'인 것도 뭔가 연관이 있어 뵈네. 모든 사태에 '저절로' 반응하게 되고, 그것이 '옳은 판단'일 '그 때'가 과연 올까.

릴레이 회의 끝에 이번 아이템은 그냥 내 소신대로 밀어붙이기로 한 밤, 저절로 옹을 만나서 힘을 얻는다. 그러나 여전히 귓가를 맴도는 한 마디. '이거, 좀 위험한데…'.

#042
뭘 만들면 안 팔릴지를 생각해 봐!

　　결국 기획에 대한 판단과 결정은 온전히 사장 몫인데, 거듭된 실패로 문 닫기 싫으면 어떤 방법이던 동원해 실패할 확률을 줄여야 한다. 그렇다면 실패를 줄이기 위해서 우리는 무엇을 하면 될까. 잘 나가는 사장님 한 분은 "뭘 만들면 안 팔릴까. 뭘 안 만들어야 살아남을까?"라고 생각하신단다. 실제로 이런 역발상이 많은 도움이 된다. 대개의 사람들은 팔리는 상품에 대한 이야기에는 목소리가 기어들어가지만 팔리지 않는 제품이 '왜 안 팔리는지'에 대한 분석에는 죄 전문가여서 목소리를 높인다. 어찌나 냉정하게 안 팔리는 상품에 대한 전문적 소견을 내놓으시는지. '그럼 니가 한 번 만들어 보시던지요'라는 소리가 절로 나온다. 특히나 잘 안 팔린 내 책에 대해 왈가왈부 분석을 늘어놓는 수많은 비평가들한테는 뻐큐를 날리고 싶을 지경이다. 그런데 돌이켜 보니 나도 남의 (안 팔리는) 책에 그따위 비평을 늘어

놓았던 장본인이니 딱히 변명할 말도 없다.

그런 차가운 비평가의 시선을 내 기획에도 적용해보면 어떨까. 내 기획을 실현하기 전에 그 결과물이 세상에 나와서 안 팔리게 되었다고 상상해보는 거다. 남의 제품이라고 생각하고 왜 안 팔렸는지에 대해 실컷 떠들어보는 거다. '아뿔싸!' 소리가 절로 나온다. 내 머리에서 이런 거지 같은 기획이 나왔다니 기가 막힌다. 그런데 위기가 닥치기 전에는 자기가 만든 '그 멋진 기획'에 이런 상상을 하기가 쉽지 않다. 내 기획은 정말로 시장에 먹힐 것 같고, 이런 상품은 전에도 없었고 다시는 없을 것 같고, 대중의 호응을 한 몸에 받을 것 같은데 안 팔리는 상황을 떠올리라니…. 그런데 말이다. 나중에 소 잃고 외양간 고치느니 지금 당장 한 번 실행에 옮겨봐라! 상상 속에서 '비평가 놀이' 하는 것이니 돈도 안 들고, 시간도 얼마 안 걸린다.

대부분의 사장들이 실패하는 건 만들지 않았어야 하는 상품을 만들었기 때문이라는 것을 명심 또 명심하자. 그러니까 사장은 뭘 만들지 않아야 살아남을지 정확히 파악하고 있어야 한다.

080315 버릴 건 과감히 버리자!

세달 째 책을 못 내고 놀고 있다. 몇 권의 책이 손익분기를 넘기지 못하면서 재정 상황이 악화 일로다. 상황이 이러니 그 동안 내가 기획했던 책들을 돌이켜보게 되고, 진행 중인 아이템들도 재검토를 하게 되네. 난 뭘 잘못해 온 걸까. 그간 기획·진행한 아이템들을 찬찬히 검토하다 보니까 그야말로 '마이너리티minority'의 향연이다. 내 '3류 기질'이야 익히 알고 있었던 거고, 인디와 언더 컬쳐를 물 위로 끌어올리겠다는 소수자의 대변인 역할도 이미 정했던 거지만 그 수위 조절에 완벽하게 실패한 거다. 마이너리티를 대리하겠다는 의도가 잘못된 편집방향이었던 게 아니라 진짜 내용을 담지 못했다는 게 문제. 마이너리티도 제대로 못 짚어내면서 더 많은 사람들을 끌어들이기 위해 요상한 장치까지 추가해 넣으니 이건 색깔도 없고 향기도 없는 꼴이 되어버린 거다. 앞으로 진행될 기획들을 보고 있자니 한숨만 푹푹 나오는구먼. 어쩌랴. 엎지른 사람이 주워 담아야 할밖에. 수은과 릴레이 회의 끝에 싹 다 버리기로 했다. 작가님들 한 분, 한 분 찾아뵙고 양해의 말씀을 올려야 할 시간. 쓸쓸해서 못 살겠다.

#043
직관과 직감, 감이 이끄는 사업

　사업가들은, 특히나 소자본 1인 창업자들은 개인적인 판단 하나로 사업의 모든 부분을 이끌어 가야 한다. 누누이 말하지만 과학적일 수가 없는 상황인데, 그러다보니 직관이나 직감에 의존하는 경우가 많아진다. 소자본 창업자들뿐 아니라 초일류 대기업 사장들도 사업적 결정에 직면한 순간은 직감에 의존하는 경우가 많다고 하니 무색한 이야기는 아닌 듯. 게다가 여기 대한민국은 샤먼의 땅 아니던가. 우리 샤먼의 후예들은 '감'이 좋네, 안 좋네 하는 말을 입에 달고 사는데 이게 만만하게 볼 일은 아니다. 내 주변에도 감이 발달한 여인네들이 많은데 그녀들은 거의 모든 일을 직감에 의존해 처리하고 진행한다. 결과도 좋은 편이어서 '자리 까시라!'고 말한 적이 얼마나 많은지 모른다. 나로 말할 것 같으면 사람이든, 일이든 '무조건 좋다'고 달려드는 편이어서 간혹 낭패를 보는 경우가 많은데, 그 모든 문제를 해결해주는 것은 바로 '기운'이다. 열심히 해보자고 달려들었는데 뭔가 석연치 않은 기운이 느껴질 때는 의도하지 않았는데도 슬며시 도망치고 있는 나를 발견하곤 한다. 가끔 결과론적으로 '거봐! 어쩐지 기운이 안 좋더라니…' 하는 식으로 자기합리화하면 주변 친구들은 '그만 좀 갖다 붙이라'고 핀잔을 주지만 난 내 감과 기운을 믿어 의심치 않는다. 그런데 아직은 다른 사람들에게 조언해줄 정도의 실력이 아니다.(반은 틀린다.) 사업적 판단에

활용할 정도로 발달되지 않은 것이 안타까울 뿐.

그런데 가만 보면 그렇게 감과 기운을 잘 감지하는 사람들의 공통점은 수많은 경험과 학습을 통해 이성과 감성에 판단의 '절대 기준'이 스며들어 있다는 거다. 이른바 '실력이 보증된 직감'이라는 것. 그들이 감에 의존해 결정한 것이 대박으로 이어지는 경우는 그야말로 그 분야에서 갈고 닦은 실력이 뒷받침된 케이스다. 그러니 이제 사장인 당신이 수행할 미션은 단 하나, 사업적 직감과 직관을 발달시키기 위해 실력을 쌓는 것!

070127 '영적 시그널', '바디 싸인'을 믿으시게

국내 최고의 무당이신 타지마할 언니(유명옥 님)의 집에 초대를 받아 정화 언니와 함께 방문했다. 서른셋에 고명하신 김금화 선생님께 신내림을 받으시고, 예쁜 외모와 지성과 감성과 야성을 두루 갖춘 '네오–샤먼Neo-shaman'으로 국내 언론을 뻑적지근하게 달구며 무당계에 발을 들여놓은 타지마할 언니. 내겐 그저 이 어려운 시대를 기꺼이 살아내는 한 여자이면서, '후트라 에네르기아'라는 미래 에너지 사업을 이끄는 선배 사업가이기도 하고, 독일에서 영화를 공부한 감독님이기도 하고, 스위스 융 연구소에서 심리학을 공부한 심리학자이기도 하고, 혼란과 혼돈으로 가득한 내 답답한 속을 시원스런 영적 언어로 싹 풀어주는 따뜻한 언니기도 하다. 언니는 내게 샤먼끼가 있다며 다 잘될 테지만, 워낙에 뇌파가 강하니 그 에너지를 잘 조율해가며 사업도, 삶도, 사랑도 이끌어가야 한다고 했다.

우리 삶에는 '에너지 보존의 법칙'이 작용되는데, 이는 한 인간에게 부여된 에너지의 양은 이미 정해져 있어서 한 번에 에너지를 너무 쏟아내면 그 에너지가 고갈되는 순간이 온다는 것. 그러니 한 순간에 에너지를 쏟아내곤 하는 나 같은 부류의 에너지가 센 인간들은 어느 순간 결국 나가자빠지게 될 수 있다는 얘기다. '천천히 느리게 가도 된다'며 한 이야기를 들려주셨다. 한 노부부가 멋진 공원에 꽃구경을 가기로 하고 길을 나섰는데, 한참을 가다가 할머니는 장독 뚜껑을 닫고 와야 한다며 집으로 돌아갔고, 그 공원에서 만나기로 하고 할아버지 혼자 길을 걸었는데, 결국 할머니가 먼저 공원에 도착했다는…. 빨리 급하게 가는 데 가치를 두고 사는 내게 정말 필요한 이야기가 아닐 수 없다.

언니가 들려준 재미난 이야기 하나 더! 샤먼의 후예랄 수 있는 한국 사람들에게는 '바디 싸인', 즉 '영적 시그널'이 있다는 것. 일을 처리하거나 사람을 만나거나 하는 어느 순간 영적으로 일종의 '감'이 느껴지는 때가 있는데, 그것은 내 영혼의 기운이니 그 감을 무시하면 안 된다는 것이다. 일례로 이번 M&K 다이어리를 진행하는 처음 순간부터 계속 말썽이 일고, 이걸 진행 할까 말까 하는 묘한 기운 같은 게 있었건만 난 그런 감을 무시하고 일을 진행했던 것이다. 결과는 참담 그 자체였고. 음. 그런 거였어. 이제 나의 샤먼끼와 무끼와 신끼를, 아니면 영적 시그널을 믿고 사업에 활용해야겠어.

#044
'옵저버'를 기획위원으로 활용하기

실력도, 감도 딸리고 도대체가 대중의 마음을 읽고 잘 팔리는 상품을 기획하기가 어렵다면? 방법은 비교적 간단하다. 다른 사람의 머리를 빌려라. 주변에 똑똑한 사람들을 이용하면 된다. 무료로, 혹은 밥이나 술을 사주며 친구, 선후배, 제자들을 기획위원으로 활용할 수 있는 '여우짓'을 굳이 가이드 해야 하나. 인간관계란 본디 각자의 성향대로 만들어 가게 돼있는 터라 내 방법을 가이드 해줘 봐야 별 도움 안될 텐데. 하지만 내 케이스를 통해 뭔가 발견하는 분들이 있을 지도 모르니 나만의 방법을 공개한다.(무시하시던, 응용하시던, 각자의 방법을 계발하시던 알아서들 하시고.)

영특한 사업가들을 보면 주변에 훌륭한 '옵저버'를 많이 두고 있다. 여기서 옵저버란 사업의 운영 상 필요하지만 사장인 내가 잘 모르는 부문에 전문적 조언을 해주는 외부감시자를 말하는 것. 훌륭한 옵저버를 곁에 두고 있는 1인 사장이라면 웬만한 조직을 능가하는 힘을 발휘할 수 있을 것이다. 그러니 주변에 옵저버 역할을 해줄 수 있는 사람을 배치하는 일에 적극적으로 나서야 한다.

그렇다면 어떤 '여우짓'으로 옵저버를 모실 수 있는가? 일단은 똑똑하거나 열심인 사람들(사회적 역할이 확실하거나 발전가능성이 있는)에게 무조건 열광하고 칭송하고 친해져라.(나이 불문, 진심으로 존경해야 한다.) 여기서 중요한 것은 본인은 약간 모자란 듯 보여야 한다는 것!(그래야 상대가 '얘는 정말 예쁜 사람인데, 내 도움 없이는 세상 살면서 많이 다칠 것 같아' 하는 동정심을 유발할 수 있다.) 더불어 나의 발전가능성을 과대포장해서 '은근히' 보여줄 것!(공짜는 없다. 내게서도 그들이 뽑아먹을 수 있는 꺼리를 발견하도록 조장해야 한다.) 모든 것을 이미 결정한 뒤에라도 내가 하는 일에 대해 '보고'하고 있다는 느낌을 줄 것!(조언은 흘려들어도 좋으니 무조건 자문을 구하라!) 결과적으로 당신의 조언 덕에 내가 여기까지 올 수 있었던 거라고 무작정 감사하라!(실제로 도움된 게 없더라도 그렇게 하라!) 감사하는 마음과 동시에 적절한 보상을 해라!(꽃 한송이 선물도 좋고, 내가 만든 제품은 무조건 선물하도록 하는 것도 좋고, 부르면 언제든 달려 나가는 '짱가'가 되어주던지, 허심탄회하고 재미있는 술친구가 되어줘도 좋다. 옵저버에게 응당의 비용을 지불하지 않고 있다면 뭐라도 보답을 해야 하지 않겠는가. 나의 '옵저버' 중 한 분은 단 돈 만원이라도 좋으니 매달 통장에 입금을 하라고 했다. 그래야 열심히 돕고 싶어진다나…. 돈을 달라는 게 핵심이 아니라 기획을 도와야 한다는 의무감을 일깨워달라는 주문인 것이다. 이런 거 다 귀찮다 싶으면 정당한 옵저버 비용을 산정해서 기획료를 지불하는 것도 방법이다.)

이렇게 멋진 '옵저버'들에게 정기적으로 사업보고를 하고, 아이디어를 구하고, 인성교육을 받고, 돈 버는 사업 방향을 지시받는데 어찌 크지 않겠는가. 자기 자신을 행복한 사람으로 만드는 건 철저히 본인 몫이다.

070330 아름답고 똑똑한 내 '언니(여자)'들

정녕 열심히 살았고 열심히 살고 있고, 열심히 살아갈 삼십 대 언니들의 대변인이 되어 열변을 토하지 않을 수가 없는 요즘이다. 이렇게 아름답고 똑똑한 언니들이 대체 왜 짝지를 찾지 못하고 외로움을 겪어야 하는 건지, 성공한 만큼의 보상을 못 받는지, 그간의 고생을 싹 잊게 해줄 행복을 대체 왜 보장받지 못하는지 화가 치밀어 잠도 안 올 지경이다.

그리하야 선언컨데, 나 구모니카는, 그토록 아름답고 똑똑한 언니들의 공식적인 행복을 (국가와 정부, 남자와 '그 분'으로부터) 보장받기 위해 진정한 여자 대변인으로 나섭니다.

−당장 할 일: 언니들 목록 작성!

−다음 할 일: 각 언니들의 매력 포인트 분석, 장단점 진단, 장점 드러내기와 단점 숨기기 작전 명령, 외로움과 허망함의 원인 파악, 행복 대안 연구 및 개인별 전략 제안, 본격 대정부/대남성/대그분 투쟁 및 시위!!!!!

| 그토록 아름답고 똑똑한 언니들 리스트 |

01. 니카의 소울메이트이자 그래픽 디자인계 똑순이, 디자인아임 이윤임 대표.
02. 니카의 우상이자 광고업계 기린아, 더웍스 김은신 대표.
03. 니카의 소울메이트이자 그야말로 귀부인 이세원, 이지은, 제이스 언니.
04. 니카의 인생 싸부, 말이 필요 없는 최고의 뮤지션 이상은과 그녀의 동지 김기정, 김정수 실장, 그리고 무대륙 식구들.
05. 내 애인 같은 친구, 시나리오 작가 고윤희. 글 잘 쓰고, 말 잘하고, 웃기고, 센스 있고, 이쁘고 늘씬한 그녀는 왜 혼자인가.
06. 안 해본 일 없는 나의 우상 lulu 김은. M&K 출판사 첫 계약의 영광을 누린 김은 작가님. 그런데 책은 아직 안나왔다지. ㅋ
07. 외모만 빼고ㅋㅋ 니카의 자웅동체인 것 같은 치과의사이자 가수이신 이지(영) 원장.
08. 부엌과 서재 사이, 돼지라 불리운 고양이 대표이사이자 요식업계 마이더스손 유지영 대표.
09. 잘나가는 광고쟁이 권은아 이사.
10. 최지안 기자. 〈여자의 발견〉 대박 이후 일본 여행서도 준비하고 있다. 그녀의 동지 채은미 기자, 서영란 기자. 〈여자의 발견〉 책에 기꺼이 등장해주신 모든 이쁜 언니들.
11. M&K의 웹디자인을 프리랜서로 맡고 계신 멋쟁이 디자이너 최호정 님.
12. 가수, VJ, 일어강사, 소설가, 번역가 등등 잘 나가는 타이틀에도 여전히 내겐 어린 동생인 니나. 너, 아니? 행복할 자격 있다는 거.
13. 예의 투철한 섹시함을 왜 여자들에게 어필하시는지 속상한 ELCA, 오리진스 사업부 브랜드 매니저 김세라 이사.
14. 간지 좋고 뷰 좋은 빠 논현동 'View' 강지혜 사장님. 성격도 외모도 니카의 도플갱어 같은 멋진 언니. 언니야랑 강한 여자의 화술, 처세술 책 내고 싶어요.

15. 에코파티 메아리 패션디자이너 윤진선. 그녀에게는 진정 아티스트의 풍모가 느껴진다.
16. 최근 엔터테인먼트 숲이라는 공연 기획사를 차린 신정화 대표. 따뜻한 마음 씀씀이만큼만 성공하면 대박날꺼야. 우리 잘하자, 언니.
17. 방송작가계 효리 유현수 작가. 나이 들고 친구하려면 우정을 쌓아가는 중간 과정을 생략하게 되는데, 그런 중간생략이 하나도 안 어색했던 칭구. 아마 네가 이뻐서 일꺼야.ㅋ
18. 성장 과정과 인생철학이 너무나도 닮아 '친자매' 부럽지 않은 문화계 전문기획자 최선영 PD님.
19. 니카 인생을 살맛나게 해주는 국민 MC 정선희 언니, 개그계 이단아들 안영미, 강유미, 최정화. 우리 펴엉생 웃기만 해요^^~!
20. 그림도 잘 그리고, 글도 잘 쓰면서, 아무지게 훌륭한 책 기획까지 하는 멋진 작가 야코브. M&K 대박책 〈Forget Me Not〉 작가님이기도 하시다.
21. 어린 것이 인도를 사랑하더니 〈소녀의 인디아〉라는 책까지 쓰고, 너 정말 이렇게 성장이 빨라서 어쩌려고?! 친동생 같은 정윤.
22. 출판계 대 선배님들. 김혜경, 강맑실, 정은숙, 공혜진, 조영희, 조미현 사장님. 열심히 뒤를 따르렵니다. 조금만 더 예쁘게 지켜봐 주시어요~!
23. 예술가로 예능인으로 열혈 활동 중인 늘 마음을 짠하게 만들만큼 열심히 사는 아티스트 낸시 랭.
24. 네오 샤먼으로, 사업가로, 영화감독으로 못하는 게 없는 무당 타지마할 언니. 언니가 있어 모니카도, M&K도 앞으로만 나아갑니다.
25. 사주풀이가 최장재희 님. 나의 그 많던 고민을 한 방에 말끔히 해결해주시고, 멋진 책도 집필하고 계신다.
26. 나의 영원불멸 멘토이시자 최근에 정치인으로도 폭넓은 활동을 하시는 건축가 김진애 박사님. 저도 열심히 해서 박사님 뒤를 따르렵니다.
27. 상하이에서 열혈 여장부로 활동 중인 친구 박명선. 상하이 책 내기로 한 거 정말 열심히 마감하고 있는 착실한 작가이기도 하다.
28. 소설가답지 않은 밝고 긍정적인 기운으로 세상을 읽어내는 한지혜 작가.
29. 〈여자의 모든 인생은 20대에 결정된다〉로 대박 작가가 된 세상을 보는 제대로 된 눈과 사람 죽이는 글솜씨를 뽐내는 남인숙 작가.
30. 핫하고 힙한 트렌드의 한 전선에서 책도 쓰고 방송 글도 만드시는 김정희 작가 외 방송작가님들.
31. 자칭 외계에서 와 지구 생활에 썩 잘 적응하고 있으신 박지아 PD님.
32. 아리따운 외모만큼이나 훌륭한 기획으로 KBS 라디오를 빛내시는 조휴정 PD님.
33. 멋진 책을 만들 줄 아는 의리파 출판계 후배들, 경자, 혜진, 혜원, 영주.
34. 모니카를 취재해서 멋진 글을 써주시는 것은 물론이고 '여자' 주제에 관한 멋진 기획을 제보해주시는 신문사, 잡지사, 방송국 기자님들.
35. 사업가로, 주부로, 직장인으로, 선생님으로 모니카를 엄호하는 내 소울메이트들. 민아, 호연, 지원, 지숙, 은진, 보경, 은숙, 명주, 선옥, 명옥, 소영, 현숙.

사람&사람

#045 사람, 결국 다 똑같은 족속!   #046 덜 거짓말하는 사람과 거래할 것!
#047 냉정은 쓰리기통에 처박아라!   #048 거품 없는 인생은 심심하다
#049 오지랖을 최대한 넓혀라!(인맥의 효과)   #050 절대, 여성성을 버리지 말 것!
#051 거지보다 돈 뜯는 양아치가 낫다   #052 돈 쓸 때를 알라, 이왕이면 팍팍 써라!
#053 소통의 선결조건, 술?술!술?술!   #054 누구와도 사랑에 빠질 것~!
#055 최대한 '예쁜 척', '착한 척' 하자!   #056 재밌게 놀아줘라, 아니면 놀아주겠다고 약속하라
#057 가능한 한 휘두르는 대로 휘둘릴 것!   #058 간혹 친절도 죄가 되나니…
#059 욕설과 음담패설도 필요하면 배우자   #060 때론 침묵이 답이 되기도 한다
#061 짜증나는 예술혼과 대적하기   #062 계약은 안 할수록, 계약금은 안 줄수록 득?
#063 직원을 뽑을 때가 되었나?   #064 직원이 내 반쪽이 아니고 뭐겠어   #065 회의 보다 독단?

#045
사람, 결국 다 똑같은 족속!

　세상 돌아가는 이치를 알고 싶다면 인간성을 파악하면 그만이다. 누군가의 세계관에 따라 움직이게 되어있는 게 인간 사회니까. 죽겠다고 하면서도 꾸역꾸역 살아지는 것도 결국은 비슷비슷한 성향의 '인간'들이 만들어가는 그렇고 그런 뻔한 세상이기 때문이 아닐까. 우리가 알 수 없는 가치 기준 같은 건 없다. 일정한 시대를 살아가고 있는 인간들은 대강의 철학과 신념에 있어서 예측 가능한 범위 안에서 움직이게 되어있다. 문학 작품이나 고대 철학자들의 이론서 등을 들춰보면 굳이 동시대가 아니어도 인간의 정신적 한계는 이미 정해져 있는 건 아닌가 싶을 정도로 뻔하다.

　결국 우리들 모두 구세대 가치 기준 속에 갇혀 살아가고 있는 것 같지 않은가? 착하게, 착실하게 살고 싶지만 본능이 말을 듣지 않고, 욕심 내지 않고 자족적인 삶을 살고 싶지만 갖고 싶은 것은 왜 이리 많은지 말이다. 화 내지 않고, 무서워하지도 않고, 민감한 반응 보이지 않은 채 초탈한 삶을 원하지만 내 마음 하나도 내 맘대로 안 되는 것이 인간사가 아니겠는가. 이는 어떻게 보면 정말로 감사할 일이다. 우리들 모두가 같은 원리로 작동하는 '인간'이라는 것, 자극과 동기에 반응하고, 탐욕과 공포에 무너지는 '인간'이라는 것 말이다!

　그러니 사업가로서 직원과 예술가, 거래처 사람들, 대중을 다루는 데는 일정한 원칙을 적용할 수 있다. 여기 두 번째 장, '사람&사람' 내내 반복될 뻔한 이야기지만 인간은 죄다 똑같은 족속이라는 거다. 비슷한 자극에 비슷하게 반응하게 되어있다는 사실! 욕망하고 갈구하고 나대다가 다시 '이게 아니다' 싶으면 피하고 숨고 말이다. 득도한 것처럼 보이는 사람들도 애저

녘에 벌써 욕망하는 자신을 봤던 사람들인 거고, 욕망을 숨기지 않고 이빨을 드러낸 사람들은 차라리 아직 순수한 시절을 살고 있는지도 모른다. 인간 행동의 본능과 무의식을 잘 살피면 세상 모두와 친구가 될 수 있고, 적과도 충분히 동침할 수 있고, 당신이 원하는 방향으로 사람들을 이끌어 갈 수도 있다. 흥미진진한 '인간 세계'가 아닐 수 없다. 어쩌면 우리들, 그거 보는 재미로 사는 지도 모르겠다.

060315 인생이란 참…

나의 또라이 기질로 인해 종종 사람들에게서 "너, 어느 별에서 왔냐?"는 말을 듣곤 하는데, 그럴 때면 "너무 먼먼 이야기여서, 지구에 적응을 너무 잘해서, 별 이름도 위치도 기억 안 난다"고 대답한다. 그런 나처럼, 지구 사람이 절대 아닌 게 확실한 모PD 언니가 있다. 어찌나 맘이 척척 맞는지, 자주 만나는 것도 아닌데, 자매 같은 그런 언니.
힘들어 하는 내게, 언니는 말한다. "그럴려고 여기에 온 거야. 우리 있던 별에서는 모든 게 참 쉽잖니. 노력할 필요도, 극복할 필요도 없고 말이지. 근데 여기 지구에선 너무하게도 안 되는 일투성이잖니? 그런 재미를 즐기라고 우린 여기 온 거야. 안 그래?" 그러니까 맘먹은 대로 풀리지 않는 무수한 일들에 넋을 놓고 처량하게 있을 것이 아니라, 일들이 내 맘대로 안 된다는 사실, 그 자체를 즐기라는 말 되시겠다. "그래. 맞어! 맞어! 그래야겠어"라고 답을 하지만, 여전히 내 영혼은 오리무중 갈 곳도 쉴 곳도 없다.
지난 며칠 생각든 건데, 말이지, 우리들 여기에 죄 지으려고 온 건 아닐까, 하는 마음이 드네. 죄 많은 중생들 속에 섞여서 나도 죄짓는 방법을 배워가고 있는 것 같아. 죄짓고, 죄짓고, 죄지은 뒤에, 그 죄를 면할 방법은 없나, 속죄하는 마음으로 친절도 했다가, 배려도 했다가, 그러다가 또 죄짓었다가. 그럴려고 온 것은 아닐까. 사악한 마음이 고개를 들 때마다 그것을 정당화하려고 온갖 핑계를 대보지만, 정말이지 죄짓기를 멈출 수가 없다. 정녕 이 삶이 끝나야만 죄짓고, 속죄하고, 죄짓는 지루한 일상의 반복이 끝이 날까.

#046
덜 거짓말하는 사람과 거래할 것!

인생은 약간의 과장과 구라 몇 스푼쯤으로 이뤄져 있는 거 아닐까. 그런 포장과 자기 과장 없이 각박한 논리로 돌아가는 세상에 어찌 적응하고 살아가겠는가. 그것이 남에게 지대한 피해를 끼치거나 자기 자신마저도 속여먹는 거짓말이 아니라면 그쯤은 서로가 인정하고 넘어가 줘야 한다고 본다. 도덕과 윤리 운운하는 사람들을 보면 알량해 보이기까지 한다. 자기들은 그렇게 도덕과 윤리에 철저한 가치 기준을 적용하는 삶을 살았을까?, 그 시꺼먼 속내가 들여다보여 구역질까지 난다. 과연 이 시대에 어떤 인간이 거짓말과 과장으로부터 자유로울 수 있을까. 그렇다고 거짓말을 권장하거나 모든 사람을 의심하라는 말이 아니다. 다들 일정 분량의 거짓말을 하며 살아간다는 것을 무의식중에도 의식하라는 것!

그러니까 많은 사람들을 상대하는 사장으로서는 가능한 한 '덜' 거짓말하는 사람이랑 거래하면 된다. 사람들을 대할 때에도 가능한 한 '덜' 거짓 하게, 가능한 한 '더' 진실 되려고 노력하면 1000% 신뢰를 얻을 수 있다. '그쯤은 기꺼이 받아줄게' 하는 열린 자세로 사람들을 대하다보면 모두가 사랑스러워진다.

070324 구라 없는 인생 없다

전유성 쌤과의 인연도 어느새 10년을 훌쩍 넘겼다. 상은 언니가 그랬던가. "너랑 나도 10년 인연이었으면 좋겠다. 그럼 아무 설명도 필요 없잖어." 그래, 어떤 분야에서 전문가가 되려면 10년의 시간이 필요하다는 연구결과도 있듯, 어떤 사람에 관하여 진정성을 파악하고 진심이 통하게 되려면 족히 10년쯤은 족히 필요할 것이다. 물론 이 10년이 의미하는 것은 단순물리적 시간이 아니라 그 시간을 겪어온 한 개인이 정성껏 개입했을 것을 전제할 때의 10년일 것이고, 그렇게 10년을 인연해오면서 나는 선생님께 참 많은 것을 배웠다. 사람이 겉과 속이 왜 같아야하는지, 소탐대실小貪大失은 왜 추하며 우리가 욕심을 버렸을 때 얼마나 많은 것을 얻을 수 있는지, 왜 무엇으로부터 자유롭게 살아야 하는지, 꿈꾸는 삶이 얼마나 소중한지, 누구도 웃기지 못하고 엄숙하게 사는 삶이 얼마나 어리석은지, 기발한 상상력을 발휘하는 재미가 얼마나 쏠쏠한지, 고달픈 우리 인생에 술이 얼마나 소중한 것인지 등등등.

특히 전 선생님과 내가 스스럼없이 영접하는 순간은 웃기기를 좋아하고, 술에 올-인한다는 것과 구라가 범상치 않다는 점에서다. 뭐, 알 만한 사람은 알겠지만, 내가 어떤 부분에서 좀 과장이 심하고, 그래서 때론 그것이 구라로 비춰지기도 하고, 이런 내 '구라성'을 아무렇지 않게 받아들이는 사람도 있고, 열광하는 사람도 있고, 일부는 그게 싫어 떠나기도 하는데, 우리 전 쌤만은 나의 구라성을 1000% 이해하시고, 찬성하신다. 왜? 본인도 그러하시니까.ㅋㅋ 그러면서 한 말씀 하신다.

"구라 없는 인생이 어딨냐? 대충 주워들은 것 가지고 나름대로 부풀려서 세상에 씨부리면서 사는 거지. 전문가고, 박사고, 애고 어른이고 할 것 없이 얼마나 많은 구라를 풀면서 사는 데. 사실 따지고 들자면 잘못된 썰이 얼마나 많은데. 귀찮고 성가셔서 못 따지는 거지. 대충 서로 구라치면서 한 평생 살다 가는 거지. 사람들은 잘못된 정보더라도 일단 머릿속에 입력되면, 나중에 아무리 진실을 설명해줘도 처음 각인된 사실을 믿게 돼있거든. 그래서 구라가 통하는겨. 신화고 설화고 전설이고 사실 알고 보면 다 구라여. 어떤 책에서 대개의 논객이 TV 토론 프로그램에서 구라 푸는 방법을 알려줬는데, 일단 누군가가 어떤 사안에 대해 물으면, 정확히 알지 못하는 사안이더라도, 일단 이렇게 대답하기 시작하는 거야. '네, 그 사안의 원인은 사회문화적으로 정확히 세 가지로 나눠 설명 가능합니다. 첫 번째 원인은…' 말을 던지고 나서 첫 번째 원인만 졸라게 설명하는 거야. 두 번째가 떠오를 때까지 설명하다보면, 사회자가 시간이 없다면서 말을 자른다는 거지. 그럼 그걸 본 사람들은 어떻게 생각하겠어, '와~ 저분 존나 똑똑하구나, 근데 시간상 얘기를 못했구나'라고 생각하게 되지. 야, 시끄러운 소리들 말라 그래. 구라 없는 인생 없다."

ㅎㅎ 선생님 화이팅! 내가 그래서 선생님을 사랑하는 거예요.
하여간, 앞으로 나한테 구라 심하다고 뭐라 하기만 해봐봐!

`Class 02` 사장으로 살아가기

#047
냉정은 쓰레기통에 처박아라!

　사람을 대할 때, 게다가 장사를 해먹어야 생계가 가능한 사람이 타인을 대할 때 냉정한 사람을 보면 안타까워서 미치겠다. 그렇게 냉정할 수 있는 스스로를 대견해 하고, 솔직한 인간이라고 착각하는 장사꾼은 정말이지 상대하기 싫다. 그런 사람들은 자기 자신에게는 어찌나 관대한지 정말 '자기애' 일등상이라도 줘야하는 건 아닌가 하는 생각이 든다. 자기 자신보다 타인을 더 아끼고 따뜻하게 대해도, 결국 거래 관계에 있는 사람은 모두 나의 됨됨이를 판단하는 타인이고, 결국 소비자들은 당신 상품에 까다롭게 구는 존재들이다. 대체 냉정함을 어디다 써먹을 수 있을까? 인간이란 본디 협박하는 사람보다 친절한 사람에게 떡 하나 더 주게 되어있다. 차갑고 냉혈한 사람보다는 따뜻하고 부드러운 사람에게 끌리게 돼있다는 말이다. 냉정함으로 승부해서 돈 벌 사람 물론 있겠지만, 신이 내린 실력 아니면 웬만치 다 그렇고 그런 실력들 사이에서 친절한 사람이 일을 따내게 돼있다는 얘기다.

　성격과 기질이 본디 차갑고 뚝뚝한 사람도 물론 있다. 타고나기를 그렇게 냉정한 사람은 오히려 그 순수성을 인정받으며 사람 사이에 잘 섞인다. 그러니 내말은 그런 기질적 한계를 넘어서는 억지 아량을 베풀라는 얘기가 아니라 본인을 속이면서까지 억지로 차갑게 굴 필요는 없다는 거다. 뭘 위해 사람들에게 애써 차갑게 구는지, 안타까워서 보내는 전언으로 받아들이면 좋겠다. 결국 피해의식과 공격성으로 밖에 보이지 않을 그 따위 냉정함은 하루 속히 쓰레기통에 버리시길…. 사람 상대로 장사하겠다고 발 벗고 나선 사장들이라면 더더군다나 그래야만 한다.

070126 어떤 미친놈에 대한 사색

삼십사 년이나 살았으면서 사람 볼 줄을 이렇게도 모르니. 뭘 해명하려고 이 자리엘 나선 걸까. 30대들의 살아가는 방식에 대해 그 처절한 외로움과 그 노력의 결실인 거품과 그 삶의 증거랄 수 있는 허영에 대해 니들이 뭘 안다고 그 따위로 지껄이는 거니. 너희들의 피해의식 따위에 관심도 없지만 시꺼먼 속내를 드러내고 죄 없는 여자들을 무차별로 공격하는 꼬락서니는 정말이지 참고 봐 줄 수가 없다. '이런~ 씨앙~!' 하고 욕지거리를 쏟아 붓고 싶은 마음을 누르고 눌러, 지성인으로서 최대한 이해심을 발휘해 달래도 보고, 위로도 해보고, 해명도 해보지만 이 새끼 완전 쓰레기구만. 그렇게 못 참겠으면 더 열심히 살아봐. 니들이 우리한테 성공의 기회를 제공했니, 자리 잡는데 도움을 줬니, 옷을 사줬니, 커피를 사줬니, 술을 사줬니, 담배를 사줬니, 몸이나 탐하는 쓰레기들 주제에. 믿는 구석 없이 버티어 낸 그 고단한 삶에 대해 한 번이라도 진지하게 바라봐봤니? 열심히 사는 여자들에게 태클 걸 시간 있으면 집에 들어가 발이나 닦고 자빠져 주무셔. 내가 페루에 주문한 총이 아직 도착하지 않은 걸 다행으로 아시고.

#048
거품 없는 인생은 심심하다

　　누구의 인생에도 거품은 필요하다. 실로 거품 없이 자본의 시대를 살아낼 사람은 있는가 묻고 싶다. 우리가 이 나라에서 나고 자라며 배운 건 딱 하나다. 나를 잘 포장해서 시장에 내놔야 사람들이 알아봐 주고 써 주고 이용해 준다는 거. 그럼으로써 나도 상대를 적절한 선에서 이용하는 거. 그러니 거품은 어쩔 수 없이 만들게 되어있다는 거다. 그 거품으로 잘 살아온 인생 여럿 목격했고, 그들은 정말로 열심히 살아가는 사람들임에 분명하다. 사실 거품 만들기도 쉬운 일은 아니다. 대강 같은 바닥에서 놀고 있어야 거품도 만들 수 있는 거다. 그 물에서 놀기까지 그들이 얼마나 발바닥에 땀나게 뛰었는지 그 고충까지 알아주지 않더라도 그들을 욕할 시간에 그럴듯한 사람에게 점수를 더 주고 있는 자신의 내면을 들여다보자!

적어도 사장으로 살아갈 사람이라면 바깥 세상에 자신을 포장해 내놓을 줄도 알아야 한다. 적당한 거품으로 나도 포장하고, 내 회사와 내 제품도 포장해야 장사가 된다는 것이다. 그게 거품이 아니라 '진짜다'라고 주장할 수 있는 것이면 더할 나위 없을 테지만, 혹여 2% 부족한 뭔가가 있더라도 완벽하다고 주장하라. 완벽하게 보이는 인생이, 최고의 품질이 보장된 상품만이 팔리는 세상이다.

내 별명 중에 가장 맘에 드는 건 '버블 걸'인데, 나로 치자면 거품 없이는 인생을 설명하기 힘든 그야말로 '거품형 인간'이다. 가끔 주변 사람들을 서로 연결해 줄 때 나의 '거품성'은 여실히 증명되는데, 대상의 이력을 쫙~ 읊고 있는 거다.(어차피 이력으로 증명되는 인생들 아닌가?) 성격과 기질로 사람을 소개하는 건 정말 어려운 일이다.(차라리 혈액형으로 설명하는 게 좋겠군.) 내가 만든 책을 설명하는 순간에도 나의 거품성은 진가를 발휘하는 데, 내 설명은 내가 듣기에도 민망할 정도로 '세상에 그런 완벽한 기획과 컨텐츠를 찾아볼 수가 없다'는 식이다.(나는 그런 내가 자랑스럽다.) 사장이여, 자신과 자신이 만든 제품에 '완벽에 가까운' 거품을 꼭 만드시길….

070917 신정아 타령, 지겨워 죽겠네~

잘한다, 잘한다 하니까 요강 닦아 찬장에 넣는다고.
한 여인의 성공욕과 허영이 부른 거짓말 파문이 뭐 이렇게까지 비대해지나. 신정아 이슈에 노난 언론을 보면 그간 뉴스 뭘로 만들었는가 싶으네. 그녀의 황당한 거짓말과 권력 야욕도 파헤쳐야겠고 정신 상태도 진단해야 하는 언론들이여, '뻥도 뻥나름'이겠지만, 그 모든 건 공식 수사 기관에 맡기시고 이제는 다른 이슈로 눈을 돌리시는 것이 어떨런지.

신정아 타령을 목 놓아 울부짖는 언론을 보면 신정아가 그 나이쯤의 싱글 여자라는 대목에 집중하지 않을 수가 없다. 더불어 그 나이의 싱글 여자가 그런 높은 위치까지 올라갔을 때에 질투와 의심의 눈초리가 얼마나 차가웠을지는 '안 봐도 비디오'.

사회문화의 상층부를 차지한 인간들 치고 야욕과 야합 모르는 사람 없을 테고 특히나 남자들 세계의 권력형 비리야말로 사회의 뿌리 깊은 문제라는 것을 알고 있을진대, '그걸 아는 사람들이 이러나!' 아니 언제부터 대한민국이 찬찬히 묵묵히 제 갈 길 가는 사람이 사회적, 공식적 성공을 일굴 수 있는 도덕과 윤리 베이스의 평등하고도 공평한 문화였던가, 심히 기가 찬다.

그러니 권력을 이용해 성공을 거머쥔 노처녀의 거짓말과 비리는, 신뢰받지 못한 노무현 정권 교체 시기의 언론이 상대하기 얼마나 수월한 이슈인가 말이다. 학연과 지연에 기대어 떡하니 자리보전하고 계신 어르신들, 유복한 집안에서 타고나길 성공을 보장받은 당신들, 권력 빵빵한 신랑 만나서 어깨에 힘주는 사모님들, 내리 놀고먹다 운대 맞아서 기득권을 누리는 쉐들, 누구 인생이 감히 타인의 인생에 대해 진정성을 논하는가. 과연 현대인의 어떤 인생이 구라와 아부, 거품으로부터 자유로울 수 있는가.

모름지기 진정으로 대쪽 같은 선비 정신을 가진 훌륭한 님들은 더러운 대한민국 사회문화의 기득권에서 멀리멀리 도망치게 되어있다. 재야에 묻혀 진리를 터득해가며 아무도 몰래 진정성을 고민하며 살다 가실 것이란 말이다. 그러니 신정아나 신정아가 어쨌네 저쨌네 도마질 하는 측이나 개찐도찐 대한민국을 망치는 주범들이라는 것이다. 우리 모두 예외 없단 말이시.

근데 내가 모 잡지의 주요 창간멤버였다느니 공중파 방송국 정식 입사한 AD였다느니, 유명 라이선스 잡지에서 열혈 활동했다느니 내가 만든 책마다 성공했다느니 하는 경력 부풀리기, 모 유명인과 완전 친하다느니, 울 아버지가 땅 부자라느니 하는 자기 과장과 과대포장은 언제 누가 까발릴까. 무서버라~! 하긴 사회적으로 높은 위치에 올라가지만 않는다면 반진실로 남게 되겠지?! 휴~

#049
오지랖을 최대한 넓혀라!(인맥의 효과)

열심히 싸돌아다니며 살다보면 주변에 알고 지내는 사람들이 많아지기 마련이다. 그렇게 많은 사람들을 알고 지내는 것이 행복을 보장한다고만은 할 수 없지만 그로 인한 이득은 분명 있다고 본다. 게다가 장사꾼으로서 늘 도덕성과 진정성을 검증받아야 하는 존재에게 '오지랖'이 가져다주는 이익은 분명 존재한다. 알고 지내는 사람이 많아서 정신없고 바쁜 것은 자발적인 개인의 스트레스로 치치하고, 사람을 많이 알아 좋은 것은 누군가로 하여금 나란 인간의 인간성을 조사하고 검증할 수 있게 만들어 준다는 거다.(어딘가에서 누군가는 내 욕을 하겠지만 그것도 조사하는 사람에게는 훌륭한 정보가 아니겠는가, 그 분은 나랑 거래를 안 하게 되겠지.)

자신의 가치 기준을 믿지 못하는 인간들은 누군가를 평가할 때 여기저기 사람을 수소문하고 뒷조사하고 싶어 안달이 난다. 어떠한 조사도 불가능한, 행적이 묘연한 사람과 거래하는 건 좀 불안하지 않겠는가. 그러니 (긍정적 방향의) 오지랖은 '누가 누가 쟤를 알고 지내더라, 저렇게 사람을 많이 안다는 건(각광받는다는 건) 대인관계에 능력이 있다는 거고, 그걸 일로 잘 승화하면 성공할 수 있는 거잖아, 믿고 일 맡겨도 말아 먹지는 않겠네. 말아 먹으면 그 옆에 보증한 사람을 추궁하면 되겠군, 쟤 알고 보니 열심히 사는 애더라' 등등의 긍정적인 평가로 이어진다는 거!

더불어 오지랖을 통해 많은 사람들을 만나다보면 창의력과 창작력도 풍성해지고, 사업적 조언도 들을 수 있고, 인간적 공감을 통해 위로도 받을 수 있고, 타인에 대한 이해로 소비자를 진단할 수도 있고, 사람들을 만나며 인내심도 기르고, 배려도 배우고, 나의 한계도 알아 가고, 나에 대한 감시자의 역할을 맡아준 그들에게 잘 보이려 열심히 살게 되기도 하고, 아무튼 사람을 많이 알아 좋은 게 나쁜 것보다는 훨씬 많다.

  사람 사이에서 일하고 돈 벌고 밥벌이 하는 이 세상에서 사장으로 살아가겠다고 결심했다면 가능하면 오지랖을 넓혀서 나의 무대를 확장하는 건 필수불가결한 일! 번잡하고 복잡한 삶이 싫다 하는 분들, 물론 그렇지 않아도 사업하고 일할 수 있다. 허나 더 큰 발전은 기대하지 말 것! 나중에 [마케팅] 챕터chapter에 나올 얘기지만 내 하는 일을 널리널리 알려 대중에 어필하기 위해서는 오지랖은 정녕 필요하나니….

070312 어떻게든 만나게 돼있던 소중한 인연

몇 년 전 샘터출판사에서 도서기획일을 할 때였나. On-style TV의 '싱글즈 인 서울'을 보고 완전 반했던 광고기획자 권은아 씨. 그분하고 관련된 도서를 기획하고 부랴부랴 온 스타일의 정PD를 만났지만 샘터가 아닌 랜덤하우스에서 책이 나오게 되었더랬지. 그러나 인연의 끈을 놓지 않고 내가 독립해 차린 M&K 출판사의 책, 〈여자의 발견〉에 권은아 언니를 섭외했던 것이었다. 이후 권은아 언니와 함께 무언가 큰일을 내야지 마음만 가득했던 내게 걸려온 은아 언니의 전화 한 통. 언니의 멋진 친구랑 책을 내려고 하는데, M&K가 함께 했음 좋겠다는. 이렇게 기가 통하고 기운이 들어맞는 건, 우리가 훌륭하게 세상을 살아냈다는 반증이 아닐까.

그리하여 만나게 된 장루하 유지영 대표. 서초동에서 '부엌과 서재 사이'라는 와인바를 운영하는 유지영 대표는 요식업계 마이더스의 손이라는 칭송을 받는 잘나가는 요식업 컨설턴트. 낯이 너무 익어서 "어디서 봤더라~" 노래를 부르는데, 아~ 정말, 세상에 만나게 돼있는 인연은 정해져 있는가 보다. 내 작업실 바로 앞의 쿠키집 '돼지라 불리운 고양이' 사장님이셨던 것이다. 오며가며 '저 언니 참 멋지다'고 생각했었는데, 이렇게 책을 내게 되다니…. 멋진 언니들이랑 이 시절을 살아가는 싱글들의 삶을 담은, 그들의 taste, style, choice를 찾아주고 발견하게 해주는, '자기만의 고유한 style로 싱글라이프를 즐겨라!'는 메시지를 전하는 책을 내기로 했다. 이런 멋진 인연을 만났는데 어찌 술이 빠지랴~! 아 맛있는 술, 맛있는 인생! 살 맛 난다. 술 맛 난다.

#050
절대, 여성성을 버리지 말 것!

사장과 직원이 다르듯 여자와 남자는 다르다. 일하는 현장에서 온갖 남녀상열지사가 발생하는 것만 봐도 남자와 여자 사이의 문제는 쉽게 거론할 수 있는 일은 아닐 것 같다. 내가 이런 얘기를 꺼낸 이유는 온갖 자기계발서에서 여자들에게 강조하는 '남자처럼 승부하라!', '여자를 버려라!'고 하는 대목이 의아해서다. 말도 안 돼는 일 아닌가! 여자는 남자를, 남자는 여자를 좋아하게 돼있고 원래 여자는 남자와, 남자는 여자와 일 할 때 생산성도 높아진다고 하던데. 상대를 내 사람으로 만들 수 있는 무기를 버리라는 말을 왜하는 거지? 전쟁터에 총 버리고 나가라고? 여자는 여자로, 남자는 남자로 보여야만 일을 함께 하고 싶지 않나?!

팔뚝질을 하며 남성성으로 무장한 여자들은 내가 봐도 싫은데, 거래처 남자들이 볼 때 어떻겠는가. 나도 남자다운 남자들과 일할 때 더 신뢰가 가고 일하는 맛도 나고 그러던데, 남자들은 오죽 하겠는가. 그러니 나보고 여자를 버리라면 절대 사양하겠다. 적절한 여성성에 사장의 카리스마를 가미하면 최고의 캐릭터가 하나 탄생하는 거다. 그렇게 남자들 잘 녹이고 구워 삶아서 거래도 원만히 해결하고, 하는 일도 생산적으로 만들었다. 이렇게 얘기하면 꼭 저질스러운 상상하는 분들 계시던데 너무 깊이 들어가지 마시길. '성적인 어필'을 나쁘게 이야기하는 사람들 머릿속이 더 지저분하다고 본다. 평소에 점잖 빼고 양반처럼 굴던 사람들이 참고 참았던 욕망을 어느 순간 분출하게 되는 건지. 차마 눈뜨고 못 볼 추태를 부리다가 망신살 뻗치던 걸. 사장은 이모저모 두루 만능이어야 한다. 깔끔하고 전문적인 일처리로 업무능력도 인정받아야 하고, 유머감각으로 모두를 즐겁게 해줄 수도 있어야하고, 적절한 성적 매력을 발휘해 상대를 '일할 맛' 나게 할 수도 있어야 한다. 이왕 사장할거면 완벽하게 하자! 눈에 보기 좋게 자신을 꾸미는 건, 실력을 단련하는 것만큼이나 훌륭한 사장의 필수 덕목이다. 결단코!

 070124 남자 요리법

최근 영화제작사를 차린 정화 언니는 먼저 사업을 시작한 내게 사업적 조언을 구하신 것 같은데, 나는 왜 남자를 요리하는 방법을 얘기했는가. 과연 구모니카 씨는 남자들을 구워삶아서 사업에 적극 활용하고 있는가. 딱히 아니라고 할 수도, 그렇다고 할 수도 없는데, 우리가 내내 남자에 대해 이야기를 나눈 것을 보면 뭔가 있기는 있는가 보다. 문제는 남자들이 우리들 말을 잘 듣지 않고 우리 같은 족속들이 오히려 이용당하기 쉽다는 것이지. 나이가 이 정도쯤 되고 싱글인 여자로 살다보면 묘한 피해의식 같은 게 생기게 마련인데, 핵심은 남자들이 우리를 쉽게 본다고 생각되는 것이다. 전문직에, 벌이도 쏠쏠하고, 예쁘고, 똑똑한 싱글 여자의 취약점은 그토록 화려한 생활의 이면에 깔린 짙은 외로움이다. 그런 외로움이 남자의 입장에서 노처녀들을 쉽게 무너뜨릴 수 있는 결정적 빌미가 되는 것인데, 이런 건 조심하고 주의한다고 해결되는 문제가 아니라서 딜레마에 빠지게 되는 것이다. '창녀론'에서는 이 여자들을 '공짜창녀', 혹은 '자발적 창녀'라고 명명하기도 했는데, 현실적으로 따지자면 달리 해명할 길도 없다. 이 끝도 없고, 결론도 안 날 이야기는 늘 '외로움의 함정에 빠져서 놀아나면 안 된다'로 마무리될 뿐이다. 이건 마치 어릴 적 엄마가 "아저씨들이 사탕 사준다고 쫓아가면 안 돼!"라고 말해주던 것과 같은 논리로 보인다. '졸라 쓸쓸하다'던 윤희의 대사가 귓가에 맴돈다.

#051
거지보다 돈 뜯는 양아치가 낫다

　사장으로 지내다보면 주변에 많은 사람들, 매입처와 매출처들 사이에 얽히고설킨 거래 관계가 만들어진다. 그것이 금전이 오가는 관계일 때 민감해져야 하는데 특히 아무 것도 해주는 것 없이 사장의 주머니를 노리는 '거지'들을 조심해야 한다. 어쩌다가 거지들과 얽혔다면 무엇이라도 뜯어내도록 해라! 거지발싸개라도 뺏으라는 말이다. 그래야 당장 당신 앞에서 사라질 거다. 동정심을 발휘해 그런 사람을 옆에 두면 나중에는 친구 거지들까지 몰고 와 당신의 통장 잔고에 막대한 피해를 가할 지도 모른다. 지나치게 착한 성정을 가진 사장이어서 도무지 긴장감을 발휘하지 못하겠거든 좀비 영화 몇 편을 보라고 강추한다. 그 좀비들과 하나 다를 것 없는 사람들을 옆에 두고 싶은가?(생각만 해도 끔찍하군.)

　문제는 그런 거지들이 그럴듯하게 자신을 포장하고 있어서 쥐도 새도 모르는 사이에 당한다는 거. 때로는 예술가로, 문화인으로, 작가로, 서로 윈윈하자는 거래처로, 시시각각 사장들 주변을 맴도는 데는 도리 없이 당하게 된다. 그걸 잘 피하는 사장이 성공한다는 말이다. 뒷조사와 감과 기운을 총동원하여 '좀비 거지'들을 가려내야만 한다. 차라리 양아치스럽게 내가 '요 정도는 해줄 수 있다'고 조건 걸고 돈 뜯어가는 부류가 낫다. 하나도 주는 거 없이 두 개 뜯어가는 사람보다는 하나라도 주고 세 개 뜯어가는 식이 사장에게는 이득이다.(뜯어간 거 잘 기억하고 있다가 나중에 뜯겼던 두 개 받아내면 되니까.) 거지에게는 거지가, 양아치에게는 양아치가 될 수도 있어야 '사장짓'도 가능하다는 거다.

071203 벼룩의 간을 내먹어라~!

사정이 악화되니 별 놈의 돈이 다 아쉽다. 이미 '뜯긴 돈이다' 생각하고 포기했던 돈까지 떠올라서 나를 괴롭히는군. 생각할수록 열 받아 돌겠네. 아니, 어디 돈 뜯을 데가 없어서 한창 열심히 뛰어다니는 신생 출판사 사장 돈을 뜯나. 게다가 어른 중에도 그 점잖다는 어른이, 작가 중에 글 잘 쓰고 잘 나가는 유명 작가라는 사람이 어떻게 그럴 수가 있는 거야. 그런 분들 누가 안 잡아가나….

#052
돈 쓸 때를 알라, 이왕이면 팍팍 써라!

돈을 잘 쓰는 사람들이 왜 그렇게 쓰는 걸 좋아 하는가 그 이면을 잘 들여다보면 돈 쓰는 사람이 획득하는 권력의 맛이 쏠쏠하기 때문이다. 자기한테 돈 팍팍 써주는 남자한테 여자들이 얼마나 충성을 다하는지 알잖나. 우리 사장들이 내 제품 사주는 소비자들 한분 한분께 얼마나 감사하며 머리를 조아리는 지만 봐도 돈의 힘은 대단하다. 그러니 돈 쓰는 사람이 누리는 권력은 무엇과도 바꾸기 힘든 쾌락 중의 쾌락인 거다.

어쨌든 사장들은 매출처, 매입처, 그 외의 옵저버들에게 돈 쓸 일이 많은 사람들인데 절대 '돈 쓰는 재미'에 빠져서는 안 된다. 언제 누구에게 썼을 때 안 아까운지, 누구에게 썼을 때 뽑아먹을 꺼리가 있는지 따져보고 쓰자. 돈 쓸 때 '이게 다 투자다' 하는 생각이 들면 더 즐겁게 쓸 수 있다는 얘기다. 더불어 상대가 투자 가치가 있는 사람이라면 기왕 쓰는 거 '팍팍' 써주는 게 더 효과적이다. 간혹 쪼잔하게 굴다가 될 일도 안 되는 때도 있으니 절대로 상대에게 '돈 아까워하는 마음'을 들키지 않아야 한다. "돈도 잘 쓰면 나중에 다 나한테로 돌아오는 거다" 하신 우리 엄마의 명언.(그래서 내가 돈 쓰는 걸 좋아하나 보다.)

'너무 계산적인 것 아니냐!'는 원성이 들리는 듯해도 돈에 죽고 사는 사장이라면 반드시 지녀야 할 자세다. 이러니저러니 해도 이야기의 요지는 '돈을 잘 쓰자'는 거다. 돈 많이 번 사람들을 보면 정말 놀랍도록 공통점이 하나 있다. 무지하게 짜게 굴면서 동시에 쓸 때는 또 팍팍 쓴다는 거. 이런 걸 전문용어로 '계획적 지출'이라고 하는 거다. 돈을 쓸 때 철저한 계산을 한 사람들에게만 성공의 기회가 주어지는 것이니 주머니를 열 때(자신에게, 상대방에게) 태연한 자세로 까다롭게 굴 것!

세상에 자기한테 돈 쓰는 사람을 싫어하는 이 없듯이, 남한테 돈 쓰는 거 아까워하지 않는 사람 없다. 사장도 마찬가지다. 간혹 보면 사장은 어디 지하 창고에 돈을 쌓아두고 사는 줄 아는 사람들이 있는데, 거~ 그러지 맙시다. 사장들도 잔고 빵 원인 통장을 들여다보며 한숨짓는 순간이 얼마나 많은데요.

070206 돈 쓰는 재미를 아는 니카와 윤희

내 작업실 한켠을 쓰던 친구이자 작가인 윤희가 M&K 옆집으로 이사를 왔다. 애초엔 나랑 둘이 같은 공간에 있으면 집중이 안 되고, 집에서는 글 작업이 잘 안 되더라는 이유로 작업실을 알아본 걸로 알고 있는데, 그 안을 살짝 들춰보면 돈이 생기자 그 돈을 쓸 곳을 물색한 거였다. 내가 사업을 시작하고 1년이 지난 시점에 아버지 사무실 한켠을 벗어나 서교동에 둥지를 마련한 이유도 크게 다르지 않다. 일상에 지루함과 따분함을 쉽게 느끼는 우리 같은 족속들은 주기적으로 뭔가 일을 저지르지 않고는 못 배기는데 그 저질러지는 일이라는 게 주로 '돈 쓸 일'이라는 것이지. 우린 이 현상을 "30대 똘끼 가득한 여자들이 존재감을 느끼기 위한 장치다"고 결론 내렸다. 돈쓰는 재미를 아는 윤희와 니카에게 "돈 지랄한다"고 욕하면 다 죽여 버리겠다. 그 '돈 쓰는 재미' 느끼려고 쌔빠지게 일하는 거니깐.

#053
소통의 선결조건, 술?술!술?술!

    사람 때문에 울고, 웃다보면 정말이지 소통을 도와줄 천사가 있으면 얼마나 좋을까, 사람들의 속을 들여다 볼 수 있는 도구가 있으면 얼마나 좋을까 생각하게 된다. 인간관계를 발전시키고 공고히 해주는, 사람 사이의 소통을 돕는 매개체가 있다면 얼마나 좋을까. 그렇게 훌륭한 매개체는 단연 술이라고 본다. 인간이 술을 만든 데는 필연적인 이유가 있는 거다. 인류가 발명한 최악의 상품은 술이라고 진단하는 사람들도 있던데, 내가 보기엔 술만큼 인간관계에 도움이 되는 건 없다고 본다. 우정을 유지하고 발전시키는 데, 사랑의 마음을 불러일으키는 데, 사람 사이를 좁혀주는 데에 술만 한 매개체가 또 있을까. 술은 인간애를 발휘하는 데에 정말 필요한 도구가 될 수 있다. 술로 인해 얼마나 많은 사람들이 외로움을 달래고, 우정과 사랑을 나누는데, 술한테만 나쁘다고 하면 안 된다.

    인간의 소통을 도와 사람들 사이의 문제를 해결해 주는 기능 말고도 술에는 위로의 기능도 있다. 고난과 문젯거리를 늘 안고 살아야 하는 인간이라는 존재, 특히나 사장이라는 존재에게는 그 마음을 풀어주고, 고민을 잊게 하고, 걱정을 줄여주거나 해결해주는 술은 정말 고맙다. 그러나 그 좋은 점만큼이나 술로 인한 말썽도 잦은 게 사실. '적당히!'라는 원칙만 지킬 수 있다면 그 좋은 점만 취할 수 있나니, 술 자체가 문제가 아니라 술을 과도하게 마신 사람이 문제의 발단인 것!

    물론 술을 체질적으로 못 마시는 사람들도 많다. 그들도 나름대로 인간관계를 발전시켜가며 삶의 고충을 해소해가며 열심히 살고 있다.(인생이 좀 지루할 것 같긴 하다.) 그런데 가끔 '무알콜주의자'를 만날 때 좋은 점이 분명 있다. 서로 진행하는 일에만 집중적으로 매진할 수가 있고, 술기운을 쏙 뺀 관계에서는 말썽이 발생할 소지가 없다는 점. 그러니 개인적인 친분은 쏙 빼고 딱 일로만 연결되고 싶은 사람과는 술 없이 지내는 게 이득이라는 조언도 드린다. 정말이지 어떤 사람과는 절대 술 마시고 싶지 않을 때가 있는데, 그러면 안 마시면 된다. 싫은데 억지로 술자리를 가졌다가 땅 치며 후회하는 사람들 많다.

나는 그날 만난 사람들과 나눈 이야기, 함께 먹고 마신 술과 안주들, 괜찮은 술집 등을 적은 '음주일기'라는 걸 쓰는데, 사람들의 호응이 얼마나 좋은지 모른다.(어떤 사람은 내 음주일기에 등장하는 걸 영광이라며 술값을 내줬다지…) 그만큼 술과 관련된 이야기에 공감을 한다는 것은 많은 사람들이 술과 사람을 좋아하기 때문이 아닐까. 아래는 음주일기를 다시 재개하면서 적은 메모와 '술과 일이 얼마나 떨레야 뗄 수 없는지'를 강조하는 어떤 날의 음주일기다.

040929 음주일기, grand renewal open!

땅거미가 질 무렵, 좋아하는 사람의 얼굴을 들여다보고 있을 때, 친구의 어깨가 무거워 보일 때, 주어진 일을 훌륭하게 해냈을 때, 비가 내릴 때나 눈이 내릴 때, 스산한 바람이 귓가를 스치고 지나갈 때, 기분이 무지하게 좋아 날아갈 것 같을 때, 원인 모를 외로움으로 세상에 나 혼자인 것 같을 때, 처음 대하는 사람과 어색함을 해소하려고 할 때, 누군가와 속을 터놓고 이야기해야 할 때, 일이 도무지 풀리지 않을 때, 오랜만에 만난 친구와 회포를 풀 때, 생각이 복잡할 때, 마음이 답답할 때, 좋은 사람늘과 함께 축하할 일이 있을 때 등등이 내가 술이 마시고 싶은 순간이다. 사실 제대로 맘먹고 열거하자면 오만 잡가지 음주의 이유가 있겠지만, 오늘은 여기까지!
그렇게 술 한 모금 축이면 다시 살아나는 내 DNA들. 믿겨지지 않는 이 알콜의 포스. 그렇지만 내가 절대로 알콜중독자가 아니라는 것을 밝히기 위해 한참 끊었던 음주일기를 다시 쓰기로 했다. 내 인생에 술이 왜 필요하고 왜 중요한지 당신들을 설득하기 위함이다.

070115 술자리를 가볍게 생각하지 마세요

〈연애잔혹사〉 프로젝트를 위해 매주 월요일 윤희와 인터뷰이를 만나기로 했다. 2030 연애짱구들의 리얼한 연애사를 정리정돈하여 연애를 제대로 하는 묘안을 짜내는 일은 생각보다 쉽지 않은 일이겠지만, 사명감으로 똘똘 뭉친 윤희와 니카는 해내고야 말 것이다. 바로 우리 자신의 문제기도 하므로…. 영화사 PD님 한 분이 오늘의 인터뷰이였는데, 인터뷰를 정중히 거절하시고는 책 컨셉에 이의를 제기하시며 발전 방향을 잡아주셨다. 그걸로 대략 만족, 마무리.

회의가 길어지면, 모니카는 말한다. "오늘 일 너무 많이 했어, 자, 이제 노~올~자!" 술이 한 잔 두 잔 늘어가고, 오늘의 게스트인 이 사장님도 합류하시고, 멋진 소설가님도 합석하고, 이야기꽃이 한 아름 피어오른다. 우리는 연애에 대해 이야기하고, 세상을 살아가는 방식에 대해 이야기하고, 책과 글에 대해 이야기한다. 바로 이런 대목에서 '모니카의 술자리는 일의 연장'이라고 주장할 수 있는 거다. 게다가 M&K 기획실장님이신 윤희의 맹활약으로 박 작가님과 재미있는 와인책을 만들어보기로 했으니, 내 어찌 술 없이 생존할 수 있는가 말이다.

※박 작가님 꼬시려고 오랜 친분이 있다셨던 춘천에 계신 최 오라버님께 전화를 넣었다. 이런 기회에 못 드렸던 신년인사도 드리고, '모니카가 이렇게 열심히 살고 있어요'라고 어깨도 으쓱해 보이고, 인맥을 활용해 박 작가님께 나를 어필하고 말이지. 완전 훌륭한 술자리다.

#054
누구와도 사랑에 빠질 것~!

'인간애', '인류애'에 관해서라면 개인적으론 정말 할 말이 많다. '애정결핍 아니냐?'는 소리를 들을 정도로 사람들을 무작정 따르고 열광하는 나라는 인간의 머릿속엔 뭐가 있는 걸까.(그 많던 애인들은 나의 대승적인 '인류애' 때문에 나를 떠나갔다.) 그 원인이 애정결핍이든 동지애든 철저한 계산이든 뭐든 상관없이, 나는 정말로 사람을 좋아한다. 기를 쓰고, 애쓰고 살아가는 사람들을 보고 있노라면 정말이지 코끝이 찡해지는 순간이 있다. 그 사람이 어디서 뭘 하는 사람이면 무슨 상관이랴. 여기 이 땅에 발붙이고 어떻게든 밥벌이 해가며 살아가는 사람들의 애타는 속을 당신은 진정 모르는가?

누군가를 내 편으로 만드는 가장 좋은 방법은 내가 그 사람 편이 되어주는 것이다. 내가 사랑이 가득한 마음으로, 진짜 좋아하는 눈길로 상대를 대할 때면 사람들은 신기할 정도로 마음을 활짝 열어 놓는다. 사람을 녹이는 데 필요한 것은 돈도, 유머감각도, 화려한 말빨이나 외모도 아니다. '진심으로 당신의 삶을 사랑하고 존경해요!' 하는 마음, 그뿐이다. '당신 마음 알아요. 저도 똑같은 아픔을 겪고 있답니다. 아니 당신에 비하면 저는 더 미천하고 미미한 존재랍니다' 하는 자신을 아래로 낮추는 마음, 그게 다다. 천인천색의 인간들 사이에서 누군가를 진심으로 좋아하기가 쉬운 일은 아니겠지만, 가능하면 좋은 것만 보도록 애쓰다가 어떤 이의 삶의 고루함을 발견하게 되면 어느 순간엔 '간다'의 경지에 이르게 될 것이다. 누구에게도 장점은 있기 마련이니까. 다들 정말 힘들게 살고 있으니까.

내 할 말은 이것뿐이다. "사람을 본능적으로, 자동적으로 좋아하게 될 것!"(사람의 단점은 아주 천천히, 나중에 봐도 된다. 아니, 결국 보게 된다. 그러니 일단은 사랑만!)

070118 모든 순간이 영원이야!

박 작가님과의 회의 자리에 동행하여 멍청한 니카를 대신해 썰과 구라를 풀어주신 영신 언니가 예뻐서 단골술집 아리랑에 가서 맛있는 막걸리를 대접했다. 와인에 거부감을 가진 운동권 출신인 언니답게, 막걸리 한번 맛있게 먹는다. 살다가 어떤 행복한 순간에는 이대로 모든 것이 멈추어 버리거나 평생을 이 자리에서 이렇게 머물었으면 하는 생각이 드는데, 오늘이 딱 그런 날이다. 적당한 어둠이 깔린 밤에 마음이 통하는 언니랑 단골술집에 들러 맛있는 두부와 김치에 막걸리를 들이키며 '나도 언니처럼 행복한 가정을 꾸리고 싶다'느니, '모니카 너도 잘 할 수 있다'느니 하는 가벼운 응원들이 오가는 이 순간. 딱 이 마음 이대로 살아갈 수 있다면….

 070312 사랑하지 않을 수 없는 상은 언니,
　　　　　　　　Happy birthday to you!

음악가로, 예술인으로, 돈 버는 친구 혹은 딸내미로 어깨에 그토록 무겁고도 엄청난 짐을 지고도 정말 예쁘게 살아가는, 마음 짠하게 아름다운 내 상은 언니. 오늘 생일을 맞은 언니를 바라보는데 왜 그렇게 눈물이 나는지요. 너무 취해서 말하지 않은 것 같은데요, '언니~ 정말로 사랑합니다.' 언니가 태어나주고, 너무 잘 살아주고, 수많은 모니카들의 친구로 있어주어서 얼마나 행복한지 몰라요. 그러니 절대 아픔 없이 행복하게 사셔야 합니다. 이제부터라도 모니카가 도울 수 있는 한 언니의 행복에 일조하도록 노력할 겁니다.

 070415 사람은 나의 힘

나이가 들어서인지, 내게 무당끼가 있는 건지, 사람들을 너무 많이 만나봐서인지, 사람들과 이야기를 나누다보면 그 사람의 지난 시절이 보이는 것 같다. 소설을 너무 많이 봤나.ㅋ 어떤 인생에도 아픔과 절망이 보이고, 수고로움과 희생도 보이고, 사랑과 희망도 보이고, 아무튼 모든 사람들이 예쁘고 사랑스럽다. 내 가슴이 사랑으로 넘치는 게 문제가 아니라 사람들이 내게 사랑스러운 모습을 보여주는 것이 문제. 대체 무슨 핑계로 그런 사랑스러운 사람들과 술과 이야기를, 응원과 아픔을 나누지 않을 수 있겠는가.

#055
최대한 '예쁜 척', '착한 척' 하자!

　　성선설과 성악설이 있다. 나는 성악설에 점수를 더 주는 편이다. 그 이유는 본디 악하게 되어있는 미천한 인간이 착해지려는 노력함으로써 세상이 살만해지기 때문이다. 원래 착하게 만들어진 게 인간이라면 이 세상은 정말이지 평화롭기만 해야 하는 거 아닌가. 그런데 날이면 날마다 발생하는 각종 사건사고, 이권다툼이나 소소한 싸움부터 거대한 전쟁까지 잡음이 끊이지 않는 걸 보면 인간은 원래 악한 게 맞다. 그런데 그런 악함을 노력과 단련을 통해 선함으로 승화시키려는 절절함이 인간 사회를 그나마도 살만하게 만드는 게 아닐까. 그 두 가지 본능이 공존하고 대립하고 교차되면서 '보다 살기 좋은' 곳을 만들어 가는 게 '인간사'다.

　내 얘기인 즉, 인간은 본능적으로 악함에 끌리게 되어있지만 모든 감각을 동원해 선한 쪽으로 향하려 노력한다는 것! 그러니 자기 안의 악함은 비교적 이기적인 쪽(돈 버는 일, 악착같이 성공을 쟁취하는 일 등)으로 국한해 쓰고, 가능한 한 착한 사람이 되기 위해 자신을 수련해보자! 그래야 사랑받지 않겠는가. 사장이라면 만인에게 사랑받을 수 있는 존재여야 한다. 일찍이 마키아벨리는 '선하려고 애쓰지 말라, 가끔은 난폭한 군주가 국민의 신뢰를 받는다'고 했지만 지금 내 논리와 다를 바 없다. 요지는 악한 본성을 적절히 발휘하되, 겉으로는 선한 사람처럼 보여야 한다는 거다. 그러니 화와 분노, 짜증, 신경질 이런 것을 잘 누르고 '착한 척' 잘하는 사람이 결국 이긴다. 돈과 거래가 얽힌 관계들 속에, 욕먹기 쉬운 환경에 놓인 사장이라는 존재들은 더욱 남들에게 '착하고 예쁜 사람'으로 보여야 한다.(이따 얘기하겠지만, 착한 것만이 사랑받는 비결은 아니다. 내 안에 악질의 본능도 숨어있다는 것을 은연중에 드러내면서 착할 것!)

 　070119 <u>니들이 아트를 알아?</u>

아티스트들은 괴롭겠다. 너무나도 뻔할 뻔짜형 인간인 나로서 창작 과정의 괴로움을 100% 짐작할 수야 없겠으나, 어떤 쪽으로든 창의력을 뽑아내야 한다는 건 무쟈게 힘든 걸 테니까. 난 돈을 이빠이 벌어서 창작자들을 서포트하면서 술이나 마시면서 살 테야. 이럴 때 보면 참 착한 니카.
근데 이 새벽에 난 왜 이렇게 배가 고픈 건지. 어느 겨울 한 새벽, 가슴 한복판이 텅 빈 것 같을 때는 뭐라도 꼭 먹어줘야 해. 내 단골술집 '그 때 그 오뎅' 사장 언니가 만든 볶은 김치와 오뎅에 따땃한 정종을 들이키면 세상 시름 따위가 어찌나 시시해지는지. 내 마음이 어찌나 따땃해 지는지…. 맛난 거 먹었으니 앞으로는 더 착하게 살아야겠다.

#056
재미있게 놀아줘라, 아니면 놀아주겠다고 약속하라

이 챕터의 목적이 목적인지라 사람 녹이는 법에 대해 장광설을 늘어놓게 되었다. 이제 결정적인 절대 조건을 말할 시간이 왔다. 밝고 긍정적인 사람이 되라는 것! '또 그 소리냐?'고 하는 사람들에겐 미안하지만, 실제로 살아가다보면 '어둠의 자식'들이 너무나 많아서 얘기를 안 하고 넘어갈 수가 없다. 특히나 사장으로 살겠다고 자처한 사람의 얼굴에 오만 잡상을 쓰고 있는 사람들을 보면 이 힘난한 세상에서 어떻게 장사를 해먹고 살겠다는 건지 불쌍해서 못 보겠다. 누구를 만나든, 당신이 어떤 기분이든 즐거워해야 한다. 당신이 만나는 모두와 가능한 한 재미있게 놀아줘라. 술집이나 서비스직에 종사하는 사람들만 웃음을 파는 게 아니다. 모든 사장이 웃음을 판다고 해도 오버는 아니다. 과연 재미있는 사람을 꺼리는 사람이 있을까? 그러니 사람들과 재미있게 지내지 못할 것 같은 날은 필시 바깥출입을 자제하도록!

또한 '보고 싶다'는 말을 싫어하는 사람이 있을까? 내가 잘 해야 하는 대상을 찾아주고, 좋아해 주고, 감사하다고 말하고, 더불어 재미있게 놀아주기까지 하면 그 상대는 모르긴 몰라도 간이라도 내줄 것이다. 뭐 꼭 간을 내어 받자고 그러라는 게 아니다. 어쨌든 사람 상대로 장사를 해야 하는 사장의 존재 기반은 주변의 적극적인 지지 속에서만 꽃 피우니까. 이런저런 일에 치이다가 오랫동안 못 만난 사람에게 '보고 싶다. 곧 만나서 재밌게 놀자!'고 말하라. 그런 말만 들어도 사랑이 샘솟는 게 인간이다.

070109 내가 종종 사라지는 이유

나는 내 우울한 얼굴이 싫다. 남의 우울한 얼굴도 싫다. 즐겁게 웃고 떠들기에도 시간이 턱없이 부족한데 다 같이 모여서 우울하게 앉아있는 건 못할 짓이라고 생각한다. 나 하나의 우울도 관리가 안 돼서 죽겠는데, 남의 우울함까지 만나야 하나? 으~! 싫어! 우울이 나를 급습할 때는 도망가는 게 상책. 혼자 숨어 우울이랑 놀다보면 카타르시스마저 느껴진다. 니카가 잠수를 타는 유일한 이유는 우울! 그러니, 나랑 연락 안 될 때는 그냥 내버려두시길. 다음에 만나 재미있게 놀기 위해 우울 중이니깐.

#057
가능한 한 휘두르는 대로 휘둘릴 것!

사람을 많이 만나는 직업일수록 사람일은 참 뜻대로 되지 않는다는 것을 느낄 것이다. 인력으로도 강제로도 도무지 어찌할 수 없는 사면초가의 순간에 맞닥뜨리는 것이다. 그야말로 '사람이 하는 일'이기 때문에 손 쓸 방도가 없을 때 우리가 할 수 있는 일은 뭘까. 그럴 때 가능하면 "날 잡아 잡수~!" 하는 정신자세로 살아가면 편하다.(잡아먹히는 사람 못 봤다.) 포기하거나 져주라는 얘기가 아니다. 어쩔 수 없는 일에 매달려 허송세월하지 말고, 마음 졸이지 말라는 얘기다. 더불어 그렇게 함으로서 상대방의 마음까지도 편하게 만들어서 오히려 풀리지 않는 일에 물꼬를 터주기도 한다. 이를테면 계약은 해놓고 약속한 날짜에 원고를 주지 않는 작가에게 강제로 원고를 달라고 화를 내거나 징징거리며 떼를 쓴다고 안 나오는 원고가 나올 리 없다는 거다. 그저 멀리서 '니 마음 흐르는 대로 하세요' 하는 방관자적인 자세로, '근데 그거 더 늦게 주시면 저 죽어요' 하는 불쌍한 표정으로 휘둘리되, 자발적으로 휘둘리라는 얘기다.

누군가 거래처 사람이 나를 이용해먹는 것 같은 느낌이 들 때(그 사안이 죽고 사는 문제가 아니면) 살짝 당해주라는 얘기다. 나쁜 마음을 먹은 사람들은 그 자신이 하는 짓을 스스로가 더 잘 알고 있기 마련인데, 그 얼굴에 대고 화를 내는 게 아니라 순진하게 웃는 얼굴로 대하면 얼마나 찔리겠는가. 더 중요한 것은 '니가 무엇으로 날 속이려드는지 난 다 안다, 그러나 넘어가 주는 거다' 하는 식의 말이나 행동을 슬쩍 흘리는 일이다.

조심할 것은 자기가 무슨 잘못을 하는지 전혀 모르면서 사람들을 지 멋대로 휘두르는 못돼먹은 인간들인데, 그런 사람들한테는 절대로 여지를 줘서는 안 된다. 상대가 정말 못된 사람인지, 원래 그런 사람은 아닌데 상황이 그렇게 만든 건지를 당신 스스로가 더 잘 알 터. 본디 못돼먹은 인간들은 실제로 자기가 무슨 잘못을 하는지 모르는 경우가 많다. 그러니까 직접 대고 '너, 디게 못됐고요, 이런 일로 당할 내가 아니거든요' 하고 쏘아붙여야 자기의 잘못을 알게 된다.

그러고 보면 사람 대하기 정말 힘들다. 근데 이렇게 사람에게 휘둘리는 게 어디 사장이기 때문에 겪는 일이기만 할까. 다들 그러고 산다. 적당히 휘둘리며, 적당히 당하며. 그러니 어떤 상황에서도 당황하지 말고 상대에 따라 마음을 놓을지, 봐 줄지, '그만 하시죠' 할지 주체적으로 결정하라!

070210 날 잡아 잡쑤~!

다이어리 제작을 맡은 대행업체에서 제작도 엉망으로 하고, 납기일도 어겨서 전혀 판매를 하지 못한 〈2007 Success Diary〉. 그런데 제작업체에서 적반하장도 유분수지 이제 와서 제작비를 내놓으란다. 정말이지 이런 도둑심보가 또 있을까. '내가 어리고, 여리고, 착한데다가 예쁘기까지 한 사장이라서 당하는 일은 아닌가' 하는 생각까지 들고, '창고에 쌓여있는 다이어리를 가져다가 얼굴에 뿌려줄까' 하는 생각도 들고, '너 한 번 죽어봐라' 고사를 지내볼까도 했지만, 이 또한 어쩌랴. 단도리 제대로 못한 내 잘못이지. 그래도 인간성 하나는 착한 모시기 과장님과 만나서 담판을 지었다.

분명 내 몫의 잘못도 있다. 납기일을 어기고, 제작 조건도 못 지킨 상품은 애초에 받아서는 안 되는 거였다. 작년 말, 시장에도 내놓지 못한 불쌍한 다이어리가 아까워서 받은 게 잘못의 발단이었다. 일단 제품을 납품한 상대방은 그것이 어떤 상황이어도 납품한 증거가 있기 때문에 돈을 받을 근거를 확보하게 되는 것이다. 이럴 때 내가 할 수 있는 최선의 일은 이거다. '그래요. 제가 그리 만만하시다면 마음대로 휘두르세요. 그런데요, 저도 당할 수만은 없지요. 제가 다이어리 안 받았으면 더 손해셨을 텐데 그거 받아서 공짜로 뿌린 죄, 딱 그만큼의 값만 치르겠습니다. 그리고 돈은 제가 여유 생길 때, 그 때 드리지요.'

착하디 착한 니카. 그래서 사업 해먹고 살겠니?! 하지만 싸우지 않고 이기는 사람이 따로 있다잖나. 누구와도 싸우지 않았고, 내 잘못으로 하나 더 배웠고, 내 역량으로 처리할 수 있는 최선의 결과를 냈으니까. 난 사장이니까.

#058
간혹 친절도 죄가 되나니 …

앞에서 사람을 무작정 사랑하라, 착해져라, 친절해져라 하는 말 취소! ㅋ 아니다. 사랑에 빠지더라도 똑똑해지고 영악해질 필요가 있다는 얘기를 덧붙이는 걸로 하자. 착하고 친절한 사람은 뒤통수를 맞을 확률이 크기 때문에 늘 주의하고 조심해야 한다는 얘기다. 남녀가 무조건적인 사랑에 빠져 있더라도 자기 챙길 건 다 챙기지 않던가. 그런 이기적인 마음 없이 무작정 착하고 친절하기만 해서 어디다 쓰겠는가. '간디의 후예'가 될 작정이 아니라면 여기 자본주의 사회에서 사장으로 살아가려면 '이기심'은 대전제다. 나를 사랑하는 마음 이상으로 누구도 사랑해서는 안 되며, 친절과 배려도 모두 나를 위한 마음의 발로여야 한다는 얘기.

지나친 친절과 배려는 어떤 사람에게는 허점으로 보이기도 해서 때론 만만하게 대하기도 하고 막 대하기도 하고, 결국 그거 때문에 상처받게 된다. 착한 사람 뒤통수 치는 사람도 문제지만 실은 무작정 착하기만 한 사람도 문제다. 시대의 가치 기준도 많이 변모하여서 이 시대는 이제 '착하게 사는 것'에 점수를 주지 않는다. '이기적이고 못되게 살아라!'는 요지의 책은 또 얼마나 많은가. "친절한 말 한마디에 총을 곁들이면 좀 더 많은 걸 얻을 수 있다"던 알 카포네 형님의 말씀을 가슴을 새길 것!

070202 대체 내 뭐가 문제요?

차와 대학동창들을 대학로에 버려둔 채 서교동으로 떴다. 내가 사랑하는 오뎅 바에서 오뎅과 정종을 먹고 싶었고, 윤임 언니가 보고 싶었고, 다이어리를 팔아준 모 부장님께 뽀뽀를 해줘야 했고, 다이어리를 대거 구입하신 모 부장님 후배라는 분에게 감사인사도 해야겠었고, 스무 살로 돌아간 낭만적인 마음을 사업가의 냉철한 마음으로 전환해 내일 주문량을 확인해야 했었어. 다만 그런 말끔한 이유뿐이었는데, 다이어리 몇 권 팔아줬다고 내 삶의 방식에 대해 이의를 제기하는 인간은 뭐며, 내가 너무 세 보여서 말 걸기 무섭다는 객들은 뭐며, 다시 돌아온 대학로의 내 차에 붙은 주차위반 딱지는 뭐냐고요.

정말이지 사람들이 나에 대해 아는 척 좀 하지 않았으면 좋겠다. 사람들이 나란 인간에 대해 왈가왈부하는 걸 듣고 있자면 무섭고 소름끼친다. 그럴 때면 내가 아는 내가 내가 아닌 듯 낯설고, 입 다물고 있는 내가 떠들고 있는 것 같기도 하고, 나 없이도 내 인생이 살아질 것 같기도 하다. 나는 단지 좋은 사람이고 싶었을 뿐인데. 아니나 다를까, 나를 들키는 일은 위험하다. 하소연도, 웃음도, 한숨도, 눈물도, 그 어떤 말도, 술도, 인연도 아껴야겠어.

070216 문제는 나야, 나라고…

잘 안 풀리는 원고 문제로 필자님들께 장문의 (냉철하고 객관적인) 편지를 보내놓고는 어찌나 심장이 벌렁거리는지, 며칠을 앓고 난 느낌이다. 피할 수 없는 선약 때문에 몸을 일으켜 세웠으나 마음이 어디 갔는지 찾아지질 않네.

박 작가님께서 '멋진 원고를 M&K에 주시겠다' 하시는 말씀을 안주로, 전 아저씨가 우울한 니카의 콜을 받고 부리나케 달려나와 주신 것을 안주로, 로마네꽁띠에 들르신 송석묵 국악인의 멋들어진 창을 안주로, 정화 언니의 칭찬을 안주로, 아리랑 사장 언니의 칭찬을 안주로, 오늘 하루도 맛나게 술을 펐다.

나를 살맛 안 나게 하는 사람들 때문에 힘겨워하다가 기어 나왔더니 다시 살아갈 힘을 주는 것도 사람들이네. 으이구~. 이노무 인간들. '너무 가깝지도 너무 멀지도 않게, 한 50센티쯤 되는 자를 들고 사방의 사람들을 대한다'고 했던 소설 쓰는 도언 선배가 떠오른다. 사람에 치어 버거워하는 내게 전 선생님은 "친절과 함께 권총을…"이라는 요지의 〈마피아 경제학〉 책이 있다고 말씀해주신다. "선생님 근데 저는 그게 잘 안 된단 말예요" 했더니, "그럼, 그것이 인간계에서 너의 역할일 것이다" 하신다. 누군가에게 어떤 사람이면 스스로 흡족해할까. 과연 나는 누구이고, 나의 역할은 무엇일까. 어렵다 어려워.

#059
욕설과 음담패설도 필요하면 배우자

　　순진하게만 보여서는 '사장짓' 절대 못한다. 백인백색의 매입처와 매출처 사람들을 대할 때는 때론 부드럽게, 때론 거칠게, 때론 정확하게, 때론 물렁하게, 그렇게 다양한 방식을 몸에 익혀야 한다. 필요하다면 욕설과 저질 멘트도 배워둬야 한다. 아니, 언젠가 쓸 일이 있을 테니 반드시 배워라! 상식이 통하지 않는 인간들에게는 욕설을 멋지게 날려줘야 한다. 어색하고 애매하게 배우지 말고 센 걸로 하나만 집중적으로 배우고 익혀둬라! 혹시 현장 실습이 필요하신 분은 연락 달라. 내 주변에 욕쟁이들 많으니, 와서 연습하시라.

남자들과, 때론 남자 같은 무식한 여자들과 자웅을 겨루며 현장에서 돈을 벌어야 하는 사장 입장에서 욕설 외에도 배울 게 또 있다. 바로 '저질 멘트'. 저질 멘트로 순진한 여자들 괴롭히는 남자애들 혼내주려고 소싯적부터 배우기 시작한 나의 음담패설은 이제 어느 경지에 이르러서 현장에서 얼마나 유용하게 쓰이는지 모른다. 그것 때문에 연애질이 잘 안 되기는 하지만 웬만한 남자들은 나를 무서워하거나 만만하게 보지 못하게 되었으니 나름 뿌듯하기도 하다.(남자들과 섞여 일할 때 이만한 좋은 조건이 또 어디 있겠나.) 어떤 때 생각해보면 사장은 남자도 여자도 아닌 그 중간쯤에 위치한 제3의 성이 되어야 하는 건 아닌가 싶다. 여자를 어필하면 이상한 일을 당하게 되고, 남자를 연습하면 일을 맡기지를 않고 말이다. 그래서 내가 나름 고안한 방책은 최대한 여성스러운 섹시한 외관을 갖추고는, 입에서는 욕설과 음담패설을 거침없이 내뱉는 거다.(함부로 따라하시지는 마시라! 시집 못 간다.)

사장하기 위해 욕까지 배워야 하는 거야? 짜증나시는 분들은 배우지 마시라. 그저 사장의 삶에 어떤 상황이 닥칠지 모르니 이것저것 다 끄집어내서 얘기하는 것뿐이다.

 __070125__ 피그말리온 효과

사랑스러운 제자들이 사회에 잘 적응하며 살아가는 모습을 지켜보는 건 정말 가슴 뿌듯한 일이다. 무식한 교수님에게 뭘 배웠겠는가마는 각자들 알아서 자기 설 자리를 찾아내고 열정을 다하는 제자를 마주하고 있노라면 도리 없이 잘난 척을 하고 싶어진다. '제가 가르쳤어요.' ㅋㅋ 인기 상종가 판타지 작가로 활동하고 있는 기영이를 출판 기획 편집일을 시켜보려고 유 사장님께 소개한 밤. 어떤 대가도 없이 나를 도와주시고 믿어주시는 영일 사장님과 남 과장님이 더 행복해지셨으면 바랐던 밤. 우리 기영이가 더 더 단단해지고 더 거대해져서 선생님을 먹여 살렸으면 좋겠군 했던 밤. 내가 돈을 더 더더 벌어서 이 멋진 사람들을 근사하게 대접하고 싶었던 밤.

영업의 달인 유 사장과 남 과장에게 사고 친 제작처를 어찌 처리할지 교육받으며, 사업이란 얼마나 고단한 관계들을 맺고 끊고 달래고 화내며 끌고 가는 고난의 길인가를 난 느끼고야 말았다. 이런 순간에는 싹 다 버리고 도망치고 싶다. 나란 인간은 왜 이렇게도 아무 생각이 없는 걸까. 이 밤, 명확히 알겠는 건 단 하나. "삼겹살엔 역쉬 쐬주!"

※자칭 출판계 건달이신 유 사장님에게 배운 말말말~!
· 빠꾸치냐 | 적반하장도 유분수라고 느껴지는 대목에서 받은 대로 똑같이 돌려주겠다는 결의에 찬 목소리로 말해준다.
· 간보냐 | 상대가 나를 시험한다고 느낄 때 던지면 효과적이다.
· 뺑끼쓰냐 | 속임수를 써 나를 휘두른다고 느낄 때 힘주어 말한다.

#060
때론 침묵이 답이 되기도 한다

거래 관계 속에서 사장으로 살다보면 어느 순간에 사람을 만나는 것 자체가 무서워질 때가 있다. 내게 아무리 잘해줘도 '나 한테 뭘 바라나?' 싶고, 나 이용해먹으려는 사람들도 눈에 훤히 보이고, 내가 누군가를 잇속 때문에 따르는 건 아닌가 해서 내 자신이 싫고, 이래저래 내 삶에 감 나라 배 나라 훈수 두는 사람들도 짜증나고 말이다. 그런 순간에 일일이 대응하지 않는 것도 사장의 훌륭한 덕목이다. 이럴 때 필요한 건 '도망'과 '침묵'뿐!

세상이, 누군가가 싫고 밉고 짜증나고 화나고 죽여 버리고 싶을 때는 그냥 슬쩍 도망가는 '센스!'가 필요하다. 무엇을 위해 일일이 대적하면서 진을 빼는가?

화내는 에너지도 아까운 인간들은 그냥 무시하는 게 낫다. 이래저래 나를 이용해먹으려는 사람들은 슬쩍 피하면 되고, 끔찍한 잔소리꾼들 앞에서는 귀를 막으면 그만이다. 이 기술은 실제로 우리 엄마에게 전수받은 건데, 오랫동안 사업을 하신 우리 엄마는 절대 싸우지 않으면서 여러 사람을 '녹다운knockdown'시키는 절대 고수다. "싸우는 사람들이 이해가 안 된다" 하시며, 사업을 시작한 딸에게 이렇게 조언한다. "잘못한 사람들한테 진짜 무서운 형벌은 아무 말 없이 그 사람을 버리는 거야. 누가 귀찮게 굴면 웃는 얼굴로 안녕하고 다시는 연락이 안 닿게 하는 거야. 네 마음과 네 입을 더럽히지 마, 너는 소중하니까. 그러기 위해서는 반드시 침묵의 힘을 알아야 한단다." 정말 훌륭한 우리 어머니, 이 딸은 아직도 그 기술을 학습 중이랍니다.

070316 침묵이 실수를 낳는 일은 없다

살면서 우리는 얼마나 많은 이야기들을 할까. 그 많은 말들 중에 쓸모없는 이야기는 몇 할이나 될까. 특히나 나처럼 말하기 좋아하는 족속들은 얼마나 많은 쓰잘데기 없는 이야기를 쏟아내고 있는 것일까. 오늘도 어김없이 많은 사람들을 만나고 많은 이야기를 나누었는데 내가 내뱉은 말들이 공중에서 붕붕 떠다니다 쓰레기가 되는 현장을 목격하고 있자니 갑자기 입이 아프다.

술자리를 빠져나와 작업실에 고요히 앉아서 지친 입을 꾹 다물고 잡무를 정리하면서 내가 말이 많은 이유를 곰곰 생각해봤다. '나는 대체 언제부터 이토록 요설적인 존재가 된 걸까.' '왜 나는 말하지 않고 못 배기는 걸까.' 간단히 정리하자면, 어릴 적에 이름이 희한한 내게 선생님이나 친구들이 자꾸 말을 걸었기 때문이고, 착한 사람이고 싶고, 사람들의 관심과 주목을 끄는 게 좋아서다. 내가 (재미있는) 얘기를 함으로서 모두가 불편해하는 침묵을 깨부수는 동시에 사람들의 사랑을 독차지할 것이므로…. 이렇게 훌륭한 결론이 나니 또 마구 떠들고 싶어진다. 반성은 온데간데없이 또다시 뛰쳐나가 사람들과 만나서 신나게 떠들고 웃고…. 못 말리게 말 많고 웃기는 구모니카 씨.

남는 거 하나 없는 그런 휘발성 만남도 이젠 정말 지겹다. 진지하고 엄숙하고 차분하게, 아무 말도 하지 않거나 꼭 필요한 말만 하면서 사람을 버티는 노하우 좀 알려주쇼.

#061
짜증나는 예술혼과 대적하기

이거저것 많이 접해야 하고 이 사람 저 사람 많이 만나야 하는 사장으로 살다보면, 뜬구름 잡는 족속들 때문에 짜증나는 순간에 직면한다. 돈을 벌자면 세상의 트렌드도 알아야 하고 여러 기획들을 해야 하는데, 집구석에만 박혀있을 수는 없잖나. 그래서 나돌아 다니게 되는데 어김없이 '뜬구름 족속'들과 대면하게 된다는 거다. 물론 그 사람들의 아이디어가 훌륭하고 때론 유용하기에 상종하는 것인데, 그들을 그들 눈높이에서 잘 다루어야 한다.

무형의 기획들이란 초반에는 당연히 뜬구름일 수밖에 없고, 그것을 실현하기 위해서는 실제적이고도 현실적이고 구체적인 실천 방안이 뒷받침되어줘야 한다. 그런데 대부분의 뜬구름 족속들은 자기는 (머리로) 기획만 하겠다는 게 문제인 거다. 귀찮고 번거로운 현실의 과제, 이를테면 자본금 문제, 제반 진행의 문제에 대해서는 '나 몰라!' 하면서 이것저것 요구하는 건 어찌나 많으신지, 게다가 그놈의 아이디어는 왜 그렇게 산으로 갔다, 바다로 갔다, 하늘로 갔다 하는지, 절대 상종 못 할 인간 유형이라는 생각을 안 할 수가 없다.

그럴 때 사장이 조심할 일 몇 가지! 그 사람들 눈높이에서 대적하는 법!

절대로, 절대로 그 아이디어를 구현하겠다고 확답하지 말 것! 그들이 바라는 건 실은 확답이 아니다. 그냥 같이 뜬구름만 잡아줘도 좋아한다.(그런 뒤 슬슬 꽁무니를 빼면 된다.) 그들의 언사에 대해 칭송하지 말 것!(그냥 들어만 줘라. 가타부타 호응하지 않으면 그들도 사람인지라 말끝을 흐리다가 어느새 말을 돌린다.) 지갑을 꼭꼭 닫을 것!(그런 사람들은 착하게도, 돈이 없는 것 같은 사장한테서 어느새 눈길을 돌려주신다.)

070823 내 친구 K, 제대로 열 받았구나~

그러게. 구모니카 왜 그리 사냐. 정신 못 차리는 나 땜에 괜히 너까지 무시당한 기분 들게 만들고. 그래도 친구야~! 우리가 알고 있는 그것 한 번 더 믿어보자. 상처 없이 맘 편이 예술 하는 그네들이 뭘 알겠니. 그야말로 군중 속에서, 저 밑바닥에서 함께 뒹굴고 깨지고 부대끼며, 아픔을 겪고 시련을 이겨내고 여기에 이르기까지 우리가 배운 그것! 지금 이 애달픔이 우리를 고스란히 성장으로 이끌어 줄 거고, 우린 공식적으로 행복해질 거야. 정주영 회장님이 그랬지. 시련은 있어도 실패는 없다고. 그런 거야. 더 이상 병신짓 안 할 테니 걱정 마시고. 너까지 그런 취급을 받게 해서 미안하시고.

070721 '뜬구름 대마왕' 물리치기 대작전

뜬구름 잡는 헛소리로 착한 구모니카 씨를 괴롭히는 누군가를 물리치는 방법에 대해 자문을 구하기 위해 전 쌤을 만났다. 본인 역시 '뜬구름 족속' 이기에 명쾌한 해결책을 주신 것은 물론이고, M&K 다이어리 프로젝트에 뻑가는 아이디어까지 조언해주시니 이 어찌 감사하지 않을쏘냐. 오늘은 맘껏 드시고 맘껏 취하세요^^~!

이 개념 없는 시대에 살다보면, 특히나 출판이나 잡지 같은 미디어 세상에 살다보면, 뜬구름 잡는 소리하는 족속들을 많이 만나게 된다. 물론 그 사람들이 하는 역할이 분명 있을 것이고, 그것이 예술이라든가 문화라든가 하는 쪽에서 빛을 발하는 경우도 있겠지만, 제발이지 나는 좀 안 괴롭혔으면 좋겠다. 귀 얇은 모니카씨도 문제겠지만, 정말이지 딱 지겹다.

뜬구름 잡는 족속들에게 치명적인 한마디!
"당신 아이디어, 그거 전혀 안 땡겨요!"

#062
계약은 안 할수록, 계약금은 안 줄수록 득?
P.S. 이건 순전히 내가 출판 계약할 때에,
다만 M&K의 경험적·정책적 고려 사항이니 절대로 가려서, 알아서 새기시길!

  토론을 하고, 논의를 하고, 서로의 생각을 공유해가면서 한 권의 책을 기획하게 되는 순간에는 정말이지 이런 기획이 어찌 나왔나, 감탄에, 감동에, 뭐 세상에 좋은 건 다 갖다 느낀다. 그러나 막상 기획을 구현하는 순간에 '이게 아닌데…' 하거나 시간이 흐르고 나서 다시 그 기획을 들여다보니 '어머! 나 뭐 한 거니!' 하는 때가 반드시 있다. 작가나 기획자나 편집자나, 옵저버들, 우린 죄다 불완전한 사람이니까. 그래서 감히 내린 결론은 계약서에 싸인을 할 때까지 최대한 시간을 벌자는 거. 일정한 아이디어가 열매로 무르익기까지는 시간과 공을 들여야 하는데 덥석 계약부터 하는 건 모자란 짓 아닌가. 제 아무리 대작가고 품질이 보증된 작가여도 나한테만은 이상한 원고를 마감할 때가 있다. 확실하게 확인되지 않은 아이템은 계약하지 말 것! 계약 안 해준다고 떠나겠다면 보내줘라! '돈 달라', '확실히 선 긋자'고 안달하는 작가치고 제대로 된 거 마감하는 꼴 못 봤다.

  혹여 계약서에 싸인은 했더라도 계약금은 주지 말자. 작가님들 들으시면 열 받겠지만, 다시는 M&K랑 책 안 내시겠다고 노발대발하시겠지만 몇 건의 잘못된 계약으로 낭패를 본 후 든 생각이니, 절대 이해해주셔야 한다. 누군가는 '계약금이 들어가면 부담을 느끼고 마감하게 되는 거 아니냐?'고 하던데 글 쓰는 사람들만은 절대로 그렇지 않습니다.

  출판계가 작가와의 계약 문화에 관대한 편이어서 거기에 적혀있는 마감 날짜에 맞춰 원고가 들어오지 않아도 봐주고, 또 봐주고, 질질 끄니까 그것이 관행이 돼버린 거다. 다 출판 선배님들의 잘못이다. 계약금은 줬지만 원고는 못 받아서 피해 본 출판사 여럿 봤다. 어느 때 이후로 난 계약서 싸인하는 일, 계약금 주는 일에 까다롭게 굴기 시작했고, 이야말로 출판계에서 발 담그고 생활하면서 내가 터득한 '생활형 금과옥조'다.

080309 결국 계약 파기로…

기획하고 계약할 때는 그렇게 잘난 척 하더니만. 내 이럴 줄을 왜 모르고 또 당했나. 미루고 미루다가 오늘 드디어 말을 꺼냈다. "작가님 원고는 더 이상 못 기다리겠습니다. 기다려도 또 마감 어기실 것 같고, 헛된 기대는 세 번이면 됐다고 봅니다. 계약 위반하면 원래는 계약금의 두 배에서 세 배를 돌려받는데요, 저희가 함께한 시간도 있고 하니 드린 계약금만 돌려주시면 되요." 통쾌하긴 한데 졸라 쓸쓸하다.

#063
직원을 뽑을 때가 되었나?

소자본 1인 창업으로 혼자서 제반의 준비를 마치고 본격적으로 경영에 들어가고, 회사가 돌아가기 시작하면 일손이 부족한 순간이 반드시 온다. 슈퍼맨이나 원더우먼이 아닌 이상 물리적으로 시간과 역량 부족을 느끼게 되는 건 당연한 일이다. 그럴 때 뭔가에 홀려서 홀랑 직원을 뽑아놓고 책임 못 지는 사장이 되느니, 심사숙고 끝에 직원을 채용하고 끝까지 함께 갈 인재를 물색하는 것이 좋다. 지금 조직된(혼자지만 나름 머릿속에는 자기 사업의 조직도가 짜여 있을 것) 회사의 구조에서 나와 정확히 분리된 역할을 할 직원이 필요한지, 내가 할 수 있는 일인데 굳이 사람을 쓰는 것은 아닌지 따지고 또 따져봐야 한다. 현재 M&K 식구들이 나눠하고 있는 업무 분장표를 첨부했다. 1인 출판 시절에, 편집직원이 하는 일은 내가 충분히 소화할 수 있는 일

M&K 업무분장표

[기획팀 - 구 대표]
- 회사 전체 업무 Control (기획, 원고편집, 도서편집, 디자인, 제작, 마케팅, 물류, 사후관리 등)
- 필자 발굴, title기획, 편집진행
- 필자 관리, title관리
- 언론 홍보, 전체적인 마케팅 기획 with 남 과장

[편집팀 - 서 팀장]
- 필자관리, title기획
- 편집진행 : 원고수취, 디자인, 제작, 마케팅, 물류 등에 따른 각종 외주협력업체, 아르바이트 관리
- 출간 도서 관리 (재판, 지속적 홍보마케팅 등)
- 서점 배본 및 주문 수·발주
- 서점 관련 경리업무 with 남 과장
- 재판 진행 with 남 과장

[영업마케팅팀 - 남 과장]
- 제작 진행 with 구, 서 (외주업체 : 양 부장)
- 온라인/오프라인 서점 영업과 이벤트 기획, 진행
- 온라인/오프라인 홍보/광고 기획, 진행
- 서점 관련 경리업무 with 서 팀장
- 창고/물류 관리 (창고 : 도서유통 BSL)

[외주업체]
- 디자인 사무실- 디자인아임, 더웍스
- 제작 사무실- 양 부장님
- 창고- 도서유통 BSL
- 거래 서점들- 현재 40여개
- 웹디자인- 최
- 교정교열- 김

[기획모임 및 외주 기획자(필자)]
- 고윤희 작가
- 니나 (작가, 번역가)
- 멘토북 시리즈 - 최지안
- 여자생활연구모임 - 유지영, 권은아

※ 5월~6월 중 시스템 구축, 7월부터 완벽 적용, 회사 시스템 완벽 구축할 때까지 주6일 근무
※ 매주 월요일 오전 10시 회의, 격주로 토요일에는 전원 study time (외부강사 초빙)
※ M&K 발전 계획에 따라 향후 6개월 정도 완전 올-인 부탁드립니다.

이었고, 영업자의 역할도 이미 외주 영업자가 해주고 있으니, 직원을 뽑을 때가 아니라는 결론을 내렸다.(휴~ 다행!)

직원을 채용하기 전에 심사숙고해야하는 몇 가지 것들!

그게 한 명이든, 두 명이든, 수십 명이든 직원을 뽑자마자 사업의 구도가 바뀐다는 것을 알아야 한다. 내가 일일이 체크하던 일을 누군가에게 믿고 맡겨야 한다.(이걸 못 해서 직원 뽑아 놓고 일이 두 배로 늘어난 사장님들 많다.) 생산성 측면에서 회사의 매출이 혼자 하던 때 대비 세 배(많으면 더 좋고)가 되어야 한다.(본래 직원이란 그가 수령하는 월급의 세 배 정도를 회사에 벌어주어야 거기 있을 가치가 확보되는 것이다.) 직원의 능력을 있는 그대로 받아들여야 한다.(모자란 사람을 뽑았으면 그 또한 사장이 감당할 몫이다. 훌륭한 사람을 뽑았으면 그 능력을 펼칠 장을 만들어 줘야 한다.) 직원을 놀릴 수는 없으니 끊임없이 수행할 일을 만들어 내야하고, 생산 라인을 지속적으로 돌려줘야 한다.(직원을 대거 뽑아놓고 책을 세 배, 네 배 이상 내다가 망한 출판사들 많다.) 한 인생을, 그 인생을 둘러싼 주변인들에 대한 책임감을 떠안을 수 있어야 한다.(머리에 맷돌, 다리엔 족쇄를 하는 것과 같다. 결혼한 직원이거나 부모님을 부양하는 직원이면 사장은 그 직원의 가족까지 생각하게 된다.) 일정한 조직과 사람을 관리할 수 있는 훌륭한 인격을 가져야 한다.(악덕 사장이니 똘아이니 소리를 듣지 않으려면 인성과 인격을 갖춰야 한다. 인격과 인성은 매출에서 나온다. 그러니까, 매출의 대폭적인 신장 없이 직원을 뽑았다가는 악덕 되고, 똘아이 된다는 소리.)

뭐에 홀렸는지, 어느 날 뜬금없이, 아무 생각 없이 직원 채용 공고를 올리고 말았다.(그때가 아마 물리적 절대 시간과 역량 부족으로, 정신적, 육체적으로 최고로 지친 때였던 듯.) 이력서 보내온 분들이 별로 없어서 그 때 직원을 뽑지 않은 것이 얼마나 다행이었던지, 지금 생각해봐도 아찔하다. 다음은 내가 어느 구인구직 사이트에 올린 직원 채용 공고.

직원 채용 공고

30대 초반 미모의 여자 사장이 혼자서 북 치고 장구 치고 모든 업무를 해내는 1인출판사 M&K입니다. 아직 1년차고, 사무실도 협소하고, 사실 여기저기 외주업체를 돌아다니며 일하는 '유목민형 출판사'입니다. 그러나 2030 여자들의 행복과 성공을 위해 좋은 책을 내겠다는 신념과 비전으로 똘똘 뭉친 미래지향적 출판사라고 자부합니다. 그리고 중요한 것은 사장이 정신자세가 되어있다는 것입니다. 폼 잡고 안 그럽니다. 정작은 사장 업무보다 기획과 편집, 경리 업무가 주요 업무니까요.

책이 세 권 정도 나온 시작 단계의 출판사지만 그래도 희망을 가지고 사람답게 일할 수 있는 그런 회사라고 생각합니다. 2년 정도 뒤에는 아마 M&K의 사옥(2030 여성들을 위한 'wonder world'가 될)을 가지게 될 것이라고 예상합니다.

그런 경리적 마인드, 전방위 마인드의 사장(정리정돈력이 다소간 부족한 듯 보이지만, 수습은 왕 잘합니다)을 도와 경영, 기획과 편집은 물론 영업까지도 함께 할 수 있는 시작하는 편집자를 모십니다. 완전 신신입도 마다하지는 않겠지만 약간이라도 출판 경력이 있으신 분이면 좋겠다는 생각이 듭니다.

[자격요건]
· 책을 사랑하고, 책을 잘 만들고, 책을 잘 팔 수 있는 사람.

[주요업무]
· 도서 기획·편집, 사장 보조업무

[제출서류]
· 이력서, 자기소개서 (경력자의 경우, 경력 소개서)

[접수방법]
· E-mail로 신청된 서류만 허용합니다. 전화번호 꼭 기재바랍니다. 사장이 너무 바쁜 관계로 일일이 답변을 드리지는 못할 것 같습니다만 서운하게 생각지 마십시오.

[면접시 우대사항]
· 남녀 불문 흡연자, 애주가 우대
· 시원시원 호탕한 성격 우대
· 개척자의 정신으로 똘똘 뭉친 인간형 우대

[근무시간]
· 개인 능력에 따라 의견 제시 가능

[출근처]
· 도봉구 모처, 서교동 모처 – 택2 가능

※기타 자세한 문의는 서류전형 통과 후 면접 시 하시기 바랍니다. ^^

#064
직원이 내 반쪽이 아니고 뭐겠어

　1년 반을 직원 없이 회사를 꾸리는 동안 어느 정도 안정적인 매출구조도 잡혔고, 어느 날 문득 보니 나의 정신적, 체력적 한계로 인해 회사가 정체된다는 생각, 발전적 성장을 꾀하기 힘들다는 생각이 들었다. 이대로 1인 구조에 맞춰서 작게 갈까, 직원을 두 명 정도 뽑아서 발전 모델을 짜볼까 고민하고 있는데, 회사로 전화 한 통이 걸려왔다.(아래 일기에 있지만 나의 직원 채용은 상당히 극적이다.) 어쨌든 그렇게 직원이 생기는 순간, 사장은 달라질 수밖에 없다. 혼자 있을 때 신경 안 쓰던 생활방식, 사고방식은 물론이고 외적인 업무 처리에도 일대 변화가 생기더란 말이다.(나를 믿고 따르게 하려면, 우리 회사를 사랑하게 하려면 직원한테도 잘 보여야 하잖나.)
　그런 분위기 쇄신은 사장에게나 회사에 전적으로 이익이다. 문제는 직원을 다루는 사장의 자세와 태도를 초반에 정하고 가야 한다는 거다. 이랬다가 저랬다가 즉흥적인 성격의 소유자(내 얘기?)라면 더욱이 회사 분위기를 어떻게 끌고 갈지 정해놓고 만들어 가야 한다. 생산력이 중요할까? 인간적 분위기가 중요할까? 내 있는 그대로로 승부할까? 사장답게 이미지를 바꿔야 하나? 직원의 실력 향상과 교육, 자기계발은 어떤 식으로 만족시켜줄까? 등등 고민할 일이 많다. 처음에 혼자서 시작한 소자본, 소규모의 사업체를 꾸려가는 사장은 결국 자기의 분위기가 곧 회사의 분위기를 결정한다. 그런 만큼 개인적인 기질이 직원에게 먹혀야 한다는 것. 나의 결정은 그랬다. 내 본연의 '사람 좋은' 스타일대로 밀고 가 인간적인 분위기를 유지하자. 직원이 나의 가족과 다를 게 뭔가. 오히려 가족보다 더 많은 시간을 함께 할 것이고, 회사의 미래에 대한 동일한 고민을 할 테고, 서로를 아껴주지 않으면 안 되는 한시적, 목적지향적 운명공동체가 아닌가.

　　물론 사장이든, 직원이든 각자가 가진 능력만큼 발휘하게 되어있겠지만, 조직을 이뤘으니 기본적으로 생산력은 담보되어 있어야 한다. 사장은 직원들의 생산력에 대해 지속적으로 감시자의 역할을 해야 한다. 더불어 직원을 대할 때 사장의 마음 그 근저에는 기본적인 신뢰와 믿음이 있어야 한다. 믿음만한 장악력은 없다.

070323 M&K 첫 입사 사건

어느 날 출판사로 걸려온 전화 한 통, "구 대표님은 저의 우상이십니다. 꼭 만나야겠어요" 하고 부산에서 무작정 상경, 서교동 M&K를 찾아온 서수은 양. 민망한 마음을 안고 만난 그녀는 진짜였다. 자신의 방황을 솔직히 이야기할 줄 알고, 세상을 얼마나 사랑하는지를 가감 없이 보여주고, 책 만드는 일을 배우고 싶다고 당당히 말하는 그녀에게 어찌 함께 하자고 말하지 않을 수 있겠는가. M&K는 이제 니카와 수은이 함께 키워가게 되었다. 그야말로 감동 취업 스토리. 내가 기운빨이 있기는 있는가벼. 요즘 여기저기 사람 알아봐 달라고 수소문하고 있었는데, 이렇게 나를 찾아와 준 한 마리 어여쁜 새. 내 기운빨 받은 당신 기운도 장난은 아닐거야. 그치?!ㅋㅋ 우리 정말 잘해 보자, 수은!

080314 우리가 함께 한 그 세월, 뭐는 더 못 하겠니

M&K를 지키는 두 여인네. 니카와 수은.
그간 우리가 함께 겪은 기쁨과 슬픔, 희열과 고난의 순간들이 마음을 두드린다.
수은, 당신과도 벌써 일 년이네. 용기도 없고 소심한 나이 든 노처녀리서 부모님께나 절친한 친구들한테도 말하지 못하는 '나만의 사업 역사'를 당신은 늘 말없이 함께 해준 거구나. 그런 우리가 이보다 더한 거라도 못할 이유가 없겠구나.
이젠 정말 식구 같은 당신. 정말 고마워. 더 잘해주지 못해 속상할 뿐이.

✉ 080418 서수은 팀장이 책 선물과 함께 보내온 감동의 편지

Dear 구모니카 대표님.
사랑이란 단어는 너무도 많은 것을 내포하고 있습니다. 그래서일까요?

M&K를 사랑하는 저는 지금 여기에 있습니다.
봄은 다가왔지만 날씨는 봄과 겨울을 오락가락하네요.
봄의 기운은 따뜻한 햇살에 희망을 실어 살며시 전해주고 가는 듯하지만
느닷없이 다시 찾아드는 찬바람은 겨울 같은 어둠을 남기고 가기도 하네요.
진정한 봄은 곧, 완전히 다가오겠지요.
대표님께 전해드리는 두 권의 책은, 제가 접하면서 대표님이 떠올랐기에 드립니다.
어떤 이유인지, 제게서 대표님께 전해지기를 이 책들이 바라는 느낌이라 할까요.^^
새봄이 오는 4월이, 꽃망울을 터뜨리는 봄의 기운과 햇살이
대표님의 마음에 자리 잡아 따뜻해지길 바라면서 이 책들을 전합니다.

#065
회의 보다 독단?

    한 회사 안에서 서로 부대끼며 살아가는 직원들과는 회의를 많이 해야 한다고 생각한다. 회의 많은 회사치고 잘되는 회사 못 봤다는 얘기도 있지만, 그 내용이 생산적이라면 무조건, 자주자주 머리를 맞대고 얼굴을 보고 이야기를 나눠야 한다고 본다. 작은 회사라도 각자의 역할을 수행하며 외부와 유기적으로 연동하는 일을 분담하는 사람들이 따로 놀아서야 되겠는가.(그래서 나는 회식도 참 좋아한다.) 아무튼 한 방향을 바라보고 일하는 사람들의 다양한 의견을 수렴하여, 신선한 아이디어를 발굴하고, 각자의 아이디어를 발전시키는 등 서로의 부족한 부분을 채우고, 목적과 방향을 공유하는 건 정말이지 회사를 잘 굴러가게 하는 윤활유다.

    직원들과의 회의와 더불어 외부 인력들과도 회의를 많이 하자. 출판업의 핵심 원자재인 원고를 쓰는 작가들과는 책을 진행하는 내내 갓 만난 애

인처럼 거의 매일 붙어 다니며 늘상 회의를 하게 된다. 출판업에 있어 작가처럼 각자의 사업에는 파트너가 있을 텐데, 그 사람들과 의견을 공유하는 건, 아니면 공유하는 척이라도 하는 건 일의 능률을 높이는 데 반드시 필요한 일이다. '내가 뭔가를 판단할 때 당신의 의견이 얼마나 결정적인 역할을 하는지 몰라요. 정말이지 이 은혜를 어찌 갚을런지요' 하는 마음으로 진행하는 회의에서는 당연히 생산적인 논의가 나올 수밖에.

그런데 이 사장이라는 인간들은 자기 자신을 너무 믿는 나머지 릴레이 회의 끝에 결국은 독단적인 결정을 하는 때가 많다. 그렇다고 회의가 허망한 건 아니다. 귀를 열고 여러 이야기를 들은 끝에 행하는 독단은 이미 독단이 아니다. 혼자서 모든 결정을 감내해야 할 1인 출판 시절에는 '회의가 필요해!' 노래를 부르더니, 직원들 뽑아 놓고서는 결국 직원들 말 무시하시고 제멋대로 결정하는 나를 봐라. 작가들과 기껏 밤 새워가며 회의 해놓고 내 맘대로 제목 붙이고 표지 결정하는 나를 봐라. 그런데 말이다. 사업에 있어서, 특히나 사람들이 살짝 '무시 때리는' 소자본 창업에 있어서, 어떤 사안에 대해 가장 생각을 많이 했고 마음이 절절 끓는 사람이 누구이겠는가. 바로 사장이다. 어떤 때는 정말이지 사장의 독단과 독선, 그 이면의 애끓는 마음을 생각하면 가슴이 짠해진다.

물론 생각을 가장 많이 했다고 사장의 판단이 승리를 부르기만 하는 건 결코 아니다. 어떤 때는 선무당이 사람 잡듯 외부 옵저버의 얘기가 대박을 부르기도 하고, 직원 머리에 잠깐 스친 생각이 옳을 때도 있다. 이미 당신 머릿속에 독단과 독선으로 결정해 놓은 사항이더라도, 나중에 '사람들 말에 귀 기울이고 귀담아 들을 걸…' 후회하지 말고 일단은 회의를 하자는 거다. 회의와 독단을 유연하게 '믹스 앤 매치 mix and match' 하는 것이 최고다. 또한 회의 기록은 반드시 남겨 놓을 것! 최종 결정의 순간에 기록을 차분히 들여다보면 새로운 답이 튀어 나오기도 하니까.

 __061026__ 회의가 좋아!

이상은 Art&Play 프로젝트 미팅, 패션 진선, 라이팅 동환, 영신&니카.
1인출판사 차린 이후 모니카가 세상에서 젤로 좋아하는 건 회의.
모든 결정은 오너가 하는 거라지만 갈등과 방황이 취미인 나로서는 누군가의 의견이 너무나도 그립다. 어느 날은 혼자서 일인삼역을 해가며 회의를 했다지. 함께 머리를 맞대고 의견을 나누는 행복을 당신은 아는가.

 __070123__ 이상은 Art&Play 메인멤버 회의 테이블

홍대에서 떠오르는 아틀리에 컨셉 카페, '커피잔 속 에테르'에서 필자 상은, 기획편집자 영신, 아트디렉터 은신, 마케터 겸 사장 니카가 최종적으로 도원결의를 다진 날. 상은 언니가 만들어 낸 '캬걸' 캐릭터로 2년간의 모든 방황에 종지부를 찍고 앞만 보고 달리기로 했다. '내 맘이 니 맘' 같기 힘든 이 시절에 하나의 프로젝트에 이렇게 개성 강한 사람들이 뜻을 모으고, 열정을 다하기란 얼마나 영광된 일인가. 고맙습니다.

 __070308__ 이상은 Art&Play 전체멤버 최종 회의

07년 02월 08일 7시. 무대륙.
지루한 일상을 불태우고픈, 삶을 보다 풍요롭게 만들고픈 사람들을 위해 '친환경적으로 사고하는 예술가가 되는 법'을 범국민적으로 알려줄 이상은 Art&Play 프로젝트. 이제 본격적으로 쓰기와 그리기와 만들기와 찍기 작업에 들어간다. 드디어 책이 나오는 것인가. 길고도 먼 여정에서 지칠 법도 하건만 같은 곳을 향해 걷고 뛰다 넘어지고 다치고 고치며 함께 해준 은혜로운 사람들. 상은, 영신, 은신, 진선, 동환, 영인, 건아, 모니카, 남 과장님. 미안하고 고맙고 사랑해요^^* 이젠 도망칠 방도가 없게 되었군요. 한 번 해보자고요. 화이팅!!!!

본격 제작

#066 100% 외주제작에 의존하는 업, 출판 #067 끊임없는 필자 섭외, 미팅! 미팅! 미팅!(기획 및 진행)

#068 글 잘 쓰게, 약속 잘 지키게 만들기(작가관리) #069 번뜩이는 아이디어가 필요해, 공부!(편집)

#070 윤문과 교정·교열, 원고 디자인 마감 #071 끝까지 싸우는 '책 제목', 답 없다

#072 편집 과정에서 소소하게 챙겨야 할 모든 것 #073 디자인 감각은 사장의 필수 요건

#074 필름출력, 종이구입, 인쇄판·인쇄, 제본, 후가공, 그리고… #075 애 낳는 고통으로 상품 제작하기

#076 완성품이 주는 희열감, '내 새끼' #077 납본 & 언론사 배포 & 시장 출시(서점 배본)

To you.

무언가를 창조하는 제작자이자 사장에게 띄우는 편지

내가 기획한 제품의 제작과 생산에 관한 이야기를 해보자니 각자가 추진하시는 분야가 다를 것이고, 그 제작 공정 또한 판이할 터라 어떻게 글을 써가야 할지 살짝 고민이 됩니다. 식당이나 카페, 레스토랑을 오픈하시는 분도 있을 것이고, 온라인 쇼핑몰이나 오프라인 패션숍을 오픈하는 분도 있을 것이고, 생활 소품을 팔 수도 있고, 커피빈을 팔 수도 있고, 빵을 팔 수도 있고, 방송프로덕션도 있을 거고, 광고홍보 대행사도 있을 거고, 디자인 회사도 있을 거고, 저처럼 출판사를 차리는 분들도 있을 진데, 아~ 어쩌나? 제작 과정은 어떻게 가이드를 하나? 생각에 생각을 거듭하다가 일단은 배운 게 도둑질인지라 출판(소자본·무점포·1인 출판)의 제작 과정을 따라가면서 본격적으로 제작에 들어갔을 때 부딪힐 수 있는 가상의 스토리 라인을 잡아보기로 했습니다. 그러니까 '책 만드는 과정'을 읽으면서 여러분의 상품 제작에 '대입'시켜 보고, 거기서 발생 가능한 항목들을 가상으로 체크해보시라는 거죠. 그리고 보니 뒤에 [마케팅] 챕터에서도 역시 제가 종사하는 출판업에 국한한 예시가 드문드문 나오는 군요. 대략의 사업 구조나 사업하며 발생하는 일, 대응 자세는 비슷하게 되어있고, 모든 사업은 비슷한 흐름 속에서 굴러간다는 전제 하에, 필요한 부분만 쏙쏙 뽑아서 맛있게 드시길….

#066
100% 외주 제작에 의존하는 업, 출판

내가 돈 몇 푼 없이, 사무실 하나 없이 출판업을 하겠다고 나설 수 있었던 것은 업의 특성 상 아웃 소싱(외주 제작)에 100% 의존할 수 있기 때문이었다. 그 시작은 정말로 쉽고, 가벼웠다. 책의 핵심 원자재라 할 수 있는 '원고', 그걸 창작하는 작가가 외부 인력이니 내가 그 원자재를 구성하고 가공하고 편집할 줄만 알면 되는 거였다. 이어지는 도서의 직접 제작(디자인, 인쇄, 제본 등)은 중간급의 출판사더라도 100% 외부협력업체들에게 의뢰하는 형편이니 나 혼자 못할 일은 아무것도 없었다. 중간 정도 규모의 출판사에는 제작 과정에 소요되는 업무에서 그래픽 디자이너 정도만 내부에 있고, 제 아무리 큰 출판사라도 인쇄와 제본을 내부에서 소화하는 출판사는 없다. 게다가 책이 나온 뒤, 서점 영업과 언론 홍보 등의 마케팅까지도 소화할 자신감이 충만했으니 그 출발이 얼마나 쉬웠겠는가.

출판의 핵심 기술은 누가 뭐래도 '좋은' 원고와 작가다. 주변에 훌륭한 사람들을 많이 알고 있는 나로서는, 내가 알고 지내는 인적 인프라를 활용하면 작가 확보는 가능했다. 어차피 대형 작가를 잡아 출판할 생각이 없었고(여건상 나에게 외줄 대형작가도 없고) 여자들의 삶과 일과 사랑을 일상적으로 다뤄 보자는 나의 기획에 적당한 필자들은 전업 작가보다는 이 사회에 발 딛고 열심히 일하며 살아가는 전문직 여성들이었다. 그녀들 중에 글 솜씨가 있는 사람을 섭외하면 되었으니, 출판의 핵심 기술이라 할 수 있는 기획과 작가 섭외는 전혀 어렵지 않았다.(게다가 기획하고 사람 설득하고 꼬득이는 데는 워낙 재주가 있으니….ㅋ)

더불어 안심하고 거래할 수 있는 제작처 문제도 거뜬히 해결할 수 있었다. 그때 당시 내 자매 같은 친한 언니께서 고맙게도 에디토리얼editorial 전문 그래픽 디자인 회사를 차렸으니, 이미 디자인 협력업체는 확보된 셈이고, 그동안 신문, 잡지, 출판 바닥을 휘젓고 다니며, 괜찮은 출력실, 종이회사, 인쇄소, 제본소, 후가공업체 등의 외주협력업체들까지 구워삶아 놓았으니, 이제 정말 축포만 쏘아 올리면 되는 일이었다.

비교적 내 전문분야가 아니어서 의기소침해질 수 있는 서점 영업도 도와주겠다는 전문가가 있었다. 언론 홍보와 독자 홍보는 이미 내 전문 분야라 생각할 정도로 기자 인프라와 독서광 인프라가 있었으니, 나는 정말 하늘을 나는 기분으로 출판을 시작했다. 그 도중에 어떤 난관이 펼쳐질 지는 여전히 무시하고 모른 체 하면서 무작정 내달린 초창기. 지금 돌이켜보면 오히려 그러한 무모한 자신감이 지금의 M&K를 있게 한 건 아닌가 싶다. 겁부터 냈다면 아예 시작도 못했을 테니…. 무엇이든 시작할 때는 겁을 내거나 자신 없어 할 겨를이 없는 게 좋은 것 같다. 그때 그 뚝심으로 헤쳐 나가지 못할 난관은 없으니까.

아래는 문화매거진 《오늘》에 내가 쓰고 있는 도서 소개 칼럼 중 해냄출판사에서 나온 〈마이크로 트렌드〉를 다룬 글이다. 100% 외주 제작이 가능한 출판사 창업자의 초심과 지금 시대 상황이 잘 그려져 있어서 넣어본다.

080210 소소하고 하찮은 개인이 품은 거대한 힘

나는 2년여 전 즉흥적으로, 아주 쉽게 1인출판사를 오픈했다. 거의 모든 업무를 외주로 돌릴 수 있는 출판업의 특성상 기획, 편집일만 내가 감당할 수 있다면 사업을 시작하는 것은 어려운 일이 아니었기 때문이다. 그때 첫 책의 주제는 '마이크로무브먼트Micromovement'(사크, 〈꿈을 이뤄주는 자기주문법〉)였다. 홀로 사업을 시작한 스스로를 응원하는 차원이기도 했고, 개인이 5초에서 5분만 무언가를 위해 움직인다면 거대한 꿈도 충분히 이뤄낼 수 있다는 작가의 주장에 실은 홀딱 반해버린 것이기도 했다. 그때 나를 움직이게 한 것은 '작은 용기'였다. 물론 그 배경에는 사회 분위기의 변화가 깔려있다.

어느덧 사회는 변하고 변하였다. 뭔가에 호도되어 남들이 하는 대로, 대중이 가는 길로, 어른들이 살던 대로 단체로 움직이기를 강요하지 않는 그야말로 '평평한' 사회. 그 유토피아 안에서는 개인의 작은 선택이 존중되고 그것에 동조하는 몇몇의 동지들로 인해 작은 의견도 정책적으로 고려되고 있었더랬다. 이제 세상은 소소하고 하찮은 개인이 주체적으로 움직일 때 얼마나 거대한 힘을 발휘할 지를 인정하는 분위기다. 그런 이유에서 독자적인 결정으로 오늘과 내일의 세상을 형성해가고 있는 75개의 작은 집단의 움직임을 분석한 〈마이크로 트렌드〉는 다시 새로운 한 해를 맞이한 당신의 작은 용기에 영양제가 될 것이다.

이제 새로 열리는 시대에는 −예술계나 문화계에서 창작의 변칙으로나 인정되어오던− '개성'이 정치, 경제, 사회, 문화 전반에서 힘을 발휘하게 된다. 당신이 바라보고 닿으려던 그 목표점, 남들에게는 이상해보일 수도 있을 당신의 행로, 더 이상 겁내지 말고 씩씩하게 달려가도 좋을 것 같다. 열혈여장부, 인터넷 결혼족, 대학중퇴자, 비영리직 종사자, 상류층 문신족, 재택근무족, 무시당하는 아빠들, 호전적 불법이민자, 태양혐오족, 혼혈가정 등 그 누구도 이젠 '이상한 부류'가 아니다. 메가mega가 아닌 마이크로micro가 세상을 이끌어 갈 신세계가 열렸으니 말이다.

#067
끊임없는 필자 섭외, 미팅! 미팅! 미팅!(기획 및 진행)

내 출판 인생을 한마디로 설명하자면 '기획과 섭외의 인생'이다. 워낙에 사람들을 만나 웃고 떠들고 놀기 좋아하는 내가 그 '놀 기회'를 '먹고 사는 일'로 연결시키자니 기획이라는 답이 나왔다. 수많은 기획 중에서도 내가 좋아하는 '책'을 기획한다면 더할 나위 없는 일 아닌가. 게다가 내가 만나는 훌륭한 인간들은 얼마나 다재다능한지 글도 참 잘 쓴다. 함께 머리를 맞대고 '이슈 메이킹issue making'하고 '아젠다 세팅agenda setting'하는 일들을 즐겨주는 삶의 현장 속 숨은 작가들을 만나서 웃고 떠들며, 책을 생산하는 일을 사업 아이템으로 잡은 나는 행운아?!

어떤 날은 하루에도 열 건 이상의 미팅이 있다. 100명의 사람을 만난다고 100권의 책이 기획될 수는 없다. 개중에는 버려지는 아이디어들도 있고, 뜬구름 잡는 생각도 있고, 글을 너무나 못 쓰는 사람들도 있다. 아이템 하나 잡자고 미친 듯이 많은 사람들을 만나야만 한다. 게다가 출판사가 돌아가려면 정기적으로 몇 달에 한 권씩은 책이 나와 줘야 하니, 계약된 책이 한 권 있다고 몇 달씩 그 기획에만 매달릴 수는 없다. 그러니 진행되고 있는 책을 쓰는 작가와 만나서 원고 진행 회의를 하면서 동시다발적으로 다른 아이템을 발굴하고 기획하는 일도 끊임없이 반복해야 하는 것이다. 그렇게 쌓인 기획이 누적되면 누적될수록 나의 미팅은 걷잡을 수 없이 늘어나는 것이다. 출간을 앞둔 각각의 책을 일일이 관리해야 하는 것이다. 관리만 하면 다행이지, 내 작가들이 전업 작가가 아니어서 집필할 때 기획자의 참여도가 높은 편이라 하루 진종일 작가 옆에 붙어있어야 하는 경우도 많다.

출판 기획은 다양한 루트로 개발할 수 있다. 몇 가지 적어 보자면 국내 필자 발굴, 번역서 발굴, 방송·신문·잡지 등 미디어 기반 기획, 절판된 책 살리기, 각종 세미나·강연 수강, 인터넷 기반 기획, 투고 원고, 편집부 자체 기획 등. 기획의 루트가 무엇이던지 간에 결국 출판사 대표로 내가 하는 일은 끊임없는 자료조사와 미팅과 논의 속에서 새로운 기획을 탄생시키고, 그에 적당한 필자를 설득하고 섭외하는 일! 필자 섭외가 끝나면 원고 집필에 적극적으로 관여하고 신선한 아이디어를 주고 영감을 불어넣고 원고를 잘 쓰도록 도와주는 일! 그 두 일의 반복이다. 아래 M&K가 동시다발적으로 진행하고 있는 출간 일정표와 기획안과 구모니카 사장의 어떤 하루 일과를 보자.(이러다가 미팅에 치여 죽는 건 아닌가 하는 생각도 든다.)

<M&K 2007년 계획, 진행표>

타이틀	진행 계획	디자인 - 제작	마케팅 준비	출간 예정일	진행 상황
이상윤의 Art&Play	-5.14 출간	-4월 말~ 5월 초	-outtrack 열범 -블러그, 싸이 홍보 -콘서트	-5.14일	-원고 2차 마감 완료 -출간 기념 쇼케이스 준비 완료
Seoul Style -호야와 수기의 서울여행	-4월, 5월 초 재촬영 -4.5월 index정리	-5월	-일본& 대만 판권계약 ☆	-6월 초	-4.16부터 재촬영 시작 -4.21.토 Index 1차 원고 교환(호야씨랑)
상류사회 여자되기 -여자가 알아야 할 모든 것	-6월 중순 원고	-7월	-각종 협찬처 리스트 업	-8월 초	-샘플 원고 수령 완료
박인식 작가의 중국기행소설	-원고 진행 중 -8월 말 탈고	-8월	-중국여행사 알아보기	-9월 초	-4월 중순 작가 코랑스로 출국 -원고 반 정도 나왔음
여자궁합 연구모임	-5월 말 첫 paper모음 -매달 한권 출간	-9월	-시리즈화	-첫권 8~9월 출간	-4.19.목 첫모임 결성 -고정멤버: 10명(대표 유지영, 권은아) -매달 이슈설정, paper 발표
연애 잔혹사 -그녀들의 연애와 결혼 잔혹사	-5월까지 취재진행 -6~7월 마감	-10월	-드라마, 영화화	-10월	-외부작가 2명 기용 -포이브스에서 드라마화
머니(많은 사람)랑 결혼하는 법	-9월까지 취재완료 -10월 집필	-11월	-드라마, 영화화	-12월 중순	-1차 번역본 완료 -국내취재 시작

2007년 출간 일정표

기획 TITLE : 남궁연의 사랑 사전(가제)
소제목 : 대한민국 모든 선남선녀가 꼭 사랑을 하는 그녀만의~(가제)

1. 기획의도
맨하튼의 바에 가면 혼자 앉아 맥주 마시를 하는 외로운 청춘 남녀들이 넘쳐난다고 한다. 한국 실정도 다르지 않다. 다들 외국에처럼 자신의 고독함을 대놓고 드러내지 못하는 소심한 한국의 청년들은 실제 자 혼자 눈물을 바금고 외로운을 달래고 있을 것으로 보인다. 그런 그들 그녀를 구제할 "그 분"이 오셨다. 그 본(현 초장남)에게 유혹하고 플레고 사랑스럽고 미움 받기까지 한 [사랑과 연애편] 강의를 듣는다. 이쁘비 남궁연의 사랑 사전이 그것! 사전이란 무엇인가? A부터 Z까지 모든 것을 담고 있는 책. 그렇다, "사랑"에 관한 모든 것(초정념 강의, 경영, 에세이, 단상, 설문 등등 연 중장님의 고탈라유니벌시티, 고탈라도의 모든 이야기, 남녀 간의 사람부터 가족, 친구, 사람 사이의 모든 사랑)을 담아 외로운 청춘님녀에게 "아름다운 마음으로 사랑을 하라", "나도 사랑할 수 있다", "사랑은 여러운 것이 아니다"라는 희망적인 자신감을 심어주 메시지를 전한다.

2. 독자 조건
(1) 진오빠, 진영 같은 세금같은 총장님으로부터 외로움을 덜어주는 비법을 전수받고 싶고, 남자와 여자의 마음을 훔쳐며 보고 싶은 청춘남녀
(2) 사랑을 하고 싶으나 막막한 마음으로 행상 속의 사랑을 꿈꾸는, 사랑이 뭔지 모르는 '사랑 빈혈'들은 근 것이 아니가 가지며고 그는
(3) 아름다운 사전으로 책상을 바라보고 싶은 모든 독지층.

3. 성공전략 방안
(1) 표준독자층 : 제대로 사랑하고 싶은 모든 젊은남녀들. 특히 여성들.
(환상 독자) 사랑이 배고픈 대한민국 모든 독자들

(2) 기술방향과 소소
"남궁연의 사랑 사전"이라는 간판에 맞게, 그가 총장으로 품격 있는 고탈라도의 고탈라유니벌시티에 나오는 사랑에 관련된 모든 이야기를 떠안낸다. 그가 말하는 사랑은 남녀간의 사랑 뿐이 아니다. 물론 남녀 사이의 사랑이 주된 이야기이기는 하나 부모님에 대한, 친구에 대한, 세상 모든 사람에 대한 범례적 사랑이니다. 그래서 아름답다. 그러한 감동 순전의 메시지들을 쓴 엮어 여자 김성이 메워준 휴대전화에게 편들이 끌을, 희망을, 감동을 전한다.

(3) 컨셉 및 마케팅 포인트
① 컨셉 : 원고의 설득을 통해 "나도 사랑할 수 있다"는 자신감과 희망을 심어준다.
② 마케팅 포인트 : 기존 도서들 중에 남녀의 심리 차이를 설명하거나 사랑의 아름다움을 묘사하는 책들은 많다. 그 광범위 심리학적 검근이거나 군자식이거나 사랑들이 만나며 아야기 하는 것 같이 같이 앉아 동료를 하기 보단, 이 책 옆에 영원 전오빠, 전영 같은 남궁연이라는 펜네임 꼭 전면에 내세우고, 내용 역시 먼 이야기가 아닌 일상 속에서 나누는 이

야기들을 엮는다. 제대로팥의 이야기를 읽다 보면 어느새 임가에 피소지, 마음속에 사랑이 스물스물 피어오르는 따뜻한 사랑 제합전이 될 것이다.

4. 상품 체제와 판면의 사양
(1) 체제 스타일
① 표지 컨셉 : 총장님 남궁연 · 일러스트 "사랑" 이미지 합성하여_
② 내용 구성 : 추후 필요의 협의하여 결정
· 각 꼭지는 강의 · 에세이 · 설문 등을 적절히 조합하여 구성한다
(2) 분량 빛 제본 사양
① 원고분량 : 추후 성공
② 사진, 일러스트 등의 분량 : 원고 나오면 정리.(일러스트 남궁 http://tombo.cevva.net/)
③ 책의 분량 : 240-300 페이지 사이
④ 판형 : 국민 변형(핸드북에 제작하여 핸드백에 넣고 다니며 볼 수 있도록)
⑤ 장정 : 양장 / 보급판(무선철) 두 가지 스타일로 제작
⑥ 본문 컬러 : 그림 페이지 4도
⑦ 지물 : 모조지
(3)행간 목표시기
① 발고시기 : 2006년 02월
② 중단시기 : 2006년 03월(설탕 설탕 분위기에 맞게 신장 영송출바지는 시절)
(4)참고도서
연애실리 기운분을 피력하는, 존 그래이의 <화성에서 온 남자, 금성에서 온 여자>, 병원 페인의 <그날거 그여자의 연애기술>, 레취의 프롤의 <사랑의 기술>, 시주리의 <비태스의 <남자의 유혹 여자의 심리>, 사랑에 대한 에세이, 이미나의 <그날 저 그러지, 남자친구의 군리 화차 고무신 차보며, 이숙진의 <찬우리 분야 리브레터>, 김해남의 <남은 것 나는 시간이는 열니> 사랑에 대한 전략부호서, 그런 병향보도 <그 분 남산에 맞아가 없었니, 손두구의 <공보의 2030>, 김정비의 <아저씨 시랑은 없이다> 등,
(5)명가
남궁연

5. 영업 전략
(1) 타킷 계층 : 제대로 사랑하고 싶은 모든 젊은남녀들. 특히 여성들.
(잠정 독자) 사랑이 배고픈 대한민국 모든 독자들
(2) 예상판매 부수 : 5판 부~8판 부
(3) 홍보 전략
① 홍보의 초점 : 사랑교수 남궁연이 왔다, 대한민국 선남선녀들이여, 사랑을 하자!
② 홍보 매체 : <그날거 그여자의 연애기술>, 레취의 프롤의 <사랑의 기술>, 청춘님녀들의 모임 커뮤니티니 분토고, 일간신문 북섹션, 인터넷 신문, 동아일 방송 포크스, 동아TV, OnStyle TV, 기타 오프라인 강연회 등
(4) 광고 전략
① 광고의 초점 : 사랑교수 남궁연이 왔다, 대한민국 선남선녀들이여, 사랑을 하자!
② 광고 매체 : 버스나 지하철 광고, 지하철 신문 광고, 여성 잡지나 여성 사이트 광고.

도서 기획안

070122 잘 살고 있는겨…

08:00 운동과 싸우나
10:00 출근
　　· 주문 발주
　　· 여자의 발견 4쇄 진행
　　· 독서(알베르트 카뮈, 〈이방인〉)
　　· 〈상류사회 여자 되기〉 진행
　　· 〈돈 많은 남자랑 결혼하는 법〉 샘플 번역 리뷰, 국내 취재 기획
　　· 〈이상은 Art&Play〉 프로젝트 작가, 디자이너 미팅
　　· 상해 여행 관련 기획 미팅
　　· 영화 모임 관계자 미팅
　　· 만들기 모임 관계자 미팅
　　· 사진집 관련 작가 미팅
　　· 일러스트레이터 미팅
　　· 출판사 사장님들 미팅
　　· 〈연애잔혹사〉 고윤희 작가 미팅
02:00 회의 뒤풀이 술자리로 Go Go Go!!!

#068
글 잘 쓰게, 약속 잘 지키게 만들기 (작가관리)

　　잡지사 기자로 일하던 시절에 '말 안 듣는 외부 필자들 한 데 모아놓고 거기에 폭탄을 투하하자'던 불평을 종종 하곤 했다. 그런데 여기 출판 바닥의 상황도 크게 다르지 않았다. '사람 하는 일'에 늘 위기가 도사리는 것은

말해 뭐하겠는가마는 그런 위기를 줄이는 것이 우리 사장의 몫이다. 화분에 물주 듯 작가를 만나서 격려와 다그침을 반복하지 않으면 어느새 원고 쓰는 일을 잊는 게 작가다. 게다가 현장의 사람 냄새 나는 사는 얘기를 들려주자는 편집방향을 세워놓은 M&K 로서는, '사이드 잡side job'으로 글을 쓰는 사람을 섭외할 수밖에 없는데 그들은 정말이지 자기가 글을 마감하는 작가라는 사실을 너무나 자주 까먹는다. 물론 글만 전문적으로 쓰는 전업 작가를 섭외하라는 조언도 듣지만, 뭐, 전업 작가들도 제 때 원고 넘겨주는 사람 없다던데.

원고 없이는 책을 낼 수가 없는 게 출판사의 운명, 그렇다고 무작정 감 떨어지기를 입 벌리고 기다릴 수도 없고.(그렇게 감나무 밑에서 기다리다가 턱 빠진 출판사 사장님들 많으시다.) 출판사 쪽은, 기획자나 편집자는 작가들로 하여금, 글을 잘 쓰게, 약속을 잘 지키게 만들어야 한다. 내가 그간 감나무 밑에서 침 흘리며 턱 빠지게 기다린 세월을 겪고 터득한 몇 가지 비법을 공개해본다.

기획과 관련 된 자료들을 모아서 매일매일 하나씩 건네주면서 '이게 시대의 화두이긴 화두인가봐~' 하며 은근슬쩍 '스트레스'를 준다. '작가님 홈페이지에 쓰신 글 보니까 우리 책 너무 잘 팔릴 것 같아요' 하며 '아부'를 떤다. '요즘 많이 힘드시냐'면서 건강식품을 사다준다.(회유) '요즘 회사 사정이 너무 힘들다' 며 우울해 한다.(엄살) 다른 출판사 예를 들면서 '어떤 작가가 원고 안 줘서 소송 걸렸다'는 얘기를 들려준다.(협박) 아예 집으로 쳐들어가거나 레지던스residence 같은 숙소를 잡아서 합숙을 하자고 한다.(강요) 너무 스트레스를 주면 쓸 글도 안 쓸지 모르니 '제가 원래 믿고 기다리는 스타일이잖아요' 하면서 여유를 부린다.(뻥) 지나치게 약속을 안 지키면 아예 모르는 사람 취급한다.(냉담) 근데 풀어주면 관심 안 가진다고 불평이고, 쪼면 쫀다고 불만이니, 결국 다 내 업보라는 생각이 드는 게 이게 무슨 비법이라고 글을 끼적이고 있는지 모르겠다.(누구 작가 잘 다루는 법, 아는 분 제보 부탁드립니다.) 아무튼 결론은 작가를 믿고 사랑으로 감싸면 원고는 나오게 돼있다는 그런 뻔한 얘기.

070110 〈연애잔혹사〉 첫 회의

연애 참 지지리도 못하는 2030 세대들의 잔혹한 사랑이야기를 풀어내기로 했다. 말 나온 지 1년 만에 정식으로 가진 즉석 〈연애잔혹사〉 첫 회의. 어벙하게 앉아 있다가 기분 전환을 위해 청소나 하자 했을 때 불쑥 쳐들어와 회의룸 대걸레질도 돕고, "니카야 넌 할 수 있어!"라고 힘을 실어주고, 첫 회의를 성황리에 마치도록 도와준 예쁘고 똘똘한 내 친구 윤희야, 아니, 고 작가님! 우리 책 대박내서 화려하게 살아요!

#069
번뜩이는 아이디어가 필요해, 공부!(편집)

비슷비슷한 주제를 가지고 수천 종의 책이 쏟아지는 시장에서 각 필자마다 경험이 녹아있는 진짜 글을 받아내는 것은 너무나도 중요하다. 그렇게 들어온 소중한 원고를 날 것으로 세상에 내놓을 수는 없는 일이다. 지지고 볶고, 간을 하는 과정을 거치지 않으면 안 된다. 내 소중한 책이 홍수에 떠밀려 내려가지 않도록 원고를 구성하고 가공하는 일, 바로 '편집'의 과정을 거쳐야 한다는 것이다.

여기서 편집Editing이란 무엇일까. 말 그대로 '무언가 원재료를 가지고 자르고 오리고 붙이고 빼고 넣는 작업'을 말한다. 편집자란 그러한 작업을 통해 스토리, 서사 혹은 주의주장, 논리를 만드는 사람을 말하는 것이다. 쉽게 이해하자면 영화 편집을 떠올리면 되겠다. 왕가위 감독은 촬영하면서 수천 시간 분량의 필름을 쓰고, 편집이 완성된 100분짜리 영화를 창작한다. 그는 같은 영화의 번외편으로 서사 구조가 다른 여러 개의 영화를 만들기로 유명하다. 그렇듯 편집의 과정에서 순서와 흐름을 달리하면 전혀 다른 이야기가 나올 수 있는 것이다. 영화뿐이랴, 우리나라에서는 편집하면 그래픽 디자이너의 디자인 작업에 국한해서 생각하는 사람이 많은데, 방송 프로그램, 신문, 잡지, 책 등 언론 매체는 모두 핵심 주장을 펼치기 위해 편집의 과정을 거쳐 결과물을 내놓는다. 우리의 일상생활에 곳곳에도 편집의 과정이 개입된다. 상사에게 업무 보고를 할 때 핵심 사항만을 말한다든지, 자기 홈페이지에 사진을 조각조각 붙이고 오늘 하루의 일상을 편집해 올린다든지 말이다. 일본은 특히 '편집학'이 발달했는데, 이렇게 편집 하나만 집중적으로 공부하는 학자들이 있을 정도로 우리를 둘러싼 거의 모든 부분에서 편집은 연구할만한 대상이라는 것의 반증이 아닐런지. 도서 편집자의 중요성을 얘기하려다가 서론이 길어졌다.

아무튼 책의 경우 편집자의 역할은 작가가 원고 구성 작업을 하는 내내 뒤에서 피드백, 조언, 질타, 정보제공, 자료조사 등을 돕고 차츰 그 가공에까지 역할을 확장해 사진을 넣을지, 그림을 넣을지, 팁을 넣어줄지, 박스 안에 정보를 요약해 줄지, 노트를 넣어 스스로 체크할 수 있게 해줄지, 메이킹 스토리를 넣을지, 어떤 흐름으로 가야(장과 부, 목차 구성) 필자와 출판사가 주장하는 논리를 설득력 있게 펼칠 수 있는 건지, 장제목과 부제목, 소제목들을 전반적으로 검토하고 수정하여 어떻게 매력적으로 만들지, 권두언과 추천사는 넣을지 말지, 누구에게 받을 지 등 책을 구성하는 모든 것을 책임지는 것이다. 동일한 주제의 원고라 하더라도 목차 구성을 어떻게 하느냐에 따라, 어떤 글을 앞에 넣고 어떤 글을 뒤로 배치하느냐에 따라, 어떤 이야기를 넣고 빼는지에 따라 주장하는 바가 천양지차가 된다. 편집자는 한마디로 Book PD producer다.

이 모든 과정은 공부 없이 안 되는 일, 끊임없이 공부를 해야 편집상 번뜩이는 아이디어도 나오는 법! 작가 뒤에 숨어서 작가를 돕고 설득하는 작업을 하는 편집자는 작가 그 이상의 무엇을 볼 수 있어야 한다. 책뿐 아니라 내러티브 narrative(이야기, 서사)가 있는 모든 것들을 많이 읽고, 보고, 접하다보면 일정한 흐름 속에 주장을 은근히 집어넣는 방법, 사람들이 책에서 손을 떼지 못하게 만드는 방법, 본래의 원고를 더 이해하기 좋게 만드는 방법을 완벽하게 익힐 수 있다. 결국 편집의 기술은 경험과 학습에서 나온다는 말씀. 아래는 도서 편집 과정 중에 사진 촬영을 진행했던 날의 일기들. 작가는 글쓰기도 바쁘다. 글에 어울리는 그림이나 사진을 의뢰하고 진행하는 것도 편집자의 몫이다.

070323 〈이상은 Art&Play〉 촬영

상은 언니의 책에 들어갈 사진을 찍으러 집에 들렀다. 지난 밤 밤샘 글 작업으로 피곤에 찌든 언니는 주무시고, 은신 언니와 수은과 나는 언니 집 이곳저곳을 수색하고 물색하고 뒤집었다.

감수성과 영감, 창의력, 예술력을 높여줄 언니의 책, 완전 대박 예감이다. 공부방의 한쪽 벽을 이런 식으로 꾸밀 줄 아는 주인공이 말하는 예술이 어찌 멋지지 않겠는가!

070422 현장의 예술가들

상은 언니 책 중에 조명 섹션에 등장하실 김동환(재활용 브랜드 에코파티 메아리 eco designer) 씨 인터뷰하고 촬영한 날. 우리 시대 최고의 기자이자 작가이자, 오늘로써 최고의 사진가로 인정받으신 최지안 언니. 정말이지 이렇게 훌륭하게 살아도 되는겨?!

얼마나 돈이 되는지, 내게 돌아오는 이득이 무엇인지 따위의 계산 없이 그저 상은과 모니카 둘만 보고 열심을 다해주신 동환 씨, 지안 언니에게 피와 뼈를 불살라 은혜를 갚아야겠어.

우리 책 조명 섹션에 인터뷰이로 잠깐 출연만 하시면 되는데, 굳이 열심을 다해서 화분 조명 작품을 제작하신 잘생긴 아티스트 김동환 님. 컨셉 상 하루 종일 촬영에 지칠 법도 하건만 연신 웃으면서 아트 '뻘'을 발휘하신 당신에게 최우수상을 드립니다.

빵꾸난 포토그래퍼 대신에 퍼뜩 떠오른 지안 언니에게 무보수 촬영을 부탁했는데, 당장에 OK하신 것은 물론이고, 예술혼을 불태우시며 '바닥에 자빠진 포즈'를 감행하는 열혈 촬영을 해주신 착하고 능력 있는 당신. 돌이

켜보니, 상은 언니 책을 내게 된 극적인 계기를 마련한 당사자도 언니였네. 어째 어째! 이 은공을 어찌 갚지?! 쩜만 기둘려. 책 대박 내서 언니의 로망 헬기도 사주고, 두바이에 땅도 사줄게.

고생한 수은도 너무 고맙고, 인터뷰하고 진행하느라 고생한 모니카도 기특하고. 흠. 우리가 예술가가 아니고 뭐겠어. 그치?! 화이링~!

#070
윤문과 교정·교열, 원고 디자인 마감

복작복작 여러 편집 과정을 거친 완성 원고가 드디어 나온 날.(글 원고, 그림 원고) 그 상태 그대로 책을 만들어도 되는지 전체적으로 글의 톤을 체크해야 한다. 혹시 문장이 매끄럽지 않으면 '윤문'(문장 다듬기)의 과정을 거칠 필요가 있다. 약간의 윤문이 필요하겠다고 작가에게 허락을 구하고 전문 윤문자를 쓰거나 편집자가 직접 작업을 한다. 때로 이야기 꺼리는 좋은 데 글을 못 쓰는 연예인이나 어르신들에게 고스트 라이터(유령 작가)를 붙여 '대필'을 하기도 한다. 그러니까 작가 원고의 주제만 살려두고 통으로 수정하는 경우를 말하는데, 이건 '윤문'이라기보다는 '대필'에 가까우니 그건 편집자가 알아서 처리할 일이다.(대리 집필과 대리 번역으로 말썽이 있었던 터라 얘기하기 참 애매하군. —.—)

그걸로 끝이면 얼마나 좋으련만. 보고 또 본 그 원고에 비문, 오문, 오타는 왜 이리 많은지.(귀신이 들러붙어서 내가 애써 고친 원고를 건드린 건 아닐까 싶을 정도다.) 이제 완성된 원고를 한글 맞춤법과 띄어쓰기에 맞게 교열·교정하는 과정이 남아있다. 출판사는 독자에게 바른 글을 읽도록 해주는 의무와 책임이 있다.(이 대목에서 찔리는 거 많은 M&K, 출판계 어른에게 따끔한 충고를 듣기도 많이 들었다. 반성하는 마음으로 일기 속에 편지를 공개한다.)

드디어 원고를 다듬고 고치고 완성해서, 교정·교열까지 완벽하게 마친 그날의 기쁨이란 이루 말할 수 없다. 그걸로 끝이면 또 얼마나 좋겠는가마는 그래픽 디자이너에게 본문 원고를 마감할 때 편집자에게는 아직 많은 일이 남아 있다. 글 원고는 텍스트 파일로, 사진이나 그림은 데이터 파일로 마감한다. 종이 상태의 그림과 사진은 스캔 받아서 넘길 것!(웬만한 스캔은 평판

보다 드럼 스캔을 받을 것! 거래하는 출력실에 맡기면 책 인쇄에 적합한 데이터로 스캔해줄 것이다. 제작 부분에서 다시 설명하겠다. 213page) 이제 책 제목을 결정해야 하고, 디자이너가 책을 디자인할 때 마무리 과정에서 필요한 소소한 잡물들을 완벽하게 챙겨줘야 한다.(바로 다다음 글에 나옴. '편집 과정에서 소소하게 챙겨야 할 모든 것')

 __070620__ 긴장 또 긴장하라! 혼나도 싸다

〈이상은 Art&Play〉에 출판계 대 선배님이 교정·교열이 엉망이라며 편지와 함께 직접 교정보신 책을 보내오셨다. 정말이지 부끄러워서 얼굴을 들 수가 없다. 이런 자세로 출판하다가 정말 혼날 날 오지 싶다. S선배는 예전에 출판학원을 다닐 때 강의를 맡으셔서 인사를 나눴던 분으로 반가운 이름을 보고는 책을 사신 모양인데, 엉망진창인 책의 교정교열 상태를 보시고는 정말로 분노하셨다. 진짜 정말 반성하고 공부하고 노력해서 마지막 독자 손에 들리기까지 책임을 다할 수 있는 바른 책을 내도록 하자.

| S선배님 편지의 요지. 긴장하라! 정신 차려라! 구모니카! M&K! |

띄어쓰기 | 본용언과 보조용언은 한 권의 책 안에서 일관성 있게 붙여 쓰던지, 띄어 쓰던지 해라!

외래어·외국어 표기 | 국립국어연구원 웹사이트에 자료실에 가서 외국어·외래어 표기 용례집 내려 받아서 정확한 표기 확인하고 써라. 가능하면 친절하게 원어를 표기해줘라. 외래어 남발하지 말라. (제 아무리 우리나라 사람들이 외래어를 입에 달고 산다고 해도 책에서는 우리말을 깨끗하게 써라!)

괄호 | 원칙에 맞게, 일관 되게, 최소한도로 쓸 것!

따옴표 | 원칙을 세우고, 책 전체에서 일관성을 유지하며 쓸 것!

작품설명과 사진 배열 | 사진 캡션과 작품명은 일일이 체크해서 넣어줄 것!

부정확한 서술 | 역사적 사실이나 사회문화적 현상과 개념에 대해 서술할 때는 정확한 이해를 바탕으로, 사실에 근거하여 서술해야 함.

본문 레이아웃 | 너무 긴 행장, 쓸데없는 장식적 서체 사용 등으로 독자들 눈을 피곤하게 만들지 말 것!

#071
끝까지 싸우는 '책 제목', 답 없다

　　제목은 책 출간 바로 직전까지도 편집자들이 고민하고 또 고민하는 부분이다. 하긴 독자의 첫 눈길을 끄는 유일한 부분이 제목이니 어찌 신경을 안 쓸 수가 있겠는가. 제목에서 책의 내용을 설명할 것인지, 강렬한 인상을 주는 이미지성 제목을 쓸지, 문장으로 갈지, 단어로 갈지, 협박을 할지, 강요를 할지, 설득을 할지, 회유를 할지, 다른 책이나 영화 제목을 패러디 할지, 작가의 이름을 넣을지, 영어를 쓸지 말지, 또 글자 자체가 주는 이미지를 고려하여 디자인적으로는 어떤 글씨가 예쁠 지도 고려해야 한다.

　　그런데 이렇게 고민 끝에 결정된 훌륭한 책 제목도 책이 안 팔리면 잘못 지은 게 되니 사람 미칠 노릇이다. 이상한 제목의 책도 그렇게 잘 나가더만 이토록 심오한 제목의 내 책은 왜 안 나가는 지에 화가 나기도 한다. 그러니까 결국 제목을 짓는 것도 운명에 맡겨야 하는 건가. 어떤 때는 디자이너에게서 나오기도 하고, 라디오 한 구절에서 나오기도 하도, 지나가던 옆집 출판사 사장님의 입에서 나오기도 한다. 제목 회의를 하루 종일 한 적도 있고, 단 10분 만에 결정된 경우도 있고, 수백 가지 후보들 중에 결국은 초기에 진행하면서 부르던 제목으로 결정되기도 하니 '팔리는' 제목 짓는 노하우는 없다. 다만 한 가지, 대박 책의 제목들은 하나같이 입에 착착 달라붙더라는 것! 그리고 또 하나, 출판 바닥에서 책을 가장 많이 접하는 사람들에게 조언을 구하라는 거다. 그게 누구겠는가? 서점 관계자, 특히 매장에 있는 언니들과 출판 영업자들이다. 몇 가지 후보를 들이밀고 그들에게 투표를 맡겨보는 것도 좋은 방법이다. 시간 있고 돈 있으면 독자들에게 직접 설문하는 것은 더 좋겠다.

간혹 원고를 디자이너에게 마감하면서 급한 마음에, 내지 디자인의 흐름과 표지 디자인을 통일하고 싶은 마음에, 제목도 정하지 않은 채 표지 시안 만들어 달라고 떼쓰는 편집자들 있던데(내 얘기?!) 그럴 거면 원고 마감과 동시에 제목도 확정돼 있었어야 한다. 급하게 진행해서 잘 되는 일 없으니, 심사숙고하여 마음에 드는 제목을 찾을 때까지 찬찬히 차분하게 남은 일들을 마무리 하자. 아래는 M&K 대박 책, 〈여자의 발견〉 제목 메이킹 비하인드 스토리making behind story 대한 일기다.

060730 〈여자의 발견〉, 완전 멋진 걸!

디자인 사무실에서 지안 언니랑 나랑 몇몇 옵저버들과 모여서 맛있는 맥주를 마시며 제목 회의만 몇 시간을 했다. 책 진행하면서는 '2030 여우들의 자기발견력'이라는 타이틀로 불러왔는데, 이제 진짜 제목을 정해야 할 때. '여우'라는 말이 촌스럽다는 의견, '자기 발견'이라는 말은 의미는 좋은데 뭔가 구태의연해 보인다는 말, 나는 계속해서 '고군분투 사회생활기', '2030'을 넣어야 한다고 주장. 〈2030 여자, 고군분투 사회생활기〉, 〈여자의 일〉, 〈여자, 사회를 접수하다〉, TV 광고 카피 '생활의 발견' 패러디해서 〈사회생활의 발견〉 등등이 열거되던 중에, 디자이너이신 윤임쓰 한 마디 툭 던진다. '여자의 발견'으로 하지? 여자가 사회생활을 하면서 발견한 무엇이라는 의미도 되고, 여자를 다시 발견해보자는 의미도 되고, 진짜 의미는 숨겨져 있는 듯 보이지만 소제목으로 '2030 여우들의 고군분투 사회생활기'를 넣으면 부차적인 의미까지도 담아낼 수 있으니, 다들 만장일치로 확정! 〈여자의 발견〉. 역쉬 똘똘한 옵저버들이 많은 건 M&K의 복이다. 윤임쓰~! 쌩유~!

#072
편집 과정에서 소소하게 챙겨야 할 모든 것

책이 한 권 만들어 지는 과정에서 편집자를 지치게 하는 몇 단계의 위기가 있다면 거친 원고를 가지고 고군분투 한 바로 뒤일 것이다. 씨름 끝에 원고를 디자이너에게 마감한 뒤 머리가 하얗게 비는 지경에 이르는 것. 힘든 일을 끝낸 뒤 할 일을 다 한 것 같은 기분에 디자인 프린트물이 나올 동안 넋 놓고 시간 죽이는 편집자들이 많은데 절대로 끝까지 긴장을 늦춰서는 안 된다. 아직 할 일이 태산이다. 디자이너가 본문 원고 디자인하고 있을 때 제목과 가격은 이미 벌써 확정되었어야 하고, 작가 소개글(사진 함께), 출판사 로고, 속표지 구성, 책등 구성, 표지(표1), 표2, 표3, 표4 구성, 면지 구성(인쇄 여부 확정), 머리글, 마무리글, 권두언, 추천사, 발문, 목차, 도비라(각 챕터의 속 표지)글, 판권글, 도서리스트 소개글(사진 함께), 공지사항 페이지, ISBN, CIP, 가격과 바코드 등등 소소한 잡물들을 마감해줘야 디자인 프로그램 상에서 페이지네이션(페이지 매기기)이 가능하다. 페이지네이션이 완성된 배열표를 만드는 것도 이 때 할 일.(배열표는 책 전체 페이지 구성을 알려주는 표식인데, 첨부한다.) 배열표는 제작에 들어갔을 때 종이나 필름 출력, 인쇄, 제본의 특이 사항을 알리기 위해 지업사, 출력실, 인쇄소, 제본소에 보내야 한다. 이런 소소한 일들을 귀찮아하다가 나중에 발목 잡혀서 돈 낭비, 시간 낭비하지 말고 끝까지 열심을 다하도록.

그리고 이쯤에서 보도자료를 쓰고 여기저기 알리는 일도 시작해야 한다. 나중에 책 나오고 서점 배본 신경 쓰랴, 언론사 릴리즈release 신경 쓰랴, 온라인 마케팅 신경 쓰랴, 다음 책 진행하랴, 할 일이 태산이니 디자인 교정 하는 중에 약간 시간을 내서 보도자료를 써놓자.(보도자료 잘 쓰는 방법은 뒤의 챕터 [마케팅-언론 매체 녹이기 244page]에 써놨으니 참고하라.) 디자인을 마쳐 놓고 할 일 다 했다며 배 퉁기는 사람, 정말 혼나야 한다. 마무리가 가장 중요하다. 좋은 책 만들었으니 내 할 일은 여기까지라며 고상하게 앉아있는 사람, 이제 남은 건 독자의 판단뿐이라고 자기 책 멀리에 던져버리는 사람보다는 책이 나오는 마지막 순간까지 긴장감으로 연연하는 사람이 이기는 건 당연한 일!

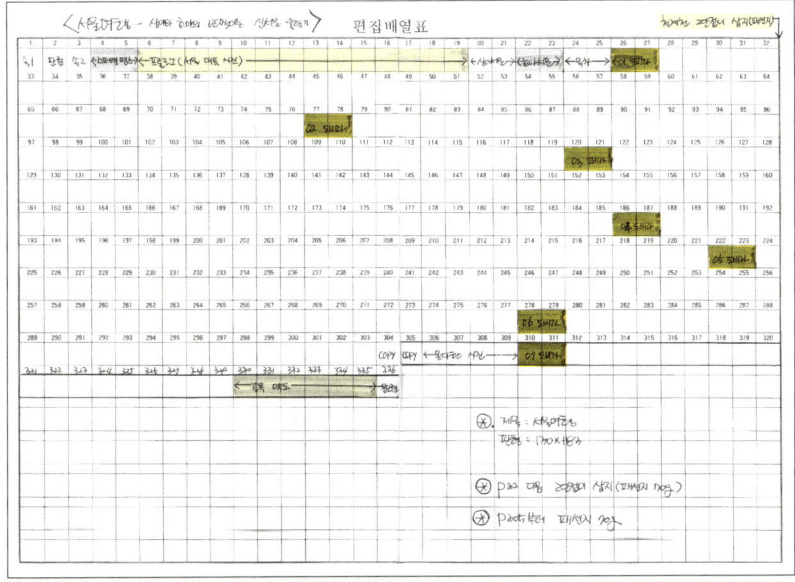

〈서울여행〉 편집배열표

#073
디자인 감각은 사장의 필수 요건

　일전에도 강조했지만 이제 소비자들은 이미지를 산다. 예쁜 것에 열광하는 독자들의 입맛에 맞게 디자인해야 한다. 좋은 책이더라도 디자인이 후지면 사지 않는다는 설문결과도 있더군. 아무튼 디자인에 따라 책의 품질이 결정된다 해도 과언은 아니다. 요식업을 하는 사람이면 그릇 등 집기와 음식의 인테리어가 얼마나 중요한지 알 것이고, 쇼핑몰을 하는 사람이라면 쇼핑백 하나가 소비자의 마음을 얼마나 기쁘게 만드는지 알 것이다. 디자인이 잘 된 책은 더 읽고 싶고(읽기 쉽고), 심지어 읽을 생각이 없더라도 소장하고 싶어지는 건 당연한 일이다. 소비자가 주머니를 열지 말지를 결정하는 주된 요인인 디자인에 문외한이거나 무관심한 사장들은 절대 긴장할 것!

　디자인을 전문적으로 공부하라는 것이 아니라, 촌스러운 취향을 벗어버리고, 감각을 세련되게 만들 필요가 있다는 것이다. 세상에 존재하는 예쁜 것들을 많이 실컷 최대한 즐기라는 말을 하고 싶다. 벽에 붙은 포스터 하나에도 눈길을 주고, 여자들의 액세서리 하나에서도 디자인 감각을 느껴보고, 팬시나 소품도 적극적으로 구경하고, 전시회도 많이 다니고, 디지털 첨단 기기를 하나 구입할 때도 디자인을 따지고, 옷을 하나 사더라도 세련된 디자인으로 고르도록 노력하라. 자기 업종의 디자인에만 국한해서 살피지 말고, 디자인 요소가 들어간 모든 것에서 감각을 느껴보라는 것이다.

　그렇게 디자인 감각이 몸에 밴 사장이라면 자기가 기획한 제품이 구체적으로 어떻게 디자인돼야 하는지를 명확하게 표현할 수 있다. 전문적 식견이 있으면 실무 디자이너의 결과물에 애매한 말로 피드백을 주지 않는다. 감각 있는 사장은 디자이너를 정확한 말로 설득할 수 있다는 말이다. 이를테면 '이 디자인은 너무 산만해 보이는데요'가 아니라 '전체적으로 부가적인 요소들이 너무 많아서 제목 쪽에 시선 집중이 안 되는데요. 부가 요소랑 제목 부분을 분리시키던지, 제목의 위치를 바꿔보는 건 어떨까요? 책의 주제가 단순명료하니까 디자인도 그래보였으면 좋겠는데요'라고 디테일하게 말할 수 있어야 한다. 디자이너들은 자기주장이 강하고 고집이 세다는 통설이 있던데, 이건 그들을 제대로 설득하지 못한 몇몇 사장들이 만들어낸 괴소문이 분명하다.

또 명심할 것은 돈 쓰기 좋아하는 디자이너에게 휘둘리지 말라는 것. '박'이나 '에폭시'(일부분을 반짝이게 코팅), '톰슨'(구멍뚫기) 등 '몇 가지 후가공 작업으로 디자인이 예뻐지면 얼마나 예뻐진다고, 책 팔아서 얼마 남는다고 책에다 돈을 퍼붓느냐' 하는 생각을 머릿속에 새길 것! 예쁘고 세련된 느낌을 주는 동시에 책의 내용까지 잘 담아낸 디자인은 돈 많이 써서 나오는 게 아니다. 한 가지 더! 제작 공정을 잘 아는 디자이너와 거래하라. 디자인을 하면서 디자인을 살려줄 수 있는 종이를 뭘 쓸지도 결정하게 되고, 각종 후가공에 대해서도 결정하게 되는데, 제작을 잘 모르는 디자이너들은 현실적으로 구현할 수 없는 디자인 작업으로 나중에 제작에 혼선을 빚게 만든다. 이것은 바로 돈 낭비로 이어진다. 잉크 흡수가 심한 종이를 쓰자고 고집해서 의도한 컬러가 인쇄되지 않는다던지, 표지에 에폭시를 올리기로 했는데 표지 종이가 에폭시 효과를 감소시킨다던지 하는 일들이 의외로 많다.(제작처에 일일이 확인해가면서 일하면 이런 실수는 줄일 수 있겠지만, 이것저것 챙기느라 놓치기 십상이니 디자이너가 제작에 전문적 지식을 가지고 있으면 얼마나 좋겠는가.) 제작을 잘 아는 디자이너는 편집자가 무조건 예쁜 책 판형이라며 요상한 사이즈의 책을 만들자고 덤빌 때 가능하면 종이 낭비가 적은 판형을 알려주는 등 출판사의 재정 사정까지 고려해 제작 전반에 적절한 조언을 해주기도 한다. 이런 디자이너는 출판사 입장에서 정말 필요한 사업 파트너다. 물론 모든 것은 사장이 숙지하고 있어야 할 일이지 나중에 디자이너 탓해서 뭐하겠는가마는….

🔑 **071120 내 멋진 디자인 파트너**

사회 나와서 만난 언니인데 진짜 친언니 같은 '디자인 아임'이 실장. 알고 보니 사는 동네도 같고, 정의여고 1년 선배인 게 역시나 만날 운명이었던가. 마음이 착착 들어맞는, 내 생각 미루어 그 사람 생각인, 일적인 능력도 훌륭한데다 마음씨까지 좋은 파트너가 있다는 건 미흡한 사장에게 엄청난 행운이다. 두 개의 책을 동시에 만들어야 하는 시간 압박에, 디자인비를 많이 못 줄 것 같은 자금 압박까지 있는 데도, 발 벗고 나서주는 언니에게 어찌 은혜를 갚아야 하나. 게다가 책 컨셉은 어찌나 그리도 금방 파악하시고(정말 똑똑하다), 디자인 감각은 어찌나 세련된 지(세계 최고다) 고객만족도 1000%의 디자이너시다. 다른 일이 밀려서 일 못하겠다고 해도 돈 더 얹어주고, 순서를 기다려서라도 디자인을 맡기고 싶을 정도의 실력 만빵 디자이너가 내 친한 언니라는 게 난국을 헤쳐 갈 큰 힘이 되는 밤이다.

#074

필름출력, 종이구입, 인쇄판·인쇄, 제본, 후가공, 그리고…

P.S. 중간중간에 출판물 인쇄업 관련 전문적인 용어들이 많이 나올 텐데, 혹시 책 사신 분들 중에 출판관련 사업을 하실 분들이 있을까 봐서 그냥은 못 넘어가겠어서 기본적인 설명만 덧붙이는 식으로 가겠다.(더 자세한 제작 지식은 이미 시중에 훌륭한 책들이 많으니 거기서 학습하시길!) 필요 없는 얘기 다 하시는 분들은 안 읽고 뛰어넘으시면 된다.

책의 본격 제작 과정을 설명하기 전에 '제작 공정을 왜 알아야 하는가?' 하는 기본적인 질문에 대한 답부터 드린다. 자기 상품(책)의 제작을 의

뢰한 사장이, 외부협력업체 사람들이 전문용어로 말 주고받을 때 '멍 때리고' 있어서야 되겠는가. 세부 공정으로 들어가면 각 분야의 전문기술자들께서 숙련된 손놀림으로 일을 해주시지만 사장이 되어서 그 전반적인 공정을 몰라서야 쓰겠는가. 사장이 제작 전문가로 나설 생각이 아니고서야 전문기술자 수준에 이를 필요는 없겠지만 제작 공정의 전체 흐름과 각 분야에서 쓰이는 몇 가지 전문 용어들 정도는 알고 있어야 업무 지시도 정확히 할 수 있고, 사고 났을 때 잘잘못도 따질 수 있지 않겠는가. '아는 척' 할 수 있는 수준, 그 아는 척이 전문가처럼 보이는 수준까지 숙지하라! 제작 현장을 몇 번만 쫓아가서 직접 보고, 관련한 책 사서 읽고, 전문가들에게 설명 들으면 단 며칠에 모든 걸 학습할 수도 있다. 그러나 원래 현장일이란 경험치가 쌓여야 하는 법. 전문가들이 인정하는 수준에서 대화가 가능할 때까지 자만하지 말고 꾸준히 공부하라.

자, 이제 시작해 볼까나. 판면 디자인이 끝나고 나면 이제 본격적인 제작 공정에 들어간다. 제작 거래처인 출력실, 지업사, 인쇄소, 제본소, 후가공업체(제본소에 발주해 대행하는 경우가 많다)에 위에서 말한 '배열표'와 함께 '제작의뢰서'를 보내면서 제작 발주 업무가 시작되는 것이다.(*제작의뢰서 양식을 첨부하니 살펴보시라.) 더불어 각각의 거래처는 단가를 따져보고 결정하는 것이 좋다. 물론 싸다고 다 좋은 것은 아니겠으나 가능한 한 저렴하고 실력도 좋은 거래처를 선정하는 것도 사장의 몫이다. 제작 전반에 얼마의 비용이 들어가는지 반드시 발주 전에 미리 뽑아보고 제작에 들어가야 한다. 그렇게 하면 단가가 지나치게 비싼 종이를 싼 종이로 대체하거나, 후가공 비용 등을 줄여서 제작비를 절약할 수 있게 된다.(뒤쪽 [마케팅] 챕터 '가격' 부분에 '원가계산표' 양식이 나오니 참조할 것! 229page)

1. 필름 출력

가장 먼저 하게 되는 일은 디자인이 완성된 'Quark 파일'(매킨토시에서 사용하는 편집디자인 소프트웨어)을 출력실에 마감해 필름 출력하는 일. 거래하고 있는 출력실을 디자이너에게 알려줘 직접 마감하게 하거나, 파일을 올릴 웹하드나 출력실에서 외장 하드를 보내 달라 해서 편집자가 직접 마감한다. 출력할 때 나오는 용어들은 '하리꼬미', '돈땡' 정도.(인쇄업 관련한 용어는 일본어가 많다.) 하리꼬미는 우리말로는 '터잡기'. 터잡기 작업을 하는 이유는 나중에 제본을 용이하게 하기 위함이다. 페이지가 많은 잡지나 책을 인쇄할 때 전지(우리가 알고 있는 보통 크기의 책 8P, 16P 정도가 나오는 큰 종이라고 생각하면 된다)에 인쇄하게 되는데 그 큰 종이를 접고 접어서 책 사이즈로 만든 뒤 제본을 하게 된다. 전지를 책 사이즈로 다 접었을 때 판면의 글씨가 한 방향으로 배열되도록 필름 출력 단계에서 앉혀주는 작업이 '터잡기'인 것이다. 현장에서 '돈땡'(따로걸이)이라는 말이 오갈 텐데, 그건 '인쇄 대수'가 안 맞을 때 같은 페이지를 중복해 앉혀 인쇄를 따로 걸도록 필름을 출력하는 것을 말한다. '인쇄 대수'란 인쇄기 한 대에서 전지 크기에 찍히는 것을 말하는데 전지가 열 장 찍히면 열 대, 세 장 찍히면 세 대, 이런 식이다. 대수가 안 맞는다는 말은 16P 접지방식일 때, 책의 페이지가 16P의 배수로 끝나지 않고 16+16+16+16+16+==8(혹은+4)==로 끝나는 경우를 말한다. 그럴 경우 마지막 대수는 다른 인쇄기에 돌려야 하는 것이다. 그러니까 편집자라면 본문 구성을 잘 해서 인쇄 대수를 맞춰줘야 한다. 대수가 안 맞게 페이지가 확정되면 인쇄비, 제본비 모두 올라간다.

필름이 출력되면 필름검판이라는 걸 하게 되는데, 그동안 프린트물로 교정본 것처럼 다시 한번 틀린 게 없는지 확인하는 작업이다. 세세한 글자까지 일일이 볼 시간도 여력도 없다면, 장제목, 부제목, 소제목, 페이지, 그림과 사진의 위치, 전체적인 틀거리, 크게 보이는 것들을 중심으로 필름교정을 본다.(의외로 큰 부분에서 실수가 많다.) 필름교정에서 오자나 탈자를 발견하는 경우도 많다.

※앞에 원고마감 단계에서 얘기 나왔던 사진과 그림의 '드럼 스캔'도 출력실에서 한다. 드럼 스캔은 평판 스캐너 보다 데이터 품질을 좋게 받을 수 있는 원통형 스캐너에서 DPI Dot Per Inch(해상도 단위)를 높게 받는 스캔 방법으로 원판을 컴퓨터 데이터 파일로 분해하는 작업이다. 또한 사진과 그림 데이터 톤 정리 같은 작업도 거래하는 출력실에 맡기면 된다.

2. 종이 구입

디자인하는 과정에서 이미 종이는 결정된다. 표지 디자인을 살려줄 수 있는 적절한 종이, 내지에 그림과 사진이 있는가 없는가에 따른 종이, 면지의 색깔·지종 등이 결정된다는 것. 책의 판형과 페이지, 인쇄할 책의 수량에 따라 필요한 종이량을 계산해서 지업사에 결정된 종이를 발주하는 과정으로 거래하고 있는 인쇄소로 종이를 보내주라고 요청하면 된다. 종이량 계산법*을 숙지하고 현장 전문가와 상의하여 정확한 양의 종이를 발주해야 한다. 인쇄소와 지업사 양쪽에 모두 확인할 필요가 있다. 시험 인쇄를 위해 여분의 종이를 넣기는 하지만 간혹 인쇄소에서 종이를 더 필요로 하는 경우가 있기도 하고 또 지업사나 인쇄소에서 종이량을 과도하게 잡는 경우도 있으니 반드시 사장이 종이량을 계산할 수 있어야 한다.

---

*인쇄물의 총 페이지 수와 인쇄부수를 곱하고, 그것을 전지 한 장으로 인쇄할 수 있는 쪽수로 나눈 뒤 다시 500(종이1연(R))으로 나누면 필요한 인쇄용지의 연수가 나온다. 손지율은 인쇄물의 종류에 따라 5~10%로 잡고 여분의 종이를 더해주면 총 필요한 종이량이 나오게 된다. 연(Ream)은 용지의 거래 단위.

$$\text{종이사용량} = \frac{\text{인쇄물의 총 쪽수}}{\text{전지 한 장에 인쇄할 수 있는 쪽수}} \times \frac{\text{인쇄부수}}{500(1연)}$$

3. 인쇄판 · 인쇄

1번에서 출력한 필름을 아연판, 알루미늄판에 올리는 작업이 인쇄판(볼록판)을 만드는 과정. 여기에 잉크를 묻혀 종이에 찍는 과정이 인쇄다. 1도, 2도, 3도, 4도 기계가 있는데, 1도는 컬러를 하나만 쓰는 거고, 4도기는 '올 컬러all color(전체에 컬러가 들어감)' 인쇄기인 것이다. 5도기는 올 컬러에 별색을 하나 더 추가하는 식으로 인쇄기종이 달라진다. 보통 전지 앞뒷면에 인쇄를 하게 된다. 인쇄기 한 대에서 전지 앞뒷면 한 장이 찍히는 걸 '인쇄 대수'(절수)라고 하는 것이다.(필름 출력 부분에서 설명했음.) 편집자는 보통 '인쇄감리'를 보러 가는데, 인쇄의 품질이 곧 책의 품질을 결정짓는 올 컬러 책일 때만 간다. 인쇄의 질에 민감하지 않아도 되는 단도(1도)나 2도 인쇄일 경우 굳이 인쇄감리는 가지 않고 인쇄소 담당자에게 책의 전 대수 인쇄물을 묶어서 갖다 달라고 한 뒤, 페이지와 인쇄 상태를 확인하면 된다. 이 과정에서도 결정적인 실수를 발견하는 경우가 많다. 실수가 나왔을 때는 다시 필름을 출력하고 그 대수만 다시 인쇄를 해서 제본소로 넘기게 된다. 그러니 편집 디자인 단계에서 완벽하게 교정을 보는 것이 얼마나 중요한지 모른다.

4. 제본

전지에 찍은 내지 인쇄물과 표지 인쇄물, 면지가 제본소로 넘겨지면 접지(전지를 책 사이즈로 접는 것)를 거쳐 페이지 순서대로 쌓고 표지와 면지를 붙여 제본을 하게 된다. 무선철(떡제본), 양장(대수와 대수 사이를 실로 매는 사철 작업 후 두꺼운 표지를 붙이는), 반양장(양장보다 표지가 얇다) 등 제본 방식에 따라 책을 묶는 작업. 제본소까지 쫓아가서 감수하지는 않지만 일정이 빠듯한 데 제본소에서 늑장을 부리는 경우에는 제본 일정을 확답 받고 방문해서 스트레스를 주는 게 좋다.

5. 후가공

표지 전체에 라미네이팅(코팅)하는 작업, 일부분에 박을 찍거나, 에폭시나 부분 UV코팅을 하는 작업, 톰슨을 뚫는 작업 등 표지 후가공 작업을 말한다. 제본 전에 후가공 집에서 일을 마친 표지를 제본소로 마감한다. 후가공 집은 대부분 일산 장항동에 있는데, 직접 작업을 의뢰하기 보다는 제본소에서 대행해서 처리해주는 경우가 많다. 제본소를 못 믿겠으면 직접 발로 뛰어 다니면서 일 잘하는 후가공 집에 일을 의뢰해도 된다. 이밖에 띠지 두르는 작업, 랩핑 작업, 종이 박스를 씌우거나, CD를 삽입하거나, 끈을 묶거나, 엽서나 출간목록을 넣는 모든 작업도 후가공 집에 맡기게 된다.

각각의 과정에서 계속해서 교정을 보게 되는데 나중에 책 나오고 실수 발견해서 호미로 막을 것을 가래로 막지 말고, 필름교정(필름검판)-인쇄교정(인쇄감리) 단계에서 꼼꼼하게 잘 못된 건 없는지 살펴라! 언젠가는 인쇄판에서 오자를 발견하고 큰 사고를 모면한 일도 있다. 웬만해서는 인쇄 교정지를 보지 인쇄판은 볼일이 없는데 그날따라 왜 눈길이 그리로 가던지. 가슴을 쓸어내린 기억이 있다. 그러니 끝까지 긴장을 늦춰서는 안 된다는 거다.

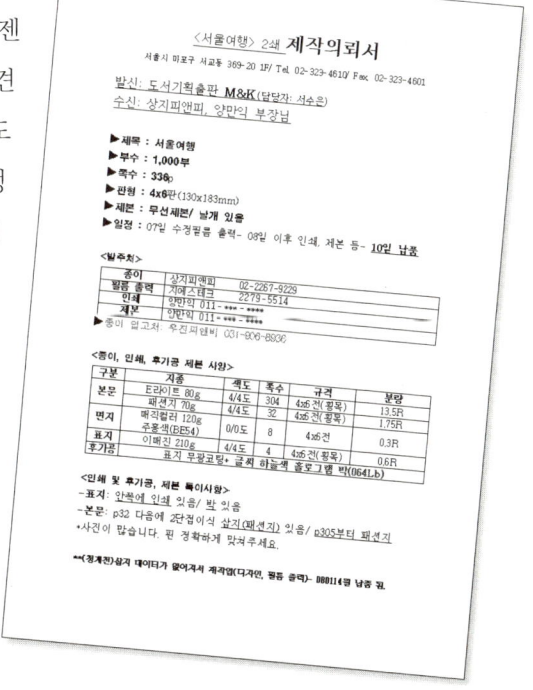

〈서울여행〉 제작의뢰서

#075
애 낳는 고통으로 상품 제작하기

　　M&K의 첫 책이자 다이어리였던 〈기적을 부르는 다이어리〉 만들 때 제작을 위해 사방팔방 뛰어다니던 기억이 아직도 생생하다. 역시 제작은 '발'로 하는 거였다. 구멍이 송송 뚫린 표지(점자로 '기적 다이어리'라는 뜻. 사진 참조)를 위해 구멍 뚫는 후가공 집에서 거의 살다시피 했다. 지금도 그때 고생하신 담당자를 생각하면 눈물이 앞을 가린다. 양장 책 표지가 너무나 두꺼워서 구멍을 뚫는 칼날을 구하기도 어려웠을 뿐만 아니라 동그란 구멍이 생각보다 작아서 칼을 둥글게 만드는 것도 여간 힘든 일이 아니었다. 일단 거기까지는 해결했는데 책 표지를 일일이 하나씩 기계에 대고 위에서 칼날을 눌러 구멍을 뚫는 방식으로 진행하는데, 그 놈의 칼이 얼마나 엉성한지 구멍이 뚫려도 안에 종이가 남아있는 것이다. 옆에다 탁탁 털어서 구멍 안에 박혀 있는 종이를 일일이 털어주는 작업까지, 정말로 사람 돌게 만드는 작업이었다. 상황이 이러니 톰슨 집에서는 1쇄 3천 부만 하고 일 못하겠다고 나오는 거다. 처음에 권당 300원이었던 것이, 2쇄 때는 4백 원, 3쇄 때는 5백 원이 되고,(배보다 배꼽이 더 커진 상황) 이마저도 내가 싹싹 빌고 옆에 붙어서 함께 일하는 조건으로 거래한 것이니, 이 책은 대박이 나도 문제였다. 역시 제작 현장에서 일하시는 분들께 그런 표지가 가능하긴 한 건지, 가격은 어떤지 문의를 하고 일했어야 했다. 우리나라의 열악한 제작 환경에 한탄하던 기억이 선하다.(함께 애써주셨던 구본수 사장님, 톰슨 집 아저씨 고생 많으셨어요. 감사합니다.)

　　어디 고생이 이뿐이랴. 책 뒤쪽에 들어가는 스티커(다이어리 컨셉에 맞는 '부적 스티커')를 만들기 위해서 을지로 일대를 헤집고 다닌 기억. 스티커를

담을 봉투 발주(면지 -댐지를 '오로지 -펄이 들어가 반짝이는 종이'로 쓰기로 했으니 그것과 같은 종이를 봉투 집에 넣어주어야 함), 책을 감싸는 고무줄 끈을 구하러 방산시장을 다 뒤집고 다니던 기억, 이 모든 잡물들을 책에 붙이고 끼우고 넣고, 마지막으로 책을 랩핑해 줄 후가공 집(희망사)에 모든 것들을 마감하기까지 그야말로 전쟁이 아닐 수 없는 '제작 일지'다. 상황이 이러니 제작비는 또 얼마나 들었겠는가. 다행이 판매가 좋아서 수익이 나긴 했지만, 마음 졸이던 그 때로는 절대 돌아가고 싶지 않다.(함께 뛰어다녀 준 디자이너 윤임에게도 감사해야겠다.) 헌데 출간 후에 문제가 발생했다. 책이 랩핑돼 있어서 무슨 내용인지 모르겠다, 책인지 다이어리인지 헷갈린다 하는 서점 관계자의 말. 개선을 위해 랩핑한 책 위에 붙일 스티커(광고 카피용 스티커)를 추가 제작 발주했으니, 나중에는 이 한 권의 책으로 제작 달인이 된 기분까지 들었다.

    이런 과정을(애를 낳아보지는 않았지만) 어찌 애 낳는 고통에 견주지 못하겠는가, 그렇게 탄생한 책이 어찌 내 새끼 같이 소중하지 않겠는가. 문제는 제작하러 뛰어다니다가 진이 빠질 대로 빠져서, 내가 정말 잘 하고 꼭 해야 하는 일, '홍보 마케팅'과 '다른 책 진행'에 소홀해졌다는 것이다. 그러니 혹시 혼자서 북 치고 장구 치는 1인 사장이라면 에너지 분배, 업무 분장을 잘 하라고 말해주고 싶다. 차라리 제작 쪽은 전문 제작 대행업체에 맡기는 게 나을 수도 있다는 것이다. 난 내 전문 분야인 기획과 편집, 홍보마케팅에 집중하고 믿고 맡길 수 있는 제작대행처를 찾는 것이 오히려 이득일 수도 있다는 것. 내 전문 분야에 '올-인' 해서 생산성을 높이고, 잘 모르는 제작 진행하다 실수를 수습할 일 없으니 돈 굳고, 시간 굳고 일거양득 아닌가. 그리고 남에게 맡겼다가 실수가 발생하면 전적으로 책임을 져주지 않던가.(웬만한 전문가들은 실수하지 않는다.)

그렇게 대행을 맡기더라도 사장이 제작 공정 전반에 대한 지식이 있어야, 발주와 지시를 제대로 할 수 있다는 것은 더 말하면 잔소리겠다. 외주 대행을 하다가 시간 여유 되면 또 내가 직접 뛰면 되고. 균형 있게, 내 스케줄과 에너지를 고려해서 뛰어다닐 것! 아래는 제작 사고 후 수습 과정에서 쓴 일기다.

 061029 눈물이 앞을 가린다

제작 사고로 기형아로 태어난 내 자식, 러브 다이어리 3,000부를 버리고 꼼꼼하지 않으면 안 된다는 일념 하에 일산에 위치한 인쇄소 '색채인'에서 밤을 꼴딱 샜다. 다행인 건 내 동료 유 오빠와 윤임 언니가 함께 해주었다는 것, 새로 알게 된 제작 담당 부장님이 친절하다는 것, 게다가 인쇄소 기장 동상이 잘생겼다는 것. 실수는 괘안타고 본다. 다만, 그 실수를 반복하는 정신병자 같은 짓만 안한다면….
살아야 할 이유는 참 많다. 내가 같은 실수를 반복할지 말지 지켜봐야 하는 등등의….

#076
완성품이 주는 희열감, '내 새끼'

그것이 눈물과 땀으로 만들어졌다고 해도 과언이 아닌 내 새끼가 세상의 빛을 보는 날. 그날의 희열감과 뿌듯함, 마음 짠해지고 찡해지는 순간의 그 마음, 그것 때문에 우리는 사장을 하는 거다. 작가는 기획하고 글 써내면 끝이고, 영업자는 책 나온 뒤에 영업하면 끝이고, 제작자는 제작 공정에 만전을 기하면 끝이지만, 기획편집자는 책의 시작부터 마지막까지 전 과정을 뜬 눈으로 지세는 과업을 명명 받은 존재들이다. 기획에서 원고작성, 제작, 출간 후 영업, 마케팅, 판매 촉진, 수금까지 전 과정을 열성적으로 진행하다가 그 모든 일이 끝나면 정말로 기운이 쫙 빠지는 순간이 온다. 그야말로 시장과 소비자의 움직임을 주시하는 일만 남은 것 같은 사장의 허탈한 마음이란…. 그런데도 다시 힘을 내고 끝까지 내달릴 수 있는 건 그 완성된 책을 본 작가들의, 독자들의 감사인사, 옵저버들의 응원, 잘 뽑아진 내 새끼 그 자체를 만지는 희열감, 시장에서의 반응에 대한 기대감, 불안 속 확신 뭐 이런 것들이 아닐까. 제작이 끝난 책에 대해 누가 단점이라도 살짝 지적하면 진짜 '주먹이 운다'. 아래는 책 출간 직후 일기들.

070505 수고한 우리들, 얼타 마시고 춤추자!

"언니와 책을 만들기로 결의를 다진 지 어느새 2년이 되어갑니다. 함께 책을 만들어가며 나눴던 애정 어린 보살핌과 술과 웃음과 눈물과 우정과 사랑, 의견대립과 갈등, 예술과 놀이에 대한 멋들어진 스토리들, 상상력과 영감과 창조력, 그 모두가 어우러져 이제 정말 책이 나오는군요. 함께 아프고 기쁘고 신나하던 시간을 지나고 나니 이제는 가족 같네요. 정말 고생하셨어요. 전업 작가가 아닌 언니가 300페이지가 넘는 글을 써내느라 얼마나 고생스러웠을까에 대해서는 굳이 거론하지 않을께요. 다만 저는 이제 멋있는 책 제대로 만들고 많이많이 팔아서 은혜에 보답하렵니다."

책 마감으로 내 인생 완전 저당 잡힌 2년 여, 내가 살아가는 이유를 깨달아가고 있는 것 같다. 사이사이 술도 마시고, 책 홍보도 하고, 좋은 분들도 접견하고, 사랑하는 사람도 만나고, 옵저버들과 직원들과 소통도 하고 했지만 뭐니뭐니해도 책을 만드는 일은 나를 가장 흥분시킨다. 이 몸 하나 불살라 좋은 책을 세상에 내놓는 희열감을 누가 알까.

완전 녹다운 되었을 상은 언니를 이제부터는 홍보하라고 몰아붙이는 구모니카 씨.(칼만 안 들었네.) 언니의 쓸쓸한 옆모습을 보니, 마음이 울컥하면서 고생한 사람들 얼굴이 하나둘 마음을 쓸고 지나갑니다. 진짜 좋은 책이 확실하니까 많이 팔아서 돈 팍팍 벌어줄께요. 오늘 밤은 그저 아무 생각 없이 술 취하고, 춤추고, 사랑만 하자고요.

070509 대박만이 내 희망!

아기다리고기다리. 눈물이 앞을 가린다. 열정+사랑+애정+젊음+패기!
대박의 신이시여. 굽어 살피소서!

#077
납본 & 언론사 배포 & 시장 출시 (서점 배본)

따끈따끈한 책이 나왔으니 '이제 일 다 끝났다'고 정신을 놓아서는 안 된다. 책을 유통하고 광고홍보하고 잘 파는 일, 바로 '마케팅'이 남았다. 결국 이 모든 게 다 돈 벌자고 하는 짓이니 지금까지와는 차원이 다른 열혈 마인드로 무장하지 않으면 안 되는 순간이다. 뒤의 [마케팅] 챕터에서 다루겠지만, 제작 과정에서 여기저기 뛰어다니느라 혼이 쏙 빠져있는 당신이 반드시 염두에 둬야 하는 많은 일들이 남아 있다. 절대로, 절대로, 끝까지 긴장을 놓아서는 안 됩니다.

책이 나오자마자 하게 되는 일을 간단히 정리하고 다음 챕터로 넘어가자. 여기저기 "우리 책 나왔어요!" 알리는 일이 그것! 일단은 국립중앙도서관에 '납본'이란 걸 해야 하고, 각종 언론 매체(방송, 신문, 잡지) 그리고 서점 도서 구매 담당자(구매팀), 도서 소개 관계자(MD와 매장 직원)에 릴리즈를 해야 하고, 거래하는 서점에 '초도 물량'을 배본(배포)해야 한다.

자, 이제 내 상품을 잘, 많이 팔아 돈을 만질 시간이다. 본격적인 마케팅의 세계로 GO, GO! GO, GO!

마케팅

#078 마케팅의 4P를 아시나요?(제품, 유통, 광고·홍보·판촉, 가격) #079 마케팅 시대? 겁먹을 것 없다!(품질 그 자체)

#080 주먹구구식 책 값 산정(가격) #081 창고는 또 다른 사무실, 좋은 창고 쓰기!(물류)

#082 서점 첫 거래 트는 날(유통) #083 서점과 좋은 관계로 지내려면?(영업/홍보)

#084 책은 꼭 서점에서만 팔아야 하나?(판촉1) #085 각양각색 북 마케팅 방법들(판촉2)

#086 언론 매체 녹이기(언론홍보) #087 내 제품을 어떻게 알릴 것인가(독자홍보)

#078

마케팅의 4P를 아시나요? (제품, 유통, 광고 · 홍보 · 판촉, 가격)

마케팅이라는 말이 언제부터 시대의 화두가 되었을까. 사업가들 모두가 마케팅이라는 말을 입에 달고 산다. 개념 풀이부터 들어가자면, 마케팅이란 '생산자가 상품 또는 서비스를 소비자에게 유통시키는 데 관련된 모든 체계적 경영활동'을 말한다. 이는 단순한 판매 전략을 넘어서 경영적 측면에서 상품의 판매에 직·간접적으로 영향을 미치는 모든 전략을 수립하고 실행하는 일을 말한다. 전문가들이 말하는 마케팅의 4요소(4P)는 Product, Place, Promotion, Price로 제품 자체의 전략, 유통 전략, 광고·홍보 등 판매촉진 전략, 가격 전략이다. 간단히 얘기하면 이 각각의 전략들이 한 데 어우러져 상승작용을 할 수 있도록 조치하고, 결과적으로 소비자에게 잘 어필해서 우리 꺼 많이 팔도록 뛰어보자는 거다. 최근에는 5P라고 해서 People(대 고객 전략)까지 추가되었다.

전문적으로 공부하지 않더라도 이미 사장의 머릿속에는 그 모든 전략이 들어있다. 구시대의 전략과 전혀 다를 게 없다는 말. 다만 좀 더 체계적이고, 과학적으로 검증된 방법들이 많이 나와 있고, 그것을 내 상품과 서비스에 맞게 전략적으로 사용하면 되는 것뿐, 상식적인 차원에서 실행하면 된다. 감사하게도 우리가 살고 있는 이 시대에는 수많은 기업들이 각종 마케팅 전략을 노출하고 있으니, 생활형 현장 학습도 충분히 했을 것으로 본다. 누구나 한 번쯤은 들어봤거나 경험해 본 마케팅에는 뭐가 있을까. 이미지마케팅, 감동마케팅, 감성마케팅, 컬러마케팅, 애국마케팅, 게릴라마케팅, 귀족마케팅, VIP마케팅, 노이즈마케팅, 향기마케팅, 그린마케팅, 역발상마케팅, 구전마케팅, 공간마케팅, 디마케팅 등이 있을 텐데, 앞으로 현장의 마케팅 전문가들은 각자의 제품과 서비스를 어필할 수 있는 더 많은 전략들을 내놓을 테지.

사업의 현장에서 쓰이는 마케팅의 개념은 주로 광고·홍보·영업·판촉에 관한 것이 많다. 그러니 사장으로서 자기가 만든 제품을 어떻게 널리 알릴 것인지, 시장과 소비자에게 어떻게 어필하고, 판매를 신장할 것인지에 대한 전략을 수립할 수 있다면 이미 마케팅 전문가인 것이다. 각자가 만든 제품과 서비스 환경에 맞아떨어지는 마케팅 전략을 고안해내는 건 순전히 사장과 제작자의 몫이다. 어떤 전략이 통할 지는 판매 결과가 나오지 않고서는 누구도 모를 일이다. 일단은 내 상품을 제대로 만들고, 제대로 만든 상품을 소비할 사람들의 성향과 취향을 잘 파악하는 일이 중요하다. 그들이 자주 다니는 길목에, 그들의 눈길을 끌 수 있는 작전을 짜서, 내 상품을 펼쳐 보이고 그들이 주머니를 열도록 만드는 일. 그게 마케팅의 전부다.

070803 열심히 사는 여자들을 위한 '멘토 파티'를 기획하다

여자들을 어떻게 끌어 모을까? 그녀들은 뭘 한다고 하면 올까? 그녀들은 어디에서 뭘 하기를 좋아할까? 머리를 싸매고 고민하던 내게 친구가 툭 던진 한마디. "훌륭한 인생 선배들과 만나서 수다 떨고 술 마시자." 그래, 이거야! 우리 독자들에게 괜찮은 선배들을 만날 수 있는 자리를 마련해주는 거다. 나랑 차원이 다른, 높고 고명하신 선배님들 말고, 같은 동네에 같이 살고 있는 듯 친근한 느낌의 선배들을 만나서 인생 사는 비법도 전수 받고, 마음 속 고민과 고독도 공유하고, 우정을 나누도록 해주는 거다. "어차피 다 똑같은 인생이다, 너 참 잘 살고 있다, 잘 살아왔다, 나도 너랑 비슷한 처지다, 아직 과정 중에 있어서 늘 불안하고, 힘들지만 그저 하루를 신나게 살아가는 거다, 우리 함께 힘내자!" 이런 얘기를 나눌 수 있는 파티를 기획해보자! 음, 그 이름도 아름다운 '멘토 파티'를 열자. 〈여자의 발견〉에 등장하는 멘토mentor들을 모시고, 2030 여자들을 멘티mentee로 초대하고, 신명나게 놀아보는 거다. 거기에 온 여자들 모두가 입소문을 내겠지. "와우~! 나 정말 훌륭한 파티 다녀왔는데 말이야, 〈여자의 발견〉 진짜 멋진 책이더라, 너도 꼭 사봐~!" 음, 멋져! 멋져! 나는야, 정말로 훌륭한 마케터다!

〈여자의 발견〉 출간기념파티 풍경들

#079
마케팅 시대? 겁먹을 것 없다!(품질 그 자체)

　대기업들은 마케팅 전략 싸움이라기보다는 돈 싸움에 가까운 마케팅 전쟁을 하고, 중소 기업들은 괜한 돈 들어가는 마케팅 집행으로 소리 소문 없이 망해가고, 소자본 창업자들도 너나없이 마케팅, 마케팅 노래를 부르다가 맨땅에 헤딩하는 판국이다. 하도 '마케팅 시대'라고 강조하니까 그 실체가 있기는 있는 건지 가끔 어지럽다. 판매된 이익보다 마케팅으로 새는 돈이 더 많으니, 배보다 배꼽이 더 큰 격이다. 개인적인 생각이 아니라 여기저기 사장님들 목소리가 실제로 그렇다. 물론 몇몇 기업의 성공한 마케팅 사례들이 기사화되고, 책도 나오고 하지만(찾아보시길, 정말 재미있다), 그게 정말 마케팅의 승리였을까? 시장에서 원하는 제품 그 자체의 품질, 더불어 시대 환경에 딱 맞아 떨어지는 유통과 판매 전략이 성공의 진짜 이유인 건 아닐런지. 물론 사전에 철저하게 준비된 마케팅 전략이었다고 해도 할 말은 없겠지만, 대개의 성공신화들이 그렇듯 살짝 과장한 느낌이 드는 건 나만의 생각일까. 게다가 그렇게 마케팅 신화를 창조하며 대박을 누리던 커피빈, 스타벅스 등이 최근 망조가 든 건 또 어떻게 설명할 텐가. 제품과 환경(시장 상황)의 궁합, 그리고 소비자의 호응으로 만들어지는 게 대박 상품일 뿐이다. 마케팅 신화 같은 건 없다고 본다.

　도서 시장도 마케팅 전쟁이 한창이다. 지나친 판촉비용으로 제 살 깎아먹는 출판사도 많고, 대형 출판사들의 돈을 물 쓰듯 하는 마케팅 전략에 전체 출판업계 분위기도 엉망진창 됐다. 소자본 무점포 출판사로서는 감히 엄두도 못 낼 큰돈이 서점 마케팅에 뿌려지고 있다. 서점에서 눈에 띄는 좋은 자리에 내 책 한번 진열해 보겠다고 나서면 '돈 내라'는 식이고, '돈 낼 테니 책만 좋은 자리에 놔 달라!' 해도 그 자리는 대형출판사가 이미 년간 계약으로 자리를 차지하고 있어 들어갈 수도 없는 게 현실이다. 죽일 놈의 마케팅이 좋은 책, 좋은 출판사 다 죽이게 생겼다. 그러니 고래 싸움에 새우 등 터지지 말고, 소규모의 사업체라면 자기 덩치에 맞는 적당한 판매 전략을 짜야 한다. 거창한 마케팅 전략이 아니어도 좋으니, 내 머릿속에 구상한 '판매전략'을 뚝심 있게 밀어붙이면 된다는 거다.

그렇다고 마케팅 전략이니 뭐니 다 집어치우라는 얘기가 아니라, 그냥 그 '마케팅'이라는 단어가 좀 지겨워서 하는 말이다. '살 사람은 다 산다'던 어떤 초탈한 사장의 말이 멋있게 느껴진다.(그 분도 뒤에서 마케팅 비슷한 뭐라도 했겠지만.) 아무튼 나는 제품의 질이 곧 마케팅의 완성이라는 데 적극 찬성이다. 그리고 시대와 대중이 원하는 코드에 제품이 맞아 떨어지면 그것이 곧 성공이라는 데 올~인! 바로 앞 일기에도 있는 것처럼 〈여자의 발견〉 출간 후 마케팅의 일환으로 청담동 애비뉴 준오의 협찬으로 진행된 행사 '멘토 파티' 때, 작가와 내가 생각한 건 책 컨셉이 '멘토북'이니 만큼 '실제 독자들과 만남을 갖자'는 평범한 아이디어였을 뿐, 그걸 실현하는 데 굳이 '마케팅'이라는 개념을 입에 올린 적 없다. 책 자체에 대한 믿음 하나로 과감히 파티를 기획했고, 결과는 대 성공!(멘토 파티는 2030 여성 독자들의 호응을 얻으며 그 후로도 몇 차례 더 이어졌다.) 그러니 마케팅이라는 개념을 거창하게 생각하지 않아도 좋을 듯하다. 그저 내가 만든 (훌륭한) 제품을 타깃target 집단에게 노출하고, 소비하도록 만드는 일종의 '판매 계획'일 뿐!(독자들을 대상으로 한 행사에 대한 자세한 계획들은 뒤쪽 '판촉', '독자홍보' 부분에 나온다. 235page~257page.)

#080
주먹구구식 책 값 산정(가격)

일정한 제품과 서비스를 생산하는 사람은 그것의 값어치를 자동으로 계산하면서 기획할 것이다. 직·간접 제작비를 합한 원가가 나올 것이고, 이런 원가 요소에 마케팅 비용 등을 넣어 얼마를 매기고, 수량은 얼마나 팔았을 때 목표한 이윤이 남을 지를 따져서 가격을 산정하게 될 것이다. 가격 산정도 마케팅 전략의 일부라고 하니 그렇다면 여기서 제품 가격 얘기 한번 시원하게 해보자! 소비자들은 당연히 가격에 민감할 수밖에 없다. 가격을 가능한 한 싸게 책정하는 게 소비자들의 호응을 얻어낼 것도 당연하다. 그런데 사장들은 땅 파서 장사하는 것도 아니고, 해도 너무한 가격 경쟁에서 제 살을 깎아먹고 있는 사장님들 너무 불쌍하다. 기존의 시장에 형성된 가격 때문에 질 좋은 내 제품이 평가절하 되는 것은 싫은데, 시장가격을 무시할 수도 없고 진퇴양란이 아니고 뭔가.

다른 업계도 가격 경쟁에 피 보는 분들 많더만 여기서는 내 사업, 책 가격 얘기를 해보겠다. 자, 러프하게 책 가격을 산정해보도록 하자. 정가가 1만 원일 때, 서점 납품가는 평균 60% 수준이다. 그러니까 한 권에 6천 원을 받고 서점에 넘긴다는 얘기. 뒤의 [돈] 챕터에서 얘기할 것이지만, 책이라는 상품은 '위탁관리업'이라서 서점이 위탁받아 책 판매를 대행해주는 시스템, 그러니까 상품을 현금 받고 넘기지 못하는 실정이다. 독자 손에 팔린다고 수금이 가능한 것도 아니다. '공간분'(보증금)인지 뭔지 해서 열 권 팔리면 여섯 권 정도의 돈만 받을 수 있는 실정이다. 그마나도 어음으로 주는 곳이 많다.(출판사 사장들 무슨 돈으로 사업하는지 정말 의문이다. 서점 수금 시스템 선진화하자고 출판사들이 나서지 않는 것도 참 아이러니다.)

그러면 '6천 원' 안에서 작가 인세도 주고, 디자인비, 종이값, 인쇄·제본·후가공 비용, 창고·물류·유통 비용, 마케팅 비용, 간접제작비용(품위 유지비, 사무실 유지비, 직원 월급 등)을 지불하고, 출판사 이득도 남겨야 하는 셈이다. 6천 원 안에서 저 많은 비용이 충당이 되겠나? 상식적으로 생각해도 답이 안 나올 것이다.(나 중학생일 땐가 군인이신 우리 아버지 세상 물정 모르시고 만 원 주시면서, '맛있는 거 사먹고, 옷 사 입고, 참고서 사고, 남는 돈 가져와라' 하셨던 일이 생각나는군.) 출판사 사장들이 그래서 '대박'을 외치는 거다. 많이라도 팔아야 대강 이윤이 남을 테니까. 초판 3천 부 혹은 2천 부가 몇 년에 걸쳐 팔리면 이건 정말이지 참담하다. 출판사랑 사장 망하는 것도 망하는 것이지만, 애써서 글을 창작한 작가에게는 정말로 못할 짓이라는 생각이 든다. 작가 인세를 보통 책 가격의 10%를 주니까 한 권당 천 원 받게 되는데, 3천 부 인세라고 해봤자 3백만 원이다.(그나마 출판사 보다 낫구료. ㅠ.ㅠ) 그래서 작가들도 '대박'을 꿈꾸는 거다.

상황이 이렇다면 손익분기를 잘 따져서 제품의 가격을 올리는 것이 상식적인 사업 원리일진데 주변 사정이 그렇지 않다는 게 문제다. 사업가가 기본적인 이윤을 남기는 게 마땅하지 않나. 그래야 최소한의 생존은 가능할 것 아닌가. 그런데 도서 원가산출 프로그램은 유명무실하다. 언젠가 원가분석을 마친 후 3천 부 팔아서 이윤을 남기려면 책값을 2만 원대로 매겨야 했는데, 서점 관계자가 깜짝 놀라며, '미치셨어요?' 한다. 시장에 형성된 가격에 맞춰서 책값을 매겨야 한다는 강박관념과 보이지 않는 강요들로 여러 출판사가 쓸쓸히 사라지고 있는 거다. 무슨 한탕주의 사업도 아니고 터무니없는 책 가격을 보면 정말이지 한숨만 나온다.(너무 '성토' 하나?!) 상황이 이러니 사재기니 베스트 셀러 조작이니 하는 '한탕주의', '대박'(도박?) 같은 병폐들이 나올 수밖에 없는 거다. 진짜 문제는 그런 한탕주의가 아니라, 출판 산업의 구조적 모순이라는 것을 왜 모르나.(최근에는 문고본까지 등장해서 이미 불붙은 책 가격 낮추기 경쟁에 휘발유를 뿌리고 있지, 아마.)

어떤 사장은 정밀하게 손익분기를 따져서 기존의 책들보다 훨씬 비싸더라도 당당하게 책값을 매겼단다. 그렇게 계속 밀어붙였더니, '어라~!' 하면서 다른 출판사들에서도 따라오더란다.(멋지십니다.) 출판사도, 사장도 먹고 살아야 하지 않나. 문화산업의 총아라 할 수 있는 출판사들이 가난에 찌들고, 빚에 쪼들리면 안 될 일이다. 가격에 있어서는 좀 더 당당해질 필요가 있다. 게다가 책이라는 상품은 비싸서 안 사고, 싸서 사는 제품이 아니다. 이 책 말고 더 싼 가격의 똑같은 상품이 있는 공산품도 아니다. 그러니 제발 손익분기에 맞게 가격 산정하자고요!

오른쪽에 공개하는 원가계산표는 정말 황당하지 않을 수 없다. 계산기를 어떻게 두들겨 봐도 영업부가 원하는 가격(₩12,000)으로 했을 때는 1만부 이상을 팔아야 이윤이 남는 구조. '책 가격을 올려야겠다'고 했더니만 영업부에서 절대 안 된단다. 물론 내가 투자를 과감하게 한 부분이 있기는 하지만(M&K 블록버스트였음), 이래서 어떻게 출판으로 돈 벌어 먹고살지 하는 생각이 들었던 때. 아픈 추억을 돌이키면서 전격 공개한다.

〈이상은 Art&Play〉 원가계산표

#081
창고는 또 다른 사무실, 좋은 창고 쓰기!(물류)

　　책을 만들고 나면 소중한 내 새끼들 보관할 곳이 있어야 한다. 또한 내 책들을 내가 거래하고 있는 서점에 배본해야 한다. 옛날에는 일일이 출판사에서 보냈다고 하는데, 요즘은 훌륭한 배본업체들이 권당 일정한 가격을 받고 배달을 해주니 외주로 맡기는 게 좋다. 일반적으로 창고를 빌리면, 창고가 거래하고 있는 배본업체를 이용해 책을 서점에 보내게 된다. 서점에서 전날 '어떤 책 몇 권' 이런 식으로 출판사로 주문을 넣는다. 그러면 출판사는 다음날 아침 창고에 주문 리스트를 발송하고(요즘은 거의 온라인 '출판 물류 관리 프로그램'으로 처리), 창고에서는 책을 챙겨 배본업체에 맡기고, 배본업체는 해당하는 서점으로 책을 배달하는, 그런 시스템. 배본업체들은 서점에 배달하면서 거래명세표에 인수도장을 받아서 다시 창고로 갖다 주고, 창고는 그걸 다시 출판사에 넘겨주는 식으로 일이 처리된다. 이때 출판사는 창고에 잘 부탁해서 거래명세서를 꼭꼭 잘 챙겨둘 것! 창고가 당연히 해야 하는 일이지만, '잘 부탁' 하지 않으면 간혹 분실사고가 난다. 나중에 서점과 장부 대조할 때 맞지 않는 부분을 체크할 때 반드시 필요하다.

　　출판사에게 책은 유일하고 절대적인 '재산'이다. 그런데 나의 소중한 재산을 서점이나 창고에서 막 다루면 정말이지 화가 난다. 서점은 이리저리 부딪히고 망가진 책을 당당히 반품하고, 창고는 그 반품 온 책을 아무렇게나 내팽개치고….(지금 이 대목에서 정말 눈물이 나오네. 아깝고 불쌍한 내 새끼들.) 그러니까 사장은 내 소중한 재산을 '느그들도 소중히 다뤄야 한다'고 압박해야 한다. 서점에 찾아가서 재고로 뒹굴고 있는 책들을 체크해서 '이거 이렇게 막 다룰 거면 당장 반품처리 하라!'고 엄포를 놔야 한다. 잘 나갈 것 같으면 대량 주문했다가, 며칠 지켜보고는 바로 반품해버리는 건 너무하다. 그렇게 왔다 갔다 하다가 망가진 책은 어쩌라고…. 어떤 다이어리 판매처는 제품 반품하면서 정가의 50%의 금액을 결제해 주더만, 지들이 굴리다가 망가뜨렸다 이거다.(정말 눈물 나게 고마운 일이다.) 또한 창고에도 자주 찾아가서 반품을 재생하면서 이것들이 내게 얼마나 아깝고 소중한 자식들인지를 몸소 보여주도록 한다. 그러니까 결국 물류의 핵이라고 할 수 있는 서점과 창고는 애초에 좋은 데랑 거래하는 게 좋다. 서점은 아래 글에서 얘기하기로 하고, 창고를 선정할 때는 정말 신중을 기하도록 하자. 비교적 보관이 까다로운 종이책을 보관하기에 적당한 장소인지, 공간은 깔끔한지, 반품 재생기는 있는지, 사장이 정신자세가 되어있는지, 직원들이 책을 소중하게 다루는지, 까다롭게 따지고, 알아보고 계약할 것! 기본 보증금, 보관료(보관 수량에 따라), 배본료 등도 타 업체와 비교해보고 결정하라. 책 종수 늘어서 보관량도 늘고, 물류 프로그램 데이터를 서로 공유하고 있는데 '방 빼'려면 곤혹스러우니 애시당초 좋은 창고랑 거래를 트도록 한다.

| 내 새끼들 보관하는 창고 소개 |

내가 거래하고 있는 '도서유통 BSL'은 사장이 출판사를 하고 있어서 책을 소중히 다루는 편이다. 직원들도 싹싹하고 성실하고, 건물도 새 건물이고, 처음 시작할 때 거래를 터서 가격도 적당히 싸게 해주시고, 반품도 재생해주고 정말 좋은 곳이다. 또한 창고물류 프로그램도 우리 출판사랑 같은 것을 쓰고 있어서 데이터 공유에 유리하다. 언젠가는 우리 컴퓨터가 오류가 나서 물류 데이터가 싹 날아갔는데, 창고 데이터를 기반으로 다시 살려냈다. 전화번호 공개할 테니, 필요하신 분들은 이용하시라.(내게 좋다고 다른 사람에게도 좋은 건 모를 일이니, 꼼꼼하실 것을 당부 드린다. 누구도 사장의 결정에 책임질 수는 없으니까.)

■ 도서유통 BSL 전화번호 (031) 925-5351
■ 창고·물류 프로그램 BSW 사이트 http://www.buja.info

#082
서점 첫 거래 트는 날(유통)

책을 만들었으면 팔 데가 있어야 할 텐데, 그 '위대한' 판매처는 바로 전국의 크고 작은 서점이다. 요즘은 대형 서점과 온라인 서점, 도매상을 중심으로 돌아가고 있다. 추억의 동네서점들중 소형 서점이 사라지는 건 정말 아쉬운 일이다.(돈을 벌 수 있는 구조가 안 되니 다들 문을 닫겠지만.) 위에서 서점 얘기하다가 좀 흥분한 것 같은데, 도서 물류와 유통의 구조적 문제를 짚은 거지, 서점이 잘못되었다는 얘기가 아니다. 내가 뭘 잘 모르는 기획자 겸 사장이라서 불만이 많을 수도 있겠다. 사실 서점 첫 거래 트면서 얼마나 진땀을 뺐는지, 난 그쪽에는 정말 취약한 것 같다. 거래처 선정과 거래 방식, 할인율도 모르면서 괜히 멋모르고 나섰다가 낭패를 본 것이다.(같은 시기에 출판을 시작한 한 친구는 모 서점과 70%의 할인율로 계약을 했다는데, 나는 60%에 덜컥 계약하고 말이지.)

이런 때는 영업전문가의 도움을 받는 게 맞다. 초창기에는 영업을 외부 협력업체 맞길 예산까지는 없을 테니, 내가 처리할 수 있는 실무는 직접 처리하고 주변에 혹시 '공짜로' 영업 조언을 주고, 거래 구조를 짜줄 분이 없는지 찾아볼 것! 나의 경우 SBI(서울북인스티튜트) 창업자 과정에서 만난 사장님의 소개로 영업의 달인을 소개받아 비교적 쉽게 영업 구조를 짤 수가 있었더랬다. 물론 실무 처리는 내가 하는 식으로 하고, 옵저버님은 전체 구조를 짜주시고, 거래를 틀 수 있도록 서점 관계자를 소개해주시고, 구매과랑 '딜 잘하는 방법' 등을 전수해주셨다. 소규모 1인출판사들은 책 한 권 내놓고 문 닫을 수도 있고, 책을 오랫동안 내지 않는 무실적 출판사가 될 수도 있는 등 위험 요소가 있어서 서점들이 거래를 쉽게 터주지 않는다. 그럴 때

인맥의 힘이란 정말이지 '대단해요~'! 역시 우리나라는 '맥'과 '연'의 나라다. 그래도 나 M&K의 전반적인 분위기가 망할 것 같지는 않으니까 거래를 터주었겠지만.(M&K 출간 예정 도서를 담은 팸플릿이 큰 도움이 되었다.)

이쯤에서 나의 영업 옵저버님께서 당부한 몇 가지 것들을 얘기해보자.(이는 철저히 그 분 개인의 영업 스타일이니 절대적으로 받아들이지는 말 것!) 거래처는 적을수록 좋다.(소규모 1인출판사가 거래처 많으면 수금은 누가할 것이며, 반품은 어떻게 감당할 것인가. 대형서점 4~5곳, 인터넷 서점 4~5곳, 중소규모 8~12서점 곳, 지방서점 10~15곳 정도가 좋다.) 도매상은 한군데로 몰아서 일원화하는 것이 좋다.(나중에 수금할 때 돈을 몰아서 받을 수도 있고, 어차피 거래처를 최소화할 전략이라면 도매상은 여러 군데 거래하지 말자. 도매상 반품도 만만치 않다.) 출판사의 성장 규모에 따라 거래처를 추가 할지의 여부는 나중에 결정해도 된다. 서점의 구매과 영업을 잘 할 것!(초도 물량을 결정하는 부서인데, 구매과의 입김에 따라 매장의 진열도 좌지우지된다.) 온라인 서점의 MD들과 친해질 것!(오프라인 서점의 구매과 기능을 하는 분들. 온라인 서점들은 어차피 초도 물량이 적게 들어가지만 서점 사이트의 메인 화면에 책을 띄울지 말지를 결정하는 분들과 친해져야 하는 건 당연한 일.) 매장 진열에 꾸준히 신경 쓸 것!(독자들 눈에 띄는 곳에 내 책을 둬야 하는 건 당연한 얘기다.) 각 서점별 수금일을 반드시 챙길 것!(온라인 서점은 월초 계산서 발행을 하면 중순쯤 온라인으로 입금해주고, 대형서점은 초순, 중순쯤 원장을 대조하고 월말에 온라인 입금하거나 금액이 많을 때는 직접 가서 어음이나 당좌수표를 받는다. 도매상의 경우 정해진 날짜에 가서 공간분을 제외한 수금액을 확정받는다. 지방서점과 중소규모서점은 중순쯤 순례를 해야 한다. 일부는 온라인 입금을 해주기도 하는데, 영업자가 직접 가서 받지 않으면 수금액이 줄어든다.)

#083
서점과 좋은 관계로 지내려면?(영업/홍보)

　　서점 홍보와 영업을 영업자의 몫이라고 생각하지 말고 기획편집자가 서점 관계자에게 직접 찾아가는 것도 홍보의 좋은 방법이다!(영업 지원) 사실 어떤 책을 서점 관계자에게 알리거나 마케팅 요청할 일이 있을 때 그 책을 가장 잘 파악하고 있는 기획편집자가 직접 찾아가 브리핑하고 어필하는 게 더 유효하지 않겠는가? 그들도 인간이지라 절실한 마음으로 책을 설명하는 사람에게 약할 수밖에 없다. 요즘은 서점과 출판사가 공동으로 기획하고 진행하는 행사가 많아, 돈 안들이고 얼마든지 홍보가 가능하니 서점에 나를 믿어주는 친한 사람 있는 것은 정말 복이다.

　　가끔 대형서점에 들러 다리 아프게 하루 종일 매장에 서있는 언니들에게 음료수 하나, 초콜릿 하나라도 사들고 가서 친구 돼봐라, 얼마나 좋아하시는지 모른다. 게다가 이것저것 출판 트렌드도 듣고, 우리 책 판매 동향도 알아보고, 우리 책 좋은 자리에 놓아달라고 떼도 쓰고 말이다. '간절한 마음으로 내 책을 내가 사랑하면 독자들도 사랑해 줄 테지' 하는 뜬구름 잡는 믿음을 가지고 서점에 나가 내 책들을 자주 만져주는 것도 내가 자주 하는 일 중에 하나다. 그렇게 자기주문을 걸고, 암시를 하면 일단은 불안했던 내 마음이 차분해진다. 내 마음이 차분해져서 좋은 것은 그런 기운을 다음 책에 반영해 진짜 괜찮은 책을 낼 거라는 다짐도 되고, '책 세상'에서 사업을 하고 있는 나 자신에게 응원도 되고, 내 책을 팔아주는 서점에 고마운 마음도 들고, 뭐, 그 정도.

　　물론 수금문제로 부대낄 때는 서점이 밉기도 하지만, 서점도 얼마나 힘들면 그러겠나 싶다. 요즘 서점 가보면 정말 책사는 사람이 줄은 게 확 느껴진다. 그리고 서점 아니면 내 상품을 진열하고 팔아줄 곳이 얼마나 있겠는가. 물론 최근에 여러 가지 판로를 뚫자는 분위기이긴 하지만, 서점에서 파는 것만 하겠는가. 서점과 출판사가 서로 상생하는 길을 찾는 것만이 출판업의 부흥을 가져올 것이다. 그러니까 기획자든, 영업자든 서점과 최대한 잘 지내도록 노력할 것!

080120 연애전문가(?) 고 작가의 연애상담

싸부님 소개로 만난 인터파크 마케팅 팀장님께서 멋진 아이디어를 제안해 주셔서 인터파크 서점 사이트에서 자칭 연애전문작가 고윤희 작가의 연애상담 코너를 진행하기로 했다. 연애 짱구들의 다양한 고민을 고 작가의 예의 날카로운 분석과 상담을 통해 코칭해주면 〈연애잔혹사〉에 대한 국민적 관심을 끌어 모을 수 있겠지비~. 파이팅! 고 작가! 파이팅! 〈연애잔혹사〉!

#084
책은 꼭 서점에서만 팔아야 하나? (판촉1)

구태의연한 판매방식에 대한 고정관념을 버리자. 내 제품을 팔 수만 있다면 보따리 장사는 왜 못 하랴는 심정으로 '서점에 잘 안 가는', '이런 멋진 책이 세상에 나온지 조차도 모르는' 독자들에게 어필할 수 있는 방법을 발 벗고 나서서 찾아라. 이 바닥에 있다 보면, 출판 영업자들의 한계에 대한 이야기를 종종 듣게 된다. 요지는 영업자가 서점 수금을 중심으로 기능할 뿐 적극적으로 '기획 영업'을 못한다는 것이다. 출판 영업자는 왜 마케터가 되지 못하는 걸까? 개인적인 생각으로는(나중에 엄청 욕먹을 것 같긴 하지만) 일단 자기가 영업하는 책부터 좀 읽었으면 좋겠다. 필자와 책 내용도 모르는 채 영업과 판촉을 하는 분들 많이 봤다.(서점 관계자들이 무슨 얘기인지 못 알아듣는 건 당연한 일.)

'기획 영업' 별거 아니다. 내 상품 특성을 정확히 파악하고 주요 판로(서점) 외에 다른 판로를 개발해서 내 책을 갖다 파는 일이 전부다. 영업자가 진정한 마케터로 대접받기 위한 유일한 방법이자 출판사에서도 인정받고 더불어 서점도 긴장시킬 수 있는 최고의 방법은 기획 영업뿐이다. 각종 독서연구회, 기업체(대기업, 보험사 등)의 독서경영, 온라인 독서모임, 군납, 마트, 편의점 등 이미 활발하게 움직이는 특판 시장도 영업자들의 노력으로 개발된 것이겠지만 새로운 시대를 맞아 또 다른 판로를 찾아 발 벗고 뛰는 영업자가 과연 몇이나 있을까. 사우나, 커피숍에 모여서 그런 논의를 하고 계시는 걸까?!

최근 출판 영업계에도 젊은 피가 수혈되고 있고 여자 영업자들도 꽤 많아졌다. 여자 영업자들은 특유의 섬세함과 치밀함으로 서점 영업에 제격이라는 평판을 얻으며, 다양한 활로를 모색하고 있는 듯 보인다. 세미나, 소모임, 각종 행사장을 쫓아다니기도 하고 여대 앞에서 전단지를 나눠주기도 하고, 온라인 동호회 소모임에 참여해서 책 파는 현장도 봤다. 애초에 특판이 보장된 '기획 꺼리'를 들고 오는 영업자도 봤다. 자비출판을 끌어들인다거나, 필자 자신이 기본적으로 1만 부~2만 부 정도 소비가 가능한 기획을 가져온다거나 해서 회사 재정에 물꼬를 터주는 거다.(이 얼마나 예쁘고 고마운 일인가.)

물론 시장 자체의 한계(마케팅 자본이 턱없이 부족하고 기존 시장을 유지해온 영업 방식을 벗어나기 힘들다), 책이라는 제품 자체의 한계(책 안 산다고 굶어 죽는 거 아니다), 시간의 한계(기존 거래처 돌기도 바쁘다), 개인의 한계(신선한 아이디어가 떠오르지 않는다. -이건 연구 부족이다) 등등 영업자에게만 뭐라 할 수 없는 환경의 장애들이 존재할 것이다. 그러나 그것을 극복하는 것도 역시 영업자들 몫이 아닐까. 이에 당연히 기획편집자들도 머리를 맞대야 한다. 출판계에서 이상한 일은 기획편집자와 영업자가 서로 유기적으로 일 해도 될까 말까 한 판국에 서로 반목하고 다른 길을 가고 있다는 것, 그 얘긴 아래서 하기로 하자.

#085
각양각색 북 마케팅 방법들(판촉2)

　도서 편집자와 도서 영업자는 어떤 기능을 하며 서로를 도울 수 있을까. 출판사들은 정기적인 회의를 통해 편집자가 만들고 있는 책을 브리핑하고, 영업자는 마케팅 방법을 고민한다고 하지만 그야말로 형식적인 회의 차원에서 끝나기 일쑤다. 아예 생산적인 논의를 할 생각 자체가 없어 보이기도 한다. 영역 표시하는 짐승도 아니고 '나는 편집, 너는 영업', 그렇게 금을 그어놓고 무슨 생산적인 논의가 되겠는가? 제발이지 같은 방향을 보고, 서로의 영역을 넘나들며 기획편집자는 영업 방법을 고안해내고, 영업자는 책에 대해 묻고 또 물어 기획에 맞는 영업 방법을 짜내는 '진짜 회의'는 언제쯤이나 가능해질까.
　어딜 가나 '나는 이것만 하겠다'고 정해놓고 자기 할 일, 딱 거기까지만 하는 얌체들이 있기 마련인데, 이제 당신은 사장이 아니던가. 예전에 잡지사에서 일할 때, 사장이나 편집장이 기자들에게 취재한 업체(출입처)한테 광고 영업을 좀 하라고 하면 노발대발하면서 그런 거 하려고 들어온 거 아니라고 입에 거품 무는 기자들이 있었다.(잡지는 광고로 먹고 살고 자기 월급도 거기서 나오는데 말이다.) 그런 자세로는 절대 사장 같은 거 못한다. 사장할 사람의 싹수는 그런 데서 발견된다는 거다.(내 자랑이지만, 난 잡지시절 광고 엄청 따고 다니던 기자였더랬다.)

　이 대목에서 소규모 출판사의 경우, 사장의 역할이 중요해진다. 그 책을 처음부터 기획해서 편집하고, 어떻게 누구한테 팔 수 있을까 고민한 사람만큼 마케팅 툴을 적절하게 개발할 수 있는 사람은 없다고 본다. 그걸 해온 게 사장 아닌가. 애초 기획 단계에서부터 마케팅을 생각하고 출발하는 것도 최선의 '북 마케팅' 방법이다. 일단, 필자의 홍보력과 판매 파급력은 어떤가를 진단한 후에 섭외한다.(최근에는 필자들이 적극적으로 홍보에 나서는 경우가 많다. 이왕이면 그런 필자를 섭외하라!) 이 책을 홍보하려면 어디를 두드릴 수 있는가 미리 생각하라.(책에 들어가는 내용 중에 협찬사를 섭외할 수 있는가를 보고 가능하다면 뚫어라! 제작비를 받던가, 나중에 책을 팔던가, 협찬상품을 받아낼 수도 있다.)

　책이 나온 뒤에도 꾸준하게 (서점 아닌 데서) 어떻게 팔까? 내 책을 팔아야 하는 대상들은 (서점에 안 가고) 어딜 돌아다니는가.(그들이 가는 곳에서 책을 팔면 된다. 독자의 라이프스타일에 맞춰 그들을 찾아가는 서비스가 필요하다. 참고로 〈이상은 Art&Play〉는 홍대 부근의 갤러리 카페와 쌈지 아트마트, 삼청동 패션숍 등지에서 절찬리 판매 중이다.) 이 책을 가지고 독자랑 같이 놀 수 있는 방법은 없나 기획한다.(파티를 열어 책도 팔고, 입소문도 내고, 놀고…. 반드시 '공짜로' 놀 방법 고안할 것!) 책 내용과 관련된 행사들은 없는지 수소문하고 책을 들고 가서 판다.(사전에 허락을 구할 것! '책'이라고 하면 인식이 좋아서 못 팔게 하지는 않는다.)

　출간 후에도 끊임없이 이벤트를 벌여야 한다. 결혼 후, 혹은 오랜 연애 후 이벤트 안 해준다고 엄청 짜증내면서 당신이 만든 책은 왜 나 몰라라 하고 이벤트 안 해주는 거지? 안 뛰어 다녀서 그렇지 여기저기 쑤시고 다니다 보면 (공짜로) 이벤트 참여하고, 책 팔 수 있는 데 엄청 많다. '나는 정말 모르겠다', '이 부분은 정말이지 내 아킬레스건이다' 하시는 분들은 북 마케팅을 대행하는 몇몇 업체들이 있으니, 공부하시라. 마케팅 대행에 돈 쓰는 건 개인적으로 반대. 책 팔아서 얼마 남는다고 마케팅 비용을 집행하겠는가! 그냥 마케팅 아이디어에 대해 공부하고, 참고해서 나만의 '특판 기획'을 해보라는 거다. 아이디어를 짜는 건 어려운 일이 아니다. 혹시 뛰어다니기 귀찮은 건 아닌지 가슴에 손을 한 번~!

아래는 동대문 정보화도서관에서 작가 강연도 하고, 홍보도 하고, 책도 팔았던 행사 후 일기. 더불어 참고가 되실까 해서 각양각색 마케팅 기획안을 공개합니다.

080319 〈연애잔혹사〉 고윤희 작가 강연

동대문 정보화도서관. 〈연애잔혹사〉 고윤희 작가 강연.
저 사람들이 〈연애잔혹사〉에 공감하고
책을 사고, 읽고, 여기까지 찾아왔단 말이지. 흐흣^^*

유스컴. PR 기획 제안서

〈꿈을 이뤄주는 자기주문법〉과 〈2006 기적을 부르는 다이어리〉 마케팅 기획안, PR대행업체 유스커뮤니케이션.

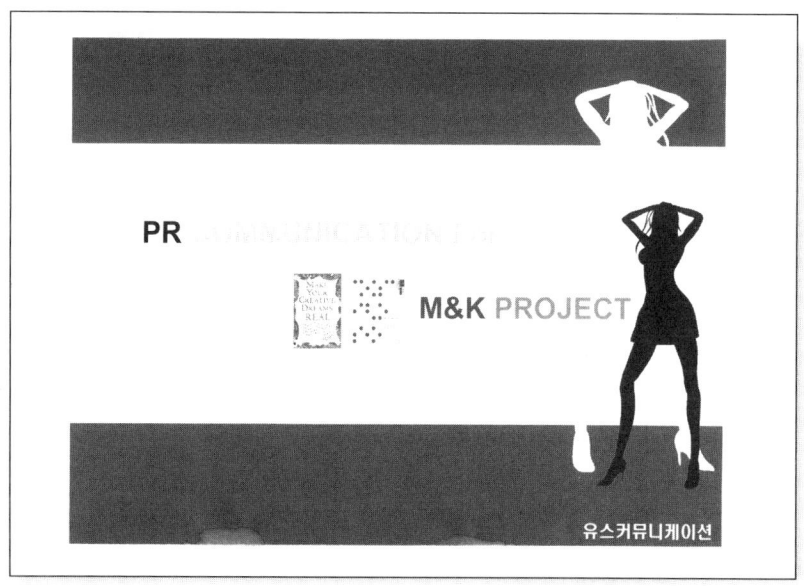

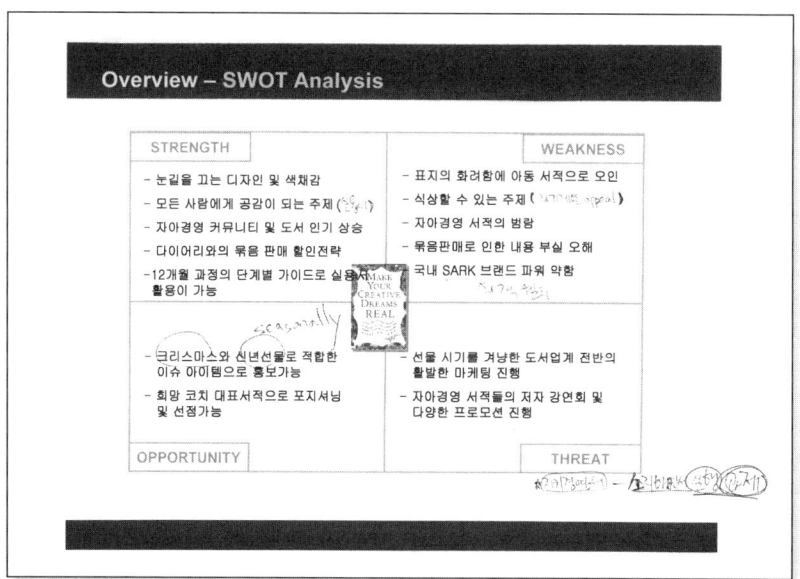

Class 02 사장으로 살아가기

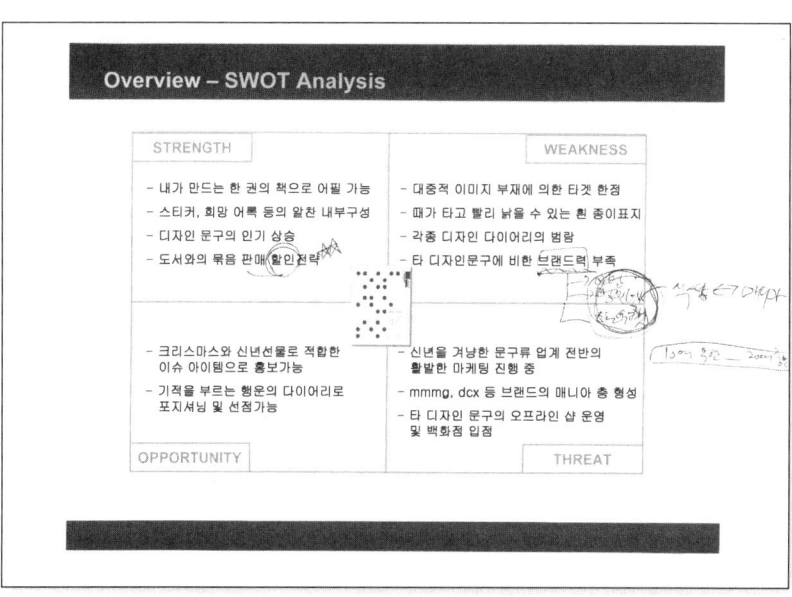

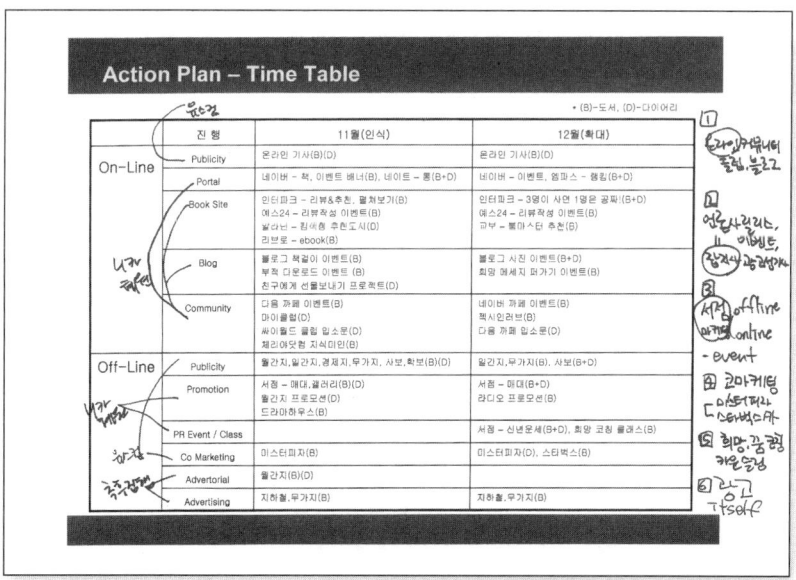

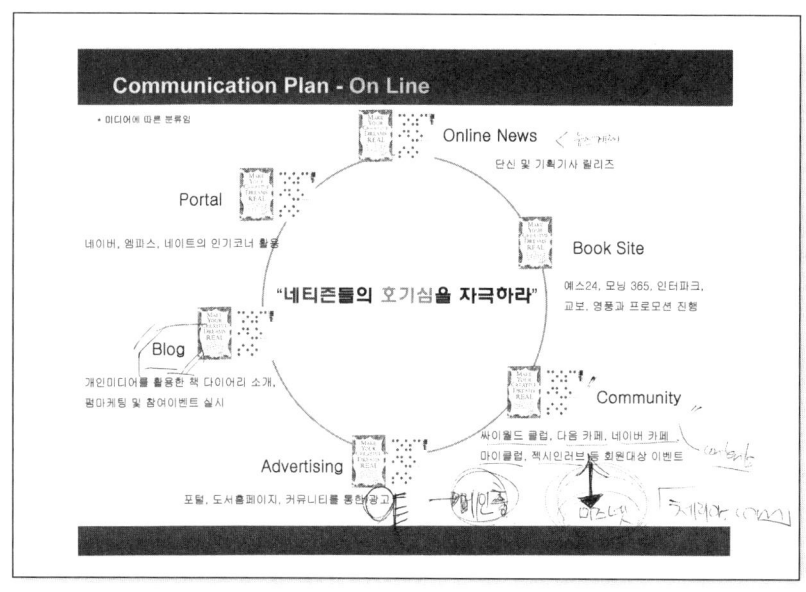

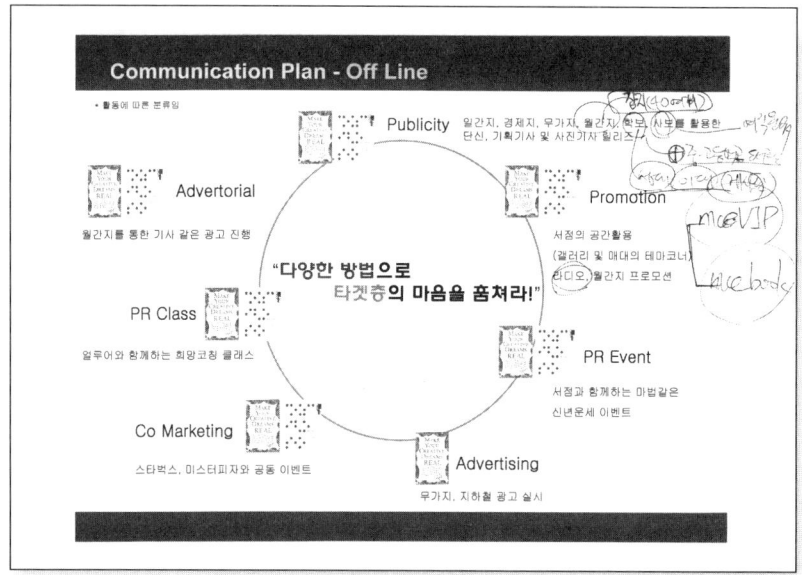

〈이상은 Art&Play〉 마케팅 계획(홍보/광고/영업)

1. 5월 14일 월요일
   '에세이 아트북' 〈이상은 Art&Play〉 출간기념 VIP Showcase.
   (방송국 PD, 작가, 신문사 기자, 잡지사 기자, 서점 MD, 이상은 열혈팬, M&K 충성독자 등 초청)
2. 교보, 영풍, 반디앤루니스, 리브로 싸인회 및 강연회
3. 교보, 영풍, 반디앤루니스, 리브로, YES24, 인터파크
   · 선착순 1만명(예약판매) 이상은 Out-track Album(미발매곡 수록) 증정
   · 6월 말 '에세이 아트북' 〈이상은 Art&Play〉 출간기념 공연 100명 추첨 초청
   · 6월 중 Art&Play 재활용 Sketch-Book 증정 행사
4. TV 음악, 연예, 시사교양 프로그램, Radio 등 출연
5. 각종 신문, 잡지 등 북섹션, 연예섹션 기사 게재(특집 인터뷰, 주목받는 신간 소개)

#086
언론 매체 녹이기 (언론 홍보)

샘터출판사에 다닐 때, 내가 만든 첫 신간을 손에 들고 언론사 홍보를 가겠다고 회사를 나서 광화문 쪽으로 무작정 향할 때 그 기분이란. 아는 기자도 하나 없고, 막상 찾아가서 무슨 말을 해야 하는 건지도 모르고, 보험 세일즈 하는 분들 기분이 이렇게 먹먹할까. 명함 내밀며 내 소개하고, 책 내밀고 책 소개하고, 뻘쭘하게 나올 때 등줄기에서 흐르는 땀 한줄기. 왜 그렇게 준비 없이 간 걸까.(당연히 책 기사는 안 나왔다.) 자, 언론사 기자들은 어떻게 대해야 하는 걸까. 몇 가지 준비만 하고 가면 뻘쭘할 일도 없고, 내 책에 대한 호감도 살 수 있다. 기본적으로 당신이 기자라면 어떤 책을 기사화할 지

를 역으로 생각해보는 거다.

'내가 낸 책은 무조건 좋다'고 생각하지만 말고, 그 책의 어떤 부분이, 왜 기사 꺼리가 되는지를 알려야 한다. 이는 보도자료를 작성하는 방법과도 연결된다. '잘 쓴 보도자료'는 책의 장점을 적절히 알리고, 내용의 핵심을 집중적으로 소개하고, 최종적으로 기자들에게 기사 꺼리를 만들어주는 것이다. 책 내용으로 어필하는 것 보다 필자의 독특한 인생 이력으로 어필하는 게 좋을 때가 있고, 최근의 사회적 트렌드와 이슈를 짚어주고 그것을 내 책과 연결시키는 게 유효할 때가 있고, 책의 흐름을 그대로 따라가면서 핵심을 짚어주는 것이 적절할 수도 있고, 단순명료한 카피 몇 개와 그림만 넣는 게 좋을 때도 있고 말이다.

기자들에게 일주일에 배달되는 책은 50권~100권이라고 하니, 많이 바쁘실 거다. 봉투도 뜯지 않는 책들이 허다하다고 한다.(책 담는 봉투도 눈에 띄는 것으로 해야겠다.) 그렇다면 아예 보도자료 자체에 기사를 기획해서 주는 것도 방법이다.(이런 거 싫어하는 기자들도 있으니, 주의할 것!) 나는 '내가 기자라면' 어떤 기사를 쓸지 상상하면서 보도자료를 쓰는 일이 참 즐겁다. 누군가는 보도자료 쓰는 게 힘들다고 하던데, 그건 자기가 만든 책의 매력을 모르거나 아이디어가 없기 때문이다. 재미있게 쓰면, 그걸 보는 기자도 재미있게 읽는다. 보도자료 자체에 작가와의 인터뷰를 싣는 것도 좋고, 내 책과 비슷한 주제의 책들을 묶어서 기획기사를 만들어도 좋겠다. 책 내용 중에 특성 언론사와 잘 맞는 부분을 발췌해서 책의 일부를 매체에 연재하는 것은 어떤지 제안하는 것도 좋다. 출판사의 대국민 호소문 같은 걸 재미있게 넣어보는 건 또 어떨까. 보기 좋은 떡이 먹기도 좋다는 말처럼 그냥 A4용지에 프린트 할 게 아니라 특이한 디자인으로 제작을 하는 것은 또 어떨까. 이런 등등의 아이디어를 담아서 기자들 눈에 팍팍 띄는 보도자료를 만들자!(보도자료 샘플을 첨부하니 참고하시라. 언론사용은 길어도 상관없지만, 서점 영업을 위한 보도자료는 한 장 짜리로 간단하게 만드는 것이 좋단다. 영업하는 선배가 서점 담당자들이 바쁘니 초간단하게 만들어야 한다고 해서 그렇게 하긴 하는데, 이것도 좀 이상하다. 서점 관계자들이 책에 대해 오히려 더 자세하게 알아야 하는 거 아닌가. 아무튼 요즘은 언론사용 보도자료도 간단하고 명쾌하게 가는 추세다.) 일단 친한 기자들, 이 매체에는 꼭 소개돼야 한다는 곳에는 직접 들러 책이랑 보도자료를 돌리고, 굳이 방문하지 않아도 되는 곳에는 전화라도 반드시 넣어라.(어떤 기자들은 찾아오는 거 귀찮아하기도 한다. 눈치 있게 대처할 것!) 전체 언론사를 일일이 찾아다닐 수는 없을 테니 남은 언론사들은, 언론사 리스트를 만들어 도서 릴리즈를 전문으로 하는 업체(여산통신, 북피알미디어)에 일을 맡길 것! 참, 책을 발송하기 전에 미리 이메일로 전체 기자들에게 보도자료를 보내 놓는 것도 좋다.(이때 서점 관계자들에게도 함께 발송할 것!) 보도자료에 매력을 느낀 기자라면 책을 기다렸다가 꼼꼼히 살펴볼 것이다. 전 언론사의 '출판담당기자' 리스트(이메일)는 여기서 −http://www.ypress.co.kr, http://www.bookpr.co.kr− 다운받을 수 있다. 기자도 사람이다. 인간적인 어필도 반드시 필요한 홍보의 한 방법. 개인적인 친분으로, 편안한 관계로 발전시켜라. 가끔 만나 밥도 먹고, 수다도 떨고, 술도 한잔 할 수 있는 친구 같은 관계라면 당연히 도와줄 마음이 생기지 않을까. 우정 앞에서 사람 다 똑같다.

    내가 어떤 식으로 언론 홍보를 했는지 살짝 얘기해보겠다.(구모니카 기사, M&K 책 기사들을 첨부한다.) 내 방식이 유효했는지 판단하는 건 유보하고, M&K의 언론 홍보 방식만 객관적으로 읽으시길…! 일단 책이 많지 않은 초기에는 서른두 살 구모니카 혼자서 꾸려가는 1인출판사 M&K를 어필하는 쪽으로 홍보의 가닥을 잡았다. 기존에 알고 지내던 기자들도 내게 기회를 많이 주었고, 한 두 곳에 인터뷰가 나가고 나니 그걸 본 다른 매체에서 연락이 오는 식으로 섭외 당하며, 여성패션지, 케이블 채널, 공중파 다큐멘터리 채널 등에 열혈여사장 구모니카 기사가 많이 나왔다. 그러면서 친분이 생긴 기자들에게 차츰 책을 홍보했다.

〈이상은 Art&Play〉의 경우 책을 진행하면서는 출간 전에 미리미리 언론사를 섭외했다. 섭외라기보다는 '이상은 씨와 이런이런 내용으로 책을 만들고 있는데 정말 재미있다' 며 각종 에피소드를 늘어놓는 식으로 비하인드 스토리를 공개한 것! 내 인터뷰 기사나 특집 기획기사 같은 데서 계속 이상은 책 얘기를 했다. 2년 동안 떠들었는데 책 출간이 늦어져 약간 민망한 시간도 있었지만, 열성 사전 홍보 덕에 언론 홍보는 그야말로 대박이었다. 출간을 앞두고 책을 옵저버들에게 먼저 선보이는 '쇼케이스'를 기획한 것이 기대 이상의 홍보 효과를 가져 왔다. 거의 모든 잡지와 몇몇 신문, 각종 케이블 채널, 공중파까지 기사가 나왔으니, 1차 언론 홍보는 대 성공이라고 본다. 이후 6개월 뒤에 가수 이상은 씨의 앨범이 나와서 2차 홍보까지 흐름을 이어갈 수 있었던 것도 도서 판매에 지속적인 효과를 가져다주었으니, 언론 홍보는 출간 전에는 물론이고 출간 후 몇 년간 지속적으로 그 끈을 놓아서는 안 될 도서 판매의 핵심 요인이라 해도 과언이 아니다.

아래 첨부하는 것은 〈이상은 Art&Play〉 출간기념 쇼케이스 날의 일기와 큐시트cue-sheet(진행 대본).

 070514 〈이상은Art&Play〉 쇼케이스
방송국 PD, 작가, 신문사 기자, 잡지사 기자, 서점 MD, 언니 열혈팬, M&K 충성 독자를 초대해서 진행된 이상은 Art&Play 출간기념 쇼케이스.
훌륭한 책. 환상적인 사람들. 감미로운 음악. 최고의 파티.
저희 책 잘 부탁드립니다.

Vip Showcase Cue-sheet

· 엔지니어링 – 클럽 홍
· 세션 및 무대세팅 – 쌈넷
· 케이터링 – M&K
· 사회 – 구모니카
· 출연 – 이상은
· 참석자들 – 방송PD, 기자, 작가, 신문잡지 기자, 도서 스태프, 지인들

14:00 무대 세팅(with 쌈넷, 세션)

16:30 리허설(with 이상은, 세션)

17:00 Make-up(hair) 임은미, 의상 이세원, 무대륙에서+각종 언론사 사전 INT

18:00 케이터링 세팅(with M&K)

19:00 Attention Please(구모니카)

19:10 Showcase 취지, 개요 소개. 내빈 소개(구모니카)

19:20~19:50 이상은 미니 인터뷰(with 구모니카)
〈이상은 Art&Play- 예술가가 되는 법〉 기획의도, 저작 활동 중에 있었던 비하인드 스토리 등 책에 얽힌 이야기, 이런 책이 이 시대에 왜 필요한지, 반드시 읽어야 할 사람은 누구인지, 안 읽으면 쳐들어간다, 독자에게 한마디 등등에 대해 캐쥬얼하게 인터뷰한다.(수다 느낌으로 재미있게 진행한다. 인터뷰 질의서 별첨)

19:50~20:00 〈이상은 Art&Play- 예술가가 되는 법〉 도서 소개, 간단 브리핑(구모니카)
책의 훌륭한 대목을 인용하고 브리핑을 마치겠습니다.
"창조는 인간만이 할 수 있는 고귀한 일입니다. 먹고 살고 소비하는 차원의 삶을 뛰어 넘어 여유 있게 작은 브로치 하나라도 만들어 보세요. 자신에게 숨겨진 창조의 힘에 스스로도 감동하고 놀라실 겁니다. 그 누구의 비평도 신경 쓰지 마세요. 이미 정해진 세상의 모든 답과 틀에 의문을 던지며 스스로 판단하고 공부하며 자유롭게 여러분만의 전시회를 향해 걸어간다면 벌써 여러분들도 아티스트인 것입니다. 이 책을 통해 여러분들이 모여 작은 전시회를 목표로 함께 그림을 그리는 그룹, 조명을 만드는 그룹들이 생긴다면 참 좋겠네요. 그리고 잊지 마세요. 아트에 점수를 매길 수는 없다는 것을, 과정을 걸어가는 모습 그 자체를 존중해야만 한다는 것을, 아티스트에게 자유는 생명과 같은 것이라는 사실을 꼭 기억해 주세요. 아트에의 무한 자유의 번지 점프, 여러분도 지금 시작해 보세요!"

20:00~20:20 이상은 미니 공연(신곡 외)

20:20~21:00 It's party time(Free Talk)
M.net 다큐멘터리 감독님 미팅, MBC 8·15특집 다큐멘터리 팀 미팅 외

Class 02 사장으로 살아가기

〈이상은 Art&Play〉 쇼케이스 초대장

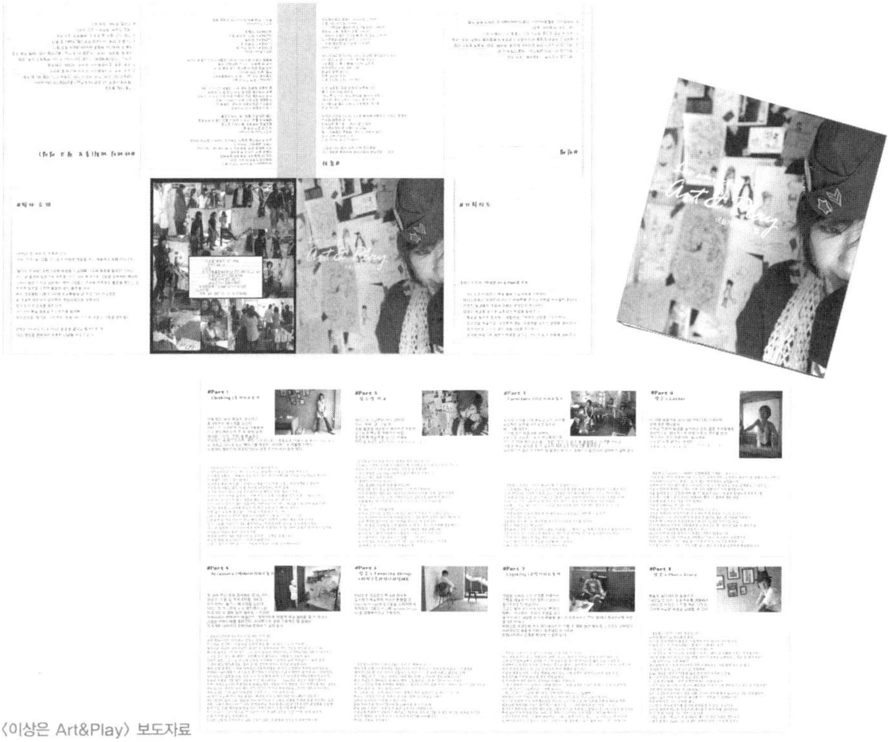

〈이상은 Art&Play〉 보도자료

8Page 접지 형식으로 책의 모든 것을 담았다. 다 접고 났을 때 작은 책 크기 정도.
A4 용지에 보도자료를 컬러프린트 한 비용보다 저렴한 비용으로, 거래하는 인쇄소에서 500부를 인쇄했다.
(참고로 디자인은 내부 편집자가 해서 원가 팍팍 절감.)

M&K 출간도서 소개와 작가 인터뷰 기사들.

250+
251+

M&K 출판사가 아닌, 구모니카 개인을 홍보한 기사들.

#087

내 제품을 어떻게 알릴 것인가(독자 홍보)

언론 홍보와 더불어 할 일은 내가 알릴 수 있는 데는 죄다 알리는 것이다. 이것은 홍보의 기본! 소꿉친구, 친구의 친구, 사돈의 팔촌까지 연락해 책을 알려라! 출간 과정의 모든 부분이 중요하겠지만 결국 책을 만드는 근원적인 이유는 독자들을 행복하게 하고, 즐겁게 해주기 위함이 아닐까. 언제나 나의 희망은 독자님들뿐이다! 기획 단계에서부터 내 책을 돈 내고 살 사람들에게 나는 무엇을 줄 수 있는지 고심에 고심을 거듭해야 하고, 출간 이후에도 끊임없이 독자들에 대해 고심해야 한다. 무작정 '이 책 좋아요!' 들이댈 게 아니라 이 책은 당신 인생에 어떤 이득을 줄 것이라고 그들을 100% 설득할 수 있어야 한다. 소비자의 주머니만 노리는 도둑심보로는 성공할 수 없다.

그러기 위해서 나는 기본적으로 서점 마케팅에 쓸 돈 있으면, 독자들을 모시고 파티를 하겠다는 주의다. 앞에 '마케팅, 겁먹지 말자!'는 데서도 말했듯 핵심 소비자를 직접 모시고 행사를 진행하는 건 여러모로 효과적이다. 우리 책이 말하는 주제에 관심이 있는 독자들을 모아서 책 이야기도 나누고, 인생 이야기도 나누고 말이다. 그렇게 함으로서 M&K 충성독자군도 확보하고, 일상적인 담론을 책에 담자는 기치를 내세운 M&K로서는 기획 및 필자 확보까지도 가능해진다. 더불어 그들이 내 책의 홍보대사가 되어 활동할 것은 말할 필요도 없다. 아래 〈여자의 발견〉 출간 후 멘토 파티 기획안과 〈이상은 Art&Play〉 출간 후 독자행사 2탄으로 상상마당, YES24와 공동기획한 '이상은 Art&Play-우리 모두 아티스트가 되는 법' 행사 포스터를 첨부하니 참조하시라.

060901 〈여자의 발견〉 멘토 파티

내가 먹고사는 유일한 기반은 내 책을 사주는 독자님들이리라.
그 분들을 위해서라면 나는 못 할 일이 없다.
〈여자의 발견〉을 아껴주시는 그 분들을 위해 파티를 열었다.

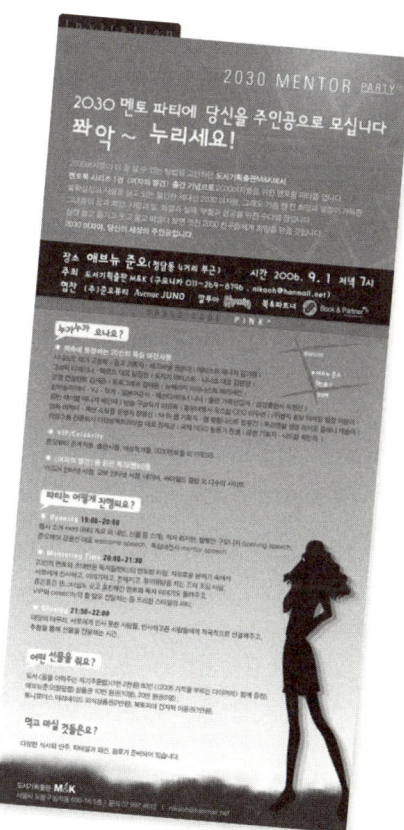

〈여자의 발견〉 출간 기념 **2030 여자 멘토 파티** 기획안

[행사 개요]

2030 여자들을 대표할 만한 평범한 20인 여전사의 살아있는 인생이야기를 통해 성공의 과정에 놓여있는, '현재진행형'의 인생을 살고 있는 여자 동지들에게 희망의 기운을 전달하는 책 〈여자의 발견〉.

그 출간기념 이벤트로 책 속에 나오는 20인 뚝심 여전사들 -'멘토'와 2030 여성 독자들 -'멘티'의 만남의 장을 마련하기로 한다. 이름하야 "멘토링 파티"가 그것! 우리나라에서 사회생활을 하는 2030 여자들이 서로에게 멘토가 되어줄 수 있다면 서로 얼마나 더 단단해질지, 삶이 한결 수월해질지 안 봐도 비디오. 그리하여 2030 여자들의 "멘토 파티"를 열게 된다.

[식순]

- 사회자 VJ 니나 : 5층과 6층 옥상에서 모두 볼 수 있도록 중앙계단 참에서 진행!

(1) Opening 19:00(19:30)~19:30(20:00)
  - 사회자 행사 소개 opening ment(멘토 파티의 전반적인 설명 〈여자의 발견〉 기획의도 및 파티 진행방식 소개, 내빈과 선물 등 소개)
  - 준오뷰티 강윤선 대표 welcome speech(VIP -멘토 왕언니들- 김진애 박사, 이숙영 아나운서, 신현림 시인, 뮤지션 이상은 등 소개하고 미니 스피치)
  - 등장인물 20인 인사, 미니 스피치 : mentor speech "여자가 행복할 시간입니다"
  - 저자 최지안 celebration speech

(2) Mentoring Time 19:30(20:00)~21:30
  20인의 멘토와 초대받은 독자들(멘티)의 멘토링 타임. 자유로운 분위기 속에서 서로에게 인사하고, 이야기하고, 친해지고, 질의응답을 하는 프리 토킹 타임.
  ※DJ가 분위기에 맞게, 발라드 타임 및 댄스 타임도 갖고, 2030 여자들의 일과 사랑을 담은 드라마, 영화, 리얼리티 프로그램을 편집한 VCR도 빔 프로젝션으로 상영하고, 중간에 통키다 가수 하이디의 공연도 즐긴다. 중간중간 감명받은 멘티의 이야기도 들려주고, VIP와 celebrity의 할 말도 전달하는 등 격의 없는 프리스타일 파티.

(3) Closing 21:30~22:00
  대망의 마무리 시간. 서로에게 인사 못한 사람들, 인사하고픈 사람들에게 적극적으로 연결해주고, 즐거웠는지 확인하고, 추첨(lucky draw)을 통해 선물을 전달하는 시간.
  ※각종 설치물들:입구에 탁상 놓고 도서 전시 및 판매, 방명록, 뱃지(멘토, 멘티, VIP, Celebrity PRESS) 배부, 중간중간 분홍 풍선 장식, 5층 중간 미닫이 문 위쪽에 도서 포스터와 멘토들 사진 hanging 데코, 내부 홀 포스터 부착, 전반적으로 가장 자리에 의자 50개 설치, 5층 외부 계단참에 빔 프로젝션 설치, 스피커 5층, 6층 모두 설치 外

071221 상상마당, YES24와 함께하는 '이상은 Art&Play'

문학은 인생, 인생은 예술, 예술은 놀이
우리의 창조력 영감을 일깨우는 이상은의 이야기
12월 21일, 상상마당 카페로 놀러 오세요. 신명나게 놀아 봐요!

이상은이 전하는 초대의 글 :
"창조적 아이디어를 위한 훌륭한 이야기들이 있으면 서로 공유하세요.
달빛을 받으며 월광욕을 해보세요.
나만의 작품이나 사진을 붙여서 나만의 책을 만들어보세요.
불확실하지만 자유로운 삶에 익숙해져 봐요!
존재하는 어떤 것과도 친구합니다.
우리 모두는 이미 아티스트입니다."

돈

#088 돈과 사업, 그리고 사장   #089 사장은 진정한 애국자?!
#090 업계의 지불·수금 시스템 공부하기   #091 지불&수금, 늦게 주는 놈(안 주는 놈)이 행운아?!
#092 수금 목표를 정해놓고 달리자!   #093 경리가 따로 없다, 회계 관리 프로그램
#094 통장 잔고 따위는 당분간 잊자고…

#088
돈과 사업, 그리고 사장

사장은 돈에 죽고 돈에 산다. 숙명이다. 그럴 생각으로 사업을 시작한 거다. 돈을 잘 벌고, 잘 쓰는 게 사장 인생의 전부다. 무일푼으로 시작한 사장도, 억만 금을 가지고 시작한 사람도 돈을 불리는 게 목적일 수밖에 없다. 그렇다고 버는 데만 혈안이냐, 그건 또 아니다. 일로 엮인 사람이든, 공장이든, 하청업체에 돈을 제대로 지불하는 일도 사장의 몫이다. 돈은 돌고 도는 거 아니겠는가. 돈을 돌고 돌게 하는 게 바로 사장들이 하는 일이다. 자기 영역 안에서 적절한 투자와 회수를 잘 하는 것도 능력, 돈 잘 꾸고 갚는 것도 능력, 번 돈 잘 굴리는 것도 능력이다.

사업 전에는 돈 벌 의향과 의지로 충만한 사장도 막상 일이 시작되고 정신없이 돈이 들고 날 때 아찔하다고 한다. 어쩔 때는 돈에 무너지고, 돈이 무섭고, 사업에 자신이 없어진다고들 한다. 그러니 사장은 돈 앞에 뻔뻔해져야 한다. 내가 왜 이렇게 돈에 연연하는 지, 그 목적을 계속해서 상기하고 내가 사업을 시작한 애초의 마음을 환기하도록 하루에도 몇십 번씩 마음을 다잡아야 한다. 무언가를 생산해서 세상 사람들에게 이익과 이득을 주는 댓가로 돈을 벌어 나도 먹고 살고(더 넓게는 화려하게 먹고 살고) 지속적으로 그렇게 돌아갈 수 있는 환경을 조성해서 더 원대한 포부를 실현하는 것, 그것이 사장의 초심이다. 자선 사업하려고, 희생정신으로 봉사하려고 사업하는 거 아니잖나.

돈에 관한 한 누구보다도 철저해져라! 아끼라는 말과는 다르다. 이익과 손해에 민감하게 반응하라는 얘기다. 큰돈이 들어갔으면 그보다 더 큰돈을 뽑아내면 된다. 지나치게 아끼다보면 돈이라는 게 생물과도 같아서 자기 몸집을 크게 부풀리지를 못한다. 사실상 큰돈이 들어간 데서 큰 이익이 날 확률이 더 크지 않겠냐. 그러니까 내 말은 이왕 사장할 거면 좀 있는 척도 해가면서, 더 큰 이익을 노리면서 크게 놀자는 거다. 물론 자기 노는 물(바다인지, 호수인지, 풀장인지, 바께쓰에 담긴 물인지, 접시 물인지)에 맞는 크기의 사업을 벌이는 것이 기본 전제이고…

070123 돈을 많이 벌어야지 돼

암. 암. 멋있는 사람들과 맛있는 걸 많이 먹어야 하고, 예쁜 걸 보는 족족 사재껴야 하고, 지구 생활을 실컷 즐겨야 하고, 훌륭한 아이디어들을 현실화시켜 대중과 영합해야 하고, 내가 하고 싶은 일을 하려면, 친구가 하고 싶은 일을 할 수 있게 하려면 돈이 있어야 하고, 돈이 돈을 부르는 시대고…. 난 그럴려고 지구에 왔으니까.
난 외모지상주의자인 것보다 훨씬 더 심각한 수위로 황금만능주의자니까.
이 정신자세를 뼛속까지 간직하려면 오늘은 취해선 안 되겠다.
마음껏 아티스트 기질을 발휘해 끊임없이 아이디어를 쏟아내 주시는 상은 언니, 예의 투철한 편집 감각으로 아티스트의 천방지축 아이디어를 정리정돈제단하시는 영신 언니, 사람에 대한 애정이 기반된 세련된 디자인 감각으로 멋지게 아트디렉팅을 해주는 은신 언니. 이렇게 훌륭한 멤버들이 함께하는 우리 책이 얼마나 멋있어 질지 고대하고, 핫 트렌드와 NL National Liberty(민족해방)과 PD People's Democratic(민중민주)를 논하고, 각자가 얼마나 양호한 존재인지 확인사살 해주시고, 구모니카 씨를 칭찬하는 통에 민망해하다가, '오늘이 생일인갑다' 생각해버리고, 간단하게 독구리 여섯 통만 비우고 일어난다. 모니카는 술 없이 못사는 게 아니라 술이 있어서 더 재미있게 사는 거다. 얼마든지 자제할 수도 있다는 말이지. 돈워리어바웃미앤드마이앨코홀라이프.

※숙제: 오늘 저녁엔 각자 집으로 일찍 돌아가 '나 없는 내 인생 My life without me' 보고, 2월 초엔 '사랑해, 파리 Paris Je T'aime'를 보기로 했고, 3월엔 4인의 메인 멤버가 외국 여행을 통해 예술적 성장을 꾀하기로 했다. 우린 그냥 막 멋지다.

#089
사장은 진정한 애국자?!

　내가 존경하는 모 사장님께서 어느 날 이런 얘기를 하신다. '왜들 사장한테만 뭐라 그러냐. 사업체 하나 굴러가게 하려고 얼마나 정신노동, 육체노동을 하는데, 무슨 죄인 대하듯 하냐고. 좋은 제품 만들어 사는 거 편하게 해줘, 자재 구입해줘, 직원들 월급 챙겨줘, 은행 이자 내, 그런 애국자가 어딨다고. 존경까지 바라지도 않지만 욕 좀 그만했으면 좋겠다. 국민의 4대 의무를 제일 많이, 잘 지키는 사람이 바로 사장이라고….' 자본주의에서 시장을 돌아가게 하고, 돈을 오가게 만드는 중심에 사장만한 역할을 하는 사람은 없다. '구멍가게 하나라도 내 사업을 하고 싶다'는 얘기들 자주 하시던데, 어디 구멍가게는 쉬울 줄 아나. 대형 마트에 대형 슈퍼에 편의점까지 동네를 접수하는 판국에 과자 몇 개 팔아서 이윤 남기려면 구멍가게 사장님들 머리 깨지신다.
　사장한테 악덕 어쩌고들 하던데 그래도 그 사람이 돌리는 돈으로 먹고 살지 않나? 물론 개중에는 진짜 악덕들도 있겠지만 그런 진짜 악덕들 빼고는 대부분의 성실한 사장에게 감사할 일이다. 돈을 돌게 만들려고 사장들이 얼마나 머리 터지게 고생하는지는 아는 사람만 안다. 사회적으로도 사장의 존재를 존중해주고 아껴주는 분위기가 돼야 한다. 사장 마음과 주머니가 편해야 직원이, 거래처가, 넓게는 나라가 편안해진다. 엄마 기분이 좋아야 집안 분위기가 좋은 거랑 비슷하다고나 할까. 사장이 편하게 살 수 있는 나라라야 사업하는 사람들이 많이 나올 것이고, 그래야 나라 경제가 팡팡 돌아갈 것이다. 경제는 이명박 대통령이 아니라 사장들이 살릴 수 있다.(너무 갔나?!ㅋ) 아무튼 그런 의미에서 모든 사장은 애국자, 나도 애국자.(M&K에 투자해

서 애국의 반열에 참여하실 분 연락 주시라.ㅋ)

난, 뭐, 그렇다. 이런 거국적인 이유 아니라 그냥 자의적으로 결정하고 추진하며 창작적인 일을 할 수 있는 게 좋고, 그걸로 돈을 벌 수 있고, 게다가 일을 추진하면서 내가 주도적으로 한 중심에서 전두지휘하고 그 결과를 기꺼이 책임진다는 느낌, 그 모든 게 나를 살 맛 나게 한다. 기질적으로 위험한 환경에서 에너지가 솟구치는 족속인가?! 아니면 예측할 수 없는 무언가에 인생을 걸고 도박하는 심정인가?! 누구한테 지시하고 명령하는 걸 즐기나?! 뭐면 어떤가, 우리는 사장이고, 일을 하고, 돈을 벌면 될 뿐!

 070412 희망과 꿈에 대하여…

사업을 하면서 그간 만난 수많은 인연들, 그 사람들과 나누었던 재미있는 이야기들, 그동안 벌여놓은 수많은 기획들, 분에 넘치는 격려와 응원, 작지만 알찬 나의 희망과 꿈. 나는 무엇을 하고자 했던 걸까. 뭐가 되고 싶었던 걸까. 현재 내게 가장 중요한 건 뭘까. 사업을 하면서 맞닥뜨리는 예측 불가능한 결정의 순간에 생각을 많이 하는 게 좋은 일만은 아닌 것 같다. 나를 믿고, 일단 지르자! 잡생각은 집어치우고 대승적으로 내 인생을 걸고 덤벼들어 미래를 접수하는 거다. 이깟 사업, 뭐, 별거라고!

#090
업계의 지불·수금 시스템 공부하기

내가 일하는 바닥의 '돈이 돌고 도는 방식'을 1000% 이해해야만 자금 회전을 잘 시킬 것이고 그것은 누구도 대신 해줄 수 없는 사장 본연의 임무다. 내가 서있는 이 바닥의 지불과 수금 시스템을 공부하지 않고서는 '돈' 구경은 꿈도 꾸지 말라. 내 업계는 원자재 구입비를 언제 어떤 방식으로 결제하게 되어있는지, 제품 제작처 결제는 언제 하는 게 좋은지, 여신(결제금액을 남겨주는 일)은 얼마나 봐달라고 할 수 있는지, 생산된 제품은 판매 즉시 현금화가 되는지, 몇 달 뒤에 돈이 입금되는 방식인지, 반품 시스템은 어떤지 등등 '돈이 도는 방식'을 완벽하게 알고 움직여야 한다. 들어가는 돈은 날로 늘어 가는데, 수중에 들어오는 돈이 꽉 막혀있다고 생각해봐라. 그렇게 단 두세 달만 지나도 손해가 온 몸의 세포에까지 전해진다. 게다가 그 상황에서 '되겠지, 되겠지' 하며 일 년 정도 끌고 가면 바로 쪽박 찬다. 업계의 돈이 도는 방식에 맞춰서 투자하고, 투자금을 회수해야 한다. '회수에 일 년이 걸리던 백 년이 걸리던 난 기다릴 수 있다'는 사장도 있겠지만, 우리들은 당장 한 달 수금과 지출에도 손 떨리는 소자본, 소규모 창업자가 아니던가.

　출판사가 현금으로 지불해야할 돈은 작가, 디자인 회사, 지업사, 인쇄소, 제본소 등 제작처 결제인데, 한 권 분량만 따지면 금액이 많은 편이 아니어서 제작 끝나면 바로 결제해주기를 원한다. 반면 수금 시스템을 보면 정말 가관이다. 아까 말했듯이 서점은 '위탁관리업'이다. 그러니까 출판사의 책을 (선결제 없이) 가져다가 대신 팔아주는 '위탁관리' 시스템으로 서점과 출판계가 돌아가는 것이다. 가져갔다가 안 팔리는 책은 당장에 반품되어 출판사로 돌아온다.(여기저기 돌아다니다 다 망가진 채로….) 결국 독자 주머니에서 돈이 나와야 그 중의 일부가 출판사로 들어오는 식으로 돈이 돈다. 물론 책이 팔리겠다 싶은 건 미리 돈을 주고 가져가는 '매절' 방식이 있기는 하지만, 이 때 할인율은 5%~15%까지 낮아진다. 현금이 급한 출판사로서는 낮은 가격에 많은 물량을 넣는 매절 방식을 선호하게 된다. 그런데 매절 상품 역시도 반품의 대상이라는 게 문제. 많이 가져간다고 좋아할 일이 아니다. 나중에 반품 온 책 분량만큼 수금액이 깎이는 거니까.

　출판계에 와서 가장 황당한 것은 이 반품 시스템이다. '반품아 나 살려라!' 소리가 절로 나온다. 물론 잘 팔리는 책만 주구장창 만들어 반품 안 나오게 하면 그만이지 하겠지만, 사람이 하는 일이 어디 생각처럼만 되는가. 세 권 만들어 한 권만 잘 팔려도 최고의 출판기획자다. 제 아무리 규모 있고 기획력 뛰어난 출판사라고 하더라도 책 10권 중에 8권은 손익분기도 못 맞추는 실정이다. 그런 출판사에서 돈을 굴리려면 손익분기를 넘긴 2권의 판매에 집중해서 나머지 8권의 손해를 커버하고 이윤을 남겨야 하는 것이다. 황당한 건 소규모의 출판사가 간신히 손익분기만 달성하다가 대박 책을 하나 터뜨려 수금 할 때가 되면 대개의 서점은 위탁 중이던 그 출판사의 책들을 싹 모아서 반품을 한다는 거다. 물론 서점도 먹고 살려고 그러는 걸 테고, 그것이 사업의 이치라지만 상황이 이쯤 되면 화 안 날 출판사 있겠는가.(서점 수금 시스템 얘기하다가 또 흥분하시는.ㅠㅠ) 아무튼 중요한 것은 업계의 수금과 지불 방식을 이해해야 돈이 돈다는 거다. 그러니까 제작처 결제 방식은 거래처의 수금 방식에 맞춰서 조정하라는 것!

070224 때 아닌 눈물 바람

직원들과 창고에 들렀다. 창고에 인사도 하고, 내 시끼들 잘 있나 확인도 할 겸, 그간 도착한 반품도 정리할 겸, 필요한 책도 좀 가져올 겸 들렀는데, 내 책들을 보는 순간 갑자기 왜 눈물이 나는 걸까. 화장실 간다고 하고 나와서 한참을 그렇게 울었네. 창고에 차곡차곡 쌓여있는 책들을 보고 있자니 앞만 보고 달려온 나의 세월이, 책 만들 때의 방황과 희열이, 그렇게 독자에게 사랑도 받고, 외면도 받은 나의 책들이, 아프다.

#091
지불&수금, 늦게 주는 놈(안 주는 놈)이 행운아?!

위에서 말했듯이 업계의 지불과 수금 시스템을 열심히 공부하다 보면 회사의 자금 운용 계획은 자연스럽게 나온다. 수금 시스템에 따라 지불 시스템 잡으면 그만인 것! 이를테면 서점에서 돈이 회수되는 시점이 도서 출고 후 2개월 정도가 걸린다면 각종 매입처 결제도 그때 가서 하면 된다. 수중에 있는 '쌩돈'(현금)을 미리미리 써대지 말라는 거다. 벌어들인 돈으로 쓴 돈 메우는 거, 이거 장사의 기본 원리 아닌가? 서점에서 어음을 주면 그걸로, 현금이 들어오면 그걸로 거래처 결제하면 된다. 어차피 다 같은 업계니 '내 수금 상황이 이래저래 해서 결제도 이러저러 할 거다'라고 솔직하게 말하면 안 통할 일 없다. 동종업계에 있는 사람들끼리 누구보다도 상황을 잘 이해할 것이다.(나 몰라라 하는 사람들과는 거래관계 끊어도 된다.) 거래처 결제 일자는 자재를 구입해주는 사장 입장에서 당당하게 협의하라!

물론 업종과 거래 관행에 따라 사정이 다 다르겠지만 있는 돈 탁탁 털어 결제할 일 없다. 일부 결제 후 여신을 좀 둔다든가, 이번 건은 전액 결제 후 다음 건에서 좀 봐달라고 하던가, 유연하게 그러나 당당하게 지불 관계를 설정하도록 하라! 이에는 물론 서로간의 신뢰가 있어야 한다. 돈 안 주고 도망갈 것 같은 사장한테는 어떤 여지도 없으니까.

그러니까 신뢰를 잃지 않는 선에서, 진심에서 나오는 웃는 얼굴, 착한 마음으로, 사정을 서로 알려가며, 알아주는 그런 돈 거래를 하자는 얘기! 돈 꾸는 것도 능력이듯 돈 받아 내는 것도 능력, 결제 미루는 것도 능력이다. 치사하고 쩨쩨한 게 아니라 서로 같이 살아가자는 의미에서 지불과 수금 시스템을 내 사정에 맞게 설계해야 한다. 받을 돈은 못 받으면서 줄 돈을 턱턱

주는 게 '쿨하다'고 생각한다면, 아직도 그런 생각이라면 정말 힘든 상황을 더 겪어봐야 무슨 말 하는지 아실라나.

 __080230__ **정말이지 착한 출판동네 사람들**

자금난으로 며칠을 앓다가 결심을 세우고 결제가 남아 있는 거래처들에 전화를 돌렸다. 그냥 진짜 내 마음을, 처한 상황을 있는 그대로 얘기했다. 그거 아니고는 달리 방도가 떠오르지 않았으니까. 독지가를 찾을 수도 없고, 돈을 꿔서 막을 일도 아닌 것 같았으니까. 역시 진심은 통하는 건가, 아니면 내가 그간 쌓은 신뢰인 건가. 하나같이 맘씨 착한 분들. 정말 감사해요. 몇 달 안 걸릴 겁니다.
미안한 만큼 딱 그만큼 열심히 살아야겠다.

#092
수금 목표를 정해놓고 달리자!

그런저런 이유로, 시스템이라는 핑계로, 자금 회전이 느린 업계라면 시작할 때 단기·장기 수금 목표를 정확하게 세워야 살아남을 수 있다. 1인·무점포 출판사로 시작을 했으니 고정비용이 없을 때는 제작비만 정확히 계산하고 그에 따른 수익 목표를 세우면 된다. 혼자서 출판했던 책들이 예상 수익을 내기 시작하고, 차츰 차기 출간 아이템이 쌓이면 기획편집이 분주해지기 시작하고 기출간 아이템 영업과 새로 내는 책에 대한 서점 영업에도 변화가 필요한 시점이 오게 된다. 1인 출판의 리듬으로는 더 이상 가중된 업무를 처리하기 불가능한 순간이 오는 것. 이쯤 되면 사무실을 얻고, 편집부와 영업부 직원을 충원하여 장기적인 수금 목표를 세우고 회사 발전을 기획해야 한다. 편집과 영업, 두 업무 중 사장의 역량으로 커버할 수 있는 일이 있으면 한 번에 두 명 다 뽑지 않아도 좋다. 어쨌든 고정비를 줄이는 길만이 장기 레이스에서 성공하는 법이니까.

이때 이미 1인 출판 시스템에 적응된 몸과 마음을 '업 그레이드' 하지 않으면 큰일 난다. 정말로 정신 차려야 한다. 전혀 예상에 없었던, 기존에 없던 사무실 비용, 직원 월급 등 고정비용 지출에 회사가 흔들릴 수도 있다. 또한 회사 규모에 맞게 상품을 정기적, 지속적으로 만들 수 있는 일정한 제작비도 쌓아놓고 있어야 한다. 직원이 늘었다고 업무량이 줄어 드는 것이 아니라, 오히려 직원 수만큼 는다고 보면 된다. 수금에 있어서도 만전을 기해야 하는 것이, 1인 출판을 할 때 쉽게 달성했거나 목표치에 약간 못 미치더라도 (혼자라면) 대강 넘어갈 수 있지만 조직과 규모가 있을 때는 절대로, 절대로 예측한 수금 목표를 달성해내야 한다. 수금 목표를 달성하지 못 한 한 달이 미치는 자금 영향력은 예측한 것보다 크다는 것을 알아야 한다. 수금에 차질이 발생하는 기간이 늘면 늘수록 사채 이자가 늘듯이 빚도 는다고 생각하면 된다.

수금 목표를 얼마나 이루느냐에 따라 다시 혼자로 돌아갈 수 있다는 각오로 유연하게 행동하라. 회사 규모를 키웠다고 반드시 그대로 유지해야 한다는 부담을 버려라. 회사는 자금규모에 따라 언제든 유동적으로 크기를 바꿀 수 있다고 가볍게 생각해라. 수금도 안 되면서 기어이 회사 규모를 유지하려다가 망하는 거다. 그보다 더 문제는 자금 회전이 잘 되고, 돈이 계속해서 잘 벌린다고 회사 규모를 무작정 크게 키우는 것이다. '규모의 경제'로 운영할 업종이 있고, 아닌 업종이 있다는 것을 알아야 한다. 내가 볼 때 출판은 절대로 규모로 승부하는 업이 아니다. 자기 그릇에 맞는 계획을 가지고 꾸준한 상승곡선을 그리면서 장기 레이스로 승부하는 게 맞다. 출간 종수가 쌓이고, 예측한 대로 팔려주는 신간 출간이 반복되면서 수금이 안정

궤도로 진입하면, 그 때 가서 규모 확장에 대해 다시 한 번 고민을 해보고 결정하면 되는 거다. 책 한두 권 잘 나갔다고 회사 규모부터 늘렸다가 망한 출판사 얘기 많이 들었다. 그런데도 아직도 그렇게 나가떨어지는 출판사가 있는 거 보면, 돈이 왕창 들어오면 사람 머리가 어떻게 되는 건가?! 어쨌든 장기레이스에서 이기는 출판사들은 비교적 작은 규모의 안정된 수금 구조를 가진 출판사인 건 확실하다.

#093
경리가 따로 없다, 회계 관리 프로그램

돈 들고 나는 거 잘 관리하고, 대출도 턱턱 잘 받아내는 사장이 경리·회계 업무에 부딪히면 쩔쩔매기도 한다. 세무신고, 매출매입신고, 경리·회계 데이터 관리, 장부 관리 어쩌고 하는 얘기만 나오면 등줄기에서 땀부터 나는 사장들, 그렇다고 회사에 경리를 둘 수 있는 환경도 아니고 말이다. 절대 겁먹을 필요 없다! 기획도, 제작도 잘하면서, 경리·회계 관리까지 잘하면 그 사장은 정말 아무도 필요 없고, 아무것도 공부할 필요 없이 혼자서 사업을 잘 해나갈 듯하다. 그렇게 완벽한 인간이 있나?!(난 본 적 없다.) 그리고 그렇게 모든 면에서 완벽해지려고 노력할 필요도 없다고 본다. 그런 식으로 혼자서 다 잘하는 사람은 회사를 크게 키우기 힘들다. 내가 다 할 줄 아는 사람은 원래 다른 사람을 믿고 일을 주는 일이 없으니까.

경리·회계 데이터 관리, 장부 관리에 취약한 사장들이여 희망을 갖자! 사회는 발전에 발전을 거듭하여 수많은 경리·회계·창고 데이터 프로그램이 나와 있다. 특히 경리를 따로 둘 수 없는 사업 초창기에는 각종 소프트웨어에 의지하는 것이 좋다. 회계·재무 관리용 소프트웨어는 업계에서 무엇을 가장 많이 쓰는지 알아보고 선택하면 된다. 하루 반나절이면 숙지할 수 있고, 혹시 그쪽으로 자기 머리는 정말이지 '덤 앤 더머' 수준이라고 생각하는 사람이더라도 천천히 익혀 가면 그만!

매입매출 데이터는 선택한 소프트웨어로 회사 안에서 내가 직접 관리하는 것이 나중에 회사 규모가 커져서 경리나 영업자에게 업무 이양을 하고 났을 때도 좋다. 일을 시키기도 편하고, 내가 수금 데이터 등등을 직접 확인할 수도 있고, 사장이 파악하고 있다는 것을 알면 그들도 긴장할 테니까. 세무회계신고는 주변에 세무회계사무소 같은 데 분기별로 혹은 일 년에 한 차례 신고가 필요할 때 의뢰하면 매출 규모에 따라 많지 않은 수수료를 받고 신고를 대행해준다. 그러다 회사 규모가 커지면 재무, 회계 관리를 할 수 있는 경리를 뽑으면 된다.

061231 연말정산

정말이지 왜 이렇게 나라에 보고할 일이 많은 거야. 내가 한 해 동안 얼마를 벌었고 얼마를 썼습니다. '빅 브라더'에게 보고할 시간이 왔다. 이미 쭉 지켜보고 있었을 거면서, 보기 쉽게 이것저것 잘 첨부하고 갖춰서 완벽하게 보고하라고 하시니 정말 머리가 아프군.

에잇~! 귀찮고 어렵고 짜증나. 꼴랑 요거 벌었는데도 이렇게 계산이 안 나오는데, 돈 많이 버는 사람들은 (약간 숨겨서) 신고하려면 정말 머리 터지겠는걸. 이게 이렇게 귀찮고 싫은 나는 계속 요만큼만 벌 운명인가. 아니, 아니, 아니요~! 돈 벌면 전문가들이 다 알아서 신고 해줄 건데. 머. 더 많이 더더 많이 벌자규~!

#094
통장 잔고 따위는 당분간 잊자고…

　　사장 표정만 봐도 그 사업체의 사정이 확연히 드러난다. 돈에 죽고 돈에 사는 게 사장의 인생이라지만 우리의 원대한 계획을 떠올려봐라! 창대한 그 미래의 내가 지금 여기의 미미한 나를 보고 있다고 생각해보자. 이깟 돈에 쩔쩔매며 얼굴까지 일그러져 있다니!(이건 아니잖아~!) 이제 시작 아닌가. 사업하는 사람이 매입과 매출로 돈이 들고 나고 하는 일을 반복하다보면 어느 순간 통장 잔고가 빵 원인 때도 있고, 어느 때는 만땅 차서 건물까지 살 수 있을 때도 있는 거지. 뭐 그런 데에 일희일비一喜一悲 하는가? 그렇게 돈한테 끌려가면 돈이 당신을 잡아먹는 날이 오고 마는 거다. 남녀관계에서도 끌려가는 쪽이 늘 지게 되어있지 않던가.

　　절대로 통장 잔고에 휘둘리는 사장이 되지 말자! 돈의 압박에도 흔들리지 않게 되는 바로 그날이 사장에게 광명의 날이 되는 것이다. 돈이란 놈이 살아 움직이는 생물 같다고 말했지 않나. 그 살아 움직이는 돈을 내가 주무를 수 있는 그런 경지에 이르면 돈은 자연스럽게 내게로 온다. 허망하게 들려도 어쩔 수 없다. 마음이라도 그렇게 먹어야 살지요.

080110 결제일과 통장잔고의 역학관계

결제일이다. 통장잔고가 거의 바닥을 드러냈다. 몇 군데 서점들이 주기로 한 돈을 안 준다. 나는 돈 줄 데가 참 많다. 그런데 마음이 하나도 불편하지가 않다. 내 통장은 마이너스 통장이니까. 돈한테 내가 이긴 거다.

네트워킹

#095 내 사업에 필요한 네트워크를 짜라!   #096 모임과 회합은 내 삶의 엔돌핀
#097 학교, 학원, 직장 동료들 놓치지 않기(사장 공부1)   #098 레벨이 맞는 사람들과 교류하라!(사장 공부2)
#099 끼리끼리 어울리되, 한 수 위를 겨냥하라(사장 공부3)   #100 타 업계 사장들과도 교류할 것!(사장 공부4)

#095
내 사업에 필요한 네트워크를 짜라!

　1인 사장으로 움직일 것이지만 모든 사장의 머릿속에는 거대 기업 못지않은 구조가 잡혀 있을 것이다. 그들 모두를 '내 회사의 일부다'라 생각하고 잘 '부리기' 위해서는 네트워크가 탄탄해야 한다. 이왕 머릿속으로 짜는 거 큰 회사 안 부럽게 '빵빵하게' 짜라! 머릿속에만 그려 넣을 것이 아니라 종이에 구조를 옮겨 두고 본능으로 구조를 익혀라. 그래야 막상 현장 업무에 들어갔을 때 잊지 않고 챙길 수 있으니까. 그래야 관리가 쉬워지니까. 그래야 일이 시작되면 유기적으로 구조적으로 일사분란하게 일을 처리하게 되니까. 그래야 내 사람이 되니까. 네트워크 별거 아니다. 서로 간의 신뢰와 애정을 바탕으로 유대하고 연대하며 잘 먹고 잘 살게 돕는 조직이다.

　네트워크를 짜면 나에게 돌아오는 이득은 무얼까. 모든 연대와 유대 관계는 인간미를 바탕에 깔고 있다. 인간적으로 서로 연결되어 있다는 감정은 의리를 발동시키고, 신의를 지키며 서로를 보호하게 된다. 그런 사적인 감정, 바로 '형제애'를 일로 승화시켜 서로 간에 이익을 취하게 되는 거다. 마피아를 강한 조직으로 만든 건 바로 네크워크를 통한 형제애(실제 형제들이 많지만)다. Mafia가 뭐의 약자인지는 아시나? 원 뜻은 그게 아니라지만 현장에서는 Mother And Father Italian Association이라고 은유하며, 가족애를 강조한다. 그렇게 의리로 연결된 조직은 막강한 힘을 가지게 된다는 건데, 그만큼 인간세상에서 의리와 연대가 중요하다는 생각이다.

　나의 경우 출판업 전반에 필요한 네트워킹은 다음과 같다. 작가-예비작가-외서 에이전시-윤문 작가-디자이너-웹디자이너-출력실-지업사-인쇄소-제본소-창고-영업자-서점-기자-옵저버-출판협회-출판인회의-

삶의 현장을 오롯이 살고 있는 모든 전문가들(지인들)-M&K독자들-내 팬들-단골술집들. 대기업의 조직이 따로 없다.(이 모두와 연대감을 유지하려면 얼마나 많은 술을 마셔야 하는지….ㅋ)

#096
모임과 회합은 내 삶의 엔돌핀

　나와 내 사업과 관계된 모든 사람들(네트워크를 맺은 사람들)과 즐겁게 놀고, 즐겁게 일하라. 그 사람들이 당신의 밥줄이자 희망이다. 일하는 중에도 최대한 즐거운 분위기를 만들어야 결속력이 생긴다. 함께 일을 성공적으로 마친 사람들과는 반드시 회포를 풀어라. 모임과 회합만큼 결속력을 높여주는 방법은 없다. 직장 동료들이 모여 '공장' 얘기로 밤새는 줄 모르는 건 결속력과 연대감으로 인한 이야기 꺼리가 많기 때문이다. 사회에 나와 일하는 현장에서 만나 함께 돈을 버는 사람들끼리 자주 만나는 건 좋은 일이다. 현장에서 하지 못한 일 얘기도 나오고, 멋진 아이디어도 공유하고, 인간미도 어필하고, 멋진 작품 만들어보자고 결의를 다지기도 하고, 이 모두를 생산성 향상으로 연결시킬 수 있다. 가능한 한 즐거운 만남이도록 애써라. 재미없고 우울한 사람은 동료로 정말 꽝이다.(힘든 일을 마치고 회포 좀 풀자는데 우울모드는 쫌~.)

　워낙에 고독한 존재인 인간은 혼자 있는 시간을 즐기는 만큼 여럿이 함께 머리 맞대고 떠들고 노는 것도 좋아한다. 특히 사장이 되면 여러 가지 생각들로 머릿속이 복잡해지기 마련인데 그럴 때 혼자서 청승떤다고 나아질 것 하나 없다. 차라리 사람들 만나서 생산적인 이야기라도 나누는 게 좋다는 거다. 사람에 지치고 힘든 건 사람한테서 풀어야 한다. 그 사람들이 나중에 어떤 힘이 되어줄지, 지리멸렬한 인생에 얼마나 엔돌핀이 되어줄지 정녕 알아야 한다. '위하여~!'

070519 우정의 힘에 대하여…

네게 진짜로 잘 해주고 싶어.
그런 마음에는 이유가 없는 거야.
한길 물속은 알아도 한 길 사람 속은 모른다지만
사실 알고 싶지도 않지.
그저 소중한 당신에게
내 진심과 정성을 다하고 싶은 것뿐!
무슨 이유가 있겠니.
그냥 받아주면 되는 겨.
머리에 맷돌 300개, 어깨에 봇짐 300개, 발목에 모래주머니 2000개 쯤 이고 지고 달고 다니던 때 만난 무대륙 친구들.
우리 오래오래 사랑하자.
취하고 싶은 날 실컷 취하게 해줘서 고마워. 미안도 하고.ㅋ

080523 모여라~ 모여!

이왕지사 사업을 벌였으니 어쩔 수 없이 일을 사랑해야만 하고, 일을 사랑해야만 하니 성취감을 느껴야 하고, 성취감을 느껴야 하니 더더더더 일을 벌이고 수습해야 한다. 진종일 아무 생각 없이 일을 처리하다보면 어느새 시계는 밤을 향해 있고, 갑자기 모든 일이 성가시고 지겨워진다. 불쌍한 구모니카, 어쩌다 그랬니?
그럴 때 누가 나를 위로해주지? 당근 우정과 술뿐.
일 끝나고 바로 친구네 가게로 내달렸다. 이건 하루 일과를 끝낸 사랑에게 맛있는 식탁을 선물하는 아내의 마음과 같다. 그러니까 내가 나를 사랑하는 마음으로 주는 선물인 거다. 사업가의 마인드는 어째야 하는 건지, 눈먼 돈은 어디에 잠자고 있는 건지 함께 열심히 고민 중인 사장하는 친구들이랑 맥주를 마시며 우정을 나누었다. 일을 마친 뒤 마시는 맥주의 청량감과 친구들의 눈길에서 느껴지는 사랑, 산다는 것의 소소한 기쁨은 그렇게 쌓이고 쌓여 나를 지탱한다.

#097
학교, 학원, 직장 동료들 놓치지 않기 (사장 공부 1)

지난 인생이 쌓이고 쌓여 현재와 미래의 나를 구성한다. 그렇게 열심히 지나온 인생을 헛되게 만들지 말지어니. 내말은 학교생활부터 사업을 시작하기 전까지 모든 사람들과의 인연을 소중히 여기자, 뭐, 그런 얘기다. 언제 어느 때 그 사람들이 사장인 나에게 먹이를 물어다 줄지 모른다. 꼭 그런 속셈이 있어서가 아니라, 그저 한 시절을 열심히 지나온 나를 확인하는 의미만으로도 '그때 그 시절'의 친구들은 삶의 에너지가 될 수 있다는 말이다. 그리고 사람 녹이는 재주를 배워야 하는 사장에게 먼 과거의 인연을 어떻게 유지하느냐는 일종의 실험 같은 거다. 과거 어느 한 때 찐한 우정을 과시했던 사람들과도 교류가 안 되는 사람이 무슨 새로운 인연을 만든다고!

철부지 학창시절을 함께 보낸 친구들은 '득실'을 따지지 않는 유일한 관계가 아니겠는가. 그들은 나의 거울이고, 허심탄회할 수 있는 유일한 존재로 위안이 된다. 사장하면서 외롭기 싫거든 학창시절 친구들을 소중하게 대하라. 살다보면 종목은 달라도 사업하는 친구들도 생기고 이런저런 대화 속에서 인생의 답도 찾아진다. 그런데 나이가 들다보면 고등학교나 대학 동창들보다 사회생활을 하며 만난 사람들과 더 깊은 우정을 나누게 된다. 함께 같은 방향을 보며, 일을 도모하고 돕고 도와주는 관계 속에서 어찌 우정이 싹 트지 않을 수가 있겠는가. 사회 친구는 '배운 도둑질'로 사장의 길을 가는 당신에게 정말로 큰 도움이 될 존재들이다. 나의 경우 특히 사교육 기관(방송학원, 기자학원, 출판학원 등)에서 보충 교육을 받으며 만난 학원 동지들이 사업할 때 큰 도움을 주었더랬다. 이런 사장 공부, 다시 없다.

050616 내 동지들1

어느 비 오던 날, 전 직장 샘터를 방문했다. 임 본부장님을 만나서 훌륭한 조언을 듣고, 멋진 참고 도서도 받고, 따뜻한 동료선후배님들과 오랜만이라는 인사도 나누고. 술친구였던 도언과 흥준과 술을 함께했다. 어쩌면 술이나 사람들은 나를 괴롭히지 않는 건지도 모른다.

070124 내 동지들2

출판 편집일을 배워보겠다고 어느 시절 만나 열심히 책 공부를 하던 이 아이들이 어느새 이렇게 훌륭한 도서기획자가 되어있다니. 내가 가르친 것도 아닌데 왜 이렇게 뿌듯하니.ㅋ 정말 열심히도 책 얘기만 주구장창 했던 그 시절엔 우리가 이렇게 출판사 편집장이 되고, 기획자가 되고, 출판사 사장이 되리라고는 생각도 못했었는데. 아무래도 책을 사랑하는 사람들은 잘 되게 누가 도와주는 것 같아. '책사랑' 친구들아! 우리 늙어 꼬부라질 때까지 멋진 책 만들며 멋지게 살자.

080319 내 동지들3

어느 봄날, 어느 한 시절 죽치고 놀아재꼈던 학교 앞 단골 막걸리집.
대학원 동지들과 함께 주리 선배의 교수임용을 축하하다.
은근 결속력 있단 말야. 아주 조아^^~!

#098
레벨이 맞는 사람들과 교류하라!(사장 공부2)

소자본 1인 창업자라면 그 레벨의 사장들, 거래처들과 만나서 논의하라. 물론 언제 어느 때 내가 성장할지 모를 일이고 또 사람이란 모름지기 높은 곳을 바라볼 필요가 있지만 당장 눈앞에 떨어진 과제를 처리하기 위해서는 같은 수준의 사장들이 누구와 어떤 식으로 거래하는지, 어떤 방식으로 매입·매출 구조를 짜 나가는지 알아야 한다. 거래처 하나만 봐도 큰 회사가 거래하는 곳과 작은 회사가 거래하는 곳은 따로 있다. 이는 질적으로 떨어지는 업체라는 얘기가 아니라 그 만한 규모의 회사들을 상대해 본 거래처일수록 작은 회사의 처지를 잘 알아주고 그에 맞는 거래를 가능하게 만들어 준다는 얘기다. 작가 인세도, 계약방식도, 제작처 결제방식도, 영업과 마케팅에도 소규모 출판사에 맞는 방식이 따로 있다.

출판 바닥에서 내 첫 번째 실수는 비교적 규모가 있는 출판사에서 경력을 쌓은 덕에 돈 쓰는 걸 잘못 배웠다는 거, 그리고 사장이 되고 나서 수준 높은 큰 출판사 사장님들과 어울리면서 내 몸집에 맞지 않는 구조로 일을 벌였다는 것. 물론 바로 수습했지만 정말이지 아찔한 순간. 그렇게 계속 갔다가는 지금 M&K도 없고, 지금 이 책도 없겠지.(내게도, 이 책 읽으시는 사장님들께도 다행이다.) 덩치가 큰 사장들이나 하는 거, 돈 있는 사장처럼 보이는 거, 아무튼 좋아 보이는 건 나중에 돈 벌고, 회사 키우고 해도 늦지 않다. 작은 사장에게 맞는 공부를 하고 나서 큰 사장 공부해도 된다는 말씀!

070113 내 말이요!

유 사장님한테 혼쭐이 났다. 요즘 내가 최근에 젠체하고 어깨에 힘 들어갔다는 얘기. 좀 찔린다. 나더러 큰 사장님들 그만 만나란다. 피라미가 어디 바다에서 지랄이냐 신다.

백번 맞는 말씀이다. 어르신들 만나더라도 업무에 대한 상의는 엇비슷한 사장들한테 하라신다.
정말 고마운 분이다. 나는 내가 힘주는 거 정말 싫어하는 줄 알았는데 사장짓 하면서 많이 변했나 보다.
자숙의 의미로 사무실에 소품으로 진열된 짚신을 신고 집에 갔다.
'이 몹쓸 사장년. 정신 차리자!'고 되뇌면서….

#099
끼리끼리 어울리되, 한 수 위를 겨냥하라 (사장 공부3)

나는 성공하신 어르신들, 옹들과 함께하는 시간이 좋다. 어떤 옵저버의 말처럼 '내 처지를 알아야~' 하지만 내가 건방지게 변하지만 않는다면 먼저 앞서간 선배님들의 말씀은(농담도) 한 마디 한 마디가 값지다. 실패와 좌절의 나날 없이 지금에 이르신 분 없고(이 대목에서 지금의 내 처지에 대한 한탄이 싹 사라진다), 사장의 배포와 쩨쩨함에 대한 자기만의 사장철학, 내공을 가지고 계시고(내 방식의 좋고 나쁨에 대해 생각해볼 수 있다), 돈이 없을 때와 돈이 많을 때 처신하는 법도 들려주시고(출판에 과도한 투자는 대기업이나 가능한 일이라는 등), 최근 출판계 동향에 대해서도 엿들을 수 있고(그 분들 출판사에서 나오는 신간의 기획 과정이나 비하인드 스토리들은 실무에 적절히 활용될만한 값진 정보다), 출판 담당 기자님들도 종종 뵙고 인사할 수 있다.(나 혼자의 역량으로 범접이 힘든 훌륭한 기자님들에게 내 칭찬을 마구 쏟아 부어 주시니, 당장 엎드려 절이라도 하고 싶다. 그렇게 만난 기자님들과의 친분으로 여러 책 홍보했다.) 거기에 맛난 음식과 술까지 공짜라니, 당신이라면 안 만나고 배기겠는가?! 앞에서 한 말 '작은 사장에게 맞는 공부를 하고 나서 큰 사장 공부해도 된다'는 얘기 '급' 수정 들어간다. '큰 사장에게서 작은 사장이 배우고 얻을 게 아주 많다'라고….

 070302 잘 할 수 있을 거야

어리고 어리숙한 모니카를 챙겨주시는 출판계의 대부님들. 요즘 들어 이 어르신들과 어찌나 얘기가 통하는지. 내가 늙은 거야? 오랜 인연에 친구가 되어버린 거야?ㅋㅋ 이 훌륭한 거인들 옆에서 어찌 크지 않을 수 있겠어. 출판계 떠오르는 거성·거목·기린아 모니카 화이또!!

070529 훌륭한 삶을 앞서 사신 어르신들의 힘:
　　　　호모사피엔스의 숙명

엄마 뱃속에서 미끄러져 나와 울음을 터뜨린 그 순간부터 우리는 어쩔 수 없이 고립된 개인으로 살아가야 한다. 순전히 내 생각이지만 그 순간에 엄마는 우리를 버린 것이 아닐런지.(엄마, 나빠~) 그러니 모든 결정을 혼자 해야 하고, 자기 밥벌이는 자기가 해야 하고, 사는 재미도 혼자서 찾아야 하고, 누굴 사랑할 지도, 미워할 지도 자기가 결정할 일이고, 열심히 살지 대충 살지도 내 소관이다. 그렇게 혼자서 살아갈 운명을 알고 있으면서도 우리는 늘 외로움에 희생당한다. 자기 삶에 누군가를 끌어들이는 이유가 뭐겠는가 말이다.

출판 동네에 들어오고부터 사랑하기로 작정한 출판사 사장님들과 회합의 자리를 가진 날. 고립된 개인으로 산다는 것이 얼마나 퍽퍽한지 술·담배 때문이 아니라 외로움 때문에 죽을 지도 모른다는 생각이 드는 요즘이다. 그래서일까. 요런 종류의 회합의 자리에 빠지지 않고 참석하게 되고, 한 동네 사람들과 함께 부둥켜안고 산다는 것의 기쁨을 기어이 느끼려고 애쓴다.

그렇게 함으로써 내 외로움은 얼마나 줄어드는 거나?!

애니웨이 훌륭한 어르신들임은 분명하다.

나도 커서 훌륭한 인물이 돼야겠다.

#100
타 업계 사장들과도 교류할 것!(사장 공부4)

사장을 하면서 느낀 것은 젊은 사장이 의외로 많다는 것이다. 비록 업종과 규모는 다르지만 그들을 만나면 이런저런 고민들이 비슷하고, 미래에 대한 꿈과 희망도 비슷해서 정말이지 전쟁터에서 동지를 만난 기분이다. 난관을 헤쳐 가는 각자의 방식에 대해 이야기를 나누다보면 전혀 다른 방식의 대응법도 공부하게 되고, 서로의 고충을 잘 알다보니 도울 일이 없을까를 고민하게 되고, '윈-윈'으로 마케팅도 하고, 서로의 지인들을 소개해 주기도 한다. 업계가 다르다보니 서로의 아이디어를 공유하다가 내가 전혀 생각하지 못한 결정적인 힌트를 얻을 때도 많다. 이런 게 바로 살아있는 네트워킹이자, 사장 공부가 아니고 뭐겠는가.

내가 만나는 사장 동지들을 떠올리고 있자니, 거의 90%가 여자다. 물론 내가 여자를 좋아하기 때문이기도 하겠고, 철저히 사견이지만 여자들이 오히려 사업을 쉽게 잘 저지르는 것 같다는 생각이 든다. 이 나라에서 교육받기를 남자들은 한 가정의 가장으로 책임감에 얽매여 있는 반면 여자들은 나 하나 잘 먹고 잘 살면 된다는 비교적 이기적인 마음이 있다.(이건 남녀의 기질 차이가 아니라 분명 교육 때문이다.) 남자들은 거대한 자본의 톱니바퀴 속 하나의 부품으로 사는 것이 자기 운명이라고 기꺼이 받아들이는 분위기다. 강해진 여자들은 이걸 보고 남자들이 나약해졌다고들 하지만, 나약해진 게 아니라 이 자본의 논리가 그들의 책임감을 이상하게 변질시킨 거다. 여자들이 사업을 벌여놓고 오히려 대범할 수 있는 건 '망하면 시집 잘 가면 되지' 하는 안이한 생각이 전혀 없다고도 말하기 힘들다. 남자들은 이걸로 또 여자들을 욕하던데 절대 그럴 필요는 없는 게 막상 사업가의 길을 걷다보면 '포기는 배추 셀 때나 쓰는 말'이라며, 정말 치열하게 승부하는 것이 또 여자란 말이다.

아무튼 남자 대비 여자들이 사업을 만만하게 생각하고 지르는 경향이 있으니, 소심한 남자들이여~! 주변에 여자 사장들을 만나 용기를 충전하시라. 사장을 하고 있는 분들이여, 서로를 만나 위로하고 응원하고 도움을 주고받으며 사장 공부 한 번 '잘' 해봅시다.

061124 지구를 점령한 모니카 씨

정화 언니의 스위트 홈은 그야말로 '마포살롱'이었다. 언니가 곧 오픈할 영화사 이름을 '마포살롱'으로 하라고 말했더니 완전 째려보신다.ㅋ 이제 보무당당히 사업가의 길로 들어선 정화 언니에게 대박의 행운이 있기를 빌며, 도서 시장과 영화 시장과 문화 시장의 트렌드를 격렬하게 논하고, 사람 사는 얘기를 씩씩하고 유쾌하게 나누며, 산다는 건 역시 신나는 일이라고 결론내린 훌륭한 정신세계를 소유한 우리 동지들. 윤희와 통화가 된 임범 기자님이 일당을 몰고 오셨는데, 거기에는 정화 언니의 지인들도 섞여 있는 게, 그렇고 그런 사람들은 정말 한 동네에 옹기종기 모여 있는가보다. 사업을 한다는 것의 비애감과 희열에 대해 일장연설을 퍼붓다가 술독에 빠지고 말았다.

자기계발

#101 학습, 공부는 왜 필요한가?　#102 호기심을 유지하는 법
#103 변화와 발전, 성장과 나이듦　#104 나만의 별종 취미를 가져라!
#105 나에게 딱 맞는 인생 공부법 개발하기　#106 혼자 공부할 시간에 사람을 만나겠어!(인생 공부1)
#107 싸돌아 댕겨라, 보고 듣고 만지고 느껴라!(인생 공부2)　#108 때론 휴식과 게으름도 필요해(인생 공부3)

#101
학습, 공부는 왜 필요한가?

평생교육이니 어쩌니 해서 우리에게 많은 것을 배우라고 강요하는 세상이다. 그런 강요에 못 이겨서가 아니라 어느 땐 정말이지 인생의 전문가가 되어 편하게 재미있게 살려면 뭘 해야 하는 것인지 궁금하기도 하다. 세월이 나를 지나감에 따라 적당히 철들고, 적당히 연륜이 쌓여 자동적으로 진짜 어른답게 사고하고 행동하게 되기를 바라고, 좀 더 세련된 방식으로 인생을 즐기고 싶은데 이게 그렇게 쉽지가 않다. 그래서 우린 공부를 해야 하는 거다. 읽고, 보고, 느끼고, 만나고, 배우고, 그렇게 인생에 전문가가 되어야 삶이 즐겁고, 일도 술술 풀리게 될 테니 말이다.

우리들 인생에 공부는 아마도 평생 계속될 과제일 것이다. 특히나 젊은 사장이라면 배울 것들이 참 많기도 하다는 걸 매순간 느끼게 될 터. 세상을 보는 지혜를 얻어야 내가 일원으로 살고 있는 세상에서 '사장짓'도 잘 할 수 있을 테니까. '왜 공부해야 하는가?'라는 질문을 하기보다, 지금 당신이 열심히 사는 것만도 공부하고 학습하고 있는 거라는 말을 하고 싶다. 이런 저런 모임과 회합에서 나누는 이야기들도 다 공부고, 방송, 신문, 잡지, 책을 보는 것도 공부고, 현장을 돌아다니며 보고 듣고 만지고 경험하는 모두가 이미 학습이다. 평생 계속될 학습에 대해 스트레스 받지 말고 당신, 사장님~ 그냥 지금 하시던 거 '쭈~욱' 하시면 됩니다.

동대문에서 옷장사를 하고 있는 친구 하나는 여행 '계'를 하고, 시즌마다 외국에를 나간다. 이게 다 디자인 공부를 위한 거라고 말하며 웃는다. '실은 핑계지, 공부는 무슨~!' 이러지만 내가 볼 때는 그 진짜 속내는 공부하기 위함이고, 실은 여행이 핑계 같다. 옷 만드는 사장이라면 패션 트렌드를 민감하게 지켜봐야 하는데, 솔직한 말로 한국에는 거리의 멋쟁이가 별로 없지 않나. 그녀는 그렇게 현장학습을 위해 나다니면서, 겸손하게 '핑곗김에 여행가는 거지' 한다. 그래서 그녀가 만든 옷이 불티나게 팔리나 보다. 각자의 영역에서 열심히 학습하고 공부하는 사장들 정말로 많다. 지기 싫다면?!

 051101 삼삼북클럽

이 시대가 여자들에게 날로 가중하고 있는 이 삶의 무게들.
남자들은 이제 더 이상 가장의 역할을 거부하고, 온통 멋 부리는데 집중하는 메트로섹슈얼인지 뭔지에 충실하고. 드디어 자유를 얻은 여자들은 밖으로, 밖으로 행군을 계속하며 사회적으로 성공을 해내야하는 과업을 명령 받았는데, 가사와 출산의 의무는 여전히 지닌 채, 기존 여성의 성역할을 뿌리치라는 콘트라섹슈얼인지 뭔지에 헷갈리고 있는 작금의 이 사태.
과연 여자들에게 자유는 주어진 것인가.
그런 고민을 함께 하자고 2030 여자들의 이야기 클럽에서 만들어진 삼삼북클럽. 재미난 첫모임에서 예쁘고 똘똘한 사람들과 함께 '여자 이야기', 실컷 나눴다. 출판을 통해 여자들을 위로하고 응원해야겠다고 생각한 내 자신이 기특해지는 순간.

#102
호기심을 유지하는 법

사장은 궁금한 게 많아야 한다. 사람에 대해서도, 세상에서 벌어지는 일들에 대해서도. 지금 왜 그게 이슈인 걸까? 뉴스는 이 사안에 대해 왜 저런 식으로 얘기하지? 레트로retro(복고) 열풍은 왜 계속 반복 재생되는 걸까?

이 촌스럽고 가난한 한국에서 마놀로 블라닉(초고가 구두) 열풍이 웬 말이지? 여자들이 왜 이렇게 세졌지? 쟤는 왜 저렇게 말하지? 왜 저런 옷을 입고 다니지? 요즘 애들은 왜 열심히 살지 않는 거지? 등 마음속에 물음표가 많은 사람이 더 많은 것을 보게 되어있다. 많은 것을 본 사장이 사람의 마음을 꿰뚫는 뭔가를 생산할 확률이 크다. 그러니 사장에게 세상을 향한 호기심을 잃지 않고 간직한다는 것은 절체절명絕體絕命의 과제인 것.

    호기심을 유지하는 각자의 방법이 있을 테지만, 재밌게 살 방법을 찾아 돌아다니라고 조언하고 싶다. '나를 재밌게 해주고, 사람들을 재밌게 만들어 주는 건 뭘까?' 그 질문을 마음에 품고 있으면, 이것저것 보고 싶고 하고 싶은 게 얼마나 많아지는지 모른다. 나는 개인적으로 유머감각이 있는 사람에 열광하는 편인데 그들의 공통점은 호기심이 많다는 거다. 그러니 인생이 심심할 리가 없고 그러니 사람들을 웃길 수 있는 거다. 호기심이 발동하면 삶이 재미있어 진다. 인생이 즐거우면 일도 사랑도 얼마나 잘 되는지 세상 다 가진 것 같은 기분이 든다. 그런 기운으로 사업하면 100% 성공보장이다.

070207 삶은 호기심으로 채워가는 웃긴 만두

하나, 기분 좋은 만남, 행복한 인연

나의 서사지도교수님이시자 이 험난한 출판계에 입성하도록 도와주신 우리 김기태 교수님에게 나의 작업실을 소개해드리고, 각자 안에서 밖에서 일하다가 나의 출판 싸부님의 부르심을 받고 함께 떴다. 내 사랑하는 교수님께서 내 존경하는 싸부님과 알고 지내는 관계인데다 속닥속닥 이야기를 나누시는 모습이 어찌나 천진해 보이시는지.(남자는 역시 늙을수록 귀여워져야해.) 출판계 바닥에서 살아가면서 느낀 건데, 세상엔 내가 아직 경험하지 못 한, 만나지 못한 신비로운 것들이 정말 많다는 거다. 그거 다 보고 죽으려면 건강이 최고! 열심히 먹자.

둘, 인생은 대략 코미디, 웃겨 죽어.

오늘 만난 사람들은 정말로 유머감각이 넘친다. 세상에 자신을 열어둘 줄 아는 그대들을 어찌 웃겨주지 않고 배기겠는가. 내가 봐도 내가 너무 웃겨서 죽는 줄 알았다. 윤희는 나를 너무 창피해했지만, 오늘같이 웃기는 날엔 그냥 같이 웃어주련.ㅋㅋ 서교동 지구대 일원으로 동네 아자씨들께 열심히 인사를 하고 다닌 덕분에 '독도횟집' 사장님께서 굴을 특별 서비스로 주셨다.

※윤희의 충고(남자를 처음 소개받았을 때 내가 절대 금지할 것!)
1. 유머와 나댐 2. 욕설과 요설 3. 음주와 흡연 4. (남자를 향한?) 지나친 호기심

#103

변화와 발전, 성장과 나이듦

　　서른다섯 살이 된 요즘 자주 드는 생각, '마음은 늙지 않는데 왜 자꾸 나이를 먹는가?' 하는 의문. 이제사 어른들의 유치함에 대해 이해하게 된다. 또 한 가지, 나랑 같이 나이 먹은 내 또래 친구들은 다 어디가고 나만 혼자 늙어가고 있는 거지 하는 자멸감. 이제사 어른들이 젊은 애들을 좋아하는 이유가 납득이 된다. 자꾸만 유치하게 살고 싶고, 어린애들이랑 놀고 싶어진다. 나이가 들고 나니, 게다가 사장을 하다 보니 변화와 발전에 대해 강요받는 느낌이 든다. 그게 싫어서 피하고 도망치고, 유치해지고 어려지고 싶은 거겠지만 우리는 그 이름도 고명한 사장이고 어른 아닌가. 사람은 나이가 들면 성장해야 한다. 그 성장의 질을 누가 어떤 기준으로 따지겠느냐마는 적어도 당신이 사장이라는 이름을 달고 있다면 지금보다 좀 더 점잖아져야 하고, 세련돼져야 한다. 언제까지 지금의 젊음을 유지할 수는 없을 테고, 그때 되면 실수에 대한 핑계 꺼리도 사라질 테니, 지금부터 대비해야 한다.

물론 예술이나 문화의 세상에서 살고 있는 어른들은 가끔 어린애 같은 순수함을 매력이라며 들이대지만 사실 좀 뭐시기하다. 어른에게 '마음이 참 어린애 같아요. 그 순수함은 어디서 나오는 거죠?' 하고 묻는 건 절대 욕이다. 나이가 들었는데 철들지 않고 순수의 시대를 살고 있는 건 정말이지 촌스러운 일이다. '어린애'의 특질이 뭔가. 자기 성에 안 차면 떼쓰고 달려들고 길 한복판에서 몸부림을 하면서 울어 재끼고, 극도로 이기적이고. 사업하다보면 간혹 그렇게 세상물정 모르는(어린애 같은) 순수성으로 '무장'한 사람들을 만나게 되는 데 정말이지 한 마디 해주고 싶다. "당신의 그 순수함으로 여러 사람 다치고 있거든요."(나도 예외는 아닌 가 보다. 이리 찔리는 게.)

070616 변화와 성장에의 강요

가장 가깝고, 무게로 똘똘 뭉친 타지마할 언니와 엄마에게 완전 실망을 안겨준 요 몇 달의 크레이지 라이프 패턴. 애도 아니고.
드디어 밧데리 완전 방전. 이런 식으로 3개월만 더 살면 딱 죽을 것 같음.
휴식과 여유를 갈망함. 살도 빼야함. 영혼도 건강해져야 함. 마음을 초 절약해야함.
내가 사장이라는 걸 자꾸 까먹음. 돈도 성실하게 차곡차곡 벌어야 함.
이제 삶을 싹 다 뒤집어야함.
눈물이 날 것 같지만, 죄다 자처한 일. 이제라도 정신 차리시고 달라지기로 하고, 정화 언니에게 SOS, 언니네 수목원에 의식을 지내러 감. 자연에 심취하고, 맑고 밝은 현수의 기운을 받고, 맛있는 공기도 마시고, 지난 삶을 참회하고, 앞으로의 달라질 나를 상상하고, 약간 연습도 해보고. 수목원에서의 상쾌한 하룻밤.
이제 나를 '신'모니카라 불러다오.

#104
나만의 별종 취미를 가져라!

사장으로 산다는 것은 녹록한 일이 아니다. 약육강식의 세계에서 버티려면 자기 수련을 해야만 한다. 부지런해야 하고 똑똑해야 하고 직관과 직감도 발달해야 하고 일도 잘 해야 하고 돈도 잘 돌려야 하고, 정말 갖춰야 하는 게 많구나. 이러니 사장들이 스트레스를 받는 거다. 제 아무리 '저는 정말 신나게 일하고 재미있게 살고 있어요'라고 말해도 사장의 저 깊은 내면은 시커멓게 타고 난 숯검댕이로 가득할 것이다. 그런 잔혹 세상에서 자기를 지키는 것도 자기를 계발하는 일의 하나 일 터. 스트레스를 싹 날려버릴 자기만의 취미를 개발하라. 이건 '절대 미션'이다!

뭐 물론 사업가는 아니지만(작가를 개인사업자로 치면 사업가인가?) 우리나라 대표 논객 진중권 교수는 취미로 개인 비행기를 구입해 조종한다고 한다. 왜일까? 아무래도 논객으로 세상의 모든 이슈에 신경을 곤두세우는 게, 세상사와 사람에 치이는 게 스트레스가 아닐까. 비행기를 몰아 본 적은 없지만 왠지 비행기를 타고 하늘을 날면 '무념무상'의 경지에 이를 것 같다. 아는 출판사 사장님 한 분은 암벽을 하시는 데, "왜 그렇게 위험한 취미를요? 극기가 필요하신가요?" 여쭸더니, "극기는 무슨! 암벽을 탈 때는 정말 아무 생각도 안 떠오르거든. 바위에 붙어서 기어오르는데, '여기서 살아 올라가야지'에 집중하는 거 밖에 다른 할 일이 뭐 있겠냐." 역시나 '무념무상'을 목적으로 한 취미. 그렇다. 현장에서 이것저것 치이다보면 생각이 많아지고 머리가 복잡해지는데, 그런 건 생각을 더 많이 한다고 해결되는 것이 아니어서, 차라리 아무 생각 안 하고 잠이나 자는 게 나을 때가 있잖나. 그럴 때 즐길 수 있는 '나만의 별종 취미'는 사장의 마음 수련에 필수적인 일인 것 같다. '술'이 취미라고 얘기하시는 분들 계실 텐데(나?!) 그건 취미가 아닐 듯….

나의 취미는 자연에 심취하기. 훌륭한 '뷰view'를 자랑하는 서울 시내 혹은 외곽의 멋진 카페나 팬션 순례, 그리고 산행. 그런데 알고 보니 이런 것들마저도 업계 사람들과의 친분이 목적인거 보면, 별종 취미라 할 수 없는 건가? 취미 생활에서마저 일에 대한 열정을 발산하는 나란 인간. 하루빨리 '무념무상'에 이르는 나만의 비법을 개발해야겠다.

 070310 산신령님 잘 부탁드립니다
멋진 책을 만들고 파는 한국출판인회의 가족들과 북한산에 가서 올 한 해도 무사히 좋은 책을 만들어내고, 많이 팔게 해주십사 하는 시산제를 지냈다. 비 왔다, 눈 왔다, 바람 불었다 하는 힘겨운 산행이었지만, 뭔가 더러운 기운이 씻기는 느낌이다. 서울의 명산이자 가장 큰 산인 북한산의 산신령님을 영접하는 순간에 내가 빌었던 몇 가지. 친구들의 행복, 가족의 안녕, 대박 행진!(신성한 산에 와서도 대박 타령이라니. 쯧!)
방수보온 기능이 좋다기에 명동 신세계 백화점까지 가서 졸라 비싸게 구입한 마운틴하드웨어 브랜드의 오버트라우져에 완전 실망이다. 다 젖어서 추워 뒈지는 줄 알았다. 그래도 마음 넉넉한 출판사 사장님들과 나눈 하산주 덕분에 마음 하나는 따뜻했따! 아~ 행복해~!

#105
나에게 딱 맞는 인생 공부법 개발하기

사장으로서 자기중심을 잡고 버티기란 얼마나 힘든 일인가. 하루에도 수십 번씩 도망가고 싶은 게 사장의 인생이고 '나도 인간인데, 어떻게 그렇게 늘 정확하고 명쾌하기만 해!'라고 외치고 싶겠지만 아무한테도 안 통하는 얘기다. 그러니 절대로 자기중심을 잡아야 한다. 사장의 자기계발 미션 중에서 가장 핵심은 '자기중심 잡기'가 아닐런지. 사장의 중심잡기는 어떻게 해야 하고 어떻게 할 수 있는 걸까. 인생에 대한 철학? 사업에 대한 신념? 돈에 대한 열망과 집착? 인간애? 인류애? 일류애? '나도 아직 모르겠다. 각자 생각해라!' 하면 돌 던지실 것 같아서 (억지로) 쏟아내자면 '인생을 공부하자!'는 거.(애개게?) 나도 아직 흔들리는 중이어서 확실한 처방을 드리기가 뭣하지만 한 가지 확실한 건 몇 가지 방법으로 '인생 공부'를 하다보면 흐트러진 마음이 수습되고, 내 중심이 잡히는 것을 느낄 때가 있다는 거. 그러니 각자 '나만의 맞춤 인생 공부법'을 개발해보자는 겁니다. 이 이야기는 밑에서 이어집니다.

#106
혼자 공부할 시간에 사람을 만나겠어!(인생 공부1)

사람들은 종종 차분하게 앉아서 하는 수련과 공부만 공부라고 생각하던데 아니올시다. 세상을 함께 살아가는, 이 업계에서 함께 발버둥치는 동지들과의 모임과 회합에서, 그 사람들에게서 충분히 인생 공부가 가능하다. 웃고 떠들고 한탄하고 응원하고 한숨 쉬고 파이팅 하는 그 모든 순간에서 인생과 사람을 배운다. 한 동네 사는 사람들과 있다보면 사람과 인생 공부 외에 덤으로 세상 돌아가는 이치도 파악되고, 정치·경제·사회·문화 전 분야에 걸친 박식한 해설과 새로운 정보도 얻고, 내가 전혀 모르는 분야도 공부하고, 정말로 이 모든 게 다 가능하단 말이다. 그러니 시간 그만 아끼시고, 혼자서 머리 싸매지 마시고 사람들을 만나세요!

🔑 **070117 언론을 장악한 구모니카 씨, 과연 성공한 건가?**

"출판은 절대 못할 짓"이라는 요지의 강좌 '출판 창업자 과정'에서 만나 각자의 고집대로 출판 동네에서 살고 있는 개성 있는 사람들의 모임. 일 년에 한 두어 번 만나는 데도 오랜 친구나 가족 같이 편하네. 출판을 해보겠다는 같은 생각으로 만난 사람들이어서 그런가? 각자의 성향이나 기질로 치자면 어딘가에선 멱살잡이라도 했을 법한 사람들이 이토록 즐겁다니 인간이란 존재는 참 아이러니하다. 누군가는 출판을 비롯한 언론계 사람이나 작가들은 욕심쟁이라고, 자기 생각을 타인에게 말하고 싶어 하는 그 속내가 무엇이겠냐고 했는데. 글쎄. 우리들은 출판으로 세상을 바꿀 생각도 없고, 거창한 철학이나 신념을 대중에 강요할 생각도 없고, 책은 이래야 한다는 고정관념과도 거리가 멀다. 우리에게 출판은 단지 밥벌이의 수단일 뿐이다. 그래도 '책은 책'이니까 자기 테두리 안에서 정성을 다하는 이 사람들이 난 좋다. 음. 물론 강력하게 '공명심'이나 '사명감'이 전혀 없다고 주장할 수야 없지만 서도, 세상에 어떤 직종에 종사하는 사람이 입에 풀칠하기 위해서만 일을 할까.

최근 각종 매체에 등장한 나를 두고, "언론을 장악했다"고 놀려대는 통에 민망해 죽는 줄 알았다. 언론 노출도만큼 책이라도 많이 팔았으면 좀 덜 쪽팔렸을라나. 하긴 무슨 상관이야. 내 마음이 즐거우면 성공한 게지.

#107
싸돌아 댕겨라, 보고 듣고 만지고 느껴라! (인생 공부 2)

나는 뭐니뭐니해도 밖으로 싸돌아다니며 하는 공부를 좋아한다. 이름하여 '현장 학습'! 내가 책상머리에 붙어서 하는 공부에 알러지가 있냐?! 그건 절대 아니라고 강조하고 싶다. (대학시절 내내 장학금도 탔고, 몇 해 전에는 6개월 고시원에 들어가 목표한 TOEFL과 GRE 점수도 땄는걸.) 다만 세상을 살며 느낀 경험치를 보자니, 나의 뇌리 속에 잘 저장된 지식과 정보는 모두 현장 학습으로 얻은 것들이라는 말이다. 그래서 후배나 친구들이 자기계발을 어떻게 하냐고 물어오면 나는 무조건 "싸돌아 댕겨라!"고 대답한다. 성공했다고 추앙되는 선배님들도 많이 돌아다니고 보고 듣고 만지고 느끼는 현장학습의 중요성에 대해 입을 모아 강조한다. 그냥 멍하게 돌아다니면 안 되고, 감성을 한껏 발휘해 마음으로 느끼며 돌아다닐 것! 자기계발, 인생 공부, 별거 없다. 많이 돌아다녀본 사람이 더 많은 꿈을 꾼다.

아래는 나의 독자 대상이자 출판 컨셉인 '여자'에 대해 네이버 '오늘의 책'에 쓴 칼럼이다. 이야말로 내가 돌아다니면서 많은 여자들을 만나서 보고 듣고 느끼고 생각한 모든 것이 담겨 있기에 소개한다. '많이 돌아다닌 사람은 이렇게 훌륭한 생각을 하고, 멋진 결론을 내릴 줄 알게 된다'는 주장의 근거로 말이다.

060802 우리가 배웠던 여자, 우리가 살아야 할 여자

여자라서 행복해요? 여러분은 저 의미심장한 물음표를 주시하셔야 한다. 모CF 광고 카피로 유명해진 저 문구에 느낌표나 마침표를 찍을 수 있는 여자가 과연 몇이나 있을까? 그런 의문점에서 나만의 참고문헌 찾기가 시작되었다. 저런 카피 따위에 물음표를 갖다 붙이는 나는 의문과 의심에 대한 답을 책과 사람에서 찾는 유형의 인간으로 서른셋 솔로걸이다. 미혼이냐, 비혼이냐를 묻는다면 그냥 웃겠다. 여자라서 행복하기는 대체 얼마나 힘든 일인가를 몸소 체험하고 나니, 어느새 나이는 먹을 대로 먹고, 일도 사랑도 어느 하나 제대로 해놓은 것 없는 나는 내 인생을 재점검 해야겠다고 생각했고 〈페미니즘의 도전〉을 만났다.

고백하자면 난 페미니즘에 대해 아는 게 없는 편이고 더 솔직하게 말하자면 페미니즘을 어색하게 생각하는 쪽이다. 그런데 필자인 정희진은 이미 모 신문 칼럼에서 만난 적이 있는 이름이었고, 돌이켜 보건데 그녀의 '여성주의' 철학에 찬성했던 기억이 떠올라 서른셋 내 인생의 참고문헌으로 낙찰! 이 책은 '여자여! 저항하자, 싸우자'고 말하지 않아서 좋다. 풀어 말하자면 '여성의 정체성을 제대로 알고, 매트릭스처럼 얽혀있고 꼬여 있는 관계들 속에서 여자는 누구이고 무엇인지를 진지하게 생각해보자'고 말해서 좋다. 자의인지 타의인지도 모른 채 결혼과 출산을 거부하고 일에 몰두하는 여자(컨트라섹슈얼), 여자 너도 돈 벌어 라며 자기 번 돈으로 한껏 멋 부리는 남자(메트로섹슈얼), 남자고 여자고 우리가 배운 대로 성역할을 수행하지 않는 이 시절에 시의적절한 제안이자 주장이 아닐 수 없다. 게다가 먹고 사는 문제가 바빠서 여성학이니 페미니즘을 공부하지 못한 대중에게 "인간은 누구나 소수자이며, 어느 누구도 모든 면에서 완벽한 '진골'일 수는 없다"며 내부의 타자성을 찾고 관계 속에서 자신을 직면하자는 제안은 여자와 남자 모두에게 효과적으로 보인다.

(중략)

그러니 이제 우리가 배웠던 여자를 버리고 우리가 살아야 할 여자를 하루빨리 찾아야 할 시간인데, 내겐 여전히 풀리지 않는 숙제들이 있다. 과연 정희진이 말하는 엄마 코드와 아줌마 코드는 잘하면 피해갈 수도 있는 문제인지, 섹스에 대한 여자들의 피해 의식이 남자들에 의해 조장되고 학습된 것인지, 다이어트하려는 여자들은 과연 남자 중심 세계에 온몸으로 부응하고 있는 것인지, 젊음과 미모 중심주의는 남성에 어필하기 위한 여성 특유의(여성 고유의) 과장 행동일 뿐인지, 의문을 품지 않을 수 없다. 불확실성의 시대를 살고 있는 불안한 세대인 내가 별 수 있겠는가. 〈페미니즘의 도전〉를 읽는 중에 만난 껄끄럽고 이물스런 느낌도 어쩔 수 없다고 생각했다. 그녀의 말만 따라 사고방식과 인식습관을 통째로 바꿔야 하니 말이다. 나고 학습한 대로, 보고 들은 대로 생각할 수밖에 없는 천생 한국 여자기에 이질감에 대해 딱히 변호할 말도 변호할 길도 없다. 이런 생각을 극복하는 일 또한 나와 이 시대 모든 여자들의 숙제려니.

#108
때론 휴식과 게으름도 필요해(인생 공부3)

일과 돈에만 그렇게 열중해서 순국선열 되실 건가? 쉬고 노는 것 같은 직원들에게 사장들이 불만을 가지는 건 자신들이 쉬지 않기 때문이다. 쉬지 않는 사람에게서 마음의 여유는 찾을 수가 없고, 마음의 여유 없이는 현명한 판단과 명료한 결정을 내릴 수 없다. 잠도 좀 충분히 자고, 휴식도 실컷 취해라. 게으름도 때론 약이 된다. 사장들을 보면 휴식 같지도 않은 휴식을 조금 취해놓고 왠지 일 안 하고 논 것 같은 강박에 시달리고, 태만해진 것 같다며 자기 자신을 족치는데, 자기계발 차원에서라도 제발이지 좀 쉽시다! 쉬면서 절대 주변 사람 눈치 보지 말고, 자기 자신에게 오만 잡가지 이유를 대서라도 반드시 쉴 것!(아~놔~! 그저 조금 쉬면서 자기 자신까지 설득해야 하다니, 사장의 인생이란~!) 여담이지만 어떤 인터뷰에서 진중권 교수에게 '이명박 대통령에게 하실 말씀 없으십니까?' 했더니, '잠 좀 주무셨으면 좋겠어요' 하더군. 어쨌든 잘 쉬는 것도 인생 공부다.

070306 휴식은 게으름과 다르다고요!

제길할 사업을 시작하고 나서부터 내내 나를 짓누르는 건, 쉬어도 쉬는 것 같지 않고 일해도 일한 것 같지 않은 느낌. 열심히, 열심히 노래를 부르면서도 스스로를 게으르다고 생각하는 것, 어디로 가는지 모르는 채 앞사람 뒤꽁무니만 따라가는 것 같은 불안감. 이런 마음들을 뒤로하고 high-end 언니들과 휴식의 시간을 가졌다. 고즈넉한 밤, 약간의 취기 속에 한강을 바라보며 나에게 조금 더 관대해져도 되겠다고 생각했다.
럭셔리 지은 언니랑 맘 편히 지대로 술 한 번 마시기로 한 지 2만 년 만에 가진 술자리. 아무 것도 따지지 않고 모니카를 예뻐해 주는 지은 언니, 은신 언니, 사랑해요^^! 상은 언니 책 아트디렉팅을 책임져주실 은신 언니에게 많은 걸 배운 밤.(또 일 생각!) 자신의 아픔까지 털어놓으시며 모니카를 위로해주시고, 술도 사주고, 침대도 내주신 지은 언니, 정녕 아름다우십니다.
아주 오랜만에 게으르다는 핀잔 없이 휴식했어요. 자유가 별건가요.

비전

#109 내 그릇의 크기를 정확히 알 것!   #110 너무 열심히 살지 말라!   #111 비전, 어쨌든 한 걸음부터…

#112 회사 (M&K)와 나 (구모니카)의 비전   #113 가족&직원&국가의 비전

#109
내 그릇의 크기를 정확히 알 것!

　우리는 현재를 살아가면서 늘 미래를 이야기한다. 이러는 건 아마도 현재의 힘든 상황을 버티기 위해 사람들이 고안해낸 일종의 '고통 참기 장치'가 아닐까 싶다. 우리에게 가장 견디기 힘든 건 언제나 '현재' 니까. 다들 그렇게 '비전'에 연연하는 건 너무나도 당연한 일이다. '이 회사는 비전이 없어', '이 남자는 비전이 안 보여', '나의 비전은 뭐지?', '당신의 비전은 무엇입니까?'(비전 그거 얼마 하는지, 몇 개 사다주고 싶네.ㅋ) 비전은 돈 주고 사는 것도 아니고 어디 꼭꼭 숨어 있는 것도 아니다. 스스로가 살아온 그 길에, 지금 자기가 살고 있는 현실에 비전이 녹아 있다.
　공갈빵 장수가 하루아침에 비약하고 도약하여 던킨도너츠 그룹의 사장이 될 수는 없는 일이다. 하루아침에 성공했다는 성공담, 성공신화 그거 믿을 것 못된다. 누군가 그렇게 포장하고 부풀려 세상 사람들에게 거짓정보를 퍼뜨린 게 분명하다. 만일 던킨도너츠 사장이 어제까지만 해도 풀빵 장수였다고 한다면 내 손에 장을 지지겠다.(알아보니 진짜 그런 거 아냐?!ㅋ) 그러니까 누군가의 도약과 비약에는 반드시 '중간 과정'이 있다는 말이다. 더불어 그 성공신화의 주인공은 애초에 그런 그릇을 타고나서 '자연스럽게' 거기에 이른 것이다. 친척 아저씨 한 분은 스무 살 시절에 007가방 들고 안테나 팔러 다니시다가 지금 핸드폰 부품 회사로 자수성가하셨는데, 이렇게 말씀하신다. "취직하기 싫더라고. 지독한 가난을 벗어나 부자로 살려면 직장 생활로는 안 되겠다는 생각이 들었어. 사업을 해야 부자가 될 수 있다고 생각했던 거지. 어디서 그런 무모함이 나왔는지." 그게 무모함이 아니라, 그 분의 그릇이었던 건 아닐런지.

사람들은 태어날 때 이미 자기의 정해진 그릇을 가지고 있는 건 아닌가 하고 깨닫게 되는 요즘이다. 그릇이 작은 어떤 사람이 일순간 엄청 돈을 벌었다고 해서 그 사람 그릇이 커지는 게 아니다. 자기 그릇에 맞춰 돈 관리를 잘 하지 않으면 바로 쪽박이다. 소주만 8홉이 좋은 게 아니라 자기만의 그릇도 8홉 정도 채우고 가야 사건사고가 적다. 지피지기知彼知己의 중요성을 다시 한 번 깨닫는다. 나를 잘 아는 사람이 남도 잘 알 수 있고, 그래서 이기는 거다.

내 회사가 얼마나 커질 수 있는지, 내가 어디까지 성장 가능한지, 내게 맞는 성장의 크기는 어느 정도인지, 스스로가 알고 결정할 일이다. 돈이 벌린다고 확장 일로를 걸을 필요도 없고, 돈이 안 벌린다고 정체할 것도 아니라는 사실. 돈이 벌려도 정체할 수 있고, 돈이 안 벌려도 회사의 덩치를 키울 수 있는 거다. 내 욕망과 내 그릇의 크기를 정확하게 진단하고 일을 벌여도 벌여라. 비전은 그 지점에서 찾아진다.

#110
너무 열심히 살지 말라!

우리는 지나치게 열심히 사는 경향이 있다. 열심히 사는 게 칭찬받을 일인 줄 안다. 뭘 열심히 하는지도 모르면서 열심히 산다. 누가 시키지도 않았는데 서로 앞 다투어 열심이다. 열심히 살 지 않으면 경찰이라도 출동할 듯이 눈에 불을 켜고 산다. 지금 시대의 대세는 열심히 사는 건가?! 앞에서 이미 한 얘기지만 각자 몫의 인생이 있고, 그 인생에 맞는 정도로만 열심히 하면 된다. 내가 아는 어떤 가구 제작하는 사장님은 정말이지 안쓰러울 정도로 열심히 사시는데, 만날 돈에 쪼들리신다. 가끔 그분이 너무 열심히 살아서 인생이 잘 안 풀리는 건 아닌가 하는 생각도 든다.(몇 가지 질문으로 알아낸 사실 하나, 정확한 목표가 없이 무작정 열심히만 하시더군.) 예술혼 좀 죽이시고 대강대강 하시면 가구들 정말 잘 팔릴 텐데.

각자의 가치 기준 안에서 자족하며 살아가면 될 인생들이 주변에 열심히 사는 사람들 때문에 멍청해지는 분위기가 문제다. 더 문제는 맹목적으로 열심을 다하는 거다. 정확한 목표치가 있고, 방향을 정했으면 그길로 (내 템포에 맞는 걸음으로) 가면 될 일, 정신없이 뛰다가 다른 길로 가는 것도 모르고 나중에 멈춰서 후회하는 격이다. 원고 계발하느라 작가들 만나서 한창 논의 중인 나에게 어떤 분이 그러시더군. "모니카 사장은 취미로 출판하는 모양이야!" 내가 유유자적 취미생활 하듯 노는 걸로 보인 모양이다. 살짝 기분 나쁠 뻔하다가, 마음을 고쳐먹었다. 내가 그렇게 재밌게 보였구나. 그럼 오히려 좋은 일인 거잖어. 일 하는 모양이 노는 모양하고 꼭 닮은 초탈의 경지! 아니, 그리고 사업은 취미 생활하는 마음으로 하면 안 된다고 헌법에 적혀있기라고 한가 말이다.(그렇게 도끼눈을 뜨고 열심히 사시니까 사업이 안 되시는 거예요.) 제발 열심히 사는 게 착실한 거라는 고정관념을 버리자. 가야할 곳을 정확히 응시하고 내 속도를 지키면서 가는 게 미래를 위해서도 이득이다.

070129 꼭 열심히 살아야해?

열심히 사는 건 정말 지겨운 일이야. 무엇도 강요하지 마세요. 훌륭한 분들 비위를 맞춰야 한다고, 관심 없어도 귀 기울여 듣고 배우라고, 지루해도 참으라고, 선배와 어른을 공경하라고, 열심히 더 열심히 살아야 한다고. 거 왜 그러십니까? 열심히 치열하게 사는 게 얼마나 지겨운 일인지 알만한 분이. 내 안에서 소리치는 목소리만으로도 충분히 압박입니다. 당신의 강요가 없었던 시절에도 치열하게 살았고, 아마도 다시 치열해질 거예요. 우리끼리 만이라도 제발이지 '대충 살자~!'고 말해요. 요즘 좀 삶이 무겁네요.

장사도 안 되고 사랑도 어렵고 총이나 한 자루 있었으면 좋겠다니까요. 그냥 좀 그래요. 플리즈~! 농담 따먹으며 술이나 마십시다.
어차피 청춘이란 응축된 몇 개의 경험만을 나열할 수 있을 뿐이잖아요. 지나고 나면 다 편린일 무의미한 일들로 점철된 시절. 대충이든 열심히든 아무렴 어때요. 오늘 하루만 그렇게 생각하게 내버려두세요.

070413 열심히 산다는 비애감

신문사와 출판사에 각각 취업한 제자놈들이 교수님 밥 사준다고 찾아왔다. "그래, 참 수고했다, 잘 살았다. 느그들 땜에 살맛이 난다. 우리 더 열심히 살자"고 했는데, 뭘 어떻게 얼마나 더 열심히 해야 하는 건지 나도 잘 모르겠다. 그저 쨍쨍쨍 건배나 나누며, 거나하게 취해서는 징그러운 밥벌이에 대해 욕이나 퍼붜야 했던 건 아닐까.
오늘은 유난히도 많은 훌륭한 사람들이 M&K 사무실에 들락거린 날. 우리 앞집 '돼지라 불리운 고양이' 유 대표님께서 그 작은 사무실에 뭔 사람이 그렇게 많이 들어가냐고 했는데, 내 말이요.ㅋ 유 대표님을 포함해 오늘 만난 분들은 죄다 자신의 분야에서 상종가를 올리는 분들. 그들의 눈을 들여다보고 있자니, 지난 세월 동안 얼마나 열심히 살았던 걸까, 마음이 짠해지면서 인생살이의 비애가 느껴진다. 언제까지 그렇게 열심히 살 작정인지 물어보고 싶었는데, '술이나 마셔. 뭔 개소리야.' 혼날까봐 꾹 참았다.

#111
비전, 어쨌든 한 걸음부터…

성장과 발전의 논리로만 설명할 수 없는 일도 있다. 우리는 젊고, 이제 시작하는 사장이고, 청운의 희망과 꿈이 있는데 무엇이 두렵겠는가. 성장도 좋고 발전도 좋지만 지금 이 자리에 꿋꿋이 서서 현재를 유지하고 머무르는 것만도 잘 하고 있는 거다. 딱 이 만큼만 하는 것도 대단한 일이다. '비전'

도 현재가 보장되지 않고서는 논할 수 없는 일. 당장 눈앞에 펼쳐진 일에 집중하고 하나씩 하나씩 수습해가는 것이 젊은 사장이 할 수 있는 일의 전부다. 원대한 포부와 확실한 비전은 이미 벌써 우리들 안에서 빛을 발할 날을 대기하고 있다. 게다가 젊다는 것 그 자체가 우리의 비전이 아니던가.

비전을 얘기할 시간에 현재에 충실하다보면 어느덧 미래의 나를 만나게 된다.(시간이 빛의 속도로 흐르는 거 보면 내일 당장 오십 살은 돼있을 것 같다.) 인생이란 계획하고 의도한 대로만 가는 것이 아니어서 그 미래의 나는 지금 생각하는 내가 아닐 수도 있다. 전혀 다른 업계에서 더 크게 사업을 하고 있을 수도 있고, 지금 하던 일을 다 접고 미국으로 날아가 농장에서 일을 할 수도 있고, 일약 스타가 되어 TV 브라운관에서 만날 수도 있는 거다. 우보천리牛步千里라 하지 않던가. 그냥 가던 길 가다보면 벌써, 어느새 천리 길을 걸어온 내가 있을 거다. 지금 이 순간, 여기서 내딛는 당장의 한 걸음만이 비전을 보장할 수 있다. '비전'이란 그런 거다. 불안할 것도 없고 지나치게 희망에 부풀 일도 없다. 여태 그래왔듯이 스스로의 힘으로 자기 자신을 어딘가로 데려가고 있을 테니까. 그러니까 비전은 사장, 당신의 지금 발걸음에 달려있다는 얘기다.

#112
회사(M&K)와 나(구모니카)의 비전

사장이라면 누구나 회사의 비전과 개인의 비전에 대한 그림을 가지고 있을 것이다. 단기 플랜부터 장기 플랜까지, 모든 것은 사장의 터치로 그려나가는 그림이다. 중간에 붓을 꺾을 수도 있겠지만, 이왕지사 붓을 뽑았으니 밑그림부터 제대로 그리면서 완성된 작품은 '이런 모양일 거다' 하고 끊임없이 되뇌고 구상할 것! 의류업을 하는 사장이 숍 인테리어에 더 관심을 두고 그쪽으로 일을 벌이기 시작했다면, 회사의 비전은 달라진다. 사장 혼자 아르바이트로 하는 거니까, 회사랑은 상관없다는 말은 어불성설. 소규모 사업자의 경우 사장의 비전이 곧 회사의 비전. 나의 행보를 통해 회사의 발전 모델을 짜는 것이 좋다.

나는 개인적으로 대외활동이 많은 편이다. 그 어떤 것도 놓치고 싶지 않은 건 내 욕심일지 모르겠으니, 그 모두를 회사와 연결시키려 노력 중이다. 매체 기고와 대학 강의도 하고 있고, 영화하는 친구들과 스토리&컨텐츠 사업도 기획 중이고, 방송 패널panel이나 토커talker 쪽으로도 욕심이 있다. 어떤 것도 놓칠 수 없는 일이어서 개인 활동이 출판사 운영에 걸림돌이 될 때가 있다. 그래서 고심 끝에 M&K의 비전을 리모델링할 필요가 있다고 생각했다. 개인의 발전이 회사의 퇴보로 연결되는 자승자박自繩自縛 꼴 나는 건 절대 불가! 출판이라는 것이 어쨌든 스토리와 컨텐츠를 확보해야 하는 사업이니 나의 인맥과 기획의 잠재력을 발휘해 사업 영역을 확장하면 그만. 그걸 책이 아닌 영상 매체로 확장·대입시켜 회사의 발전도 꾀하고, 개인적인 강의 활동이나 집필, 방송 활동을 회사의 홍보로 연결시키는 동시에 그 안에서 만나는 작가적 인재들을 발굴하는 차원으로 발전 모델을 짜는 것이다. 아직 구상 단계고 언제 무엇을 포기할지 모르겠지만, 이런 식으로 끊임없이 현재와 미래를 구상하는 재미가 쏠쏠하다. 그래서 나는 사장하는 게 좋다.

아래는 잡지에 소개된 구모니카 씨의 활약상. 그리고 올 초 세운 개인 발전 플랜. 정말 놓치고 싶은 게 하나도 없는 나는 '욕심쟁이 우후훗!' ㅋ

051116 노력형 인맥 관리?!

레몬트리에서 인맥 관리 잘 한다고 나를 취재해갔습니다. 과연 내가 인맥관리를 잘 하고 있는 건가, 되돌아보았지요. 과연 깊이 있게 누군가를 이해하려고 노력했는지, 어떤 누군가에게 나란 존재가 가치 있는 사람인지, 모든 인연을 소중하게 여기는지, 자문하고 또 자문해봅니다. 사람만이 희망이라는 생각에는 변함이 없는 것을 보면, 아직까지는 잘하고 있는 것도 같고. 암튼, 님들에게 더더더 잘해야겠어요.

070103 진정한 사업가로 거듭나야 할 순간?!

진짜 몬났다, 못났어. 엄마 미워!ㅋㅋ
나름대로 새해 뽈 살려서 창공을 비행하는 느낌의 제스춰를 취하고 예의 밝고 환한 나만의 큰 웃음을 웃어 보았는데, 과음과 폭식으로 얼굴이 풍선인 거죠!!!!! ㅠ.ㅠ 제길슨.
그래도 날아 볼 꺼야. 자살할 용기도 없는 노처녀 주제에 기껏 할 수 있는 일은 더 도약하고 비상하는 것뿐이니까.

2008년 구모니카 씨의 가열찬 행로

#1. 출판사 M&K 대표로서,
- 도서 기획 및 편집, 작가 관리 및 발굴
- 연간 10종~12종 도서 발행 예정
- 매출 구조 및 출판사 시스템 완벽 세팅

#2. 언론인으로서,
- 〈대한민국 신정아들〉, 〈JJ론〉, 〈어떤 여사장의 일기〉 집필
- 잡지·신문 칼럼 연재(문화매거진 오늘, 주간여성무가지 W25 외)
- 방송 패널 출연(OBS 그녀를 믿지 마세요, TVN 그녀들의 도전 외)

#3. 교육 강사로서,
- 대진대학교 신문방송학과 잡지제작실습
- 신흥대학교 문예창작학과 편집론
- 각종 아카데미 출판·잡지 편집 관련 특강

#113
가족&직원&국가의 비전

사업을 하는 사람은 혼자만 잘 먹고 잘 살자고 해서는 안 된다. 제 아무리 1인·소자본 창업일지라도 일에 얽힌 거래처들과 공존공생 해야 하는 숙명인 것이다. 가깝게는 나의 가족, 함께 일하는 직원이나 사업 파트너, 거래처, 멀게는 사회와 국가의 비전도 챙겨야 한다.

거래처와 사업 파트너에게는 거래 관계를 보장하고 나의 성공이 당신의 영광임을 서로가 인지하고 발전적인 관계로 가야하지 누가 누구 하나를 뜯어먹는 구조로는 비전을 말할 수 없다. 특히 직원들에 대한 책임감은 가족에 대한 책임감과 같다고 보면 된다. 내가 힘들면 가족 전체가 고생이잖나. 내가 잘 되면 가족을 잘 돌보듯 직원도 기필코 그런 마음으로 챙겨라. 그것이 그들에게는 비전일 테니.

가족 얘기가 나오니 갑자기 의아해진다. 이렇게 나이든 나에게 가족은 아직도 엄마, 아빠, 동생뿐이라니. 내 가정은 어디 있는 거지? 내 남편, 내 새끼는 언제쯤 생기는 거야? '웬만한 사업가는 싱글?'이라고들 한다. 내 나이 또래들, 주위만 살짝 둘러봐도 그렇다. 책임지고 챙겨야 할 사람이 많아서 결혼까지 엄두를 못내는 것은 아닐까.('음모론' 또 시작이다.) 내가 결혼하지 않은 게 아니라 누군가(빅 브라더?)가 그렇게 조장했다고 생각이 드는 건 어째야 할까.(후훗~ 농담.)

한 발 더 나아가 사회와 국가의 비전도 챙길 것! 사업가라면 당연히 나라의 경제까지도 생각해줘야 한다. 진지하게 달려들자는 것보다 내가 사업을 잘 해나가면 그것이 곧 국가의 발전에 기여한다는 자긍심을 가지자는 거다. 아무튼 사장은 자신의 비전을 외부로 확장하고 확대해야 한단 얘기다.

성공과 실패, 그 양날의 칼

사장의 째째하고 강인한 바닥 정서

Class 03
사장,
그 후

<u>아직 과정 중에 놓여있는, 초짜 사장의 성공도 실패도 아닌 인생의 희열에 대하여….</u>
<u>사장으로 살아가면서 끊임없이 발생하는 곤란과 고난과 고통과 아픔, 슬픔에 대하여….</u>
<u>이 모두로부터 벗어나기 위한 음주가무, 자기주문 혹은 기억상실, 무념무상의 향연.</u>

"우리는 1년 후면 다 잊어버릴 슬픔을 간직하느라고
무엇과도 바꿀 수 없는 소중한 시간을 버리고 있다.
소심하게 굴기에 인생은 너무나 짧다" _앤드류 카네기

성공과 실패, 그 양날의 칼

#114 성공, 그 후
1. 성공한 뒤가 더 어렵다더라!
2. 어디로, 어떻게 뻗어나갈 것인가?
3. 매너리즘, 공공의 적!
4. 우리에게 내일만 있다

#115 실패, 그 후
1. 어찌 성공 일로를 걷겠는가?
2. 실패를 가볍게 생각할 것!
3. 실패에도 마지노선이 있다?
4. 망했다고 노래하고 다녀라
5. 돈 없다고 기죽을 내가 아니지
6. 아직 때가 아닌겨~!
7. 빨리 포기하는 자가 이기는 것이다
8. 사장의 승리, 결국은 제품

To you.

우리 인생은 어찌 보면 성공과 실패, 행과 불행, 슬픔과 기쁨, 그러한 반전의 연속인 것 같습니다. 인생은 마라톤이니, 자전거 페달 밟기니 얘기하는 것이 그것이겠지요. 페이스 조절을 잘하면서 끊임없이 무언가를 위해 정진하지 않으면 무엇도 완성할 수 없다는 의미일 겁니다. 사업도 인생과 다를 바 없어서 성공과 실패 사이에서 얼마나 줄타기를 해야 하는지 모릅니다. 이제 안정궤도에 올랐나 싶으면 다시 위기가 닥치고, 한숨 돌렸는가 싶으면 또 한 차례 폭풍이 몰아치고, 모든 걸 정리해야 하는가 보다 생각하면 다시 일이 풀리고, 성장일로를 달리다가 자칫 한 눈 팔면 어느새 제자리걸음을 하고 있고, 정말이지 어떤 때는 '내가 지금 뭘 하고 있는 건가?' 자문하다가 울어버리고 맙니다.

저는 소규모 회사의 사업가로 이제 3년에 접어든 신참 중의 신참입니다. 제가 성공과 실패를 거론할 수 없는 이유는 회사가 작아서도, 시작한 지 얼마 안 되서도 아닙니다. 저의 젊음, 그 가능성의 무한함을 믿기에 아직은 실패라고 말하기가 싫음입니다. 그렇다고 성공을 말하자니 그것도 부끄러운 지경이지요. 곰곰이 생각해 보건대 성공과 실패를 이야기하는 것은 임종 직전에나 할 수 있는 일이 아닐까 합니다. 사는 내내 우리 사장들은 줄타기를 해야 할런지도 모릅니다. 고생스러울 거고 고독할 거고 쓸쓸한 일일 겁니다만, 그 또한 우리의 선택이었으니 기꺼이, 거리낌 없이 성공과 실패 사이를 왔다갔다, 즐겨 봐요! 성공도, 실패도 내 소중한 친구처럼 생각하면서 잘 지내자는 겁니다. 성공했다고 즐기다가, 실패했다고 울다가, 자신에게 해를 입히는 일이 없으셔야 합니다. 어느 스님의 '다 지나간다'는 말씀의 참뜻은 그런 것이 아닐런지요. 제가 드릴 수 있는 얘기가 이런 것뿐이어서 죄송합니다.

#114
성 공, 그 후

1. 성공한 뒤가 더 어렵다더라!

사업가에게 성공은 예측한 순간에 정확하게 오는 게 아니어서 대부분은 어떻게 해야 할지 몰라 당황하게 된다. 그 순간의 대처에 따라 성공일로를 갈지, 큰 실패를 맛볼지 결정된다고 해도 과언이 아니다. 실제로 갑작스런 성공 후 사업 발전 전략을 잘못 짜는 바람에 망한 회사가 한둘이 아니다. 사업을 안정궤도에 올려놓는 작업에 집중하면서도 사장은 사업의 유지·발전 계획, 사업의 확장과 재투자 계획까지 이미 세웠어야 한다. 그렇게까지 대비하지 못한 상황에서 성공적인 시장진입이 이루어졌다면 절대 흥분하지 말고 전문가와 옵저버의 상담을 받도록 하라. '내 판단으로 성공했으니 성공 이후에도 내 판단대로만 하면 돼!' 하는 오만을 조심할 것! 한번 성공한 사람은 그 성공을 이뤄냈던 방식에 지나치게 매료된 나머지 전략의 변화를 꾀하지 못해 실패를 자처한다. 회사의 규모와 내용이 바뀌었는데 같은 방식으로 성공일로를 걸을 수는 없는 일이다. 어떤 누구라도 성공을 맛보면 변하게 된다. 그건 너무나도 당연한 일이다. 나의 판단이 옳아서 혹은 내가 밀어붙인 방식이 시장과 맞아떨어져서 성공을 맛보게 되었는데, 어찌 자만하지 않을 수가 있겠는가. '니가 개라면 달려있는 꼬리를 흔들지 않고 배기겠냐?'는 말이 떠오른다. 자만이고, 오만이고, 하고 싶은 건 다 해도 좋다.(그럴 자격 있다.) 다만 사업가로서 이후의 발전 전략은 치밀하게 짜라는 말이다. 그동안의 방식을 잠시 돌아보고 사업 환경에 따라 적절한 방식을 적용하고 조율하라. 아, 그래서 성공한 뒤가 더 어렵다는 말이 있는가 보다.

2. 어디로, 어떻게 뻗어나갈 것인가?

성공의 순간, 사장을 괴롭히는 생각 중의 하나는 규모에 대한 욕심이다. 어떤 사장이더라도 좀 더 규모가 있는 회사를 경영하고 싶을 것이다. 인간이란 모름지기 부와 명예를 한꺼번에 얻기를 바라니 말이다. 작은 회사보다는 큰 회사의 사장이 돈도 더 많이 가져가고, 훨씬 더 명예스러워 보이잖나. 그러나 2부에서 내내 이야기 했듯이 사람은 자기 그릇을 알고 행동해야 한다. 확장만이 발전전략이 아니라는 것을 알아야 한다. 현재의 규모를 내실 있게 유지해나가는 것도 성장전략일 수 있다는 말이다. 만일 당신이 큰 규모의 회사를 경영하게 될 운명이라면 그 단계와 과정은 상당히 매끄럽고 차근차근한 방식일 것이다. 단 한방에 소규모의 회사가 큰 회사로 확장되는 일은 결코 없다. 단숨에 이뤄지는 모든 일은 그 내용이, 그 끝이 허술할 수밖에 없다. 절대로 나 자신을 파악할 일이고, 내가 몸담고 있는 산업의 미래를 꼼꼼히 따져볼 일이다. 그런 뒤에 방향을 확고히 하고, 확장을 하던지, 내실을 기하던지, 당신 회사니 마음대로 하시라.

3. 매너리즘, 공공의 적!

성공의 반열에 든 탄탄한 회사일지라도 숨은 '적'은 있다. 안정된 매출구조를 가지고 있는 회사일수록 매너리즘에 빠지는 경우가 많다는 것이다. 긴장감은 인간을 단련하는 중요한 요소인데 틀에박힌 업무 프로세스는 긴장을 잃게 하고 회사와 사원들 모두를 타성에 젖게 할 우려가 있는 것이다. 사장 자신도 매너리즘에 빠지는 것을 늘 조심해야 한다.

4. 우리에게 내일만 있다

말했듯이 성공과 실패는 동전의 양면 같아서 언제 어느 때 다시 위기가 닥칠지 모를 일이다. 그러니 끊임없는 대비와 개발만이 '내일'을 보장한다. 우리에겐 내일만이 있다는 정신자세로 무장하고 긴장을 유지하는 사람만이 성공일로를 걸을 자격이 있다.

071028 **다시 태어나도 책쟁이가 되리**

내가 정성껏 만든 책을 통해 자기 인생이 좀 더 풍요로워졌다는 아가씨들이 나를 찾아왔다. M&K 열성 독자를 자처하는 이십 대 후반의 그녀들은 꿈과 희망을 이야기하고, 삶을 재미있게 사는 법을 얘기하고, 맘대로 되지 않는 세상이지만 그것도 사는 재미라고 말하였다.(출판사가 훌륭하니 독자들도 훌륭하군.ㅋ) 그런 깨달음에 이르도록 M&K가 도와주었다며 연신 칭찬을 하는데 부끄러워 죽는 줄 알았다. 역시나 열심히 사는 2030 언니들은 M&K를 알고 있군. 이런 걸 성공한 출판사라고 하는 거다. 비록 주머니는 가볍지만 억만금으로도 채울 수 없는 내 가슴 속이 뜨거워진다. 이렇게 한 평생 책과 독자들에게 담보 잡혀 살아가고 싶다.

#115

실 패 , 그 후

1. 어찌 성공 일로를 걷겠는가?

도대체가 나의 사업은 언제쯤 빛을 보는 걸까, 잘 되는가 싶더니 왜 또 곤두박질인 거냐며 한탄하지 말라. 성공과 실패는 늘 같이 다니는 놈들이다. 거듭된 실패에도 꿋꿋이 버틴 사람에게 성공의 기회가 찾아와 주는 거다. 덧붙이건대 실패 몇 번 했다고 포기하는 사람만큼 명청한 사람도 없다. 그 정도 망해서 대들보 안 무너지고, 누구 안 죽는다. 사실 한 발 늦은 성공이나 실패 후 성공이 더 단 법이다.

🔑 071120　힘내라, 힘!

큰 인물이 될 사람이 어찌 이런 조악하고 부박한 근심을 끌어안고 사는가. 정신 차리시고 먼 미래를 위해 지금의 시간을 금쪽 같이 쓰자고. 배우고 공부하고 연구하는, 밝고 맑고 진취적이고 긍정적이고 적극적인 모니카가 젤로 아름다우니까. 힘내라, 힘!!!!

2. 실패를 가볍게 생각할 것!

　　사장의 덕목 중 최고의 덕목은 실패를 우습게 여기는 것이다. 실패 극복담이나 재기에 관한 이야기를 들어보면 죄다 실패를 아무렇지도 않게 여겼다는 거다. '그게 어디 쉽냐?!' 하겠지만 모두 당신 마음에 달린 일이다. 실제로 실패에 무감각해지는 순간에 위기를 탈출할 아이디어가 떠오른다. 재기와 극복을 주무르는 신이 있다면, 그분은 아마도 우울하고 걱정이 많은 얼굴을 싫어하는 모양이다. 요상한 일이지만 실패에 무덤덤한 때 누군가가 내 손을 잡아주고 희망의 문을 열어주는 것 같다. 실패를 잘 넘기고 나야 성공의 맛을 볼 수 있다는데, 이거 오히려 실패에게 감사할 일 아닌가.

　070131　축적되는 시간이 고맙게도

나의 숙원 사업 다이어리가 망해가고 있다고 진단했던 순간에도 나는 그럭저럭 일상적으로 사고하며 지냈다. 비록 태평한 성정을 타고나진 않았을지언정 무언가에 안달하도록 교육받은 적도 없었다. 특히나 나의 우상인 엄마는 늘 '대충 살자'고, '인생 별거 있냐'고 무당의 주문처럼 모두가 듣도록 혼잣말을 하셨다. 그러니까 막상 위기 상황에서 우리 엄마는 애새끼들을 난폭한 남편에게 남겨두고 도망을 쳤다는 얘기다. 모름지기 인간이란 배운 대로 행동하기 마련이다. 위기 상황이 코앞에 닥치기 전까지 나는 뭐가 어떻게 되어가는지 알면서도 모른 척 했다. 장사 하루 이틀한 사람으로서, 무엇에도 안달 못 하도록 배운 사람으로 할 수 있는 일은, 그냥 남 일인냥 시침 떼는 것뿐이었다. 그런데 내겐 애새끼(다이어리)들을 맡길 남편(영업처)이 없다. 결국 내게 위기는 스스로 헤쳐나가야 할 무엇이고, 온전히 나의 몫이었다.

070213 공기처럼 가볍고도 가볍도록

낮술을 마시면 애미애비도 못 알아본다고 누가 그랬냐. 웬걸, 난 복잡한 머릿속이 완전 클리어해져서 모두에게 모든 것에 박장대소로 일관했는걸. 오늘따나 구질구질한 장사 따위 접고 싶다. 오늘따나 포근한 남편이 있었으면 좋겠다.

3. 실패에도 마지노선이 있다?

그런데 거듭되는 실패 속에서 어떻게 희망을 노래할 수 있냐고들 하는 원성이 들리는 듯하다. 그럴 때도 방법은 있다. 나는 실패라고 부를만한 여러 가지 일들을 겪어 보았다. 그때 내가 실패를 넘어서는 방법은 두 가지인데, 하나는 위에서 얘기한 '실패 개무시법' 그리고 나머지 하나는 '실패를 실패가 아니게 만드는 법'이다. 그러니까 무언가를 행한 결과가 실패였다고 판단되는 순간이 오면 실패의 수준을 조절하면 된다. 실패 척도를 1~5(5가 가장 '큰 실패')로 정해놓고, 1 수준의 '작은 실패'로 만들어주면 된다는 얘기. 실패에도 마지노선이 있다면 바로 척도 5 이하로 내려가는 '대 실패', 시쳇말로 '킹왕짱 실패'인 거다. 그러니 실패를 해도 척도 1 수준의 '작은 실패'만 하면 아무 문제없다. 아래 일기를 보시라. 망한 다이어리를 들고 여기저기 돌아다니며 장사해서 제작비 손해를 줄이겠다는 결연한 의지, 그런 실패는 사실 실패가 아니라고 본다.

 070201 내 슬픈 다이어리

아침 댓바람부터 트렁크에 가득 실린 다이어리를 팔러 방방곡곡을 돌아 댕겼다. 친한 친구 부부에게 싼 값(12권에 3만원)에 다이어리를 안기고 돌아서는데, 함께 운동했던 동네 언니에게 "이 다이어리로 말할 것 같으면…" 하면서 장사하는데, 아버지 사무실에 들러 "거저 드리는 거에요. 주변분들 선물이나 하세요. 저 근데 10만원~" 하는데, 주변에 고마운 분들에게 금쪽같은 내 새끼를 단돈 3천원에 넘기면서 포장을 하는데, 쌀쌀한 날씨 때문인지 온몸에 한기가 돌고, 코끝이 찡하네. "가시내야, 가시내야, 슬픈 일 좀, 슬픈 일 좀 있어야겠다"던 서정주 오빠 말이 영혼마저 갈기갈기 찢어놓는다.

오늘만은 술을 참아야지 했었어. 2월의 첫날이고, 2007년도 어느새 12분의 1일이 지났고, 계산서 발행일인 월말엔 모니카가 수리 능력을 발휘해 경리로 변신하는 날이기도 하고, 지난 달 바로 그 날 만들어야 했던 기획안이 내일내일 하다가 한 달을 내 머릿속에서 썩어가고 있고, 수개월간 부은 얼굴은 이제 제 얼굴인 양 자리를 잡았고, 장사도 돼지게 못하고, 이런저런 이유들이 "술은 안 된다"고 내부적으로다가 강제하고 있었으니까. 그런데, 그랬던 내게 친구가 오늘 멋진 선물을 해주었다. 다이어리를 헐값에 처분하는 모니카의 마음을 다 안다는 듯한 비범한 표정으로 "녹음기 사줄께" 하는 사려 깊은 내 친구. 시집은 다갔다는 비장한 마음으로 '음주일기' 따위의 프로젝트나 진행하는 나를 유일하게 응원하는 윤희가 음주현장을 실제적으로 담아내라며 비싼 '녹음기'를 선물해주었던 것이다. 이런 선물을 받고서는 어찌 술을 안 마실 수 있는가.

이래저래 술 마실 이유만 늘어가는 서른네 살 시절이다.

4. 망했다고 노래하고 다녀라

실패 극복의 마인드 컨트롤 묘안을 하나 알려드리겠다. 실패를 숨기지 말라는 거다. 우울한 얼굴로 우는 소리를 하라는 게 아니라, 당당하게 실패를 자랑해보라는 거다. 많은 교훈과 깨달음을 주는데다가 성공의 전야제인 실패가 왜 부끄러울 일인가? 오히려 실패를 당당하게 말해서 얻는 효과가 더 크다. '그래, 별거 아니야!' 하는 자기암시 효과도 있고, 주변에서 응원의 목소리도 높일 테고, 밥도 술도 얻어먹고 말이다.

5. 돈 없다고 기죽을 내가 아니지

내가 힘 빠져서 다닐 때 울 엄마가 하시는 말씀. "돈 떨어졌냐?"(찔린다.) 무위도식을 즐기는 사람이 아니고서야 사람들은 아마 죄다 그럴 거다. 주머니가 비어있을 때만큼 힘 빠지는 순간도 없다. 그럴 때는 나의 재산목록을 만들어 보자. 그간 내가 만든 제품들, 사무실, 컴퓨터, 차, 옷부터 가족, 직원, 친구들, 선후배들, 모든 나의 응원군들까지 생각하다보면 정말로 힘이 솟는다. 그걸로 안 되면 돈 많은 선배한테 전화를 하는 거다. "선배님, 보고 싶어요. 술 사주세요." 눈치 빠른 선배는 답한다. "너 돈 떨어졌냐?!" "넹~!"하고 달려 나가면 그만!

'돈 따위에 질 내가 아니지. 아싸라비아, 돈 없어도 나는야 부자, 나는 행복한 사람!' 주문을 외자! 돈이 없을 때, 돈을 마구 쓰고 다니면 묘하게도 돈이 들어오곤 한다. 아마 돈도 내가 무서워서 나한테로 오게 되는가 보다. 돈이 하는 말이 들린다.

'아니, 저년이 뭘 믿고 저렇게 펑펑 돈을 써대는 거지. 아이고~ 두야! 내가 가주마, 가줘!'

6. 아직 때가 아닌겨~!

사람은 저마다의 기운과 에너지가 있다. 사람마다 타고난 기질과 성품, 성격도 다르다. 그런데 내가 만난 사장들을 보면 대충 비슷비슷한 기운과 기질을 가지고 있는 것 같다. 하고 많은 일 중에 사장을 하겠다고 나선 것부터 뭔가 다른 종족들임에 분명하다. 그런데 그 남다른 기질을 가지고 아직 성공의 맛을 못 봤다면 뭔가 이상한 거다. 시류를 잘못 탔거나, 아이템을 잘못 선택했거나, 주변 환경과 여건이 아직 불리한 거거나 등등의 이유로 정체되어 있는 것이다. 그러니 너무 일찍 좌절하지 말 것! '아직 때가 아닌겨~!' 하고 생각할 것! 우리들 모두는 자기만의 방식으로 세상과 소통하며 살게 될 것인데, 그 방식이 세상과 잘 통하면 행복하게 살 거고, 반대의 경우 사는 게 정말 지치는 일일 거다. 사업적으로 실패를 거듭하고 있다면 당신의 방식이 아직 세상에 안 먹히는 건데, 그건 당신 탓이 아니다. 너무 빨랐거나 너무 늦었거나 둘 중 하나니, 잠시 마음을 가다듬고 때를 기다리면 되는 일. 열심히 살았고, 잘 만들었고, 뭐든 잘 하고 있으니 자기 자신을 탓하는 건 이제 그만두고, '파이팅!'을 외치고 다시 한 번 때를 기다려보자.

080507 난 있는 그대로의 사업가다

난 사업을 하는 사람이다. 규모와 업종을 떠나서 시장에 내 상품을 내놓고 장사를 하는 사람이다. 그런데 아직도 용돈 받는 어린 대학생처럼 생각하고, 월급 받는 직장인처럼 말하고, 든든한 물주라도 있어 만날 놀러 다니는 백조처럼 행동한다. 그 덕분에 여기저기 구멍난 거 메우느라 바쁘고, 커진 일 수습하느라 정신없고, 악화된 상황 덮느라 지치고.

그러면서 '내 기질과 성정이 그런 걸 어쩌라고! 빽! 소리를 친다.(이기 미친나?!) 누가 억지로 시켜서 시작한 사업도 아니고 지가 저질러 놓고 어따 승질이셔.

누가 나한테 이렇게 강렬한 메시지를 주었으면 좋겠다.

"너 이런 식으로 사업하면 정신병원 집어넣는다."

그러면 나는 대답하겠지.

"너나 가세요."

그런데 말이다, 일찍이 마키아벨리도 이야기했다. 기질을 바꾸기란 얼마나 힘든지, 그리고 고따위 기질로도 성공을 맛볼 수 있으며, 당장은 아니더라도 슬슬 유연하게 성격을 변화시키는 것이 가능해지면 주구장창 성공만 영위할 수도 있다고.

그러니까 난 당장은 이대로 살겠다고.

'군주의 성품이나 자질이 전혀 변하지 않았음에도 불구하고 오늘은 흥하지만 내일은 망한다는 사실을 말하려 한다. 이러한 현상은 무엇보다도 앞에서 자세하게 말했듯이 오직 행운만 믿고 있는 군주가 자신이 행운이 다했을 때 재난에 빠지게 되기 때문에 일어난다고 확신한다.

또한 행동방식이 상황과 환경에 적합할 때 성공하고, 그렇지 않을 때 실패한다고 나는 믿고 있다. 인간은 결국 모든 사람들이 목표로 하는 영광과 부를 가져다주는 일에 있어, 상이한 방식으로 접근한다는 사실을 알기 때문이다. 어떤 사람은 신중하게 어떤 사람은 충동적으로, 어떤 사람은 우격다짐으로 어떤 사람은 약삭빠르게, 어떤 사람은 끈기있게 어떤 사람은 성급하게 행동한다. 이 상이한 행동방식들은 모두 나름대로 효과적일 수 있다.

신중한 사람 둘이 있다고 하자. 한 사람은 자신의 목표를 성취하지만 한 사람은 실패할 수 있다. 반면 비록 상이한 성격의 두 사람 중 한 사람은 신중하게 행동하고 한 사람은 충동적으로 행동한다 할지라도 두 사람이 모두 성공할 수도 있다. 이처럼 상이한 결과가 나오는 이유는 그들의 행동방식이 그것이 작동하는 상황에 들어맞느냐 여부에 달려있기 때문이다. 결국 앞서 말했듯이 상이하게 행동하는 두 사람이 동일한 결과를 성취할 수도 있다. 두 사람이 똑같이 행동할지라도 한 명은 성공하고 다른 사람은 실패할 수도 있다.

이로부터 또다시 흥망성쇠의 변화가 생겨난다. 어떤 사람이 신중하고 참을성 있게 행동하고, 상황과 환경이 자신의 방식과 어울리는 방향으로 변하면 그는 분명 성공할 것이다. 하지만 상황과 환경이 다시 변한다면 불행에 빠지게 될 것이다. 그 이유는 그가 자신의 방식을 변화시키지 않기 때문이다. 이러한 변화에 융통성을 충분히 발휘할 만큼 완벽한 사람은 찾을 수가 없다. 그 이유는 우리의 타고난 성향이 지나치게 강하기에 변화를 허용하지 않거나, 혹은 어떤 특정한 방식으로 성공해 왔기에 그 방식을 변경하는 것이 좋은 생각이 아니라고 생각하기 때문이다. 그러므로 신중한 사람이 신속하게 행동할 필요가 생길 경우, 그는 어떻게 해야 할지 몰라 결국 실패하게 된다. 하지만 상황과 환경에 맞게 자신의 성격을 변화시키는 것이 가능하다면 그는 언제나 성공을 거두게 될 것이다.' (니콜로 마키아벨리, 〈군주론–가장 정직한 정치 교과서〉 중, 서해문집.)

7. 빨리 포기하는 자가 이기는 것이다

그런데 이놈의 실패도 너무 무진장하면 안 된다. 그러면 나도 다치고 누군가도 다치게 된다. 수습이 가능할 때 마침표를 찍는 사장만큼 멋있는 사람도 없다. 자기 하나 망하는 거야 자기가 벌인 일이니 당연한 거지만 이 사람 저 사람 피해 주고, 절대 수습불가의 상황을 만들어 놓고, 피하고 숨어 버리고 도망가는 사장은 정말 '깜빵'에 쳐 넣어야 한다고 본다. 정말이지 이

건 너무하다 싶을 때는 과감하게 모든 것을 접는 것이 현명한 결정이다. 실제로 폐색이 짙은 사업을 과감하게 접고 더 단단해진 사장들이 많다. 잠시 몸과 마음을 쉬고 단장하고 새로운 사업을 시작하거나, 취직을 하거나, 시골로 내려가도 좋다. 어차피 인생은 돌고 돌아 무덤에 이르는 일이라면, 사장 아니라 무엇은 못할까. 사장하면서 이런저런 스트레스 받느니 능력을 인정받는 당당한 직장인이 훨씬 편안한 삶을 사는 건지도 모른다. '사장짓'을 포기하는 게 정말 사람다운 삶을 살게 되는 길일 수도 있다. 사장하기를 포기하고 병이 나았다던가, 참인생을 사는 것 같다던 사장님들도 많이 있다. 피겨스케이터 김연아의 기사에도 나오지 않던가. "삶은 극보다 극적인 법이다. 세상도 1800㎡의 빙판과 비슷하다. 누구나 넘어지지만 빨리 털고 일어나는 자가 승리한다."

8. 사장의 승리, 결국은 제품

모든 사장님들 왈, "어쨌거나 저쨌거나, 누가 뭐래든, 지위나 명예가 있든 없든, 사장은 자기 제품으로 소비자의 인정을 받는 게 최고여~!" 이런저런 실패로 손가락질도 받고, 멸시도 당하고, 넘어지고 다치고, 울었어도 나의 제품이 시장에 통하고 나면 그걸로 모든 상황이 정리된다는 말씀. 그러니 출판사 사장은 팔리는 책으로, 패션숍 사장은 팔리는 옷으로, 레스토랑 사장은 팔리는 음식으로 승부하고 세상의 인정을 받으면 된다는 것이다. 쓸데없는 데 나서서 애먼 인정받으려 하지 말고, 벌인 일에 쓸데없는 변명 따위 늘어놓지 말고, 자기 제품의 품질에 연연하라는 소중한 말씀이 아닐 수 없다. 내 제품이 세상의 인정을 받는 날, 사장은 진짜 사장이 되는 것이다. 그날을 위해 모든 아픔을 기꺼이 감수하고 있는 우리들 아니던가.

사장의 쩨쩨하고 강인한 바닥 정서

#116 결핍감과 역량부족　#117 그토록 쩨쩨한 뒤끝　#118 솔직하게 대면하기　#119 분노감　#120 정에 약한 인간사

#121 유머감각 VS 사장마인드　#122 자살유혹　#123 감정 기복　#124 불안감　#125 까칠함과 냉혹함　#126 사명감

#127 공명심　#128 절치부심　#129 자유인이 되고 싶은　#130 변방을 헤매는 기분　#131 제 정신으로 살기에는

#132 착한 강박　#133 이기심　#134 자괴감　#135 족쇄냐 천형이냐　#136 철학과 신념　#137 엄살

#138 오늘도 무사히　#139 속물근성　#140 고독과 우울의 변주곡　#141 외유내강을 위한 음주가무

#142 목적성과 방향감각　#143 성가심과 귀차니즘　#144 마지노선　#145 끊임없는 긴장감　#146 정체성

#147 시행착오를 위한 수업료　#148 어떤 사장의 작은 소망　#149 슬럼프　#150 소소한 깨달음　#151 기다림과 인내심

To you.

사장으로 살면서 느끼게 될 정서적 공황과 외로움, 하루에도 수십 번씩 흔들리는 감정의 기복, 이 길을 가지 않을 수도 있었으련만, 다른 할 일도 있었으련만 하는 고뇌어린 후회, 그러나 '산이 거기에 있으니 오르련다' 하는 도전정신으로 오늘 하루도 살아낼 당당한 이름, '사장'! 그 밑바닥 마음의 흔적을 오롯이 전하기 위해 나의 한숨 섞인 일기를 공개합니다. 원래 제가 싫은 마음, 나쁜 마음, 화, 분노 등을 일기에 쏟으면서 스트레스를 푸는 지라 일기에서 '욕지거리'가 자주 나오네요.(거슬리시더라도, 당시 있는 그대로의 감정과 감성이니 이해해주셔야 해요^^~!) 실제로 사람을 상대로 화를 푸는 것보다 글을 쓰며 화를 풀다보면 마음이 차분히 가라앉는 경험을 하곤 합니다. 당신만의 '샌드백 일기장' 하나 마련해보셔요. 굉장한 치유력을 발휘할 걸요.

#116 결핍감과 역량부족

 __070214__ 출판이라는 망망대해에 쪽배 하나 띄어놓고…

출판계 대부님 송 사장님이 일구신 출판사 해냄. 거기서 출판된 조정래 작가님의 역작 〈아리랑〉이 100쇄를 찍었다. 전집으로는 독보적으로 100쇄 돌파 기록을 세운 것이다.(몇 안 되는 전집 100쇄 돌파 기록도 다 해냄이 보유하고 있다지.) 해냄 출판사도, 송 사쪼도 나의 로망이 아닐 수 없다. 오늘 축하연에 오신 사계절 강 사장님을 비롯하여 들녘 이 사장님, 시아 김 사장님, 더난 신 사장님, 홍익출판사 이 사장님, 동아시아 한 사장님 등등 모든 선배님들이 나의 멘토이시다. 어쩌다가 이런 출중한 분들에 섞여 출판업을 하게 되었는가 모르겠으나, 나를 옆에 둬주시는 이 분들에게 어찌 숙연하지 않을 수 있겠는가.

기실 모든 결실이란 고난과 역경 속에서 태어나는 것이겠지만, 승질 급한 구모니카 씨, 자신의 역량에 대해 자문하고 자문하다가, 급기야 기가 죽고 만다. 젊음과 청춘이 겪는 무엇인들 그렇지 않겠는가마는 망망대해에서 표류하고 있는 쪽배 신세를 어찌하면 좋으리오. 허송세월을 보내고 있는 건 아닌지, 두렵고 두렵다. 술을 마시는 와중에 끊임없이 밀려드는 이놈의 내핍감 때문에 오늘도 취하고 말았다.

#117 그토록 쩨쩨한 뒤끝

__071112__ 누군 땅 파서 장사하냐?

어쩌다가 이렇게 소심해진거지. 니미럴! 기껏 이 사람 저 사람 끌어 모아서 회의하자고 해놓고선, 머릿수를 세며 지갑 속 돈을 세고 있는 꼴이라니. 아, 왜들 저렇게 아무 생각 없이 비싼 걸 마구 시켜대는 거야? 내 돈은 어디서 뚝 떨어졌다고 생각들 하는 건가?! 그러니까 좀 얌전히 재야에 묻혀 자숙하고 반성하자 했잖아. 왜 나대면서 그지 같은 나를 만나야 하는 거야?! 나의 쩨쩨함에 진절머리가 난다. 내 표정에서 이 마음을 읽었을 사람들을 생각하면 쪽팔려 뒈지겠다.

#118 솔직하게 대면하기

 070129 시꺼멓고 캄캄하고 소름끼치는 시절

어느 정도씩 취한 오늘의 전사들과 작가님의 영업장으로 공간이동! 아까 그 기분 그대로 —욕먹는 된장녀 대변인 삘— 이동한 구모니카 씨 까칠함으로 일관하다가 급기야는 물 박사님께 "저는 물에 별로 관심 없거든요" 하며 대든다. 저 미친거죠? 근데 진짜 물 얘기가 지루한 걸 어째요. 내겐 술과 농담만이 필요하다고요. 안 그래도 관심 없는 물 얘기를 그렇게 진지하게 하시면 저더러 어쩌라고요. 돈벌이에 얽힌 사람들 비위도 맞출까 말까 고민 중인데 제 나와바리도 아닌 데서까지 홍길동이 되어서 아버지를 아버지라 부르지 못하면 쓰겠어요?!

그래 죄다 알고 있었던 일이야. 인간이란 모름지기 입 밖으로 내어 말하지 않으면 아무것도 모르는 바보 같은 존재라는 것을. 내가 웃고 까불면 무시한다는 것을. 내가 좋다, 좋다하면 정말 좋아하는 줄 안다는 것을. 내가 살만하다고 떠들고 다니면 어떤 어려움도 없구나 짐작한다는 것을. 어떤 취급을 받을지 알고 있으면서도 웃고 떠들고 좋다, 좋다하고 살만하다고 하는 데는 다 이유가 있다. 100년도 못 살다 갈 인생, 엄숙하고 진지하기 너무 싫고, 투정부리기 싫고, 엄살 떨기 싫으니까. 내가 뭘 좋아하는 지를 명확히 설명하기는 힘들지만, 내가 뭘 싫어하는 지는 정확히 알겠으니까. 그러니까 거, 사람 좀 우습게보지 마시라고요. 제 삶에도 시꺼멓고 캄캄하고 소름끼치는 순간이 있다고요.

#119 분노감

 060326 분노를 조심해야해

어제 당한 팡당한 일에 대해 종로에서 뺨맞고 한강에서 화풀이하는 구모니카 씨. 도대체 말도 안 되고, 앞뒤도 안 맞고, 정보도 없고, 재미도 없는, 피해의식으로 가득한 자괴적 이야기를 토하듯이 쏟아낸다.

내 이야기의 내용이나 내가 이야기하는 방식을 흥분 없이 참고 들어주는 인내심을 가진 당신, 정말 따뜻한 사람이군요. 그런데 어느 대목은 타당하지 않나요?ㅋ 이런 순간에 니카한테 뭐라 한 마디라도 대꾸하시면 싸움밖에 안 되는 것을 아시는군요? 아무 말 없이 들어줘서 고맙습니다. 잘 지내셔요.

#120 정에 약한 인간사

 070404 잘가세요 잘있어요 또만나요 사요나라

나의 멋진 멘토이시자 M&K 출판사의 강력 지지세력이었던 K본부 유 기자님이 교육담당으로 발령되셨다. 출판 담당으로서 서교동 패밀리들을 예쁘게 챙겨주신 덕에 멋진 송별파티로 안녕한 날. 만나고 헤어짐이 인생사라지만, 인생을 살면서 떠나보낸 사람들을 생각하자니 마음 한구석에 시린 바람이 분다.

#121 유머감각 VS 사장마인드

 070208 혼나도 싸다

그냥 헤어지기 아쉬워서 '딱 일 잔만 하자'고 해놓고 두 잔을 마셨다. 상은 언니랑 니카는 만나기만 하면 웃느라고 뭔 얘기를 못할 정도로 유머쟁이들이다. 우리들은 삶이 재미있어야 한다고 생각한다. 그런 것도 일종의 신념이고 철학이 될 수 있다. 밝고 긍정적으로 사람들을 대하는 것은 죄가 아니잖나. 물론 어느 날엔 진지해야 할 순간에 까불다가 일을 그르치는 경우도 있지만, 그것도 나인걸. 유머감각을 발휘해 만인에게 봉사하는 유머쟁이들을 우습게 생각하고 상처를 주는 사람들은 나쁘다. 그러나 또한 어쩌겠는가. 나는 사장이고, 사장은 위엄과 근엄, 엄숙과 진지 등등 그런 류의 자세랑 친해져야 할 순간이 더 많은 것을.
혼나도 싸다.

#122 자살유혹

 061214 주여

대체 왜 하필이면 서른셋에 돌아가신 겁니까?
갈등 때리게 말입니다.
잘하면 D-17.
지겹다, 지겨워~.~ 엄살쟁아.

 070212 산다는 것의 의미

자살 쓰나미. 무섭다. 사는 의미를 찾아야 하겠다.
오후 내내 강남 일대를 쏘다니며 일에 얽힌 사람들을 만나 일을 정리정돈하고 돌아 나오는 길 위에서 나의 그림자를 보았다. 날씨가 꾸물꾸물해서인지 그림자도 삐딱하니 꾸물거린다. 무엇을 위해, 왜 사느냐는 질문이 들리는 것 같다. 글쎄. 참 모르겠네. 일단 오늘은 술잔 속에서, 내가 사랑하는 사람들한테서 사는 의미를 약간분 발견한 걸로 답이 될라나.
멋지게 산다. 잘 산다. 그냥 산다. 산다.
산다. 작업실을 산다. 집을 산다. 뭐든 산다.ㅋ
※M&K 옆집으로 이사 온 윤희에 이어 윤임 언니도 우리 작업실 옆 블록에 작업실을 마련하셨다. 이 모든 게 살려고 발버둥치는 증거가 아니고 무엇이겠는가.

#123 감정 기복

 070222 감정의 기복

사랑하고 존경하는 사장님들과 낮술을 마시며 실컷 웃고 떠들며 세상에 이렇게 멋진 분들이 내 옆에 있어줘서 무진장 행복했다. M&K 작업실로 돌아온 훌륭한 나는 누군가의 원고를 윤문하다가 일이 안 풀리자 낮술 먹인 사장님들은 원망한다. 일도 마치지 못한 채 한국출판인회의 정기총회 겸 회장선거에 가서는 회장을 선출하고 다시 술을 마시면서 왜 이리도 술자리를 거부하지 못하는 건가 자책했다. 여러 사람 우르르 몰려서 술 마시는 게 싫어서, 정신력 강한 나는 술자리를 몰래 빠져나와 못 다 마친 일을 마무리하며 스스로를 대견해했다. 작가님 부르심을 받고 다시 술을 마시러 나간 자리에서는 이런 제길슨, 어찌나 맘에 안 드는 것 투성이인지, 짜증이 있는 대로 나서는 인상 구기고 앉아서 언제 빠져 나갈지만 고민했다. 집에 돌아와서는 이런 기분으로 사고 안치고 일찍 귀가한 내 자신을 칭찬했다.
어찌나 감정 기복이 심하신지, 헥헥~~! 나도 내 감정을 쫒아가기 힘들어 죽겠다.
아무것도 하지 않는 것만 못했던, 소일거리로 바쁘니만 못했던 정신없는 하루. 이러저리 싸돌아다니면서 나쁜 기운에 휘둘리는 것 같은 오늘은 죙일 기분이 영 찜찜꺼림칙하다.
정신일도 하사불성, 중석몰촉, 일념통암!!!!!!!!!

#124 불 안 감

   060224 행복이 별거냐?!

불확실한 것 투성이인 인생이지만 뭔가를 꿈꿀 수 있는 것만도 복이라고 생각할 줄 하는 우리는 그래서 행복하다. 그래서 또 불안하기도 하지만, 눈길로 '화이팅!'을 주고받으며, 건배로 성공을 기원하며, 오늘 밤만은 아무 생각 않기로 했다.

#125 까칠함과 냉혹함

   070227 내 편이 있어서 참 다행이다

서로 다른 생각을 하게 돼있는 사람들이 함께 일하다보면 마찰이 있게 마련이지. 그렇게 일 때문에 의견을 달리하는 순간에 감정적이지 않으려는 노력도 필요한 것 같아. 상대가 감정적으로 나와 버리면 나같이 촌스런 애는 '이에는 이. 눈에는 눈' 그래버리거든. "에라, 모르겠다" 하는 나를 진정시켜주고, 함께 머리 맞대고 전략을 짜준 이 실장님에게 너무 고맙다.
'일은 일, 사람은 사람' 거칠어 지지 말자고.

#126 사명감

 051127 적어도 나를 사랑하는 마음만은

지난 수개월 꿈꿔온 일을 하자는 마음으로 이리 뛰고 저리 뛰고 요리 채이고 저리 채이고 그렇게 저렇게 미미하나마 출판업계에 발을 들여놓았다. 많은 사람들을 만나고 사랑하고 좋아하고 힘을 얻고, 미워하고, 짜증내고, 힘 빠지고 하며 벌써 두 권의 책을 세상에 내놓게 되었더랬다. 혼자서 모든 난관을 극복해야 하는 것이 먹먹하기도 했다가, 희망적이기도 했다가, 모든 저질러진 일에 숨도 막혔다가, 다 포기할까도 했다가, 자랑스럽기도 했다가…. 그야말로 갈팡질팡 좌충우돌 출판업계 입성기가 아닐 수 없다.

수개월 동안 주말도 없이, 편안한 휴식이나 자기 위안의 시간도 없이, 정신을 다잡지 못하고 달려온 내게 진정 필요한 것은 무엇일까, 고민해보게 되는 오랜만의 휴식의 날. 물론 모든 것은 독자 손에 달렸겠지만, 그래도 내가 진정으로 원하던 것들을 해냈으니 이제 좌절은 사양하겠다는 정신자세로, 앞으로 일어날 모든 일들을 정갈한 마음으로 받아들여야지 다짐한다.

부디 나를 아끼고 사랑하는 마음만은 잊지 않기를….
천천히 그러나 제대로 살아야겠다.

#127 공명심

 070724 오늘 밤 내 입에서 튀어나온 나방들

세상은 2030 여자들에게 자유를 주었고, 결국 이 지점에 이르렀지만, 말이 좋아 자유지, 쓰벌~! 그게 자유였냐고요~!

열심히 뛰었고 잘 나가는 여자가 되었지만, 그 뒤에 거대한 보이지 않는 '빅 브라더'가 있는 게 분명해요. 니미럴~, 모두 음모라고요.
패리스 힐튼과 신사임당이 여자들 안에서 졸라게 싸우고 있고, 그래서 돌겠는데, 그거 두 개 다 하라니 미치지 않고 배기겠냐고요.
기왕 이렇게 되었으니, 별 수 없겠지만 세상에 대고 한마디 하긴 해야겠어요.
꼰대부터 마쵸 쥬니어까지, 다 작살을 내야 살 것 같겠다고요.

#128 절치부심

   070112 어떤 사장의 오픈식

M&K 제작을 대행해주셨던 사장님께서 라미네이팅 사업을 시작하게 되셨다. 출판계 얼짱몸짱이라고 우기시는 멋쟁이 사장님은 출판사업가로 어려움을 겪으신 뒤, 타 출판사 제작을 돕는 외주일을 하시다가, 이제 라미네이팅 사업을 하게 된다. 먹고사는 문제는 이렇게도 멋진 한 남자를 미치게 괴롭힌다. 진정으로 잘 되시길, 마음 다해 빌고 왔다.

   070131 저는 가끔 행복하다고 느낍니다

저를 세상에 대고 떠들 수 있기를 염원합니다. 저는 그렇게 생겨먹은 사람입니다. 그래서 매일매일 누군가를 만나서 목청을 높이는 데요, 이 짓도 한때죠. 공허하지만 평화로운 인생보다는 복잡하고 전쟁 같은 인생을 선망했던 것도 하루이틀이죠. 앞으로는 행복하고 싶어서, 오늘이 말일이라는 핑곗김에 이러는 겁니다. 술이 있어서 다행이고, 말일이라서 다행이고, 이성적으로도 사고하는 법을 교육받아서 다행입니다.
저도 언젠가 행복할 수 있을지 몰라요. 걱정 없어요.

#129
자유인이 되고 싶은

 070305 술 마시고 노래하고 춤추고 울다 웃다

이 끝간데 없는 상실감, 무력감, 자괴감.
3월이고 봄이고 시작이고 뭐고 다 귀찮아졌다.
자유국가 대한민국에서 왜 나는 자유롭게 살지 못하는가.
내 별나라로 돌아가고 싶다.

#130
변방을 헤매는 기분

 060518 지금 필요한 건 뭐?!

패기, 젊음, 실력, 진정성, 완성도, 몰입, 저돌성, 치밀한 준비, 계산된 마케팅, 절치부심 그리고 알량한 제작비 따위. 그래! 달리는 거야!

 070307 For what

'거듭 뛰어난 재능을 가진 젊은 사람이 상황을 이겨낼 힘을 기르지 못한 것을 다 같이 지켜보아야 하다니. 이것은 남아 있는 우리 모두에게 또 한 번 충격적인 사건이다. 무엇보다도 인간적인 관심과 예술적인 분야에서의 사려 깊은 동반이 문제되는 경우에는, 국가 차원의 장려와 개인의 의욕만으로는 충분하지 않다. 그러나 결국 비극적 종말의 씨앗은 개인적인 것에 있었던 것처럼 보인다. 소박하게 보이는 그녀의 초기 작품들에서 이미 충격적인 분열이 나타나고 있지 않은가? 사명감을 위해 고집스럽게 조합하는 기교에서, 이리저리 비틀고 집요하게 파고듦과 동시에 지극히 감정적인, 분명 헛될 수밖에 없는 자기 자신에 대한 피조물의 반항을 읽을 수 있지 않은가? 숙명적인, 아니 무자비하다고 말하고 싶은 그 깊이에의 강요를?' (파트리크 쥐스킨트, 〈깊이에의 강요〉 중)

다이어리 제작처 결제건 논의, 도서 홍보 마케팅 비법에 대한 논의, 상은 언니 책, 윤희 책 잡지 연재 건 논의, 상은 언니 화보 촬영 논의, 뭣 하나 제대로 처리하지 못하고 변방을 빙글빙글 돌고 있는 기분. 그래도 즐겁자고 전 쌤을 만나고, 오랜만에 유를 만났다. 과연 재미있고 신나는 인생이다. 그 어떤 강요도 없이 그저 술이나 마시고 떠들고 웃고 까불며.

#131 제 정신으로 살기에는

  070320 그냥저냥 살아지는 거 참 신기해

어제의 원망과 자책은 어데 가고 또 신나서 돌아 댕기시는 구모니카 씨. 제정신 아니다. 사장에게 정말 필요한 건 건망증이 아닐런지….
'사람마다 각자의 본분은, 결코 임의가 아닌 자기의 독자적인 운명을 발견하는 것이며, 또한 그것을 자기 속에서 완전하고 철저히 향유하며 살아가는 것이다. 그 이외의 것은 모두가 어정쩡하고 얼치기요 도피하려는 시도인 것이다.' (헤르만 헤세, 〈데미안〉 중)

#132 착한 강박

  070228 착한 사람을 혼내다

착한 사람들이 뒤통수 맞고, 사기 당하고, 이용되는 현장을 목격하다보니, 착한 일 한 것 같은, 내 친구를 막 혼냈다. 그러고 보면 나이 들고 세상을 경험하는 것은 참 무서운 일이다. 착한 것도 죄가 되는 순간이 있으니까. 대체 세상이 어찌 돌아가는 겐지. 어디로 가고 있는 겐지. 나도 착한 사람이었었는데. 칭구야, 내가 널 사랑해서 한 충고 같지 않은 충고니까, 그냥 계속 착해도 될 것 같아. 본질은 변하지 않을지도 모르니까. 다시 한 번 희망을 가져보지, 머.
근데, 씨앙~, 대체 착하다는 건 뭐니?! 착하다는 준거가 이 사회에서 얼마나 변했는가는 우리 모두 너무나 잘 알고 있는 거 아니니. 착하다는 것. 사실 좀 웃겨 보여.

#133 이기심

 070327 빨리 취해버렸으면 좋겠다는 생각

"너는 내 손을 잡고 심장을 빼앗아
네가 옆에 있으면 나는 언제나 가슴이 설레지
눈물이 흘러내릴 것 같은 모든 것에서 나를 데리고 나가줘
고통에 박자를 맞추는 이야기는 그만둬
어떻게 됐든 여기에서 나가자
화내지 말아줘
오늘밤 누군가 상처 입을지도 모르니까
그런 식으로 말하지 마
그런 말은 쓰지 말라고." (파스텔스, 'Nothing to be done' 중)

왜 그럴까. 술을 마시기 시작하는 순간 빨리 취해버렸으면 좋겠다는 생각이 들고, 급하게 술을 들이켜 버린다. 요즘 들어 이상스럽게 함께 있는 사람들이 내 모국어가 아닌 다른 나라 말을 하고 있는 것 같은 순간에 자주 노출된다. 외국인들 앞에서 내가 그들의 언어로 '자~알' 이야기하기 못할 때 내 지능마저 유치원생 취급당하는 것과 마찬가지로, 나 역시 나와 다른 언어로 전혀 모르겠는 이야기를 나누는 사람들을 저능아 취급하게 된다. 더 이상 저능아들과는 대화하고 싶지 않아진다. 네네, 하면서도 무엇도 궁금치 않고, 무엇도 묻지 않고, 어떤 말도 꺼내지 않는다. 썰렁한 침묵의 시간이 와도 내가 나서서 어쩌려고 하지 않는다. 요즘의 난 의외로 침묵의 순간을 참 잘 견딘다. 그러고 보니 그 동안 내가 못 견뎌하던 침묵도 의외로 참 좋아 보인다. 기아감 따윈 느껴지지 않는다. 난 완벽하게 거듭났다. 여럿이 있어도 혼자 있는 듯 무심지경에 이르렀다. 드디어 나도 그런 나이가 되었는가 보다. 어떤 누구도 개인을 소유하거나 철저히 사랑받을 수 없다는 것을 세월로 느끼게 되었으며, 더 이상은 마음에 없는 친절봉사는 하지 않게 된 게다.

그럴 사람도 없겠지마는 이기적인 년이라고 욕해도 무에 상관이랴. 나도 살아야겠는 걸. 타인의 취향에 휘둘리다가 내 인생 쫑 나면 누가 책임지는데?!
나는 어쩌다가 이런 여행길을 나선 거며, 왜 집으로 돌아가지 않는 걸까.

#134 자괴감

 070402 사람과 일, 일과 사람, 그 사이

수십 시간을 원고에 매달려 씨름하다가 각종 꼬치 안주에 맥주 한 잔 마시며 마케팅 회의를 한다. 일하거나, 술 마시거나, 술 마시면서 일하거나.
졸라 조촐하고 비루한 라이프 패턴. 조 앞에 수북이 쌓인 꼬챙이로 나를 확 찌르고 싶다.

#135 족쇄냐 천형이냐

 070407 사장이라서? 사람이라서?

아프고 아픈 이름들.
가족. 친구. 애인.
연대감으로 인한 고립감.
족쇄. 천형.
취하고 싶은 이유.
술이나 진탕 푸자.

#136 철학과 신념

 040410 철학부족, 신념결여

요즘의 나, 문제 많다. 생각하는 대로 사는 게 아니라 사는 대로 생각하게 된 것 같다. 서른한 살이 상징하는 평균적 삶에서처럼 철학은 온데간데없고, 신념 따윈 염두에도 없어 보인다. 게다가 온갖 사물과 내 주변 사람들에게, 나에게까지도 조울증적으로 반응하고 신경질적으로 참견하기 일쑤다. 심각한 정도로 멍청하고 감정적이고 즉흥적이다. 내가 이러는 것은 과연 내가 서른한 살이기 때문인가? 아니면 철학과 신념이 결여된 때문인가?
이러고도, 이렇게라도 살아야하나, 아니면 사라져버려야 하나.

#137 엄살

 070409 안 아픈 인생은 없는 건가

'인간이라는 존재는 여인숙과 같다.
매일 아침 새로운 손님이 도착한다.
기쁨, 절망, 슬픔 그리고 약간의 순간적인 깨달음 등이
예기치 않은 방문객처럼 찾아온다.
그 모두를 환영하고 받아들이라.
설령 그들이 슬픔의 군중이어서
그대의 집을 난폭하게 쓸어가 버리고 가구들을 몽땅 내가더라도,
그렇다 해도 각각의 손님을 존중하라.
그들은 어떤 새로운 기쁨을 주기 위해
그대를 청소하는 것인지도 모르니까.' (아랍의 천재시인 잘랄루딘 루미, '여인숙.')
인생사가 아무리 좋은 날과 나쁜 날의 불연속 순환 시스템이라 하더라도 정말이지 이쯤이면 됐지 싶다. 아랍의 천재시인이니 공자님이니 선각자들이 인간에게 아무리 슬픔과 절망의 불가피성을 강조하고 고난과 역경이 가지는 긍정성을 역설하여도, 마음에 와

닿지 않는 요즘이다. '이만하면 됐지, 뭘 얼마나 더 아프라고요', 마구 따지고 대들고 싶어진다.
내가 사랑하는 예쁘고 아름다운 사람들이 행복만 가졌으면 좋겠다. 나도….

#138 오늘도 무사히

 070418 착각의 늪

많은 사람들을 만나고 웃고 까불고 의지하고
그래서 즐거웠고 행복했고 의지됐고 희망찼다.
나는 내가 정말로 사람들을 좋아하는 줄 알았다.
그래서 누구든 나를 찾기 무섭게 쫓아가 놀았다.
찾는 이 없을 때는 내가 나서서 사람들을 불러 모았다.
그렇게 한 것이 재미가 없었다고 말하면 말짱 거짓말이다.
누가 봐도 나는 재밌어 했고 침까지 흘려가며 웃었으니까.
그런데 '뭔가 억울하다, 당했다'는 생각이 고개를 내미는 요즘.
내가 재미있어 하는 것이 이런 게 아니라는 거.
진짜완전 억울하다. 당신들한테도, 나한테도 존나 억울하다.
하도 맞아서 문제의식조차 없는 친족폭력의 희생자처럼 무감각의 항연이다.
그러니까, 이제 나는 내가 어느 지점에서 재미있어하는지도 모르게 됐다는 말이다.
심지어 직설적으로 나를 욕하는 사람 앞에서도 나는 기꺼이 재밌어 하게 됐다.
결국 누군가를 둘러싼 사회 정서적 강박이 인간 하나를 바보병신 만든 건데, 그 바보병신 짓을 벗어나기가 얼마나 어려운지 월급 떼먹는 무능력한 사장 밑에서 평생노동을 약속할 테니 이 지옥에서만 나오게 해달라고 싶을 정도다.
우스운 건 지금 든 이 짜릿한 깨달음을 내일이면 잊는다는 거다. 차라리 취중의 이 순간적인 깨달음이 진짜 형벌이 아닌가 싶다. '오늘도 무사히'를 외치는 나는 지옥에서 살고 있는 게 분명하다.

080419 음모론?!

널부러진 인생을 정리정돈 하기란 얼마나 어려운 일인가.
그것이 나의 다부진 의도나 가열찬 목적과 무관하고도 무관하도록 본능과 무의식으로 망쳐놓은 인생이라면 그것을 바로 잡기란 얼마나 고통스러운 일인가 말이다.
그래서 산에 가는 거다.
진달래꽃이 흐드러지다 못해 순수한 분홍빛을 잃고 시 같지 않은 시를 현수막에 찍어 여기저기 산행길을 오염한 시화전 따위로 산행의 기쁨을 가로막는 그따위 산에, 나는 간다.
아무것도 정리정돈 하지 못한 채 그저 다리 고생만 시키고
무진장하게 술만 마시다가 나는 서울로 돌아온다.
멍청한 내 인생. 무정한 영취산. 남은 건 갓김치.

#139 속물근성

 060412 욕망이 주도한 마음

욕망 없이 살 수 없는 추한 사람. 나를 이루는 것은, 나를 채우고, 나를 만드는 것은 이런 저질스런 욕망뿐. 어느 날 결국은 산산히 부서지고 해체될 마음. 자신의 파멸을 알고도 방관하는 변태성. 평범함에 대한 지독히 꾸준한 염증. 미친 속물근성.

#140 고독과 우울의 변주곡

 070418 우울은 내 삶의 모르핀

아침에 눈을 뜨면서 시작된 우울은 오후 내내 나를 지배했다. 걸레가 된 영혼을 질질 끌고 나와 맞는 4월의 아침 햇살은 그야말로 지옥이었다. 우울을 베이스로 사람들을 만나서 반가워하고, 밥을 먹고, 커피를 마시고, 이야기를 나누는데, 저 사람들은 내가 우

울한지를 왜 모르나. 모르는 게 당연한가? 하긴 우울 베이스일 때 유달리 만나는 사람들에 충실하곤 하니까. 잘 생각해보면 내 인생에 우울이 없었다면, 이 따땃한 인간관계, 이 거침없는 사랑, 이 고매한 간디 정신은 없었을 것도 같다. 참, 잘했어요.
어쨌거나 저쨌거나 종국엔 고독이 답인 삶. 즐기자! 우울~

 070421 허전한 마음 달랠 길 있어

인간이기 때문에 외롭다는데, 다들 그렇게 외롭게 살아가는 거라는데, 그 당연한 외로움에 왜 그리 적응을 못하는 걸까. 오늘 하루만이라도 외로움 따위 느끼지 않기로 하고, 얌전히 일하고 얌전히 귀가하자고 다짐했는데. 재밌는 내 친구 유의 목소리를 듣자 마구 밀려드는 외로움. 그에게로 달려갈 수밖에. 그저 친구의 얼굴을 바라만 봐도 달래지는 얄팍한 외로움이지만, 외로울 수 있고, 친구에게 달려갈 수 있는 내 인생, 그나마도 얼마나 다행인가.
몽환의 멋진 사장 언니랑도 인사 나누고, 탤런트 같이 예쁜 분과 얘기도 나누고, 귀여운 지홍과도 친구 먹고, 멋진 유랑 웃고 까불고, 예쁜 영인 언니에게 안부를 전하고, 무대륙 무법자 마태오랑도 놀고, 술 마시고, 흔들리고.
속이 꽉 찬 내 인생.

 071025 외로운 희망

점점 적응이 되어지는 것 같아.
외로움도 고독도 끌어안고,
짐스런 일도 껴안고,
잘 안 풀리는 사랑도 아껴가며,
그렇게 한 걸음 한 걸음 떼다보면,
어느 날엔가 세상을 향해 환하게 웃어 줄 수 있을지도.

#141 외유내강을 위한 음주가무

   070117 1차, 2차, 3차, 으랏차차!

1차. 책을 사랑하려면 술을 사랑해야해!
책 이야기로 시작된 모임은 어찌하여 늘 술이 주가 되는 걸까. 내가 있어서 그런 걸까. ㅋㅋ 내친김에 술과 책의 공통점을 생각해본다. '사람 냄새가 난다', '얽히고설킨 인간관계에 교감이 생긴다', '그 자리에서 내쳐 끝장을 보고 싶다', '소화하고 나면 마음이 흐뭇해진다', '진짜 나를 발견하게 된다', '이야기꺼리가 마구 떠오른다', '상상력이 풍부해진다', '인생이 풍요로워진다', '세상도 사람도 거리낄게 없다' 뭐, 이뿐이겠는가. 내로라하는 술꾼인 내가 허섭한 이유로 술을 좋아하겠나. 적어도 이 정도는 멋있어줘야지.

2차. 만능엔터테이너 구모니카 씨.
술 마시고 노래하고 춤을 추는 모습이 나하고 가장 어울린다는 주변반응, "출판은 왜 해요?" '그러게요. 사실 먹고 사는 문제만 해결된다면 저도 만능엔터테이너로 평생 술 마시고 노래하고 춤을 추고 싶답니다.'

3차. 술이 나를 먹기 시작하다.
M&K 작업실에서 밤새 글 작업을 하겠다고 했던 윤희에게 전화를 했다. 내일 일찍 약속이 있는데 술자리가 너무 늦어져서 나도 작업실에서 자겠다는 말을 하려고. 그런데 일하겠다 했던 윤희는 모처에서 쏘주를 마시고 있었고, 들어가 자려고 마음먹었던 모니카는 한달음에 달려가 그녀와 쏘주잔을 나눴다. 이런 대목에서 우리의 우정은 빛을 발한다. 술을 향한 애착으로 인해 계획한 일을 망치는 대목에서 말이다.

4차. 새벽 장사.
1차, 2차, 3차에 이어 아침 7시에 맥주를 들이키고 있는 사람이 대한민국에 몇 명이나 될까. 과연 우리는 대한민국 1%다. 이건 4차가 아니라 '으랏차차'다. 게다가 내 친구 윤희는 그 정신에 M&K의 다이어리를 장사하는 훌륭한 정신세계를 소유했으니, 그야말로 대한민국 정부에서 상 줘 마땅한 거 아닌가. 구애를 퍼붓는 남자에게 '명품빽은 됐으니 내 친구의 다이어리를 사주세요'라고 얘기하는 정신자세를 가진 사람은 대한민국에서 찾아볼 수 없다. 쪼끔 걱정인 건, 내 얼굴이나 다이어리를 볼 때 마다 그 놈 머릿속에서 명품빽 생각이 사라지지 않을 텐데 하는 것 정도.ㅋㅋ

🔑 070625 사장에겐 술이 필요하다

작가 하나가 묻는다. "사장님, 술을 왜 그렇게 많이 마셔요?"
음. 제가 술을 왜일케 마실까요?!
"문드러지고 생채기 난 마음을 소독하기 위함이죠."
닝기미. 이유도 많다.

🔑 070711 연작술1

조 기자님 미국행 환송회.
벌써 열 차례도 더 만났다지.ㅋ
'오늘은 비가 와서.'

🔑 070712 연작술2

너무나도 멋진 생각을 가지고, 너무나도 뻑 가는 외모로, 너무나도 훌륭한 인생길을 걷는 나의 멘토들. 언니들과의 수다 타임.
'오늘은 그녀들의 칭찬과 응원이 고파서.'

🔑 070713 연작술3

가짜 생일 파티.
엄마가 출생신고를 두 달씩이나 늦게 하는 바람에 생겨난 '팡당한 싸이월드 생일'.
그걸 놓치지 않고 술 쏘라고 종용하는 나쁜 친구눈들.
기다렸다는 듯이, 이때다 생일파티를 여는 모자란 모니카 씨.
'오늘은 철부지 시절의 넋 빠진 마음이고 싶어서.'

🔑 070714 연작술4

영화 "현수와 모니카" 기획회의.
새침떼기 현수와 개날라리 모니카를 주인공 캐릭터로 우리 현수가 시나리오를 쓰고, 정화 언니가 제작을 하는 영화가 만들어진다. 나의 역할은 개날라리 주인공의 대사를 날려주시고 그녀의 의식을 규명하는 일. 완전 벌거벗는 거죠. 애니웨이 이런 회의는 언제든 재밌다. 어차피 뭐 별로 숨길 것 없는 노출 인생이니까.

나의 훌륭하신 작가 야코브와 현수가 알고 지내던 인연이라니 다시금 작디작은 이 동네를 실감한다.
'오늘은 토요일이라서.'

#142 목적성과 방향감각

 070308 어디로든 가고 있으니까

저녁 먹으라고 챙겨주는 사람도 있고, 어긋난 일이 어찌 되어가는 지 궁금해하는 사람도 있고, 다 버리겠다고 선언해도 붙들어주는 사람도 있고, 엉망진창 살아도 목적한 대로 가고 있는 거라고 주문을 걸어주는 응원군도 있고, 내가 벌여놓은 지랄 같은 일을 처리해주시는 해결사도 있고, 뒤로도 갔다가 옆으로도 갔다가 산으로도 갔다가 바다로도 갔다가 뒤죽박죽이어도 무언가 하고는 있으니까.
좌우당간 살아있으니까.

#143 성가심과 귀차니즘

 061212 썩소!

일은 있는 대로 벌여놓고 성가셔하시기는.
구모니카 씨 제대로 못하겠습니껫!
그래도 작업실 하나는 정말 예쁘군.
그런 거라도 부여잡고 살 수 있는 나는 행운아?!

#144 마지노선

 070723 인생의 마지노선?

여기까지가 마지노선.
싸부님이 건너지 말라 외치던 루비콘 강.
울 엄마가 얘기하던 '거기까지…'
울 아부지 혼내던 '하여간 한 발짝만 더 가봐'
알고 있으면서, 자꾸 그래.
대체 어디로 가려고?! 너.
니미. 알게 뭐람!

#145 끊임없는 긴장감

 060630 아직은 쉴 때가 아니랍니다

열심히 살자!
앞만 보고 최선을 다해 나아가자.
노력하고 집중하고 능동적인 사고를 하자.
그래야 하는 시절이라니까….
이 시절이 지나고서야 한시름 놓고 쉴 자격이 있다니까….

#146 정체성

 070115 정체성은 왜 필요하죠?

최근 모니카가 가장 많이 듣는 충고들. 하나, 아트에 대한 경외심을 버려라. 둘, 출판사 사장으로서 정체성을 가져라. 셋, 적극성과 치열함을 가져라. 넷, 주류나 대중에 대한 고정관념을 버려라. 다섯, 사업의 목적을 확실히 해라. 여섯, 조직적으로 체계적으로 움직여라. 일곱, 주변에 신경을 좀 써라. 여덟, 자기 할 말을 확실히 해라. 아홉, '생긴 대로 살래요'라고 자기합리화 하지 마라 등…. 모두 M&K 그리고 모니카의 돈벌이와 생존을 우려하는 마음의 발로일 터. 듣고 있는 순간에는 무릎을 탁 치며 '아, 네네, 그거여요' 하며 적극적으로 호응했음에도 바뀔 기미가 안 보이는 건 왜일까. 혹 구모니카 씨 마음의 소리가 이런 것은 아닐런지. '니들이 몰라서 하는 소리지', '내가 그렇게 생겨먹은 인간인 걸 어쩌라고', '이런 방식으로 성공하면 어쩔래', '나도 모르겠는 나를 그리 잘 아시오?' ㅎㅎ

그런데요, 정체성을 확고히 하고 치열하게 승부하는 게 그렇게 중요한가요? 뺀! 술이나 드시지요. 선서! 나, 구모니카는 죽는 날까지 정체불명으로, 시류에 휩쓸려 왔다 갔다, 이랬다가 저랬다가, 여기 붙었다 저기 붙었다, 영혼을 풀어 주고, 마음도 자유로이 먹고, 그리 살 것을 선서합니다!

※전쌤 단골술집 아리랑에서 사진 찍고 그림 그리는 김 작가님과 우연히 마주쳐서 합석을 했더랬다. 구모니카 씨 신끼는 이런 대목에서 빛을 발한다. 새해 안부 전화를 못 드려 찜찜한 마음이었던 오빠들을 이런 술집에서 조우하고 바로 '친한 척' 들어가면 만사형통! 모든 걸 용서받고 다시 사랑받는다. '용서받는 기쁨'을 아시는 구모니카 씨. 음하하하.

#147 시행착오를 위한 수업료

 071029 겨울 기지개

난 5월에 태어났는데 왜 겨울에 기운이 솟구치는 거지.
나는 서른네 살일 뿐인데 왜 이렇게 망가진 거지.
이대로는 도저히 안 되겠어서 추위가 시작된 바로 오늘
다시 기지개를 켠다. 뚝심 있게 뭐든 밀어붙여보기로 한다.
겨울은 추우니까. 겨울은 살을 에이니까.
겨울은 고통이랑 닮았으니까.
그러니까.

어제는 끙끙 앓았고, 다음 책 원고를 털었고, 좋은 사람들의 목록도 정리했고, 내가 할 일이 뭔지도 알았고, 내 처한 상황이 맘에 들기도 했어. 악몽을 꾸고 나서 일까. 뭐면 어때. 좋아진 건 좋아진 거지.

이번 여름에서 가을까지는 완전 최악이었지.

나는 빚에 허덕였고

살이 징그럽게 쪘고

출간을 앞둔 책이 말썽이었고

어깨는 딱 귀신이 들러붙은 듯 무거웠고

출간한 책 때문에 괴로웠고

도쿄와 상하이에 다녀왔으나 즐겁지 않았고

출판사 식구는 늘었지만 하릴없이 시간이 흘렀고

이놈 저놈이 나를 못살게 굴었고

출간돼야 할 책들이 자꾸 미뤄졌고

사람들은 많이 만나는데 영혼은 말라갔고

방송과 잡지에 노출되었지만 병신 허깨비처럼 보였고

그 모든 이유로 나를 죽이고 싶었고

그런데 모든 게 좋아 보이는 겨울이 왔어. 다시 시작!

음주일기도 다시 쓰고

사람들도 다시 예뻐해 주고

고마운 줄도 알고

받으려고 애쓰지 않고

그렇게 예쁘게 다시 시작!

고맙다. 겨울아.

Class 03 사장, 그 후

#148 어떤 사장의 작은 소망

  061213 내게 필요한 것

1. 37462950573762647484832727829494억원
2. 내가 성가셔하는 모든 일을 완벽한 방식으로 처리해줄 예쁘고 똘똘한 비서
3. 바다로 산으로 강으로, 저 멀리로 언제고 떠날 수 있는 물리적 시간
4. 37462950573762647484832727829494일 동안 컨디션 난조 없이 술을 마실 수 있는 강철 체력
5. 아무 책이나 잡지나 영화나 전시나 공연이나 싸이코들에게 맘껏 빠져 즐길 수 있는 심적 여유
6. 정신병자 치료하는 마음으로 날 만나줄 잘생긴 남자
7. 나를 만나는 모두가 뻑가게 되는 아름다운 외모와 차분한 말씨
8. 뼈 속에서 우러나오는 기질적 유머감각
9. 세상을 뒤흔들 정도의 재기 발랄한 창의력
10. 결국 억센 마음과 영혼

#149 슬럼프

  070816 또또또또그런다

이제는 다 알 것 같이.
내가 진짜 사랑하는 나는 버림받았을 때의 나라는 걸.
버려졌다는 것을 아는 순간 덜컹하는 그 마음의 희열을.
인력으로 무엇도 어째 볼 수 없는 사면초가의 순간, 그 연민.
그러니까 결국 혼자인 인생의 행복감.
친구가 묻는다. "지금 죽을 수 없는 이유가 있니?"
나는 입 밖으로 내지 않고 생각만 했다. '음. 몇 개쯤은.'
친구는 말한다. "딱히 죽지 못할 이유도 없는데, 죽고 싶지는 않아."

나는 또 생각만 했다. '죽고는 싶은데, 죽을 이유가 없네.'
날 좀 선선해지니까 또 시작이다.

#150 소소한 깨달음

 080130 그럴듯한 오만

우리는 어디까지 알고 살까. 어느 만큼 알고 살아야 그럭저럭 살 수 있는 걸까. 되도 않는 오만과 독설로 뒈지게 욕먹는 요즘의 내가 느끼는 삶의 과업. 그러게 아는 거 없이 떠들지 말라는 어른들 말을 귀담아 들었어야 하는 걸까. 대충 씨부리며 살다가는 거라는 어른들 편에 서서 살고 말아야 하는 걸까.
어느 때부터였을까. 이 나라에서는 눈치 보며 대충 맞춰 사는 게 편하다는 인식. 개인의 소소한 갈등은 정말 이토록 보잘 것 없단 말인가. 그 작은 갈등이 한 개인의 삶에 얼마나 위대한 변화를 가져올지 기대도 말아야 한단 말인가. 갈등 없이 평평하게 사는 게 진짜 사는 걸까.
셀 수 없는 갈등 속에 점점 작아져만 가는 내게 좀 더 당당하고 그럴듯한 오만도 필요하다 조언해주신 어른들에게 감사하게 된 오늘.
당부하신 대로, 마음 향하는 대로, 꼴리는 대로 살랍니다.
깨달음에 이르도록 이끌어 주신 위대하신 어른들 목록.
조영남 선생님과 조우석 부장님과 조휴정 피디님.(조씨 종친회?!ㅋ)
전유성 선생님, 최장재희 언니.
아버지.

#151 기다림과 인내심

   080317 서른다섯 번째 봄

잘라내고 털어내고 벗어던지고 내다버리고,
비우고 또 비우고,
가라앉히고 무심해지고 냉정해지고,
복잡하도록 정해진 인생이더라도 최대한 가볍게 만들기!
수년 전 그 봄날보다는 덜 잔인하군.
늙을수록 덜 잔인한 인생이었으면 좋겠네.
정녕 그러했으면 좋겠네.
비교적 무의미했던
나의 서른다섯 번째 봄날에 든 기특한 생각.

젊은 사장 Interview

젊은 사장, 그들만의 시크릿

To you.

책을 쓰면서 많은 젊은 사장들을 만나 이야기를 나누었어요. 꿈과 희망은 각자 다르지만, 타고난 기질과 사업가로서 가야할 방향, 정신자세도 모두 다르겠지만, 저는 그들에게서 공통점을 발견하고 말았습니다. 본문에서 내내 지루하게 반복 재생되었던 '열정'과 '성실' 말이죠. 내용이 어떻든 '간절함'으로 시작된 사업의 길에서 죽을 만큼 열심을 다해야 한다고. 사업가의 길에서 만난 '고비'를 어떻게 넘기느냐에 따라 진짜 사장이 될지 말지 결정된다고. 절대로 '포기'란 없다고. 그러니 신중하게 판단하고 뛰어들되, 뛰어든 길에서 후회가 없도록 성실하게 임하라고. 과연 '사장의 시크릿' 따위는 없었던 겁니다. 열정과 성실함으로 매진한 누군가의 하루하루가 모여 사장의 길이 펼쳐진 것이고, 그토록 아름답고 잔인한 사장의 길에서 또 다시 신실한 하루를 시작하는 것뿐입니다. 그들이 지금처럼 고생을 고생이라 생각하지 않기를, 사장하기를 멈추지 않고 사람들에게 희망을 심어주기를, 항상 성장 곡선을 타는 현재진행형의 사장이기를 기도합니다.

부록 1. 젊은 사장 인터뷰

정한영 (일본식 퓨전 주점 초초)

절대로 사업을 쉽게 생각해서는 안 됩니다. 사실 처음 시작은 직장 생활의 도피처라는 생각이 전혀 없었다고 말할 수 없습니다. 저같이 자유로운 영혼에게는 틀에 박힌 직장 생활보다는 사업이 맞을 것 같다는 생각도 살짝 했었지요. 그렇지만 그 모든 생각은 사장의 길에 발을 내딛는 순간, 철저히 무너지고 맙니다. 예전보다 더 '빡센' 세월이 내 앞에 펼쳐지더군요. 자유로운 영혼이니 뭐니 다 착각일 뿐이고, 꿈이고 희망이고 생각할 겨를 없이, 당장 눈앞에 펼쳐진 난관에 놀랄 틈도 없이, 내가 선택한 사장의 길 위에서 끊임없는 책임만이 따를 뿐입니다. 그 책임을 고스란히 지고 갈 능력만 있다면 일단 반은 성공이라고 봅니다. 비결이라 말하기는 좀 민망하지만, 제가 일본 유학시절에 주점에서 아르바이트 했던 경험이 지금 사업에 큰 힘이 됩니다. 요즘 '사케'를 좋아하시는 고객님들이 많은 터라 제가 배운 정보나 지식을 알려드리면 좋아하시더군요. 일본 어느 골목에서 만날 수 있는 편안한 사케바에서 주인장과 술에 대한 수다를 나눌 수 있는 분위기를 연출한 것이 고객들에게 어필할 것 같습니다. 몸에 밴 일본식 친절도 한 몫을 하는 것 같고, 비교적 저가로 공급하는 사케, 한국식을 가미한 퓨전 일식도 손님들이 입을 모아 칭찬하는 대목이지요. 아직 시작이고, 자리를 잡은 게 아니라 이런 얘기를 드리기 참으로 어색하지만, 사업을 하시겠다는 분들에게 한 말씀 올립니다. "성공 확률은 딱 50%입니다. 흥하느냐 망하느냐는 철저히 사장 한명의 자세에 달려있습니다. 더 강해져야 하고, 더 친절해져야 하고, 더 준비하셔야 합니다."

시호연 (동대문 청평화시장 의류 도매 샤마르)

스무 살에 무작정 시장에 들어갔어요. 이리 뛰고 저리 뛰다보니 어느새 사장을 하고 있더군요. 무던히도 많은 사장들이 등장하고 사라지는 현장에서 제가 살아남을 수 있는 비결은 '절대로 지치지 않는 지구력'이었던 것 같아요. 수많은 '고비'를 넘겨야 비로소 진정한 사장이 된다고 생각해요. 설령 고비가 없이 성공했다 하더라도 늘 대비하는 마음을 가져야 합니다. 사업가에게 고비는 미리 예측할 수 있는 성질의 것이 아닙니다. 더불어 시장 일이라는 게 매일 현금이 들어오는 식이라 자칫하다간 흥청망청 하기 십상인데, 정말로 조심할 일입니다. 당장 돈이 들어와도 그게 내 돈이 아니라는 생각으로 자금 관리를 잘해야 합니다. 지금 시장상황이 좀 열악하니, 사업하시겠다는 분들~, 제발 결정하기 전에 심사숙고하시고, 자신을 단단하고 꼼꼼하고 까다로운 사람으로 만드는 연습부터 하세요.

김은신 (광고 대행사 ThE WORX)

그것이 회사 생활이든 취미 활동이든 일관성 있게 경력을 쌓는 일이 중요합니다. '한 우물'을 파라는 얘기죠. 자신이 원하는 분야를 정하고 도전하고 노력을 하게 되면 시간이 주는 깊이감이 더해져 경쟁력이 생기게 됩니다. 그렇게 경쟁력이 생기는 순간 자신만의 특별한 차별화 전략을 시도할 수 있습니다. 특정 분야에 대한 노하우가 없이 그 파트의 최고가 되기는 어려우니까요. 경쟁력은 일에 대한 깊이감에서, 차별화는 생각의 다양성에서 오게 됩니다. 저는 직장 생활을 유·아동복 분야에서 시작하게 되었습니다. 처음에는 여기저기 많이 기웃거리기도 하였습니다. 시간이 지나고 경력이 쌓이면서 이 분야와 관련된 인맥과 흐름을 읽게 되면서 자연스럽게 창업을 하게 되었죠. 지금은 유·아동 전문 광고 대행사로 자리를 잡았습니다. 이 분야와 관련된 비전도 지속적으로 구상합니다. 인터넷 사업과 유·아동 전문 서점 겸 카페를 오픈할 예정입니다. 한 우물을 파는 것과 더불어 중요한 것은 마음가짐입니다. '내가 그 회사의 CEO다'라고 생각하고, 클라이언트의 입장이 되어 일하는 거지요. 클라이언트가 한 번 나를 인정해줬다고 편하게 갈 수 있는 게 아닙니다. 클라이언트의 인정을 지속적으로 받아내고, 신뢰를 유지하는 것은 자기 자신의 끊임없는 노력뿐입니다. 거래 관계에서 신뢰란 그렇게 확정적인 것이 아닙니다. 수많은 경쟁자들 틈에서 나만의 전문성을 확보하고 끊임없이 그리고 반복적으로 신뢰와 인정을 끌어내는 것, 그것이 경쟁력과 차별화의 포인트일 것 입니다. 더불어 '시련'이 닥쳤을 때 그것을 '극복' 하는 것은 나 자신과 회사의 그레이드grade를 한 단계 올려놓는 과정입니다. 포기하고 싶을 정도의 힘겨움을 이겨냈을 때 또 하나의 계단을 오르게 되고 그 계단만큼 좀 더 높이, 넓게 볼 수 있는 눈을 가지게 됩니다. 긍정적인 생각으로 대처하게 되면 오르지 못할 시련은 없습니다. 좋은 눈과 좋은 마음을 갖는 것 그것이 기본이면서 전부입니다. 마지막으로 제 스스로 가장 명심하는 것 중 하나는 '직원 관리'입니다. 내가 다니고 싶은 직장을 직원들에게 풀어내십시오. 회사가 갖게 되는 맨 파워는 최고의 무사에게 최고의 검을 쥐어주는 것과 똑같으니까요.

정재경 (생활용품 디자인회사 더리빙팩토리/ 쇼룸 겸 카페 세컨드 팩토리)

———

프로의 세계란 '내가 정말 좋아하는 일이잖아', '열심히 정진하다보면 세상이 나를 인정하는 날이 오겠지' 하는 식으로 낭만적으로 생각할 일이 아닙니다. 특히나 사업은 그런 환상을 가졌을 때 절대로 실패합니다. 사업의 세계는 그야말로 정글이라고 생각하면 됩니다. 내가 사업가로 발을 내딛기 위해 무언가를 기획할 때 충분히 잘 해낼 수 있는 일인지, 충분히 잘 만들 수 있는 것인지 고민하세요. 시장과 아이템에 대한 공부도 끊임없이 해야 하고, 나의 역량도 정확하게 파악해야 합니다만, 사장에게 가장 중요한 일은 '시장성'을 파악하는 일입니다. 좋은 아이템이니 열심히 하면 잘될 거라고 생각해서는 안 됩니다. 산에 가서 열심히 우물을 파면서 왜 물이 안 나오지, 하는 식은 곤란합니다. 그러니 시장 상황을 정확히 파악해야 한다는 겁니다. 충분한 고민이 끝난 뒤에는 정말로 죽을 것처럼 일해야 해요. '적당히'가 통하지 않는 그야말로 '잔혹 월드' 지요. 저도 참 지르는 거 좋아하는데요, 그 전에 심사숙고의 시간을 충분히 가진답니다. 끊임없이 지르고 도전하세요! 단, 충분히 고민하고 난 후에요.

정희순 (오뎅정종바 그때 그 오뎅)

'삶과 생존에의 간절함.' 그것만이 제 사업의 비결이자 비밀입니다. 어찌저찌하여 싱글맘이 되었을 때, 먹고 살기 위해 하루 16시간씩 일을 했어요. 그러다가 자그마한 오뎅바를 열었죠. 그 작은 가게로 사람들이 들어오는데, 정말이지 너무나도 고맙고 고마운 거예요. 진심으로 고마운 마음을 가지니 이것저것 자꾸 퍼주게 되고, 가족처럼 대하게 되더라고요. 저의 진심어린 감사의 마음이 손님들에게도 전해진 걸까요. 꾸준하게 찾아와 소식을 전하고, 지나가며 안부를 전하고, 손님과 저는 추억과 인생을 공유하는 진짜 가족이 된 겁니다. 저희 고객들은 저를 누나나 언니로, 카운슬러 counselor로 생각하는데 비결이랄 것도 없어요. 정말로 동생들처럼 생각하고 진짜로 고민을 함께 하는 마음, 그뿐입니다. 어릴 적부터 책을 좋아하고, 사람들의 이야기를 경청하고, 무엇이든 내 것으로 소화하려던 습관이 카운슬러 공부라면 공부였을까요. 손님들과의 그런 친분 때문에 지금 하던 걸 접고 다른 일에 도전하려는 데 자꾸 망설여져요. 손님들의 추억을 뺏으면 안 될 텐데, 하는 마음이 들어서요. 정말 사랑하는 가 봐요.(하하) 사업하려는 분들께 드릴 얘기는 바로 이겁니다. '신중하게 선택하자. 그런 뒤에는 절대로 뒤돌아보지 말자. 죽을 용기로 덤비자. 내 인생에 포기와 후회는 없다.'

김연미 (토털 뷰티&네일 숍 데이지 네일)

스무 살 때부터 사업을 시작한 스물일곱 살 때까지 24시간이 모자라게 살았어요. 물론 뭐, 지금도 다르지 않지만요. 그렇게 현장에서 일하고, 공부하던 때가 새록새록 떠오르네요. 얼마나 에너지가 넘쳤는지 유명한 선생님들은 거의 전부 찾아다니며 배운 것 같아요. 어떤 분야에 어느 선생님이 저명하다는 소문을 들으면 일단은 이론적인 공부를 해서 머릿속에 기초 지식을 가지고 무작정 찾아가는 겁니다. 그렇게 밑바닥부터 일을 배우곤 했어요. 현장 일에, 공부에 정말이지 24시간이 모자랄 정도로 열심히 살다보니 어느새 제 가게가 생기더군요. 사장이 되고 나니까 자연스럽게 사람을 공부하게 되었어요. 내 고객은 물론이고 저희 직원들에게 어떻게 하면 좋은 걸 줄 수 있을까를 생각하는 것, 그런 것도 공부하고 연구해야 한다고 봅니다. 저희 일이라는 게 사람의 마음을 만지는 일에 다름없죠. 고객들의 지치고 힘든 일상에 대한 보상으로 행복감을 안겨드릴 수 있어야 해요. 그건 출중한 실력이나 화려한 기술로만 할 수 있는 게 아니죠. 사랑으로 대하는 예쁜 마음, 위로를 주려는 자세 그게 다예요. 이건 저만의 지론인데요, 사람 관계는 "다단계"라는 거예요. 내가 직원한테 좋은 걸 주면, 그만큼 직원은 고객들에게 뭐라도 주려고 노력하고, 그것을 받은 고객은 자기 친구들을 데리고 오고, 그 친구들이 또 친구나 동료를 데리고 오고 말이죠. 여러분이 베푸는 만큼 성과는 배가 된다는 사실을 기억하세요.

유지영 (레스토랑 컨설팅 장루하/레스토랑 부엌과 서재 사이/쿠키숍 돼지라 불리운 고양이)
———

사장도 하나의 직업이죠. 다만 좀 더 큰 그림을 봐야 하는, 숲을 봐야 하는 직업이랄까. '내 마음이 이렇게 원하는 데 뭘 못 하겠어. 열심히 해서 안 되는 일이 어딨어!' 하는 마음만으로 되는 게 아닙니다. (자기 합리화 혹은 착각이라고 봐요!) 사장의 삶은 미치게 복잡다단해서 단순한 노력으로 잘할 수 있는 게 아니더군요. 내가 정말로 좋아하고 잘할 수 있는 일이어야 하고 어떠한 시련에도 견딜 수 있는 능력을 지녀야 한답니다. 대부분의 인간은 시련에 무너지게 되어 있다고 봅니다. 그러나 사장은 어떤 종류의 시련도 만만하게 생각할 줄 알아야 합니다. 가장 힘든 일을 겪은 다음에 또 어떤 시련이 닥칠지 모르는 사업의 길에서 살아남는 사람만이 진짜 사장이라고 봅니다. 시련을 극복할 역량이 안 되면 하루빨리 그만둘 것을 권합니다.

홍대규 (해외 저작권 에이전시 대니홍 에이전시)

어릴 때부터 외국과의 문화적 차이를 받아들이고 우리나라에 소개하는 것이 즐거웠고, 사람과 교류하는 것도 행복했고, 공부하는 것도 아주 좋아했죠. 그런 단순한 흥미로 수년간 현장을 뛰어 다니고 일하면서 정말로 내가 잘하고 좋아하는 일을 찾았고, 더불어 실력에 대한 확신이 섰어요. 그리고 나니 자연스럽게 그간의 응축된 경험을 제대로 세상에 표출하고 싶더군요. 그럴 수 있는 유일한 길은 사업뿐이라는 생각이 들었습니다. 그러니 사업을 하려는 분들께 드릴 수 있는 단 하나의 조언은 "당신이 정말로 잘 할 수 있는 일을 발견 하십시오!" 하는 것뿐입니다. 자기가 잘 하는 일, 좋아하는 일은 본인 스스로가 가장 잘 알고 있을 거라고 봐요. 일하는 현장에서 자신을 검증한 사람은 바로 자기 자신이니까요. 그런 자연스러운 과정 속에서 생겨난 확신에도 불구하고 사업을 시작하기 두렵다 하시는 분들도 계시던데, 그런 두려움도 사업에 반드시 필요한 부분이니 걱정 안 하셔도 됩니다. 긴장감 없는 사업은 없다고 봅니다. 아마도 당신의 실력이 그런 두려움마저도 잊게 만들 거예요. 잘 하고 좋아하는 일을 하는데 얼마나 즐겁겠습니까. 그런 즐거움과 보람과 성과, 그 이면의 긴장감, 이 모두가 사업의 묘미죠. "사업, 망설이지 말고 지르세요! 정말 짜릿한 세계랍니다. 그러나 한 가지 명심할 것은 당신이 그 일을 세상 누구보다도 잘 할 수 있다는 확신이 들 때, 지르셔야 해요!"

길정민 (그래픽 디자인 회사 맥로드MaCRoad)

비결이라고 하기 민망하지만 들어온 일에 전념하고 성의껏 최선을 다해서 마감하는 것뿐 제가 한 일이 따로 없네요. 돈이 되고 안 되고를 떠나서 일에 대한 열정 하나로 제아무리 힘들어도 참고 견디다보니 여러 회사들이, 심지어 대기업까지 저희 회사를 찾더군요. 돌이켜보면 '이 조그만 회사가 이렇게 덩치 큰 프로젝트를 진행하다니', 지난 일들이 주마등처럼 지나가네요. 지난 모든 순간이 보람되고 뿌듯합니다. 제가 사업을 할 수 있는 저력은 그런 거예요. 들어 온 일은 거부 안 하고 최선을 다하면 꼬리에 꼬리를 무는 방식으로 일이 확장되더라는 것. 억지로 큰일을 찾아다닌 게 아니라 최선을 다하다보니 자연스럽게 성장한 나와 회사를 보게 되더군요. 많은 회사들은 자기네 일을 믿고 맡길 곳을 찾고 있지요. 매너리즘에 빠진 내부 인재들을 능가할 신선함과 성실함을 갖춘 회사를 찾아다니는 거죠. 그 틈새에서 나의 능력을 펼친 거예요. 더불어 나를 여기까지 이끌어준 또 하나의 비결은 아마도 나의 작업 결과에 대한 성취감과 '역시, 길정민! 역시 맥로드. 그래 그래. 이건 당신만 할 수 있는 거야' 하는 주변의 칭찬과 찬사일 겁니다. 그 말을 들으려고 그렇게 미친 듯 일했나 봐요. 여러분, 꼭 성공하세요!

이윤혜 (패션 로드숍 모레 아이)

저는 옷을 정말 좋아하는 패션전문가일 뿐, 사장이라고 불리는 게 어색한 사람이에요. 사장을 하려면 경영·관리 능력이 반드시 필요한데, 저는 그거 정말 못해요. 그저 내 전문분야의 일을 끊임없이 공부하면서, 행복하게 좋아서 하다 보니 어느 순간 고객들의 인정을 받게 되는 순간이 왔을 뿐입니다. 물론 시행착오를 줄이기 위해 경영·관리 능력을 키우는 것도 중요하겠지만 제 생각에 사업가에게 가장 중요한 것은 내가 하는 일에 대한 전문성과 열정, 다른 업체와의 차별화 전략, 고객과 거래처를 공고히 하는 네트워킹 능력, 사람 좋은 속내, 그런 것들이라고 봅니다. 그 경영·관리 능력이라는 것도 사장 개인의 스타일에 맞는 방식을 개발하면 됩니다. 도저히 안 되겠으면, 주변의 옵저버나 전문가에게 특별 교육을 받으면 되요. 뭐, 헌법에 정해져 있는 것도 아니고, 이리 부딪히고 저리 깨지다보면 그런 미개한 부분의 지혜마저 터득되는 순간이 오고 말죠. 그러니 사장하실 분들이 할 일은 딱 하나, '공부'에요. 특히나 패션 쪽 일이라는 것이 민감하게 바뀌는 트렌드를 좇아가야 하는 일인지라 사장이 멍 때리고 있다가는 고객 잃고, 돈 잃기 십상이죠. 사업을 잘하는 비결이요? 예쁜 옷 구비해놓고, 단골 고객 확보하고, 매입·매출 관리 잘하는 거, 그게 다에요.

김란영(도자·도예 디자인 소품 브랜드 꿈을 굽는 마을 나니쇼Nani Show)

좋아하고 하고 싶은 일을 하기 위해 사업을 하는 것에 대 찬성입니다. 하지만 사장이라는 존재는 무엇으로부터 보호받지 못해요. 오히려 직원과 거래처를 책임감 있게 보호해야 하는 막중한 책임을 떠안은 존재지요. 당신은 과연 그럴 수 있는 사람인지부터 진단하시길! 제 사업의 시작에는 늘 사람들이 있었어요. 이것이 딱히 사업의 비결인지는 모르겠지만, 나의 일을 지원해주는 응원군, 내 제품을 사주는 소비자들, 우리 회사를 꾸려가는 직원들, 그들 모두를, 세상의 모든 사람들을 소중하게 생각한 것 같아요. 물론 사업가로서 갖추어야 할 많은 능력이 있겠지만 거두절미, 사장의 길은 멀고도 험하며, 포기도 좌절도 불허된 고난의 길입니다. 그 길 위에서 사람을 사랑하는 마음을 갖지 못한다면?! 아, 정말~ 상상만으로도 끔찍한 걸요. 사장 공부에 대한 더 자세한 정보를 보시고 싶으신 분들은 http://www.nanishow.com/ sketch book 게시판으로 오세요. 자신만의 브랜드를 꿈꾸는 예비 도예인을 위해 나니쇼의 경영노하우를 공개한 글들을 보실 수 있습니다.

김순정 (출판사 순정아이북스)

나만의 사장 시크릿이 과연 있기는 있을까요?! 저도 제가 사장인 게 시시때때로 놀랍거든요. 원래 사업에 관심이 있다기보다 그저 열심히 사는 직장인이었던 것 같아요. 직장 생활을 할 때, 늘 회사와 오너의 입장이라면 어떨까 하는 마음으로 일했던 것이 '사장 수업'의 전부였어요. 그런데요. 여러분! 정말로 잘 생각하시고 뛰어드셔야 해요. 사업이라는 길을 가기 위해서는 많은 것을 포기해야 하고, 그 길로 들어가는 것은 쉬울지는 모르겠지만 일평생을 담보해야 합니다. 정신적, 물질적, 시간적 투자가 따르는 것은 물론이고 인생 전체를 저당 잡히고 발목 잡히는 일입니다. 그러니 내가 평생을 두고 사업을 지속할 능력이 있는지 진지하게 고민하셔야 합니다. 아이템과 마케팅, 자금관리 등등도 중요하겠지만 '사장의 삶을 일평생 지속 가능한지'부터 검토하시길 권합니다. 저 같은 경우도 창업이나 사업의 개념보다는 내 평생을 지속할 수 있는지를, 그것이 기쁘던 아프던 내 삶의 한 부분으로 받아들일 수 있는지를 먼저 진단한 것 같아요. 중간에 포기할 거면 아예 가지 말자고 생각한 거죠. 비결일 수 없겠지만 제가 사장으로 또 한 가지 세운 원칙은 이겁니다. '회사라는 것은 적어도 남에게 이로운 일을 해야 한다. 소비자에게 충실하고도 충분한 역할을 하자. 당장의 눈에 보이는 이익이 아니더라도 그들의 삶에 긍정적인 역할을 하고, 그들에게 필요한 일을 하자.'

김태훈 (드라마·영화 제작 프로덕션 모피어스)

사장을 하면서 느낀 유일한 비밀은 내가 과거에 경험한 모든 것들이 교육이고 훈련이었구나 하는 점입니다. 그러니 여러분들도 현재의 시간에서 많이 배울 수 있어야 한다고 봅니다. 바꿔 말하면 자신을 노출할 모든 현장을 자기에게 도움이 되도록 설정할 수 있어야 합니다. 더불어 무작정 열심히 뛰는 게 중요한 게 아니라는 겁니다. 모든 일에는 타이밍이 중요합니다. 모든 일은, 특히 사업은 '사람을 흘리는 일'에 다름없는데, 세상 돌아가는 트렌드를 공부하는 동시에 그것을 세상에 내놓을 때는 '딱 반 보 앞선' 시점이어야 합니다. 너무 앞서가도, 너무 뒤처져가도 사람들은 외면하게 됩니다. 실은 그게 가장 어렵죠. 어느 누가 감히 그것이 '반 보' 앞선 것인지, '두 보' 앞선 것인지 자신할 수 있겠습니까. 그러니 공부가 중요한 거고, 직관과 감이 발달해야 하는 것이지요. 물론 행동도 잽싸야 하고요. 비교적 진입 장벽이 높은 저의 사업 분야에서는 '네트워킹networking'과 '파이낸싱financing'이 사업의 존속을 결정짓는 데 그것 역시 타이밍이 중요하더군요. 작가, 감독, 배우 등과의 관계를 잘 유지하며 투자를 잘 받아야 살아남는 세계에서 적절한 타이밍을 잡는 일이 제가 가장 고민하고 노력하는 일이고, 거기에 비결 같은 게 있을 리 만무합니다. 그저 선험적 차원, 직관의 차원에서 자기를 끊임없이 수련하고 연마해서 현장에 부딪히는 거죠. 모든 사장들이 그렇게 정답 같은 거 없이 사업을 할 거라고 봅니다. 그러니 힘 내셔도 될 듯!

강은하(헤어&메이크업 살롱 Pearl 헤어&메이크업)

'홍대 미대를 나와, 해외 유학까지 다녀와 미용이라니?' 가족이며 친구들이며 정말 놀라더군요. 하지만 저는 저의 꿈을 끝까지 포기하지 않았어요. 어릴 적부터 워낙에 꾸미고 치장하는 데에 관심이 많았고, 그래서 미술적·예술적 재능도 발달하고 그걸 계속 공부한 건데, 그런 능력을 꼭 본격 미술에만 써야 하는 건가? 생각했고, 저는 과감하고 당당하게 결정했습니다. '그 재능을 미용에 쏟아내자!' 저의 도전 정신이 제 사업의 첫 번째 비결이라고 감히 말씀드릴게요. 제 디자인 실력에 대한 확신은 세계 최고 부럽지 않았는데, 예술적 재능이 발달했다고 해서 현장의 기술력까지 갖추고 있었던 것은 아니었어요. 그래서 저는 현장 밑바닥 학습도 마다하지 않았습니다. 이것이 두 번째 비결이겠네요. 그때의 경험들과 저의 기초학문이 적당히 버무려져 지금 Pearl 명성을 만들었다 해도 과언은 아닙니다. 세 번째 비결은 기존 미용실과 달리 살롱의 예약제로 운영하는 방식인 것 같아요. 입소문을 듣고 오시는 비교적 고급한 하이엔드high-end 고객들이 많은 편이지요. 그분들과 적극적으로 소통하면서 스타일을 창조하죠. 이 일의 목적은 사람을 읽고, 그 사람에게 가장 어울릴 스타일을 찾아주는 것으로, 여기에는 소통의 힘이 정말로 대단합니다. 참고로 저는 사업도 예술이라고 생각합니다. 진지한 고뇌와 공부 없이는 경영도, 사업도, 돈도 뜻대로 되지 않습니다.

이인아, 이진아, 이현아 자매
(Flowers&Gardening, Handmade crafts, Ceramics ah studio)

저희 ah studio의 성공 비결은 두 가지예요. 공방시절부터 쌓은 예술 감각, 내 집에 둘 소품이라고 생각하고 만드는 정성. 한 가지 더 있네요. 세상의 트렌드(시장의 흐름)가 저희들 생각에 딱 맞아 떨어졌다는 거요. 저희 자매는 원래 생활 소품과 인테리어 소품 등을 만드는 공간 디스플레이display 공방을 운영했는데, 어느덧 시장의 흐름이 플라워와 가드닝flowers&gardening도 생활 인테리어의 일부로, 선물 아이템의 하나로 자리 잡더군요. 그래서 '이거다!' 했지요. 사업을 하려면 실력도 실력이겠지만, 세상이 돌아가는 트렌드를 정확하게 예견해야 한다고 봅니다. 지금의 소비자들은 일정 브랜드의 이미지를 구입한다고 해도 과언이 아닐 텐데요, ah studio를 플라워와 가드닝 전문 브랜드로 포지셔닝positioning 한 게 먹힌 것 같아요. 여기저기서 체인점이냐고 물어볼 정도예요. 예술적 감각과 실력이 있는 전문 브랜드라는 이미지를 좋아하시는 것 같습니다. 또한 저희들이 일을 할 때 서로에게 가장 중요하게 체크하는 것은 '이게 내 집에 있다면 예쁠까?', '내가 이걸 선물 받으면 행복할까?', '꽃이든 식물이든 잘 크는 게 생명인데, 이렇게 만들면 잘 자라줄까?' 하는 식으로 고객의 눈이 되어 감시하는 겁니다. 그런 정성이 브랜드 이미지와 잘 어우러져 단골을 만들어낸 것 같아요. 참, 꽃집 옆에 있는 테이크아웃 커피숍도 저희 가게의 포인트랍니다. 이런 식으로 고객의 눈과 마음에 어필할 수 있는 이미지를 만들고, 실력을 쌓고, 포인트를 찍어주는 노력, 사업가라면 반드시 명심 또 명심할 부분입니다.

이경원(모자 전문 로드숍 몽자야)

사업을 시작하려는 분들에게는 두 가지 선택 사항이 있을 거예요. 하나는 내가 쌓아온 경력을 살리는 길, 또 하나는 그동안 살짝 관심을 가지고 있던 전혀 새로운 분야에 도전하는 길. 저는 후자를 선택했습니다. 기존에 하던 일에서 정서적·육체적 피로감을 많이 느꼈던 터라 실은 마음의 여유를 가지고 할 수 있는 일을 찾았어요. 더불어 생활의 활력이나 자극도 필요했고, 무언가 새로운 일에 도전하고 싶었죠. '이전과는 다르게 살고 싶은 마음'이 저를 이 길에 데려다 놓은 것은 아닐까 해요. 그렇지만 무작정 아무 준비 없이 그런 마음 하나로만 터닝turning하시면 큰일 납니다. 미개척 분야에 뛰어들어 사업하는 거, 솔직히 재밌고 신나지요. 그러나 신중하셔야 합니다. 사업은 절대로 쉽고 편한 일이 아니니까요. 우리들은 이상하게도 자잘한 일들은 꼼꼼하게 따지면서 큰 결정을 할 때는 참 과감하게도 지르는 경향이 있어요. 철저한 자기진단으로 아예 발을 안 들여놓게 되도 좋고, 그게 아니면 사업의 시행착오를 줄이기 위해서라도 신중하게 고민하고, 철저히 준비하고, 여기저기 찾아다니며 조언을 구할 필요가 있습니다. 여러분~! 사업도 어쨌든 생활입니다. 준비 많이 하세요. 저도 모자 전문 로드숍으로 자리 잡기 위해 상당히 좌충우돌 했어요. 제가 직접 도매상에 나가 제품을 구비하고, 일부는 모자 전문 브랜드와 가맹을 맺어 구색을 갖추기까지 이만저만 고생한 게 아닙니다. 다행히 가게 위치도 좋고, 가게 이름도 독특하고 재미있고, 모자 전문이라는 컨셉도 통하는 등 참으로 운이 좋았지요. 저희 가게가 단골들의 사랑을 받는 이유는 아마도 솔직하고 재미있는 저만의 스타일링 가이드 때문이 아닐까 싶어요. 각자의 분위기에 맞게 모자를 스타일링 해주면서 가끔은 안 어울린다는 식의 과격한 조언도 해주지요. 모자를 처음 쓰는 사람에게 내가 추천한 모자가 딱 어울릴 때는 정말로 신나고요. 전문적인 공부를 했다기보다 솔직하게 친구 입장에서 조언을 하는 제 방법이 단골을 사로잡는 비법인가봐요.

이수연(홍보 대행사 유스 커뮤니케이션)

사업을 시작하게 된 계기는 두 가지 정도였던 것 같아요. 하나는 '홍보'쪽 일에 대한 전문성을 시험해보고 싶은 마음, 또 하나는 직장생활 동안 겪은 불합리함에 대한 투쟁. 좀 독특한 것 같지만, 뭐, 다들 자기만의 이유로 사장을 할 테니까요. 사실 저의 전문성에 대한 확신은 차고 넘쳤던 것 같아요. 현장 경험은 물론이고 여기저기 돌아다니며 다양한 간접 경험을 통해 홍보 전문가가 되기 위해 밤낮 없이 뛰었거든요. 제가 사업을 하게 된 결정적인 계기는 사실 '내가 꿈꿔온 회사를 만들어 보겠다'는 의지의 표현에 다름없었습니다. 모두가 일하고 싶은 회사, 회사에 가고 싶어서 안달이 나는 그런 회사 말예요. 어린 나이에 사업의 로망을 실현했고, 나름 성공했다는 평가도 얻었지만, 돌이켜보면 여러 가지 난관 속에서 하나씩 배워가는 과정이었다고 봅니다. 직원 관리가 생각보다 어려웠어요. 회사가 작고, 사장이 어리다보니까 직원들 눈치를 보게 되더군요. 직원들은 그런 사장의 마음을 느낄 수밖에 없는데, 그건 배짱으로 이어져요. 사장이라면 그런 자세를 가진 직원을 두고 보면 안 된다고 생각했고, 대대적으로 물갈이를 한 적이 있었어요. 사람 관리에 완벽하게 실패했넌 거시요. 젊은 나이에 사장이 되고 싶은 분들에게, 저는 세 가지 조언을 드리고 싶어요. 하나, 회사가 아무리 작고 사장이 아무리 어려도 절대로 직원들 눈치 보지 마세요.(그 정도의 사람은 어디든 있습니다.) 둘, 자기관리와 자기계발에 촉각을 곤두세우시고 '공부하세요'!(다양한 주제의 세미나, 강연, 스터디 모임에 참여하시고, 책 많이 읽으세요.) 셋, 동종업계 보다는 다른 업계 사람들을 만나야 '원-원' 할 수 있습니다.(그들의 값진 경험을 흡수하시고, 신선한 아이디어도 계발하시고, 일도 따내시고, 사업적 조언도 구하세요.)

강희정, 김영인, 김건아 (갤러리 카페 무대륙)

사업가의 마인드를 말씀 드리기는 결격인 것 같은데요. 저희 무대륙은 애초에 가난한 예술가들의 아지트로 출발했기 때문에 사업이라는 말이 좀 어색해요. 예술 하는 친구들과 인사동 시절 함께 드나들던 아지트인 카페 '섬'이 없어지면서 무작정 돈 한 푼 없이 '사막'을 만들었고, 그 경험을 살려서 지금의 '무대륙'이 탄생한 겁니다. 애초에는 공간 프로젝트팀 '달광선'의 작업실로 쓰던 곳이었는데, 주변의 이런저런 요구가 있어 갤러리 카페를 만든 겁니다. 다행히 저희가 가구도 직접 만들 줄 알고, 인테리어도 직접 할 수 있었기에 제반의 비용을 절약할 수 있었어요. 사업 초기 투자금을 절약한 것도 사장 입장에서 비교적 마음 편하게, 여유를 확보하면서 나의 의도대로 일을 추진할 수 있는 비결일 겁니다. 만일에 저희 카페에 숨은 비결이 있다면 '예술가들을 사랑하는 마음' 그것일 테죠. 무대륙에서는 비교적 가난한 젊은 예술가들을 위해 전시회도 열고, 공연도 개최하고, 핸드메이드 제품을 파는 시장도 열고, 벼룩시장도 열고, 시낭송회나 각종 스터디 모임도 개최됩니다. 독특한 기획으로 예술가들을 끌어들이는 것이죠. 그렇게 자신의 작품을 전시할 공간이 부족한 예술가들에게 기회를 주는 것, 주머니 가벼운 사람들의 요구를 수용하는 것만으로 저희 카페는 의미가 있다고 생각합니다. 최근 소비자들은 독특한 컨셉과 색깔이 있는 카페를 찾아다니잖아요. 저희 카페에 오실 때마다 각종 전시, 공연 등의 이벤트를 접할 수 있으니, 저렴한 가격에 문화를 즐기는 거고, 그렇게 저희 단골이 되지요. 무대륙의 비결이라면 예술가들의 의도와 소비자의 요구가 맞았다는 것이겠죠.

초짜 창업 Q&A

초짜 **사장**이 접한 다소 황당한 **질문**과 **답**

Q. 사업하고는 싶은데, 어디서부터 뭘 어떻게 시작해야 할지를 모르겠어요.
A. 그저 '사장'이라는 타이틀에 대한 단순한 선망이나 막연한 동경으로 사업을 하려니까 시작이 안 되는 겁니다. 그렇게 사업을 시작하면 1000% 망합니다. 사업을 해야 하는 '절실함', 내가 만든 제품을 세상에 내놓아야 하는 '타당함'이 바탕에 깔려있으시다면 그 시작이 수월할겁니다. 사업을 '왜' 하시려는지 자신에게 다시 질문하세요.

Q. 사업을 저지를 용기가 없어요. 어떡해요? 겁쟁이도 사장할 수 있나요?
A. 사업하는 사람들 모두가 초반에 그랬을 겁니다. 자신감과 불안감 사이에서 줄타기를 하는 게 사장의 인생인 겁니다. 자기 자신의 역량이나 사업 아이템을 의심하는 건가요? 자신에 대한 믿음, 사업 아이템에 대한 믿음의 근거를 다시 한 번 짚어보시고, 긍정적 확신이 든다면, 그냥 지르세요. 용기는 실력에서 나오는 거예요. 기질적으로 도저히 소심한 겁쟁이라면 제게 한 번 들르실래요. 기를 팍팍 드릴게요. 아님 해병대 체험 이런 거라도 다녀오세요.

Q. 사장에게는 어떤 마음가짐, 어떤 자세, 어떤 능력이 필요할까요?
A. 돈을 향한 욕망? 창작에의 열정? 검손과 오만 사이를 잘 넘나드는 카리스마? 사람 녹이는 재주? 그런 것일 수도 있고 아닐 수도 있습니다. 그저 자신이 계획하는 사업에 대한 열정과 희망, 실력만 있으면 됩니다.

Q. 직장생활 지겨워서 사업하려는 데 괜찮을까요?
A. 이유가 단순히 그것뿐이라면 안 괜찮습니다. 사업을 하는 이유를 다시 진단해보세요. 물론 직장생활이 지겨워서 사업하는 게 나쁜 건 아닙니다. 다만 그것 외에도 '사업이 아니면 안 되는' 이유들이 수천 개쯤은 더 있어야 해요.

Q. 직장 다닐 때보다 돈은 많이 벌 수 있나요?
A. 며느리도 모르죠. 시대와 대중이 원하는 제품을 내놓으실 예정이라면 떼부자도 될 수 있는 거고, 시장에 안 먹히는 제품을 만들면 쪽박 차는 거지요. '천천히 그러나 제대로' 사업을 하실 수만 있다면, 초기에는 월급 정도의 돈을 벌게 될 거고, 시간이 지날수록 직장 생활할 때보다 많은 돈을 만질 수도 있어요. 돈에 연연하되, 돈을 함부로 대할 줄도 아셔야 합니다. 설령 직장 생활할 때보다 적은 돈이 수중에 들어오더라도 더 나은 미래를 위해 가난할 줄도 알아야 하는 게 사장입니다.

Q. 제가 카리스마가 없어요. 사장은 카리스마가 생명 아닌가요?
A. 부드러운 카리스마도 있고, 착한 카리스마도 있어요. 권총 하나만으로 지배할 수 있는 세상이 아니잖아요. 당신만의 스타일대로 밀어붙이시면 됩니다. 카리스마 같은 건 아무짝에도 쓸모없을 때도 있답니다. 사장의 생명력은 '돈을 잘 버는 능력', 거기에서 나옵니다.

Q. 사람 사귀는 걸 잘 못하는데, 사업할 수 있을까요?
A. 이건 조금 문제가 있을 것 같긴 하지만, 어떤 업종인지에 따라 전혀 다른 이야기가 될 수도 있어요. 사업은 물론 사람을 대상으로 하는 일이지만 소수의 절

친한 몇몇 사람만으로도 충분히 사업할 수 있고, 수줍고 부끄러운 성정으로도 사업은 가능합니다. 다만, 사장이 되고 나서는 약간이라도 좋으니 사교력을 지니려고 노력해보세요. 웃는 얼굴에는 침만 못 뱉는 게 아닙니다. 웃는 얼굴은 사랑을 부르지요.

Q. 사회생활을 한 번도 안 해봤는데, 사업이 가능하긴 할까요?
A. 당연하죠. 오히려 사회 생활을 해보지 않은 순수함으로 더 화끈하게 사업할 수 있을 것 같은데요. 다만 몇 가지 현장의 경험들은 간접적으로 해볼 것을 권합니다. 아르바이트를 하거나 아는 사장님들 쫓아 다니시면서 본인이 뛰어들 업계의 현장 분위기를 곁눈질로 살펴보면 사업하실 때 큰 도움이 될 겁니다.

Q. 거래처에서 여자라고 깔보거나 사기 치면 어떡해요?
A. 무조건 쎄 보이셔야 합니다. 욕과 음담패설을 배우세요. 아니면 당신이 얼마나 치밀하고 꼼꼼한 사람인지를 은근하게 알릴 수 있는 방법을 찾으셔야 합니다. 저 같은 경우는 업계의 대선배님이나 교수님, 친인척, 잘 나가는 지인들 등을 동원해 든든한 '빽'이 있는 것처럼 으시대곤 합니다. 제 친구의 경우는 가상의 남자친구를 만들었더군요. 제 친구의 상상 속 그 남자의 직업은 검사에요.

Q. 주위에서 다들 사업하지 말라고 말려요.
A. 우리나라 분위기가 좀 그래요. 사업하는 사람들이 무슨 시한폭탄이라도 되는 듯 여기죠.(특히 '장모님'들) 사업해서 돈 벌면 추앙하고, 사업으로 돈 말아먹으면 거지 취급하고 말입니다. 왜 그럴까요?(망해서 돈 꿔달라고 할까봐? 보증 서 달랠까봐?) 제 보기엔 그들은 겁쟁이라서 그래요. 그렇게 실패를 무서워하는 사람들 말일랑 신경 쓰지 마세요. 혹여 실패를 하더라도 젊은 사장이 뭔들 못하겠습니까. 젊은이들은 웬만한 실패로 인생 전체가 망가지지 않아요. 그냥 밀어붙이세요. 누가 뭐라 하면 '니한테 돈 안 달랠테니 걱정말라!'고 하세요.

Q. 정부, 공공기관 창업 지원 받기 어렵나요?
A. 각종 정부기관에서 창업 지원 프로그램을 운영 중입니다. 하지만 업종이 상당히 제한적이고 서류 등의 준비 작업과 절차가 까다로워서 불편을 토로하는 사람들이 많더군요. 그럼에도 불구하고 열심히 발품 팔고 시간을 두고 준비해서 지원한다면 승산은 있을 것으로 봅니다. 소상공인 지원센터(http://www.sbdc.or.kr/)를 참조하세요. 이밖에도 중소기업진흥공단, 기술신용보증기금, 한국여성경제인협회, 여성부여성기술인력 창업자금 등이 있으니, 적절한 곳을 찾아가보세요. 비교적 준비기간이 짧은 일반적인 창업자들이 가장 많이 이용하는 건 바로 은행권, 금융권 대출이지요. 비교적 절차나 조건도 단순하고 문이 넓은 편입니다.(다만 사금융은 죽었다 깨나도 절대 이용하지 마시길!)

Q. 창업보육센터는 어디에 있어요?
A. 여러 군데에 있습니다. 창업보육센터는 학교 및 중소 기업진흥공단, 각 시·도 자치단체 등 다양한 단체에서 운영되고 있지요. 각 기관에서 사업 전망과 성장 가능성 등으로 기업을 심사하여 저금리 자금 및 저비용 장소에 대한 지원을 하여 초기 비용 부담을 줄여주기 위해서 만들어진 곳이지요. http://www.bi.go.kr/ 참조하세요.

Q. 은행에서 돈을 안 꿔줘요.
A. 저도요.(ㅋ) 본인 신용이 안 될 경우, 보증이 확실하면 되는데 요즘 사회 분위기가 보증을 꺼리는 터라 문제가 되지요. 제 친구집 가훈은 "보증서지 말자!" 더군요. 아무튼 당신을 믿어주는 보증인을 찾거나 장기적으로 은행의 신용을 쌓는 길 밖에 없군요. 저는 10년 동안 한 군데 은행만 주구장창 거래했더니(딱히 잔고가 많은 것도 아닌데) 천만 원 정도 대출을 해주더군요.

Q. 초기 자금은 어떻게 마련하죠? 돈 꾸기가 너무 어려워요.
A. 가능하시다면 초기 투자금은 본인 돈으로 하는 게 좋겠지요. 그마저도 없다면 초기 자금이 들어가지 않게 사업의 구도를 짜는 것도 방법일 겁니다.(제 후배

는 제작처를 구워삶아서 일단은 제품부터 뽑아내고 제작비는 제품 팔리면 준다고 해서 첫 제품을 시장에 내놓았죠. 그 제품이 대박 나서 거래처도 늘었지요.) 불경기가 이어지면서 돈 꾸기가 정말 어려운 게 사실입니다. 돈 많은 사람들은 고생해서 번 돈이라 못 풀고, 돈 없는 사람들은 자기 쓸 돈도 없어서 못 풀고, 타인에게 돈을 꾼다는 것 자체에 대한 기대를 버리시는 게 좋을 것 같아요. 설령 누군가에게 돈을 꿨다고 칩시다. 쉽게 꾼 돈은 자기도 모르게 쉽게 생각하게 되어 낭비로 이어지기 십상이고, 어렵게 꾼 돈은 꿔준 사람의 감시와 간섭이 심해서 아마 피 말리는 날의 연속일 겁니다. 그러니 쌈짓돈으로 초기 투자금의 규모를 잘 설계해서 사업을 시작하는 게 좋아요.

Q. 돈 많이 있어야 사업할 수 있죠?
A. 취미로 사업하는 귀부인들이 아니고서야 대부분의 사장들은 '없는 돈이나마 탁탁 털어 넣어서 돈을 더 벌려고', '자기 능력 잘 팔아서 돈을 벌려고', 결국 몸뚱아리 하나 걸고 사업하는 경우가 많지요. 사업한다고 하면 '저 사람 돈 많은 가봐~!' 하는데, 그런 사람 찾기 드뭅니다. 돈 없어도 충분히 사업은 시작할 수 있습니다. 사업 해가면서 돈을 버는 게 맞는 얘기죠. 또한 돈이 많아서 사업하는 사람의 목적 역시 '돈 버는 데' 있을 뿐입니다. 돈이 남아나서 '돈 쓸려고' 사업하는 사람은 없다고요.

Q. 투자자는 어디서 어떻게 만나고, 꼬시죠?
A. 제대로 된 사업계획서부터 만드세요. 저부터 한 번 꼬셔보세요.(서 돈 많습니다.ㅋ)

Q. 사업을 하고 싶긴 한데, 적당한 아이템이 안 떠올라요.
A. 당신이 좋아하는 게 뭐죠? 일단은 본인의 관심사를 파악하셔야 겠습니다. 아이템도 갖지 않은 채 사업한다고 작정한 게 오히려 의아하군요. 사람마다 적당한 아이템은 따로 있어요. 그런 걸 상담하는 건 좀 우스운 일이죠. 전 당신을 모릅니다.

Q. 어떤 아이템으로 사업을 하면 대박이 날까요?
A. 지금 유행하고 있는 아이템은 알려드릴 수 있겠습니다만 당신이 그걸 가지고 대박을 낼 수 있을지는 모르겠습니다. 제가 '대박 날만한 책이 하나 있는데 출판하실래요?' 하면 하실 건가요. 잉글랜드 브런치 식당이 대세라고 하면 하실 수 있겠어요? 자기에게 맞는, 본인만이 대박을 예측할 수 있는, 재미있고 신나서 열정을 불사를 수 있는 아이템을 선택해야 비로소 대박의 여러 조건 중 단 하나의 조건만을 충족하신 겁니다.

Q. 여성 유망 창업 아이템을 알려주세요.
A. 여성부에서 운영하는 여성포털 위민넷 http://www.women-net.net을 살펴보시면 좋겠네요. 최근 위민넷에서는 '여성 창업'과 관련한 컨텐츠와 서비스를 확충했다고 합니다. 창업경영연구소 이상헌 소장이 창업 코칭을 맡아 여성 소자본 창업·재택 창업을 조언하고, 더불어 여성 창업 관련 무료 온라인 강좌와 초보 창업자를 위한 창업 가이드를 제시하고 있습니다. 그런데요, 남성 유망, 여성 유망, 이런 게 있을까요? 본인이 좋아하고 잘 할 수 있는 아이템을 선택하셔야 해요. 자기자신을 잘 진단하시고, 여기저기 수소문하시고, 미래를 예측하시고, 실력을 쌓아서 나만의 유망 아이템을 발굴하세요.

Q. 사장하면 아무래도 직장 다니는 것보다는 편하죠?
A. 무한한 책임감을 머리에, 어깨에, 발목에, 온 몸과 온 마음에 지니고서 살아가는 게 편하시다면요.

Q. 사업에 묶여 몸도 마음도 쉴 틈이 없다고 하던데요.
A. 그럼요. 화장실에 앉아서도, 잠드는 순간에도 온통 사업 생각뿐인 걸요. 그런데요, 그런 와중에도 틈을 내서 잘 쉬는 사장들이 성공을 합니다. 자기 자신의 휴식도 잘 관리하지 못 하는 사람은 사장 아니라 직장인이어도 쉴 틈을 내지 못 하던데요.

부록 2. 초짜 창업 Q&A

Q. 잘 나가고 돈 많이 버는 사장들 보면 질투가 나요.
A. 축하드립니다. 생산적인 질투는 사장의 힘이죠. 당신도 '잘 나가고 돈 많이 벌기'위해 노력하시면 되겠네요.

Q. 사장한 걸 가장 후회할 때는 언제죠?
A. 일이 잘못되었을 때 남 탓 못하고 온전히 내 몫의 책임으로 돌아오더군요. 원래 실수나 잘못을 모면하는 최고의 방법은 남을 탓하는 거잖아요. 근데 순전히 내 판단으로 진행된 일이 실패했을 때는 정말이지 내가 나를 죽이고 싶더군요. 내가 망친 일을 내가 수습하는 건 정말이지 형벌 중의 형벌입니다.

Q. 사장하기를 잘했다고 생각했을 때는 언제죠?
A. 내가 전두지휘하는 모습을 볼 때요. 나의 통솔대로 일이 흘러가는 것을 지켜볼 때요. 내 시간을 비교적 내 맘대로 유용할 수 있을 때요. '사장님' 소리 들을 때요.(ㅋ)

Q. 사장하면서 가장 어려웠던 일은 뭐에요?
A. 망가진 일 수습하면서 돈 땡겨야 할 때요. 돈 구하러 다닐 때 기분은 정말 거지 같아요.

Q. 사장 학원 같은 건 없을까요?
A. 서울시와 서울산업통상진흥원에서 운영하는 '하이서울 창업스쿨'(http://school.sba.seoul.kr/)이라는 훌륭한 학원이 있습니다. 창업 과정을 총 4가지 분야 -일반(외식, 유통, 서비스 등), 벤처, 패션, 인터넷(인터넷 쇼핑몰 등)- 로 분류하여 집중 교육하고 있네요. 창업 교육부터 창업화 지원, 자금 지원, 창업, 사후 지도까지 창업을 위한 종합 서비스를 받을 수 있답니다.

〈사장 수업〉을 마치며…
사장의 길을 가는 젊은 그대들,
모두 평안하소서!

과거를 기록한 모든 일기를 현재 시점에 서서 바라보고 뜯어보는 작업은 만만한 일이 아니다. 내가 나를 객관적으로 평가하는 일이란 일생동안 불가능할 일이기에 말이다. 그런데 그걸 해놓고 나니 내 인생이 참 기특도 하다. 거품과 구라로만 여겼던 내 과거의 흔적들 속에서 '진짜 나'를 만났고 어지간히 열심히 살았다는 '객관'의 평가가 가능했다.
근데 왜 눈물이 나는 거지.
내게 남은 절반의 생애 동안도 그렇게 살 거라는 게 잠시 쓸쓸하다. 열심을 다해 살게 해 준 엄마와 아빠께 사랑의 눈물을 바친다.(특히 돈에 관한 한 자주적 정신을 키워주신 아빠^^) 내 주변에 강림하신 분들을 못살게 굴게 될 앞으로가 살짝 민망하지만 보답을 약속하며 미리 감사 인사를 드린다. 송, 신, 김, 한, 오, 남, 유, 양 등 출판계 오라버님들, 내 식구 수은, 성진, 정, 이, 문, 윤 김 김 최 채 정 등 언론계 언니 오파 동상들 유성 아찌 써니 언니

상은 언니, 윤임 언니 외 모든 예술가들, 그 밖의 훌륭한 현장의 전문가님들, 내게 어떤 식으로든 도움주신 사장님들, 성공해서 두바이 땅 사면 지분 나눠드리겠습니다.
어쨌든지 감사할 사장의 삶이라고 감히 결론을 내려 봅니다.
이 땅의 모든 사장들이 자금 압박, 인관 관계 압박에 시달리지 않은 채로 평안한 삶을 감사히 살아 낼 그날까지 제가 도울 일이 있으면 무조건 달려가겠습니다.

P.S. 먼저 떠난 언니에게 언니 없이 살아 온 나의 날들을 보고하며 책을 마친다. 이 삶에서 허우적거리는 게 뭘 의미하는지 삶이 끝나기 전에는 결코 깨달을 수 없듯이, 언니의 선택이 과연 옳았던 건지도 그때에나 얘기를 나눌 수 있겠지. 그런데 하나 확실한 건 행복은 어김없이 절망 끝에 온다는 거. 사랑해, 보고 싶어….

공.지.사.항. After Service

사장 파티 Owner Party

위대한 사장 여러분들을 모십니다.
사장님들 얼마나 힘드십니까. 대한민국 경제는 이명박 대통령이 아니라
바로 여러분이 살리고 계신다는 거, 아는 사람은 다 알겁니다.
그렇게 훌륭한 사장님들에게 무한한 위로와
쏠쏠한 정보와 끝장나는 재미를 드리려고
이 세상 어디에도 없는 파티를 열었어요.
사장이 아니고서는 세상 누구도 사장의 마음을 공감할 수는 없지요.
그러니 우리 사장들끼리 뭉쳐서 영혼을 합체하는 시간을 가지는 겁니다.
그래서 바로 우리가 대한민국의 진정한 리더라는 사실을
떳떳하고 당당하게 세상을 향해 공표하고
소리치고, 웃고, 뛰고, 울고, 얘기하며 신나게 놀아봐요!

일시 7월 26일 토요일 오후 5시

장소 서교동 M&K 출판사 북카페

진행 사장들의 미니강연, 질의응답과 토론과 대화 그리고 party time

신청 hg81s@naver.com
(연락처 외 신상정보+독서소감+신청이유 : 심사 기준은 무조건 관대합니다 ^^*)

P.S. 본 사장 파티를 정례화하여 사장 천국을 누리실 수 있도록 예정하고 있습니다.

M&K